# 日本宋史研究の
# 現状と課題
——1980年代以降を中心に——

遠藤隆俊・平田茂樹・浅見洋二　編

汲古書院

# 日本宋史研究の現状と課題
### ——1980年代以降を中心に——

# 目　次

前　　言 ………………………遠藤隆俊・平田茂樹・浅見洋二　ⅲ

政治史研究
　——国家史・国制史研究との対話を求めて—— …… 平田　茂樹　3

法制史研究 ……………………………………………… 小川　快之　29

財政史研究 ……………………………………………… 宮澤　知之　53

地域社会史研究 ………………………………………… 岡　　元司　83

家族宗族史研究 ………………………………………… 遠藤　隆俊　105

都市史研究 ……………………………………………… 久保田和男　127

地方志・石刻研究 ……………………………………… 須江　　隆　151

儒教思想研究 …………………………………………… 市來津由彦　175

仏教道教史研究 ………………………………………… 松本　浩一　213

文学研究 ——詞学および詩文を中心に—— ………… 内山　精也　237

古典小説研究およびその史学的研究への活用 ………… 勝山　　稔　281

絵画史研究 ……………………………………………… 板倉　聖哲　309

五代十国史研究 ………………………………………… 山崎　覚士　325

遼金史研究 ……………………………………………… 飯山　知保　347

日宋交流史研究 ………………………………………… 榎本　　渉　381


編者・執筆者紹介　　　　　　　　　　　　　　　　　409

英文目次　　　　　　　　　　　　　　　　　　　　　413

# 前　言

　本書は1980年代以降における日本の宋史研究をテーマごとにまとめ，その現状と課題を示したものである。近代日本の中国史研究は100年以上の歴史があり，世代的にはおよそ6世代から7世代，時代的には大きく3つの時期に分けることができる。第1期は戦前すなわち1945年以前の研究であり，第2期は戦後すなわち1945年から70年代頃まで，そして第3期は1970-80年代から現在に至る時期である。本書はこの第3期における宋史研究を政治制度，法制，財政経済，地域社会，家族宗族，都市，地方志碑文，儒学思想，仏教道教，文学，古典小説，絵画美術の分野から考察し，あわせて五代十国史と遼金史，日宋交流史研究の成果を収めている。

　研究の第1期とは日本の研究の開拓期であり，宋代の政治制度や経済財政，社会文化について，基礎的かつ包括的な実証と見通しが示された時期である。いわゆる「唐宋変革論」など大きなテーマが提起されたのもこの時期であり，開拓期の研究は現在に至るまで大きな影響力を持っている。第2期は戦前の研究を基礎に，あるいはその反省のもとに，マルクス主義の立場から階級論的な分析が盛んに行われた時期である。この時期の研究としては，地主佃戸制や農民闘争，民衆反乱などのテーマが多く見られる。第3期は階級史観に代わってアナール学派や民俗学，人類学の考えを取り入れた分析方法が盛んとなった時期であり，日常性や心性，女性，風俗など社会史や文化史に関わるテーマが多く研究されている。

　もちろん，このほかにも多くの潮流があり，日本の研究は決して単線で進行したわけではない。とくに第2期については階級史観に対する数多くの批判や論争があり，様々な意見が対立していた。しかし本論を見てもわかるように，それぞれの研究は学界から全く孤立して存在したわけではなく，時代の流れや環境の中で相互に作用しながら進行してきたことが見て取れる。また，どの分野においても多少の時間差はあれ，上記3つの時期に区分できることは共通の理解として認

められる。

　第1期および第2期の研究については，つとに山根幸夫編『中国史研究入門（上・下）』（山川出版社，1983年），および島田虔次等編『アジア歴史研究入門（1-5）』（同朋舎出版，1983-84年，別巻は87年）があり，また第2期の論争については谷川道雄編『戦後日本の中国史論争』（河合文化教育研究所，1993年）がある。第3期についても佐竹靖彦等編『宋元時代史の基本問題』（汲古書院，1996年），礪波護等編『中国歴史研究入門』（名古屋大学出版会，2006年）など，優れた入門書，手引書，研究書がある。また史学会編『史学雑誌』では毎年第5号で「回顧と展望」の特集が組まれ，日本中国学会編『日本中国学会報』においても毎年「学界展望（哲学）」「学界展望（文学）」の項目が設けられ，前年の学界動向や研究状況が紹介されている。

　本書は初学者への入門書あるいは手引書を目指したものではなく，研究途上にいる我々執筆者が自分の研究フィールドで抱えている現状と課題を，中長期的な展望の中でとらえ直したものである。第3期もおよそ30年という歳月が経過し，研究の潮流も次第に変化しつつある。この中でこれまでの研究を総括し，次への展望を図ることも無意味ではないと考える。優れた入門書や研究書に屋上屋を重ねる危険性を顧みず，敢えて本書を公刊する理由もここにある。

　本書で取り上げる第3期宋史研究の潮流およびその特徴は，大きく分けて3つある。1つは「専制国家論」すなわち国家史，国制史，法制史の深化，発展であり，2つめは「士大夫，地域社会論」すなわち社会史，文化史の盛行，そして3つめはモンゴル元朝史の隆盛である。詳しい内容は本論の中でそれぞれに紹介されるが，第1の「専制国家論」については「中国史研究会」の研究者が理論的，通時的に研究した成果であり，70年代後半から90年代はじめにかけて大きな研究潮流の一つとなった。それによれば，中国社会の基盤は「小農民」の「小経営生産様式」にあり，中国の歴代王朝はこの「小農民」を統合する専制国家であったという。この新たに導入された「小経営生産様式」の概念をもとに国家制度や財政，流通，家族，社会について新見解を提示し，中国には日本や西欧のような「中世封建制」が存在しなかったことが論じられた。1970年代までの階級史観や地主制の研究においては中国における「中世封建制」の有無が大きな争点の一つ

であったが，この「専制国家論」によってそれまでの封建制論議はほぼ完全に潰える結果となった。

　ついで盛んになったのが第2の「士大夫，地域社会史」研究である。これは主に宋代史研究会で議論された課題であるが，士大夫については既に1950年代から継続的に研究されてきた課題でもある。その後80-90年代になると，上述した社会文化史の手法や欧米における中国研究の観点を取り入れて，エリート，知識人，在地読書人，宗教思想，人的結合などの視点から研究が盛んに行われた。1982年には明清史において「地域社会論」が提唱され，階級史観ではなく地域という具体的な場において歴史の諸事象を考えるべきだと言う主張は宋史研究にも大きな影響を及ぼした。その結果，宋史においても地域開発や人口移動，商業流通，都市と農村，思想の地域性など地域社会の分析が進み，農民闘争や民衆反乱ばかりではない地域の実態や日常性が明らかになった。政治制度史でも士大夫や地域社会の観点を取り入れた分析が行われ，また歴史研究と哲学思想，文学，絵画美術との相互交流が進展したのもこの分野である。

　第3の特徴としては，モンゴル元朝史の隆盛がある。元朝史についてはつとに京都大学を中心とする『大元聖政国朝典章』の研究蓄積があり，これが中国史研究に大きな影響を与えたことは周知の通りである。80年代になると，元朝史はそれまでの伝統を受け継ぎながらも，モンゴル元朝史として中国史を越えたユーラシア史の視点からの研究が進んだ。90年代後半以降は，論文数においても宋史を凌駕するほど大きな研究潮流の一つになっている。研究の視野と範囲は広く，モンゴル元朝史のみならず遼金西夏史や五代十国史，宋史研究など近隣の研究にも大きな影響を及ぼした。宋史研究においても，各分野において北方ユーラシア史や中央アジア史，イスラーム史との連携，さらには非漢族の研究，そして東アジア交流史や中外交流史など周辺民族に関わる研究が盛んになった。本書にはモンゴル元朝史の研究を収めることはできなかったが，遼金史ならびに五代十国史，日宋交流史の分析を見れば，その影響のほどをうかがうことができる。

　これら80年代以降の変化の背景には，国際情勢の変化にともなう研究環境の変化と世代交代，さらには新史料の発現，再利用などがある。80年代以降，冷戦構造の終結によって国際情勢が変化し，いわゆるグローバル化の波が日本の宋

史研究にも大きく押しよせた。中国における改革開放政策もこの流れと無縁ではなく，これが日本の研究に対しても大きな影響を及ぼした。この世界的な流れが研究の国際化と学際化を促し，日本の宋史研究も中国，台湾，韓国はもとより欧米の研究，さらには日本国内における唐五代史や明清史，日本史，西洋史，文学，哲学思想，絵画美術との交流がより深まった。その一端は，本書にも表れている。またこの間には何度かの世代交代があり，本論や『史学雑誌』「回顧と展望」によれば「円熟した世代の労作」や「大家の著作」がまとめられたという報告とともに，「若手研究者の活躍，台頭」という論評がしばしば見られる。その交代継承がうまくいったかどうかは判断できないが，少なくとも研究者間の世代交代が学界の新たな原動力になってきたことは確かである。

　さらに新史料の発現と公刊，再利用が，研究の進展に大きな影響を与えた。新史料の発見が少ない宋史においても，明版『名公書判清明集』の将来や考古史料の発掘，『全宋詩』『全宋文』の発刊，美術図録の出版，さらには電子版資料の普及や碑文，日記，古典小説，非漢語史料の利用など，多くの史料的発見と再利用が新たな研究を支えてきた。日本に所蔵される漢籍や美術品などの出版，影印も同様の役割を果たしてきたことは，本論でも述べられる通りである。本書ではとくに地方志，碑文と古典小説について史料学的な一編を設けて紹介しているが，それ以外の分野でも等しく関連史料の重要性が強調されている。日本の中国史研究の特徴として「史料重視」がよく指摘され，『史学雑誌』「回顧と展望」においては毎年必ず「文献，史料，訳注」の項目が設けられる。第3期の宋史研究者として，史料の重視は是非とも将来に引き継がなければならない伝統と課題である。

　さて，本書執筆者の多くは文部科学省科学研究費特定領域研究「東アジアの海域交流と日本伝統文化の形成——寧波を焦点とする学際的創生——」（平成17年度-21年度，領域代表：小島毅，東京大学）に参画したメンバーである。もちろんこの研究プロジェクトと本書の内容とは直接には関係なく，執筆者の中にはこの研究に参加していない方もおられる。ただ「寧波プロジェクト（通称：にんぷろ）」と呼ばれるこの研究メンバーには宋史研究者が比較的多く，にんぷろ研究の新たな「学際的創生」にあたって自分たちがこれまでに携わってきた宋史研究を再点検してみようという意見が多数出たことは確かである。これと相前後して，河南

大学の苗書梅教授から日本の宋史研究に関する紹介を，河南大学出版社から出していただけるという話があり，にんぷろ研究の3年目に九州大学で開かれた全体ワークショップ（平成19年7月21日-22日）において「日本宋史研究の現状と課題」と題するミニシンポジウムを開かせていただいた。その原稿を持ち寄って中国語版を作成し，その後，日本でも出版を検討しようということになった。その意味で，本書はにんぷろ研究の副産物と言うこともできる。途中，編集の遅れや執筆者の交代のために，日中両版とも出版が遅れ，最初の九州シンポジウムから既に3年，執筆者の原稿作成から2年以上が過ぎてしまった。この間，新たに出版された著書や論文を十分に収録，紹介できないという憾みがないわけではなく，執筆者ならびに読者諸氏にはお詫びを申し上げたい。

さらに残念なことに，本書執筆者の一人であり，またにんぷろ研究の主力メンバーであった広島大学の岡元司准教授が，平成21年10月に逝去された。岡さんは編者らと同じ世代の研究仲間として学会や宋代史研究会などで交流があり，これからの日本の宋史研究を担う一人として将来を嘱望されていた。本書日本語版の出版にもいろいろご尽力をいただき，最後まで原稿の行く末を案じていた。本書の原稿がおそらく岡さんの遺稿の一つであろうことを思うと，編集の遅れが悔やまれてならない。一方，岡さんに先立つ平成21年3月には，北海道大学の高橋（津田）芳郎教授が北京で逝去された。津田さんは，まさに第2期の宋史研究から，本書のテーマである第3期の研究を牽引してきたお一人である。宋代史研究会の代表世話人として学会運営にも尽力され，またにんぷろのメンバーとしても活躍された。編者よりは一世代上の先輩であり，研究においては常に忌憚のないご意見をいただける学界の論客でもあった。お志半ばでのご逝去に心から哀悼の意を表すとともに，お二人の安らかなご冥福をお祈りしたい。

本書の出版にあたっては，汲古書院の石坂叡志氏にお世話になった。記して謝意を表す。

平成22年1月

遠藤隆俊，平田茂樹，浅見洋二

# 日本宋史研究の現状と課題
——1980年代以降を中心に——

# 政治史研究*
——国家史・国制史研究との対話を求めて——

平田　茂樹

## はじめに

　本論文は，国家史，国制史の学界動向について宋代史の観点から論ずるというものである。国家史，国制史は国家の制度史という使われ方がする一方，水林彪氏の定義によれば「国制史とは，社会の全体構造のあり方の変化を問題とする歴史学」とされる[1]。また近年出版された『新体系日本史1　国家史』(山川出版社，2006年) が国家史の検討課題として「国家の観念とその社会への浸透諸手段」，「国家諸機構」，「国家諸機構とその制度の仕組み」，「社会からの合意調達」を掲げているように，国家と社会がどのように関わりながら全体の構造を形成していたかを検討する研究領域と言うことができる。この観点から宋代史の検討を進める場合，渡辺信一郎氏が中国の専制国家の研究対象を整理されているように (1) 国家機構論・国家権力論の編成構造——皇帝権力 (執行権力) と官僚機構 (行政権力) および軍事権力・司法権力の編成の独自性，換言すれば主権構成の問題，(2) 国家スタッフ論——国家機構を構成する社会関係・君臣関係論，(3) 国家 (機構・政治) と社会との関係をどう問題とするか，すなわち社会編成論・中間団体論といったことを全面的に論ずる必要がある[2]。

　これまでの日本の宋代政治史研究については，既に1980年代までの研究動向については柳田節子氏による詳細な紹介（「宋・元時代」『中国史研究入門』山川出版社，1983年）があり，またその後，寺地遵氏による「宋代政治史研究の軌跡と

---

\* 本論文は「日本の宋代政治史研究の新たな可能性——国家史・国制史研究との対話を求めて——」(『中国史学』第18巻，2008年) を加筆修正したものである。
1) 『比較国制序説 文明化と近代化』(柏書房，1992年)「国制の比較史的研究の枠組みについて」参照。
2) 注1) 前掲書所載の渡辺信一郎「中国古代専制国家論」参照。

問題点」(『南宋初期政治史研究』渓水社, 1988年),「宋代政治史研究方法試論」(『宋元時代史の基本問題』汲古書院, 1996年) という二篇の宋代政治史研究の回顧が出されている[3]。さらに, 著者自身も「政治の舞台裏を読む——宋代政治史研究序説——」(『知識人の諸相——中国宋代を起点として』勉誠出版, 2001年) ならびに「宋代政治構造研究序説」(『人文研究』第57巻, 2006年) という二篇の学界展望の文章を書いている[4]。これらの回顧の中で, 著者は, 後述する内藤湖南, 宮崎市定両氏の君主独裁政治論を除けば, 国制史, 国家史的視点, すなわち構造史的な視点が欠如し, 個別の政治制度史研究や政治事件史研究が主流を占めてきた現状の問題点を指摘した。ただ, その時点においては, 如何に構造史的な視点を取り込むべきかという問題に対する明確な答えを提示するまでには至らなかった。

　本論考ではその反省に立ち, まず今一度これまでの日本の宋代政治史研究を回顧し, その課題を明らかにすると共に, 国家もしくは社会全体の変化のあり方の変化を問題とする国制史, 国家史的研究との対話を試みることを通じて, 21世紀の新たな研究の可能性を追究していく。

## 一　日本の宋代政治史研究の回顧

　政治学の概説書をひもとくと, 政治学の分野においては大きく分けて三つの理論が存在しているという。第一は国内の政治現象に関連する個々の主体の相互関係や政治現象と他の社会現象との相互作用, または国家規模全体における政治変動に関わる要因や趨勢を明らかにするために考察を行う政治体制論・政治社会論などのマクロ政治学 (macro-politics) の理論である。本論考で論ずる国家史, 国制史はこの理論と最も密接な関わりを持っている。第二は国内の政治現象に関連する個々の政治主体の行動に著目し, その行動の要因や趨勢を明らかにするため

---

[3] この他, 近年刊行された『中国歴史研究入門』(名古屋大学出版会, 2006年) の中で, 宋代史については木田知生, 宮澤知之両氏が学界回顧を行っている。
[4] これら二編は「日本宋代政治制度研究述評」(『宋代制度史研究百年 (1900-2000)』商務印書館, 2004年) ならびに「日本宋代政治研究的現状与課題 (『史学月刊』第308期, 2006年) という形で中国語にても公表した。

の考察を行う，政治過程論・政治行動論などのミクロ政治学(micro-politics)の理論，第三が国内で完結する政治現象を超えて，より広く国家間の相互作用や国際社会全体としての政治変動の要因や趨勢を考察するために構築された国際体制論・対外政策論などの国際政治学（international politics）の理論である（石井貫太郎『現代の政治理論 人間・国家・社会』ミネルヴァ書房，1998 年）。

　この三つの理論を参考にこれまでの研究史を回顧してみよう。まず，マクロ政治学の理論に従って宋代の政治の大きな体系を明らかにしたものとしては内藤湖南，宮崎市定両氏によって提唱された君主独裁政治論がある[5]。君主独裁政治論とは，唐代から宋代にかけて政治，経済，社会，文化上に大きな変化が起こったとするいわゆる「唐宋変革」論の一環をなす考え方であり，唐代の「貴族政治」から宋代の「君主独裁政治」へと転換していったと考えている。両氏の見解を簡単に見ておきたい。

　内藤湖南『中国近世史』（弘文堂，1947 年）によれば，唐代においては「君主は貴族階級の共有物で，その政治は貴族の特権を認めた上で実行しうるのであっ

---

[5] この他，マクロ政治学の理論として検討すべきものとして M. ウェーバー（Max Weber）の「家産官僚制論」がある。一般にウェーバーの「家産官僚制」論は，文書主義，公私の区分，規律への服従，官職階層制，昇進制，権限分配，有資格者の採用，職務の専門化，法第一主義などを兼ね備えた合理的近代官僚制と対置される概念として提出されたものであり，「家産的行政とはもともと領主の純個人的な家計需要を充足するために作り出された管理システムであり，そこには近代国家に特徴的な公的領域と私的領域との区別がない，その担い手たる家産制的官吏の地位は，基本的に，領主の恣意と恩寵に依存しており，彼らに要求される忠誠は，官僚制的官吏におけるような非人格的職務忠実ではなく，領主個人に対する下僕としての忠誠にほかならないのである」（伊藤大一『平凡社大百科事典』「官僚制」，1984 年）とされる。日本の宋代史研究者は著者を含め，M. ウェーバーの見解に対しては否定的な立場を取っている。例えば，同書で「中国の官僚制」の項目を担当した梅原郁氏は，中国にはすでに M. ウェーバーの言う「合理的近代官僚制」の諸特徴がすべて見いだせると述べた上，「宇宙の主宰者天の代行者としての天子＝皇帝」，「王朝交代時の革命（天命を革める）の原理」，「『周礼』『六典』に基づく官僚制原理」，「人格者，教養者としての官僚」，「ギルド，徒弟制的原理によって培われ，役所の実際の業務を担当した胥吏の存在」などの中国独特の官僚制原理があるとする。著者自身も梅原氏の見解に基本的に同意するが，ただ残念ながら宋代史研究においては，中国古代史における渡辺信一郎氏の『中国古代国家の思想構造』（校倉書房，1994 年），『天空の玉座――中国古代帝国の朝政と儀礼』（柏書房，1996 年），『中国古代の王権と天下秩序』（校倉書房，2003 年）の一連の著作のような古代官僚制の本質に踏み込んだ議論が十分になされていない。

て,一人で絶対の権力を有することはできない」のであり,その政治の実態は「貴族との協議体」によるものであった。一方,宋代においては「国家に於けるすべての権力の根本は,天子一人これを有し,官吏は宰相の如き全体に関係する者のみならず,一部の管理を為す者も,全権を有することなく,君主は決して如何なる官吏にもその職務の全権を委任せず,従って官吏はその職務について完全なる責任を負うことなく,あらゆる責任は君主一人が負担することとなった」。内藤は君主独裁政治の仕組みについて明確に論じていないが,同書の中で,唐代の貴族の牙城となっていた門下省が有する封駁権が衰退した,宰相が天子の補佐役から秘書役へ変化した,科挙は貴族らしい人物を選ぶ人格主義から実用主義に転換した,官吏の地位は一般庶民にも分配されることとなったなど,その具体的な変化に言及している。

　一方,宮崎市定『東洋的近世』(教育タイムス社,1950年)は,宋代から清末までの時代をヨーロッパの産業革命以前のルネッサンス,宗教革命の時代に比定し,その中で君主独裁政治の問題を論じている。内藤に比べ,宮崎は宋代以降の国家が専売,商税,両税等の税収を増して財政を豊かにし,軍隊を養う「財政国家」へ転換したことを指摘しており,財政構造の変化にも着目している。また,明確な論及はないが,常備軍や官僚機構の基盤に成り立ったヨーロッパの絶対王政を意識しているように思われる。そして国民主義の勃興により近世的統一が実現したと述べるように,近代の国民国家成立の問題とも結びつけて考えている。

　宮崎は内藤と比べて君主独裁政治について明確な政治像を提示している。例えば,宮崎は,君主独裁政治と古代の専制政治を区別し,「中国近世の君主独裁とは,君主が最後の決裁を下す政治様式を言うのであって,凡ての政務は官僚が案を練りに練り,次に大臣がこれに審査に審査を重ね,最後に天子の許に持ち込んで裁可を請うのである」と述べ,君主独裁政治を,官僚制を基盤とした政治システムとして理解する。また,この君主独裁政治の本質については「この様に極めて多面的に官僚に直接接触するのが宋代以後の天子の特質であり,天子の独裁権も必然的にそこから発生し完成されたということができる」(「宋代官制序説——宋史職官志を如何に読むべきか——」『宋史職官志索引』同朋舎,1963年)と述べて

おり，皇帝と官僚との人的関係，或いは両者の接触の問題に着目している。こうした視点は，宋代以降の殿試を導入した科挙が「天子の門生官僚としての奴隷的忠義観」を生み出すものとなった（「宋代の士風」『史学雑誌』第62編第2号，1953年）とする科挙と官僚についての考察や，「雍正帝がその独裁制を確立し，地方の官僚の朋党の風を禁じ，個々の官吏をして天子に直属せしめるために利用したのがこの奏摺の制度である」（「雍正硃批論旨解題」『東洋史研究』第15巻第4号，1957年）との理解の下，進められた文書制度研究にもよく現われている。

　両氏によって提唱された君主独裁政治論は，その後，次世代の研究者を中心により緻密な検討が進められていく。これまでの研究史をひもといてみても，①皇帝の耳目の官（「皇城司，走馬承受」）（佐伯富『中国史研究』第一，東洋史研究会，1969年），官僚の官職・昇進体系（梅原郁『宋代官僚制度研究』同朋舎，1985年），裁判・法律制度の体系（梅原郁『宋代司法制度研究』創文社，2006年），官吏登用試験（科挙）（荒木敏一『宋代科挙制度研究』東洋史研究会，1969年），官僚の俸給（衣川強「宋代の俸給について——文臣官僚を中心にして——」『東方学報（京都）』第41冊，1970年）など「君主独裁政治」を支えた官僚制度・官僚機構についての研究，②国家財政・帝室財政（＝一般会計と特別会計）による二元財政の仕組み（梅原郁「宋代の内蔵と左蔵」『東方学報（京都）』第42冊，1971年），府兵制から募兵制への転換を契機に，百万を超える巨大な常備軍を維持・運営するために設けられた「辺境（軍）—都（政治）—長江下流（財源）」を連結する国家物流システムの発達（島居一康『宋代税制史の研究』汲古書院，1993年，及び宮澤知之『宋代中国の国家と経済——財政・市場・貨幣——』創文社，1998年）などの財政・物流システムについての研究，③漢・六朝代の重層的官府連合・二重の君臣関係から，六世紀末の隋の文帝の改革を起点として，唐宋代の三省六部を中心とした官僚機構の中央集権化，科挙制の導入・吏部による統一的人事の実施による君臣関係の一元化の進行（渡辺信一郎『中国古代国家の思想構造——専制国家とイデオロギー』校倉書房，1994年）といった君臣関係の変化についての研究など，宋代の「君主独裁政治」を精緻に実証した諸成果を生み出してきている。

　しかし，これらの諸成果は同時に日本の研究傾向の偏りも同時に表している。

例えば，寺地遵氏は日本の宋代政治・制度史研究は唐宋変革論に影響を強く受けた結果，唐と宋との対比に力点を置いた類型論的な研究に陥る傾向となったこと，及び北宋史研究重視，南宋史研究軽視の傾向を招くことになった問題点を指摘している。また，寺地氏が指摘しているほか，著者も述べたことがあるが，日本の宋代政治史研究は静態的な制度史研究にあまりにも重点が置きすぎる傾向が強い。これは一時期の研究が「職官志」，「選挙志」，「刑法志」，「食貨志」といったいわゆる「志」の解読に多大な精力を注ぎ，その結果として多くの研究成果を生んできたことと関係がある。例えば，その代表的なものとしては，佐伯富氏による『宋史職官志索引』（同朋舎，1963年），『宋史選挙志索引』（同朋舎，1982年）などの索引の作成，宮崎市定「宋代官制序説――宋史職官志を如何に読むべきか――」（『宋史職官志索引』同朋舎，1963年），あるいは中嶋敏編『宋史選挙志訳注（一）～（三）』（東洋文庫，1991，1995，1995年），和田清・中嶋敏編『宋史食貨志訳注（一）～（六）』（東洋文庫，1960～2005年），梅原郁編『訳注 中国近世刑法志上』（創文社，2001年），曾我部静雄『宋代財政史』（生活社，1941年），青山定雄『唐宋時代の交通と地誌地図の研究』（吉川弘文館，1963年），小岩井弘光『宋代兵制史の研究』（汲古書院，1998年）などの諸成果をあげることができる。これらは日本を代表する制度史的研究成果であると共に，逆に他の研究視角に基づく研究が少ないことを同時に示している。

　第二のミクロ政治学的な研究は，しばしば政治事件史，政治集団の研究として現れてくる。学術と政治との絡みを絶えず念頭に置き，北宋の政治抗争を描いた吉田清治『北宋全盛期の歴史』（弘文堂書房，1941年），南宋初期の金との講和を唱えた秦檜を中心とした講和派と岳飛，張浚等主戦派との長い抗争を丹念に集団分析に基づいて描いた寺地遵『南宋初期政治史研究』（渓水社，1988年）などがその代表的な著作である。

　この他，北宋については熊本崇氏によって「中書検正官――王安石政権のにないてたち」（『東洋史研究』第47巻第1号，1988年），「元豊の御史――宋神宗親政考」（『集刊東洋学』第63号，1990年），「慶暦から熙寧へ――諫官欧陽修をめぐって」（『東北大学東洋史論集』第7輯，1998年），「宋仁宗立太子前後――慶暦「改革」

前史」(『集刊東洋学』第79号，1998年)，「宋執政攷——元豊以前と以後」(『東北大学東洋史論集』第11輯，2007年）など，北宋政治史を網羅的に描き出そうとする試みや，近藤一成氏による「宋初の国子監・太学について」(『史観』第113冊，1985年)，「王安石の科挙改革をめぐって」(『東洋史研究』第46巻第7号，1987年)，「蔡京の科挙・学校政策」(『東洋史研究』第53巻第1号，1994年）など科挙，学校制度の展開を基軸に宋代の政治の展開を分析した一連の著作，あるいは「「洛蜀党議」と哲宗実録——『宋史』党争記事初探——」(『中国正史の基礎的研究』早稲田大学出版部，1984年)，「文人官僚蘇軾の対高麗政策」(『史滴』第23号，2001年）に代表される文化，思想の流れと政治抗争とを結びつけた研究成果を見出すことができる。なお，以上の近藤氏の代表的論文をまとめた『宋代中国科挙社会の研究』(汲古書院）が2009年に刊行されている。両者の研究手法には大きな差異が見出せる。前者の熊本氏の手法は，史料の精緻な分析の下，政治事件あるいは政治制度の仕組みを追求するものであり，かつての清朝考証学の手法を想起させる。一方，近藤氏は思想，文化の流れの中に政治史の展開を読み取ろうとする手法を取っており，アメリカで流行している政治社会史，政治文化史と相通ずる志向性を有している。

　この他，北宋政治史を考える上で重要な成果としては，士大夫の政治意識の転換を基軸に北宋史の流れを明らかにしようとした小林義廣「欧陽脩における歴史叙述と慶暦の改革」(『史林』第66巻第4号，1983年)，「「濮議」小考」(『東海大学文学部紀要』第54輯，1990年)，政治抗争を朋党のメカニズムによって説明を試みようとした平田茂樹「宋代の言路官について」(『史学雑誌』第101編第6号，1991年)，「宋代の朋党と詔獄」(『人文研究』第47巻第8号，1995年)，「宋代の朋党契機の契機について」(『宋代社会のネットワーク』汲古書院，1998年）などをあげることができる。小林氏は仁宗朝頃までの政治家が官僚の世論を基底として，その上に至高＝倫理的な天子を頂く「皇帝機関説」と称すべき皇帝像を有していたのに対し，第5代，第6代頃になると，君主＝皇帝を絶対視する考え方，一種「国家主義的国家観」へ転換していったと述べており，政治の変化を士大夫の世論もしくは政治意識の変化から捉えようと試みている。平田は，政治システムと関連

させながら朋党とはそもそもどのような社会的結合に基づくものであるかという集団原理を一貫して追求している。

一方，南宋政治史については，寺地遵氏の膨大な数に上る論文を除けば，かつては山内正博「南宋政権の推移」（『岩波講座世界史 中世3』岩波書店，1970年），衣川強「「開禧用兵」をめぐって」（『東洋史研究』36-3，1977年）など，極めて限られた研究しか見られなかった。近年は，寺地氏がその後も引き続き南宋政治史の連作「史嵩之の起復問題——南宋政権解体過程研究箚記」（『史学研究』第200号，1993年），「南宋末期，公田法の背景」（『史学研究』第231号，2001年），「韓侂冑専権の成立」（『史学研究』第245号，2005年）を発表しているほか，安倍直之「南宋孝宗朝の皇帝側近官」（『集刊東洋学』第88号，2002年），平田茂樹「周必大『思陵録』・『奉詔録』から見た南宋初期の政治構造」（『人文研究』第55巻，2003年），藤本猛「武臣の清要——南宋孝宗朝の政治状況と閤門舎人」（『東洋史研究』第63巻第1号，2004年），高橋弘臣「南宋初期の巡幸論」（『愛媛大学法文学部論集人文学科編』第15号，2003年），小林晃「南宋中期における韓侂冑専権の確立過程」（『史学雑誌』第115編第8号，2006年）などが相次いで出され，南宋政治史研究の蓄積が進んでいる。

この他，政治事件史と関わる個別政治家の伝記研究としては，欧陽修個人に焦点をあてその政治，社会，文化の諸問題を広く論じた小林義廣『欧陽脩その生涯と宗族』（創文社，2000年），ならびに政治家の個人の伝記を描いたものでありながらすぐれた政治史の著作となっている木田知生『司馬光とその時代』（白帝社，1994年），衣川強『朱熹』（白帝社，1994年），竺沙雅章『宋の太祖と太宗』（清水書院，1975年），同『范仲淹』（白帝社，1995年）などがあげられる。

第三は，国際政治，国際関係をめぐる研究であり，過去には遼・金関係史における外山軍治『金朝史研究』（東洋史研究会，1964年），三上次男『金代政治制度の研究』（中央公論美術出版，1970年），『金代女真社会の研究』（中央公論美術出版，1972年），『金代政治・社会の研究』（中央公論美術出版，1973年），島田正郎『遼朝史の研究』（創文社，1972年），『遼朝官制の研究』（創文社，1978年），市舶司を中心とした宋代の海外貿易体制を論じた桑原隲蔵『宋末の提挙市舶——西域人蒲

寿庚の事蹟』(上海東亜攻究会，1923年)，日宋交易を多角的に論じた森克己『日宋貿易の研究』(国立書院，1948年) など大きな研究成果があった。近年は，宋の西夏・遼に対する政策を分析した金成奎『宋代の西北問題と異民族政策』(汲古書院，2000年)，五代十国と東アジア海域世界の問題を論じた山崎覚士「呉越国王と「真王」概念」(『歴史学研究』第752号，2001年)，同「未完の海上国家 呉越国の試み」(『古代文化』第154号，2002年) や山内晋次『奈良平安期の日本とアジア』(吉川弘文館，2003年)，榎本渉『東アジア海域と日中交流――九～一四世紀』(吉川弘文館，2007年) などの東アジア海域交流史の観点から国際関係をとらえる研究成果の蓄積が進められている[6]。

## 二 新たな宋代政治史研究の可能性

本章では，21世紀における宋代の政治史研究を進める上での三つの新しい方向性を提示しておく。ただ，政治史研究の研究対象は広範囲であり，ここで述べるのはあくまでもその一部に過ぎないことを前もって述べておく。

第一が政治システムを分析の視野に入れたアプローチ方法である。例えば，21世紀の現段階においても荒木敏一『宋代科挙制度研究』，梅原郁『宋代官僚制度研究』は科挙，官僚制度の分野の最良の成果と見なしうるが，両者とも唐宋変革という観点から分析を進めているため，北宋の制度史分析は詳細であるが，南宋については不十分な部分が残る[7]。また，これらの研究書は個々の政治的な制度や装置を知る上では最良の書であるが，政治は諸関係のネットワークの統合体(システム)であるので，その実態解明には政治システムという観点が必要となって

---

[6] 宋代という時代に限ってみると大きな成果は出されていないが，東アジア海域史研究という観点から見る場合，研究成果が次々に出されている。これらの研究状況については桃木至朗『海域アジア史研究入門』(岩波書店，2008年) に詳しく述べられている。また，遼，金，西夏史研究の研究蓄積も近年とみに増えている。この点については飯山知保 "Jurchen Jin Study in Japan since the 1980s", *Journal of Song-Yuan Studies*, 37, 2008. を参照。

[7] 南宋の科挙制度の仕組みについては Chaffee, John W. *The thorny gates of learning in Sung China: a social history of examinations*. State University of New York Press, 1995. が最も優れた研究書となっている。

くる。諸関係のネットワークの統合体である政治システムは、社会的環境の変化に対応した要求や支持に基づくインプットを経て、決定と実施というアウトプットがなされる。そしてこのアウトプットされたものが政治システムにフィードバックされ、その後のシステムを形作ることになる。従って政治を捉えるためには、個別の制度史研究の成果を結びつけ、それらを集大成し、政治システムがどのようにインプット、アウトプット、フィードバックという過程を辿りながら運営されたかという観点から分析を進める必要がある[8]。

上記の政治システムという観点から研究史を見た場合、明代史の檀上寛『明朝専制支配の史的構造』(汲古書院、1997年) ならびに『永楽帝——中華「世界システム」への夢』(講談社、1997年)、新宮学『北京遷都の研究——近世中国の首都移転』(汲古書院、2004年) が明初の政治システムの変化を考える最良の研究書と評価しうる。我々は両者の書物を通じて南京から北京への遷都が大きな意味で、いわゆる国家と経済の重心が密接なつながりを有する「南京システム」から両者の乖離によって成立する「北京システム」への転換であったと理解することができる[9]。

同様に北宋の「西北辺 (軍) −中原の都 (政治) −長江下流 (財源)」を連結する広大な国家物流システムを基軸とした「開封システム」と、北中国を奪われた結果、江南の地方政権、別の表現をすれば狭い領域での軍事、政治、経済の緊密な連関から成り立つ南宋の「杭州システム」とは同一に語ることはできない。とりわけ南宋の政治システムを解明するためには、総領所・都督府・宣撫司など地方の軍

---

8) 政治システムの考え方については D. イーストン (David Easton)『政治生活の体系分析』(*A Systems of Political Life*, 初出1965年、後に1980年、早稲田大学出版部より翻訳出版)、G. A. アーモンド (Gabriel A. Almond)『現代政治学と歴史意識』(*Political Development: Essays in Heuristic Theory*, 初出1970年、後に1982年に勁草書房より翻訳出版) 参照。
9) 例えば、新宮は両者の違いを次のように述べている。「洪武政権が当初打ち立てた南京＝京師体制は、政治の中心と経済の重心の一致を特徴としていたのに対し、永楽遷都以後に完成する「北京システム」は、両者の分離に特徴を持つ。南北分裂を実質的に統一した明朝政権が、洪武・建文朝の過渡期を経て、永楽年間に自ら選択したこのシステムは、国家と社会の乖離を特徴とする中国近世社会の枠組みの完成を意味していた。」(「近世中国における首都北京の成立」『シリーズ 都市・建築・歴史5「近世都市の成立」』東京大学出版会、2005年)。

事，財政を広域にわたって統括したシステムの解明，あるいは南宋においては北宋以上，州県の上に立つ路が重要な意味を持つようになっており，中央と地方（さらには外国世界）とを結ぶ文書，情報伝達，交通，政策決定システムについて一層の研究の蓄積が必要となってくる[10]。

　ここで北宋から南宋への政治システムの変化の問題を鮮明にするために，拙論をもとに幾つかの具体的な指摘をしておきたい。第一に，拙論「宋代の政治空間を如何に読むか？」（『大阪市立大学東洋史論叢別冊特集号 文献資料学の新たな可能性③』238頁，2007年）では政治空間の変化という観点から次のようなことを述べた。

　　また，この政治上の変化は，宋代一代を通じても見て取れる。最後に論じた，北宋の「対」システムを中心とした政治運営に対し，南宋の「御筆」システムを中心とした政治運営への変化である。この変化と深く関わってくるのが

---

10）　代表的なものを列挙すれば，長井千秋「宋代の路の再審制度──翻異・別勘を中心に──」（『前近代中国の刑罰』京都大学人文科学研究所，1996年），久保田和男「宋代に於ける制勅の伝達について──元豊改制以前を中心として──」（『宋代社会のネットワーク』汲古書院，1998年），梅原郁「進奏院をめぐって──宋代の文書伝達制度──」（『就実大学史学論集』第15号，2000年），徳永洋介「宋代の御筆と手詔」（『東洋史研究』第57巻第3号，1998年），青木敦「『宋会要』職官64-75「黜降官」について──宋代官僚制研究のための予備的考察」（『史学雑誌』第102編第7号，1993年），平田茂樹「宋代政治構造試論──対と議を手掛かりとして──」（『東洋史研究』第52巻第4号，1994年），「宋代政治史料解析法──「時政記」と「日記」を手掛かりとして──」（『東洋史研究』第59巻第4号，2001年）などである。この政治システムの変化の問題は，北宋士大夫と南宋士大夫の政治との関わりにも大きな影響を及ぼしていった可能性がある。かつてロバート・ハートウェル（Robert Hartwell），"Demographic, Political and Social Transformations of China, 750-1550", *Harvard Journal of Asiatic Studies*, vol. 42-2, 1982. やロバート・ハイムズ（Robert Hymes）, *Statesmen and Gentlemen: The Elite of Fu-chou, Chiang-hsi, in Northern and Southern Sung*, Cambridge: Cambridge Univ. Press, 1987. によって，中央政界での婚姻関係を通じて政治的勢力を保持しようとした北宋の専門職エリート（professional elite）と地域社会の婚姻や社会事業などを通じて威信を確立しようとした南宋の地方縉紳（local elite）への変化があったことが指摘されている。また，日本の宋代交通史の研究は青山定雄『前掲書』が出されて以降，大きな進展が見られない。中国においてはこの分野の研究の蓄積が進んでおり，近年，曹家斉氏が唐宋変革の一つの変化として，交通中心の南移とそれに伴う社会の変化について論じている（「唐宋時期の中国における交通中心の南移とその影響について──中国社会の発展における南北格差の形成とその常態化の原因に対する一解釈──」『大阪市立大学東洋史論叢 別冊特集号 文献資料学の新たな可能性③』2007年）。

南宋の専権宰相の頻出であり，臨安の政治空間の分散化の問題である。そして，南宋期に見られた諸変化は，元を経て宰相制度の廃止や内閣の票擬システムの発達に見られる明代の政治システムへつながってゆく。例えば，南宋から明代への流れにおいて，唐代後半から北宋にかけて顕著であった「対」に代表される皇帝，官僚間の直接的な交流方式ではなく，南宋から明代にかけての文書を介した間接的な交流方式へと展開する流れを見ることも可能である。

　この論文の中では北宋時代に顕著に表れる「対」（官僚が直接皇帝に対面して意見を申し上げる制度）の頻度が北宋後半頃より減少し始め，南宋においては「御筆」と呼ばれる，主として皇帝と宰相の間を往来する文書制度の発達を指摘した。そして，その背景に南宋前半期においては皇帝，太上皇帝という二元体制が出現し，宮城外の太上皇帝宅が政治上，重要な意味を持ったこと，また専権宰相の頻出と呼応するように宰相への「賜第」が盛んに行われ，この宰相宅が政策決定上，重要な拠点となるなど宮城外の空間が次第に重きを持つようになり，宮城と宮城外を繋ぐ文書制度の発達が見られたことを指摘した。

　第二に，拙論「宋代地方政治管見――箚子，帖，牒，申状を手掛かりとして――」（『東北大学東洋史論集』第 11 輯，2007 年）では文書制度を手掛かりに北宋から南宋の地方政治のあり方に変化が見られたことを指摘した。その一節を抜き出せば下記の通りである。

　　南宋になると，数路を束ねる宣撫司，都督府，総領所とその下の監司，帥司，さらには州県官の間には北宋とは異なる原理が働いていたと考えられる。例えば，『建炎以来朝野雑記』甲集巻 11「宣撫処置使」に次のような文章が見える。

　　　宣撫処置使旧無有，張魏公始為之。其行移於六曹・寺監・帥司皆用箚子，而六曹於宣司用申状，紹興四年趙忠簡使川陝，六年韓忠武使京東淮東，皆帯処置字入銜，然忠簡後不行，而韓在山陽，特隆其名而已，非魏公処置之比也。故事大臣為宣撫使者，於三省枢密院皆用申状，若建都督府，則止用関而已。隆興初，魏公以少傅為江淮宣撫使，頃之拝枢密使，都督

江淮軍馬, 及符離師潰, 内外紛然, 公上表待罪。上曰罷枢密使。宰相陳魯公曰, 如此則是罷政。乃降特進, 復為宣撫使。陳正献公時参賛軍事, 言於孝宗曰, 降官示罰, 自古所有, 今雖張浚自請, 然人情観望, 徒使号令不行, 請復正其名。上不従。周元持時為侍御史亦言, 官爵者人臣一已之私, 其人有罪, 隨即貶降則可也。若都督之名, 則国家用人之権柄, 豈亦行遞減。上納其言, 遂復督府之名矣。凡前両府及従官為宣撫使, 於六部用申状, 総領所用公牒, 監帥司及所部郡県用劄子云。

張浚が宣撫処置使となった折りには, 尚書六曹・寺監・帥司に対して劄子を用い, 尚書六曹は宣撫処置使に対して申状を用いたとある。この場合, 張浚は枢密使を拝命し, かつ都督江淮軍馬となっている。恐らく, 一般的な事例としては, 後半の傍線部のように, 宰執経験者や侍従が宣撫使に任じられた場合, 六部には申状, 総領所には公牒, 監司・帥司及び所轄の州県には劄子を用いるという形となる。

これは南宋期の特殊性を反映して起こってくる現象である。要するに, 南宋期は対金・モンゴルとの戦争とのかかわりで, 軍事の大権を握る, 宣撫司や都督府が設置され, これらの長官, 次官クラスのポストに枢密使や執政クラス, あるいは侍従などが兼任という形で任命されることが頻出する。そして, こうした複数の路を統括する特別の官司が, 他の路官や州県官と縦のベクトルによって文書のやりとりをするという構造が出現し, これが次の元につながることとなる。

この一節は「劄子」という, 本来中書省, 枢密院, 尚書省が下級官府に送る下行文書の形式が, 南宋の宣撫司, 都督府から地方の路, 州, 県に送る文書として常態化してくることを論じた部分である。北宋期にも地方の大官府がこの劄子を用いる例があるが, 南宋期に見られたこれらの事例を通して宣撫司, 都督府, 総領所などの官府が, 地方政治において格別な存在に変化してくことを指摘した。つまり, 北宋と南宋とを比較した場合, 中央−地方の官府間の関係もしくは地方官府間の関係に大きな変化が生ずるのである[11]。

---

11) ここでは「劄子」という問題を取り上げているが, その他の文書制度についても分析を深

拙論以外に，勿論，この領域に関する研究が全くないわけではない。前掲の宮澤知之，島居一康両氏の財政，物流の研究は北宋から南宋にかけて政治システムがどのように変化していくかについて示唆的に述べており，また総領所についても川上恭司「南宋の総領所について」(『待兼山論叢（史学篇）』第 12 号，1978 年)，長井千秋「淮東総領所の財政運営」(『史学雑誌』第 101 編第 7 号，1992 年)，金子泰晴「南宋初期の湖広総領所と三合同関子」(『史観』第 123 冊，1990 年) などの論文が出されている。

　また，南宋の都杭州についてはかつて梅原郁編『中国近世の都市と文化』(京都大学人文科学研究所，1984 年) が政治，経済，社会，文化あらゆる面からの杭州研究へのアプローチを試みており，今日から見ても極めて高い水準を保っている。一方，北宋の首都開封については，久保田和男氏が都市構造から首都の政治の側面まで網羅的な研究を続けており，近年『宋代開封の研究』(汲古書院，2007 年) として結実した。今後はこれらの諸成果を踏まえつつ，上述した北宋の開封システムと南宋の杭州システムとの徹底的な対比を通じて，宋代政治システムの全貌を解明することが課題となってくる[12]。

　第二に政治事件史の分析方法を深めていくことが必要である。これはとりわけ政治集団分析の問題と深く関わってくる。例えば著者は前掲「宋代朋党の形成の契機について」の中でネットワーク論にもとづく集団分析の必要性を主張した。要するに，朋党＝政治集団分析は，そもそも個々の士大夫官僚がどのような地縁，血縁，婚姻，学縁，業縁と言った様々な関係性を有しているかを丹念に洗い出し，そのネットワーク構造が当時の人事システム（科挙＝薦挙制度）や政策決定シス

---

めてゆく必要がある。例えば，森平雅彦「牒と咨のあいだ——高麗王と元中書省の往復文書——」(『史淵』第 144 輯，2007 年) は唐代から南宋末まで国家間で用いられた「牒」という外交文書が元，明時代においては「咨」という文書へ変化していく過程を論じている。ただ，この論文は，宋から元明間の文書制度の変化に力点が置かれ分析されており，論文中に登場する「牒」，「咨」，「関」などの文書制度についても両宋のあいだでどのように使われ，変化していったかについて宋代史の視点から検討し直す必要がある。

[12]　政治空間という観点から都市の問題について回顧したものとして平田茂樹「宋代城市研究的現状與課題——従宋代政治空間研究的角度考察」(『中日古代城市研究』中国社会科学出版社，2004 年) がある。

テムと結びつき，その政治システムを媒介として集団性を強め，政治闘争を展開していったかを明らかにして始めて政治事件史の実態が見えてくることを主張したのである[13]。

ここで，わかりやすい事例を一つあげておきたい。北宋後半期の政治闘争として「洛蜀党議」というものがある。これまでこの政争は邵伯温『邵氏聞見録』巻13 の次の記事をもとに解釈されてきた。

> 当時有洛党・川党・朔党之語。洛党者以程正叔侍講為領袖，朱光庭賈易等為羽翼，川党者以蘇子瞻為領袖，呂陶等為羽翼，朔党者以劉摯・梁燾・王巌叟・劉安世為領袖，羽翼尤衆。諸党相攻撃而已。正叔多用古礼，子瞻謂其不近人情如王介甫，深疾之，或加抗侮，故朱光庭・賈易不平，皆以謗訕誣子瞻。執政両平之。是時既退元豊大臣於散地，皆銜怨刺骨，陰伺間隙而諸賢者不悟，自分党相毀，至紹聖初，章惇為相，同以為元祐党，尽竄嶺海之外，可哀也。呂微仲秦人戇直無党，范醇夫蜀人，師温公不立党，亦不免竄，逐以死，尤可哀也。

これは元祐時代の洛党・蜀党・朔党の対立について述べた文章であるが，ここで取り上げられている朔党については拙論「宋代の言路官について」(『史学雑誌』第101編第6号，1991年）及び「劉摯『忠肅集』墓誌銘から見た元祐党人の関係」(『宋—明宗族の研究』汲古書院，2005年）の中で詳しく検討を試みた。その結果，朔学といった実態は存在せず，せいぜい学問的には二程子もしくは司馬光の影響を受けていること，旧法党の中心として新法廃止，新法党排斥の中核となった朔党の領袖劉摯，王巌叟，梁燾の三者の間には地縁，姻戚，業縁（「言路」の官を共にした関係）の関係を基軸とした濃密な関係が存在していたが，もう一人の中心人物劉安世とは業縁関係はみられるものの，さほど強いつながりは見られない。また，

---

[13] 中国人のネットワーク形成については社会人類学者によって幾多の成果が出されている。その一つに，園田茂人氏は中国人のネットワーク形成の原理として，同郷，同業，同窓など，人間を結びつける共通の要素を探し出し，これを媒介として連帯を強めていくトンイズム（T'ungism）が存在していることを指摘している（『中国人の心理と行動』日本放送出版会，2001年，210頁）。また，薦挙制度の仕組みについては梅原郁『宋代官僚制度研究』（同朋社，1985年），鄧小南『宋代文官選任制度諸層面』（河北教育，1993年）を参照。

同様な政治主張を共有していた彼らの集団は，当時の史料によれば「朔党」ではなく「劉摯党」と言う形で弾劾，排斥されている。そして，この「劉摯党」は劉摯，王巌叟，梁燾，劉安世等の間のゆるやかな日常的ネットワークに過ぎなかったものが，政争という契機を経て政策上，同一見解を有したため同じ集団として括られていったことを明らかにした。また，蜀党，洛党についても蜀学，洛学を基調とした学者政治集団としてみるのは少し無理があり，それぞれ丹念に個々のネットワークを追っていく必要がある。

　要するに，朋党は構成員が明確ではなく，かつ組織性を欠いたゆるやかな紐帯であり，中核となる人物との二者間ネットワークを軸に形成されるという特徴からして，今日の構成員が明確であり，党規によって運営される組織だった政党とは全く異質なものである。従って，政治集団分析の際には，かつて内藤湖南氏が『中国近世史』第一章「近世史の意義」「朋党の性質の変化」で論じたような朋党を「家柄」，「婚姻」，「学問」といった個々の資質・能力を重視する属性主義的な見地から分析するのではなく，行為を決定するのは行為者を取り囲む関係構造だと捉えるネットワーク論的分析が有効となってくる。

　しかし，政治集団分析には拙論が試みた以外にも様々な手法が考え得る。例えば，寺地遵氏は政治過程論に基づいた集団分析を主張している[14]。政治過程論の代表的成果としては A. F. ベントリー（Arthur Fisher Bentley）の『統治過程論――社会圧力の研究統治過程論』（*The Process of Government*，初出 1908 年，後に 1994 年法律文化社より翻訳出版）があるが，この方法による限り，政治過程に現れる多様な勢力は，すべて集団として同一平面に併置され，分析の対象となる。寺地氏が皇帝・首都＝権力中心と百官・地域＝末端を一貫させ，連続するルートを設定することによって政治過程を分析することを主張されたのはまさにその方向といえよう[15]。

---

14) 寺地前掲「宋代政治史研究方法試論」参照。
15) 従来の宋代政治集団分析は主として中央政界の人間関係を中心に進められる傾向が強い。その結果，中央政界の宰執，侍従，台諫層といった高級官僚の人脈については詳細な分析結果が得られているが，寺地氏が『南宋初期政治史研究』の中で試みられたような中央から地方までを視野に入れた政治人脈分析は十分に行われているとは言い難い。一方，黄寛重『宋代的家

一方，従来の宋代史の政治集団分析は，C. W. ミルズ（C. Wright Mills）の『パワー・エリート』（The Power Elite，初出1958年，後に1969年東京大学出版会より翻訳出版）論（アメリカでは，政治・経済・軍事の各ヒエラルヒーにおいて頂点をしめる人々によって権力が掌握され，彼らは相互に密接な関連を有する）を想起させる，三位一体的な士大夫像（文化的には読書人，政治的には官僚，経済的には地主・資本家）を基軸に，士大夫官僚に限定する形で政治集団分析が行われている。要するに政治主体をあらかじめ士大夫に限定し，学者と政治の両世界（あるいは経済界をも含む）を掌握していた士大夫の属性に着目しながら，彼らがアメリカのパワーエリートさながら政治を動かしていたもの見なして分析が行われている。その一つの代表として，学者政治集団と政治集団の対立，抗争から宋代政治史を描いた衣川強『宋代官僚社会史研究』（汲古書院，2006年）の著作があげられる[16]。しかし，いずれの方法を取るにせよ，政治集団の実像に迫るためには明確な方法論，分析視角が必要となってくる。

　第三は政治の社会史，政治の文化史的アプローチによる研究である[17]。すでに近藤一成氏にその方向性が見られることを指摘した。近年出された Hilde de Weerde「アメリカの宋代史研究における近年の動向――地方宗教と政治文化――」（『大阪市立大学東洋史論叢』第15号，2006年）は，アメリカの学界において，一時期停滞していた政治史研究が1990年以降再び活発化している状況を紹介し

族与社会』（台北：東大図書公司，2006年）に見られるように，地域史の視点から政治史を論じている著作の中には，當時の中央政界の政治抗争が地域の利害，対立と深く関わっていたことを明確に論じており，今後は両者の視点の摺り合わせが求められる。
16）この他，新法党をめぐる研究では熊本崇「中書検正官――王安石政権のにないてたち」（『東洋史研究』第47巻第1号，1988年），「熙寧年間の察訪使――王安石新法の推進者たち――」（『集刊東洋学』第58号，1987年）に代表されるように，新法党を制置三司条例司，中書条例司などの特別な官僚組織を核とした組織的な政治集団として捉える政治集団分析も見られる。
17）政治文化史の概念について，例えば阿河雄二郎「イメージと心性の政治文化史」（竹岡敬温・川北稔編『社会史への途』有斐閣，1995年）では「政治文化論は，考察の対象を政治制度やイデオロギーなどのハードな面ではなく，人々が日常的に営む政治生活や，その背景にひそむ無意識的な信条，象徴，価値観などのソフトな面に向け，他の地域との比較研究を含めて「政治の指向」をトータルに検討しようとする点で，奥深い文化の理解が模索されている」と述べ，具体的な研究対象として象徴，儀礼，政治的伝統，日常的な政治意識や政治生活などをあげている。

ている。その方向はまさに政治の社会史，政治の文化史（思想史）的研究である。また，Hilde 氏の問題意識とは必ずしも重ならないが，最近中国より鄧小南『祖宗之法：北宋時期政治述略』（三聯書店，2006 年）が出版されている。これまでも「祖宗の法」について言及した論文は見られたが，この書物においては宋代においては，例えば他の時代と比べて比較的自由な士大夫の言論活動が「祖宗の法」を根拠として認められてように，宋代においてはこの「祖宗の法」が他の時代以上に政治を動かす原理となっていたことが主張される[18]。この他，近年出版されている余英時『朱熹的歴史世界：宋代士大夫的政治文化史研究』（三聯書店，2004 年）も宋代士大夫たちが共有した政治的行動の原理を思想文化史的観点から探ろうとした著作であり，伝統中国の政治を動かす根底の原理は，恐らくこうした政治文化史，政治社会史的アプローチによって解明されていくことと思われる。

なお，付言すれば政治文化史の研究対象は，象徴，儀礼，政治的な伝統，政治意識，政治生活と多岐に亘り，「祖宗の法」の問題は政治文化史研究の上ではほんの一例に過ぎない。宋代の政治史研究の動向を俯瞰した場合，この領域の研究が極めて少ないことが目につく。例えば，唐代史においては『大唐開元礼』や律令制解明が主たる政治制度史の研究テーマとして進められたことと関わり，金子修一『古代中国と皇帝祭祀』（汲古書院，2001 年），同『中国古代皇帝祭祀の研究』（岩波書店，2006 年），渡辺信一郎『天空の玉座――中国古代帝国の朝政と儀礼』（柏書房，1996 年），岩見清裕『唐の北方問題と国際秩序』（汲古書院，1998 年）など儀礼，礼制に関わる研究の蓄積が多い。一方，宋代史を見る限り，山内弘一「北宋の国家と玉皇新礼――恭謝天地を中心に」（『東方学』第 62 輯，1981 年），同「北宋時代の郊祀」（『史学雑誌』第 92 編第 1 号，1983 年），同「北宋時代の神御殿と景霊宮」（『東方学』第 70 輯，1985 年），梅原郁「皇帝・祭祀・首都」（中村賢二郎編『歴史のなかの都市――続都市の社会史――』ミネルヴァ書房，1986 年），山口智哉「宋代郷飲酒礼考――儀礼空間としてみた人的結合の〈場〉」（『史学研究』第 241 号，

---

[18] 祖宗の法の問題とは異なるが，平田茂樹「『哲宗実録』編纂始末考」（『宋代の規範と習俗』汲古書院，1995 年）は新法党・旧法党の争いが従来の定説のような新法，旧法をめぐる政策の争いではなく，神宗，宣仁太后という両党の象徴的存在をどう評価するかという争いの一面を有していたことを明らかにしている。

2003年),金子由紀「南宋の大朝会儀礼——高宗紹興15年の元会を中心として」(『紀尾井史学』第23号,2003年)など僅かであり,政治文化という観点から政治史を見直す必要がある[19]。

以上の3つの新たな可能性をまとめれば次のようになろう。内藤,宮崎両氏が主唱された君主独裁政治論は中国の国制史,国家史的研究を進める上で極めて重要な役割を果たしてきた。しかし,この理論は宋代から清代の間の中国近世の政治体制を大局的に捉えたものであり,宋代という時代を考える上ではよりミクロな視点が必要となる。北宋から南宋史への展開を考える上では,相互に関連を持つ行政,財政,軍事,交通,情報伝達等諸要素になって構成された政治的統合体をモデル化して分析を進める政治システム研究が重要となってくる。しかし,政治システムは幾つかの要素をもとに高度に抽象化したモデルであり,人間の態度決定や行動選択を明らかにする上では不十分である。これらの決定に大きな影響を與えるのは,政治文化や政治思想であり,また政治集団を形成する中国独特な社会結合の原理である。そのためには政治システム研究を進めると同時に,政治集団研究や政治文化,政治社会史研究を深化させていく必要がある。そして,これらの作業を通じて,一時代を画してきた君主独裁政治論を批判的に継承発展さ

---

19) 宋代の政治生活や政治空間といったテーマについても研究を深めていく必要がある。例えば,拙論「宋代の宮廷政治——「家」の構造を手掛かりとして——」(『公家と武家Ⅱ「家」の比較文明史的考察』思文閣出版,1999年),同「宋代の政治空間を如何に読むか?」(『大阪市立大学東洋史論叢 別冊特集号 文献資料学の新たな可能性3』2007年)の中で論じたことがあるが,宮廷内における「内」と「外」の問題,首都における政治機能の配置の問題などが,宋代政治を考える上で重要な要素となってくる。このほか,外朝,内朝を中心とした皇帝の政治空間の問題に加えて,三館秘閣,経筵といった政治空間も重要な意味を有している。こうした問題については近年,Lamouroux, Christian「宋代宮廷の風景歴史著作と政治空間の創出(1022-1040)」(『東方学』第113輯,2007年),塚本麿充「宋代皇帝御書の機能と社会——孝宗「太白名山碑」(東福寺蔵)をめぐって」(『美術史論集』第7号,2007年)などが出されている。そのほか,政治空間の問題を考える際に,例えばモンゴルにおける大都と上都の二つの政治空間,清朝における北京,盛京(瀋陽),熱河・承徳の避暑山荘の三つの政治空間に顕著に体現されているように,漢民族と非漢民族の二元的な政治秩序を有していた王朝と,副都は置かれるものの基本的に一つの都に政治秩序を集約させた漢民族の王朝の政治空間の原理は大きく異なっている。そして,モンゴル史においては首都・離宮群全体を「首都圏」として捉え,そこを宮廷・政府が移動するという考え方が出されている。詳しくは杉山清彦「大清帝国の政治空間と支配秩序」(『大阪市立大学東洋史論叢 別冊特集号 文献資料学の新たな可能性3』2007年)参照。

せていくことが可能となるのである。

## 結びに代えて

　本論においては宋代政治研究の新たな方法論について論じた。最後に宋代という時代の位置づけについて一言触れておきたい。

　日本の宋代史研究は、現在、政治史研究という個別領域にとどまらず、宋代という時代そのものについて、前後の時代から大きな見直しを迫られている。かつては唐宋変革論が一世を風靡し、宋代を基軸に元、明、清代の政治システムを考えるというのが一つの方向をなしていた。しかし、妹尾達彦『長安の都市計画』(講談社、2001年)、森安孝夫『シルクロードと唐帝国』(講談社、2007年)、杉山正明『疾駆する草原の征服者——遼、西夏、金、元』(講談社、2006年)などに代表されるように、従来の漢民族中心の中国史のイメージではなく、ユーラシア史の体系の中で歴史を再構築しようという試みが始まっている。

　また、杉山正明氏が「モンゴル史」を軸にユーラシア世界史の大流を「モンゴル時代」と「ポスト・モンゴル時代」を経て「近代」への移り変わりとしてとらえようとする試み[20]、あるいは岸本美緒氏の16世紀から18世紀の間に、世界の銀流通と交易、軍事革命、商品経済の展開などを軸に東アジア世界が激動のリズムを共有していたとする「東アジアの『近世』」論[21]に見られるように、13世紀もしくは16世紀に近世の開始を設定する議論が出されており、内藤・宮崎が展開した宋代「近世」説の見直しも行われつつある。

　そうした中で、漢民族的特徴が他の王朝より濃厚であった宋代の政治の姿も当然ながらユーラシア、東アジア世界の中で相対化され、その政治の特質を唐宋変革、北宋・南宋交替の展開、宋・元・明・清期の移行の問題と絡めながら追求していく必要が出てきている[22]。

---

20) 杉山正明「中央ユーラシアの歴史構図——世界史をつないだもの——」(『岩波講座世界歴史11』、岩波書店、1997年)。
21) 岸本美緒『東アジアの「近世」』(山川出版社、1998年)
22) 渡辺信一郎「唐宋変革期をめぐって」(『古代文化』第48号、1996年)、丸橋充拓「「唐

また，政治史研究をめぐる方法論について今後ますます議論を重ねてゆく必要がある。日本の宋代史研究会では数年に一度の割合で特集を組み，新たな問題を提起してきた。近年の著作を見ても『宋代社会のネットワーク』(汲古書院，1998年)，『宋代人の認識――相互性と日常空間――』(汲古書院，2001年)，『宋代の長江流域』(汲古書院，2006年)，『「宋代中国」の相対化』(汲古書院，2009年)，宋代史研究会の著作ではないが関連の著作として『宋代社会の空間とコミュニケーション』(汲古書院，2006年) などがあり，これらの著作を通じて，ソシアビリテ (sociabilité) 論，ネットワーク論，コミュニケーション論，空間論など他の学問分野で用いられてきた理論，方法論が，中国世界において有効であるかについて議論が積み重ねられてきた[23]。この流れは現在も進行中であり，例えば山根直生氏は「唐宋政治史研究に関する史論――政治過程論，国家統合の地理的様態から――」(『中国史学』第14号，2004年) において，本論でも紹介した政治過程論に代表されるミクロ政治学の方法論の導入に加えて，「国家統合の地理的様態」の分析の必要性を論じている[24]。

　最後に，本論で触れなかった政治史料の問題について言及しておく。宋代政治・制度史においては『宋史』，『続資治通鑑長編』，『建炎以来繋年要録』をはじめとする正史，実録系の史料，もしくは『宋会要輯稿』・『文献通考』・『玉海』に代表される類書・政書系史料を中心に分析が進められてきた。この方向は今後も大きく変わることはない。ただ，近年，墓誌，日記，地方志などこれまで副次的に用

---

宋変革」史の近況から」」(『中国史学』第11巻，2001年)，*The Song-Yuan-Ming Transition in Chinese History*, Harvard University Press, 2003. など参照。
23) 日本の宋代史研究者がどのように欧米の研究を受容してきたかについては岡元司「宋代の地域社会と知――学際的視点から見た課題――」(『知識人の諸相――中国宋代を基点として』勉誠出版，2001年) に端的にまとめられている。このように日本を始め世界の宋代史研究において，学際的な研究方法の導入が進められてきているが，その一方，欧米の研究者の研究方法について批判が出されるようになってきている。その一例としてロバート・ハートウェル，ロバート・ハイムズの研究方法についての批判については包偉民「精英們"地方化"了嗎？」(『唐研究』第11巻，2005年)，黄寛重『宋代的家族与社会』(台北：東大図書公司，2006年) をあげておく。
24) このテーマを掘り下げた研究は多いとはいえない。ただ，斯波義信『宋代江南経済史の研究』(東京大学東洋文化研究所，1988年)，佐竹靖彦『唐宋変革の地域史的研究』(同朋舎，1990年) は宋代社会の地域性に関して大きな示唆を与えてくれる。

いられてきた史料を利用して，政治的ネットワーク分析や細かな政治システム解明に分析の範囲が広がっており，今後はこれらの史料を併用することにより，政治の深層に踏み込むことが可能となって来ると思われる[25]。

［参考文献目録］

青木　敦［1993］「「宋会要」職官64-75「黜降官」について——宋代官僚制研究のための予備的考察」『史学雑誌』第102編第7号。
青山定雄［1963］『唐宋時代の交通と地誌地図の研究』吉川弘文館。
荒木敏一［1969］『宋代科挙制度研究』東洋史研究会。
安倍直之［2002］「南宋孝宗朝の皇帝側近官」『集刊東洋学』　第88号。
飯山知保［2008］"Jurchen Jin Study in Japan since the 1980s", *Journal of Song-Yuan studies*, vol. 37.
梅原　郁［1971］「宋代の内蔵と左蔵」『東方学報（京都）』第42冊。
梅原　郁編［1984］『中国近世の都市と文化』京都大学人文科学研究所。
梅原　郁［1985］『宋代官僚制度研究』同朋舎。
梅原　郁［1986］「皇帝・祭祀・首都」中村賢二郎編『歴史のなかの都市——続都市の社会史——』ミネルヴァ書房。
梅原　郁［2000］「進奏院をめぐって——宋代の文書伝達制度——」『就実大学史学論集』第15号。
梅原　郁編［2001］『訳注 中国近世刑法志（上）』創文社。
梅原　郁［2006］『宋代司法制度研究』創文社。
榎本　渉［2007］『東アジア海域と日中交流——九〜一四世紀』吉川弘文館。
岡　元司［2001］「宋代の地域社会と知——学際的視点から見た課題——」『知識人の諸相——中国宋代を基点として』勉誠出版。
金子泰晴［1990］「南宋初期の湖広総領所と三合同関子」『史観』第123冊。

---

25) 2003年に台湾の東呉大学にて宋代墓誌銘を共通テーマとした国際会議が開かれ，その中で墓誌銘史料が政治・制度史分析においても大きな可能性を有することが確認されている。この成果については『東呉歴史学報』第11期・第12期（2004年）参照。日記については平田が積極的にその可能性を追求している。その一例として「宋代の日記史料から見た政治構造」『宋代社会の空間とコミュニケーション』（汲古書院，2006年）をあげておく。
　また，歴史学の史資料の問題については，福井憲彦『歴史学入門』（岩波書店，2006年）所掲図「史資料学の性格分類」が端的に示すように，アナール学派（École des Annales）を中心とした新しい歴史学は，従来の文献資料の狭い枠組みにとどまらず，広く非文献資料の可能性を追究している。図に列挙されている「自然・自然物」，「景観・風景」，「建造物」，「用具・器具」，「音声資料」，「記憶」，「意識・観念」，「伝承資料」，「言語・用語」といったものも史資料と見なされるようになってきており，この史資料の問題については別途論じる必要がある。

金子由紀　［2003］「南宋の大朝会儀礼――高宗紹興15年の元会を中心として」『紀尾井史学』第23号。
川上恭司　［1978］「南宋の総領所について」『待兼山論叢（史学篇）』第12号。
木田知生　［1994］『司馬光とその時代』白帝社。
衣川　強　［1970］「宋代の俸給について――文臣官僚を中心にして――」『東方学報（京都）』第41冊。
衣川　強　［1977］「「開禧用兵」をめぐって」『東洋史研究』第36巻第3号。
衣川　強　［1994］『朱熹』白帝社。
衣川　強　［2006］『宋代官僚社会史研究』汲古書院。
金　成奎　［2000］『宋代の西北問題と異民族政策』汲古書院。
久保田和男　［1998］「宋代に於ける制勅の伝達について――元豊改制以前を中心として――」『宋代社会のネットワーク』汲古書院。
久保田和男　［2007］『宋代開封の研究』汲古書院。
熊本　崇　［1988］「中書検正官――王安石政権のにないてたち」『東洋史研究』第47巻第1号。
熊本　崇　［1987］「熙寧年間の察訪使――王安石新法の推進者たち――」『集刊東洋学』第58号。
熊本　崇　［1990］「元豊の御史――宋神宗親政考」『集刊東洋学』第63号。
熊本　崇　［1998］「慶暦から熙寧へ――諫官欧陽修をめぐって」『東北大学東洋史論集』第7輯。
熊本　崇　［1998］「宋仁宗立太子前後――慶暦「改革」前史」『集刊東洋学』第79号。
熊本　崇　［2007］「宋執政攷――元豊以前と以後」『東北大学東洋史論集』第11輯。
桑原隲藏　［1923］『宋末の提挙市舶――西域人蒲寿庚の事蹟』上海東亜攻究会。
小岩井弘光　［1998］『宋代兵制史の研究』汲古書院。
小林　晃　［2006］「南宋中期における韓侂冑専権の確立過程」『史学雑誌』第115編第8号。
小林義廣　［1983］「欧陽脩における歴史叙述と慶暦の改革」『史林』第66巻第4号。
小林義廣　［1990］「「濮議」小考」『東海大学文学部紀要』第54輯。
小林義廣　［2000］『欧陽脩――その生涯と宗族』創文社。
近藤一成　［1985］「宋初の国子監・太学について」『史観』第113冊。
近藤一成　［1987］「王安石の科挙改革をめぐって」『東洋史研究』第46巻第7号。
近藤一成　［1994］「蔡京の科挙・学校政策」『東洋史研究』第53巻第1号。
近藤一成　［1984］「「洛蜀党議」と哲宗実録――『宋史』党争記事初探――」『中国正史の基礎的研究』早稲田大学出版部。
近藤一成　［2001］「文人官僚蘇軾の対高麗政策」『史滴』第23号。
近藤一成　［2009］『宋代中国科挙社会の研究』汲古書院。
佐伯　富　［1969］「宋代走馬承受の研究」『中国史研究（第一）』東洋史研究会。
佐伯　富　［1963］『宋史職官志索引』同朋舎。
佐伯　富　［1982］『宋史選挙志索引』同朋舎。
佐竹靖彦　［1990］『唐宋変革の地域史的研究』同朋舎。

斯波義信［1988］『宋代江南経済史の研究』東京大学東洋文化研究所。
島田正郎［1972］『遼朝史の研究』創文社。
島田正郎［1978］『遼朝官制の研究』創文社。
曾我部静雄［1941］『宋代財政史』生活社。
島居一康［1993］『宋代税制史の研究』汲古書院。
宋代史研究会編［1998］『宋代社会のネットワーク』汲古書院。
宋代史研究会編［2001］『宋代人の認識——相互性と日常空間——』汲古書院。
宋代史研究会編［2006］『宋代の長江流域』汲古書院。
宋代史研究会編［2009］『「宋代中国」の相対化』汲古書院。
高橋弘臣［2003］「南宋初期の巡幸論」『愛媛大学法文学部論集人文学科編』第15号。
竺沙雅章［1975］『宋の太祖と太宗』清水書院。
竺沙雅章［1995］『范仲淹』白帝社。
塚本麿充［2007］「宋代皇帝御書の機能と社会——孝宗「太白名山碑」（東福寺蔵）をめぐって」『美術史論集』第7号。
寺地　遵［1988］『南宋初期政治史研究』渓水社。
寺地　遵［1993］「史嵩之の起復問題——南宋政権解体過程研究箚記」『史学研究』第200号。
寺地　遵［1996］「宋代政治史研究試論」『宋元時代の基本問題』汲古書院。
寺地　遵［2001］「南宋末期，公田法の背景」『史学研究』第231号。
寺地　遵［2005］「韓侂冑専権の成立」『史学研究』第245号。
徳永洋介［1998］「宋代の御筆と手詔」『東洋史研究』第57巻第3号。
外山軍治［1964］『金朝史研究』東洋史研究会。
内藤湖南［1947］『中国近世史』弘文堂。
長井千秋［1992］「淮東総領所の財政運営」『史学雑誌』第101編第7号。
長井千秋［1996］「宋代の路の再審制度——驫異・別勘を中心に——」『前近代中国の刑罰』京都大学人文科学研究所。
中嶋　敏編［1991・1995・1995］『宋史選挙志訳注（一）～（三）』東洋文庫。
平田茂樹［1991］「宋代の言路官について」『史学雑誌』第101編第6号。
平田茂樹［1994］「宋代政治構造試論——対と議を手掛かりとして——」『東洋史研究』第52編第4号。
平田茂樹［1995］「宋代の朋党と詔獄」『人文研究』第47巻第8号。
平田茂樹［1995］「『哲宗実録』編纂始末考」『宋代の規範と習俗』汲古書院。
平田茂樹［1998］「宋代の朋党契機の契機について」『宋代社会のネットワーク』汲古書院。
平田茂樹［1999］「宋代の宮廷政治——「家」の構造を手掛かりとして——」『公家と武家Ⅱ：「家」の比較文明史的考察』思文閣出版。
平田茂樹［2001］「宋代政治史料解析法——「時政記」と「日記」を手掛かりとして——」『東洋史研究』第59巻第4号。

平田茂樹［2001］「政治の舞台裏を讀む──宋代政治史研究序説──」『知識人の諸相──中国宋代を起点として』勉誠出版。
平田茂樹［2003］「周必大『思陵録』・『奉詔録』から見た南宋初期の政治構造」『人文研究』第55巻第2号。
平田茂樹［2005］「劉摯『忠肅集』墓誌銘から見た元祐党人の関係」『宋−明宗族の研究』汲古書院。
平田茂樹［2006］「宋代政治構造研究序説」『人文研究』第57巻。
平田茂樹・遠藤隆俊・岡　元司編［2006］『宋代社会の空間とコミュニケーション』汲古書院。
平田茂樹［2007］「宋代地方政治管見──箚子，帖，牒，申状を手掛かりとして──」『東北大学東洋史論集』第11輯。
平田茂樹［2007］「宋代の政治空間を如何に読むか？」『大阪市立大学東洋史論叢　別冊特集号　文献資料学の新たな可能性3』。
藤本　猛［2004］「武臣の清要──南宋孝宗朝の政治状況と閤門舎人」『東洋史研究』第63巻第1号。
丸橋充拓［2001］「「唐宋変革」史の近況から」『中国史学』第11巻。
宮崎市定［1950］『東洋的近世』教育タイムス社。
宮崎市定［1953］「宋代の士風」『史学雑誌』第62編第2編。
宮崎市定［1963］「宋代官制序説──宋史職官志を如何に読むべきか──」『宋史職官志索引』同朋舎。
宮澤知之［1998］『宋代中国の国家と経済──財政・市場・貨幣──』創文社。
三上次男［1970］『金代政治制度の研究』中央公論美術出版。
三上次男［1972］『金代女真社会の研究』中央公論美術出版。
三上次男［1973］『金代政治・社会の研究』中央公論美術出版。
森　克己［1948］『日宋貿易の研究』国立書院。
森平雅彦［2007］「牒と咨のあいだ──高麗王と元中書省の往復文書──」『史淵』第144輯。
柳田節子［1983］『中国史研究入門』「宋・元時代」山川出版社。
山内弘一［1981］「北宋の国家と玉皇新礼──恭謝天地を中心に」『東方学』第62輯。
山内弘一［1983］「北宋時代の郊祀」『史学雑誌』第92編第1号。
山内弘一［1985］「北宋時代の神御殿と景霊宮」『東方学』第70輯。
山内晋次［2003］『奈良平安期の日本とアジア』吉川弘文館。
山内正博［1970］「南宋政権の推移」『岩波講座世界史　中世3』岩波書店，1970年。
山口智哉［2003］「宋代郷飲酒礼考──儀礼空間としてみた人的結合の〈場〉」『史学研究』第241号。
山崎覚士［2001］「呉越国王と「真王」概念」『歴史学研究』第752号。
山崎覚士［2002］「未完の海上国家──呉越国の試み」『古代文化』第154号。
山根直生［2004］「唐宋政治史研究に関する史論──政治過程論，国家統合の地理的様態から─

—」『中国史学』第 14 号。
吉田清治［1941］『北宋全盛期の歴史』弘文堂書房。
和田　清・中嶋　敏編［1969-2005］『宋史食貨志訳注（一）〜（六）』東洋文庫。
渡辺信一郎［1994］『中国古代国家の思想構造——専制国家とイデオロギー』校倉書房。
渡辺信一郎［1996］「唐宋変革期をめぐって」『古代文化』第 48 号。

# 法制史研究

小川　快之

## 一　はじめに

　日本における宋代法制史に関連した研究は，仁井田陞氏や宮崎市定氏，曾我部静雄氏，滋賀秀三氏などにより始められ，基礎的な事柄が明らかにされた（[仁井田 1937・1942・1959・1960・1962・1964]，[宮崎 1954]，[曾我部 1965]，[滋賀 1950・1966・1967]，[佐伯 1950] など。[岡野 1993]，[川村 1993a] 参照）。その後，1983年に南宋時代の裁判関係文書集である『名公書判清明集』（以下『清明集』と略称）の明版が北京図書館・上海図書館で発見され，1986年にその写真版が高橋芳郎氏により日本に将来されると，各地で明版に関する訳注作業が活発に行われるようになった。

　その影響もあって，日本では，1980年代後半より，宋代の法制・裁判に関する研究，訴訟に着目した，または，判語（判決文）史料を糸口にした地域社会研究が活発化した。とりわけ，裁判における判断基準（法・情・理の関係）や刑罰体系（律と勅の関係や折杖法など），「女子分法」（女子財産権），「健訟」（訴訟好きの社会風潮）といった事柄に対して，多くの研究者が関心をもつようになり，研究が進展し，活発な論争が行われた。そこで本稿では，そうした1980年代後半以降の研究を中心に，宋代法制史に関連した研究の動向を，基本史料，裁判，刑罰体系，家族・家族法，土地法・身分法，地域社会・社会秩序というテーマ毎に回顧し，その上で今後の課題について考えてみたい。

## 二　研究の動向

(1) 基本史料

　**法典**　唐代の律・令・格・式という法典形式は，宋代には変化を遂げ，刑統・編勅（刑統に対する修正法典）・令・式という形式を経て，北宋・神宗の元豊年間に，宋刑統と勅・令・格・式という形式が確立した。このような変遷を経て成立した宋代の法典の概要を確認してみると以下のようになる（［梅原 1993a］［滋賀 2003］［川村 1993a］など参照）。基本法典：刑統（『宋刑統』）＝律（刑法典）。副次法典：勅（副次的な刑法典）・令（刑罰を含まない法規の集成）・格（主に褒賞を与える基準を示したもの）・式（各種公文書の書式など）。申明刑統（刑統に対する修正法典）・随勅申明（勅に対する修正法典）・赦書徳音（主に恩赦に関する規定）。副次法典である勅・令・格・式は度々改訂され，勅令所がそれを編集し，看詳（立法理由書）を添付して頒布していた。また，南宋・孝宗の淳熙年間からは，利便性を考えて，勅・令・格・式を事項別に分類した「条法事類」が編纂された。なお，宋代には一般法（海行法）としての勅・令・格・式のほかに，特別法としての勅・令・格・式（一司一務一路一州一県勅：適用範囲を特定の官庁の所管や特定の地域だけに限った法令，及び，特定の要務に関する法令）もあった。特別法の整理は，詳定一司勅令所が行っていたが，各地域を対象とした特別法の整理は，主に各地方官庁に任せられていた。しかし，こうした宋代の法典の中で現存するものは多くはない。現在のところ内容を確認できるものは，『宋刑統』と南宋・寧宗の慶元年間の勅・令・格・式・随勅申明を分類した「条法事類」である『慶元条法事類』，そして，戴建国氏が発見した北宋・仁宗の天聖年間の令である『天聖令』（［戴 1999］参照）などである。なお，宋代の裁判では法典と並んで「断例」（刑事司法に関する先例）も重要な役割を果たしていた。

　以上で述べた宋代の法典編纂の歴史に関しては，［梅原 1993a］や［滋賀 2003］が詳しく説明している。また，［梅原 2002］は『宋史』刑法志の訳注を掲載している。『宋刑統』とそれに関連した研究については［岡野 1993］が，『慶元条法事類』と宋代の法典については［川村 1993a］が解説をしている。『慶元条法事類』

に関しては語彙輯覧である［梅原 1990］や書誌学的に考察した［瀧川 1940］，［中嶋 1973］，［吉田 1981］，諸本対校表である［吉田 1992］がある。［兼田 1999］は，『天聖令』の中の田令について紹介し，［兼田 2008］は『天聖令』研究の動向について述べる。『天聖令』研究については，［大津 2007］，［岡野 2008］も参考になる。また，［川村 1995a・2008］は，「断例」について論じている。

　判語史料（清明集）　法制史と関わる重要な史料として前述した『清明集』などの判語史料がある（［陳 1984］参照）。『清明集』には，宋版と明版があり，明版編纂の経緯や宋版との関係については［高橋 2003・2007c］が考察している。その他，『清明集』について考察した研究，及び『清明集』に関連した研究を整理したものとしては，［仁井田 1964］，［高橋 1993］，［大澤 1991・1997］，［小川 2003・2006c］，［石川 1988・1995］，［川村 1988b］，［古垣 1989］がある。また，『清明集』については，明版発見以前は，京都大学人文科学研究所などで宋版の輪読が行われた。明版発見以降は，東京大学東洋文化研究所で池田温氏が主宰した読書会や清明集研究会などで輪読が行われた。

　こうした作業などを基礎に，梅原郁氏や清明集研究会，高橋芳郎氏が訳注を刊行しており，現在，全巻について訳注がある（［梅原 1986］，［清明研 1991・1992・1993・1994・1995・2000・2002・2005・2008・2010］，［高橋 2006・2008］）。各巻と訳注の対応関係を整理すると以下のようになる。巻一官吏門（［清明研 2008］，［高橋 2008］）。巻二官吏門（［高橋 2008］，［清明研 2010］）。巻三賦役門・文事門（［高橋 2008］）。巻四・五戸婚門（［梅原 1986］，［高橋 2006］）。巻六・七戸婚門［高橋 2006］。巻八・九戸婚門（［梅原 1986］，［高橋 2006］）。巻一〇人倫門［清明研 2005］。巻一一人品門［清明研 2000・2002］。巻一二〜一四懲悪門［清明研 1991・1992・1993・1994・1995］。

　なお，［梅原 1986］については，高橋芳郎氏により訂誤が出され［高橋 1987］，この訂誤に対する梅原氏の文章も出されている［梅原 1988］。また，滋賀秀三氏の書評［滋賀 1988・1989］がある。一方，清明研の訳注については，同訳注の各分冊の冒頭に，各方面からの意見が収録されている（［清明研 1992］以降）。さらに，［清明研 1991・1992］については，滋賀秀三氏の書評［滋賀 1993］がある。なお，［大

澤 2008］は，『清明集』『後村先生大全集』所掲の劉克荘（号・後村）の判語について分析している。

　その他　宋代の法制・裁判について考える際には，官箴書（地方官の執務心得を記した書物）や小説史料なども参照する必要がある。［古林 1990a］は，代表的な官箴書の一つである『昼簾緒論』の内容について検討する。さらに，［古林 1990b］は，南宋時代の官箴書『州県提綱』の内容について検討している。また，北宋時代の官箴書『作邑自箴』については，内容を検討した［佐竹 1993a・b］と訳注の［佐竹 1973・1974・1977］がある。他に宋代の官箴書については語彙の総合索引である［赤城・佐竹 1987］も出されている。小説史料については，［佐立 2007］がある。


(2) 裁　判

　「法・情・理」論争　裁判に関しては，南宋時代の裁判における判断基準，とりわけ「国法・人情・天理（法・情・理）」の関係が問題となり，研究者の間で活発に論争が行われた。滋賀秀三氏が，［滋賀 1984］で，伝統中国の裁判では，案件は，国法・天理・人情（三者は，区別はされても相克せず実際の働きの上では融合して情理〔常識的衡平感覚〕を形成する）を基準として裁定され，威圧を伴った説得によって当事者の納得をかち取っていたと述べているのに対して，佐立治人氏は，［佐立 1993］で，『清明集』の民事的裁判は，法律に依拠して当事者の主張の是非を二者択一的に判定する裁判であり，決して滋賀氏の言うような情理に基づく教諭的調停ではなかったと主張した（［劉 2005］参照）。この意見に対して，滋賀氏は，佐立論文の書評など［滋賀 1994・1998］で，南宋時代の裁判は「二者択一」と安易に言い切れるものではないと反論している（［何 1989］は，人情が当時の刑政を左右していたと考えている）。なお，大澤正昭氏は，［大澤 2006］で，『清明集』所載の判語の性格について分析して，当時の「名公」たちの判決の基準が天理を中核とする人情と国法の二つであったと考えている。

　司法制度　司法制度に関しては，［梅原 2006］が，宋代の中央（刑部，大理寺，御史台）と地方（県，府・州，路）の司法官制と司法行政，及びそれと関係する諸

問題について詳しく説明している。また，［高橋2006］の解説は，訴訟制度に関する基礎知識を得るのに役立つ。［平田1989］は王安石による「試法官」制定の狙いについて論じている。［平田1991］は，『朱文公文集』巻百「約束榜」を分析して，提訴から受理までの裁判手続きについて述べている。［高橋1991］，［植松1992］は，提訴期間・裁判期間などについて考察する。［石川1992］は，南宋期の民事案における実質的上訴である番訴のあり方について論じている。北宋末～南宋の法令の中には，律が禁止している越訴（定められた訴訟窓口を越えて直接上級機関に訴えること）を許す規定が多くみられるが，［青木1999b］は，それは他の王朝にはみられないもので，宋朝の制度重視の姿勢のあらわれであると考える。さらに［長井1996］は，提点刑獄司（路の司法担当官庁）の成立と役割について検証しながら，宋代の地方司法行政の特殊性について考察している。提点刑獄については［渡邊2005］も考察している。［石川1990］は，南宋期の検死制度の実態について考察し，検死にかかわる官吏が不正をしていたと指摘する。また，［岡野2005］は「区希範五臓図」が成立した経緯について考察している。

(3)刑罰体系

　律と勅の関係　宋代の刑罰体系については，律（『宋刑統』）と勅の関係が問題となり，研究が進められた（［川村2002］参照）。曾我部静雄氏が，［曾我部1965］で，「以勅代律」説（勅が律に代わって現行刑罰法典の地位を獲得したとする説）を唱えるのに対して（［王1992］，［郭1997］も同様な見解を示している），宮崎市定氏は，［宮崎1954］で，「以律補勅」説（律が補助法になり，代わって勅が根本法になったとする説）を唱え（［徐1975］も同様な見解を示している），また，梅原郁氏が，［梅原1993a］で，「以勅補律」説（律が根本法であり続け，勅は補助法として機能していたとする説）を唱えた（［江・莫1985］，［戴2000］，［薛1997］も同様な見解を示している）。こうした一連の研究を再検証した上で，改めて川村康氏が，［川村2002］で，「以勅補律」説を唱え，滋賀秀三氏も，［滋賀2003］で同様な見解を示している。

　なお，勅の成立に関しては，［久保1981］が，専売違反等の犯罪に対処するために作られたと考えるのに対して，［海老名1988］は，勅は五代の勅を継承した

ものであり，勅の成立は，律令体制の崩壊と関係があると考えている。

　**折杖法・「主刑」論争**　宋代には，律（唐律的五刑：死刑・流刑・徒刑・杖刑・笞刑）によって量刑がなされたが，流刑以下の刑罰は折杖法によって杖刑に読み替えて執行していた（ただし，流刑は杖刑に配役という労役刑を伴っていた）（[高橋2006]解説参照）。その具体的な内容については[川村1990・1992a・2002]が明らかにしている。また，配役の実態については，[辻1994・1995]，[川村2000]が論じている。

　さらに，こうした折杖法研究に関連して，「主刑」の在り方に関する論争が行われた。この論争は，唐律的五刑（主刑）と新たに出現した編配（編管・羈管・配軍）の関係をどのように理解するのかという問題をめぐる論争である。編管とは，指定された遠隔州への追放刑のことで，この場合，受刑者は定期的に地方官庁に出頭する以外は他の住民と同じく自由に自活していた。羈管とは，編管よりも監察の程度が軽い追放刑のこと。配軍とは，各種の雑役などに従事する地方軍である廂軍に配属させる刑罰のこと。配属する際に，顔に入れ墨をする場合（刺字）としない場合（不刺字）がある。また，廂軍には，労役の軽い順から本城軍・牢城軍・重役軍の三種類があった（[高橋2008] 44頁など参照）。宮崎市定氏が，[宮崎1954]で，編管は死刑と流刑（配役）の間に位置していたと考え，また，辻正博氏が，[辻1993・1994・1995・1996]で，配軍は死刑の代替刑（「減死一等の刑」：配流が姿を変えたもの）であると考えるのに対して，川村康氏は，[川村1997]で，『清明集』の記事などを分析しながら，これらの説を批判して，編配（配流を制度化したもの）は主刑の列には属さない別系統の刑罰であったと主張している。また，辻正博氏は，[辻2002]で，編管に関する滋賀秀三氏の認識[滋賀1972]を批判しつつ，それは「簿籍に附して，罪人を監督・管理する刑罰」であったと考えている。

　**その他**　入墨・刺配については，[曾我部1937・1971]が論じている。北宋時代の流刑地であった沙門島については，[志田1962]が述べている。牢城軍については，[佐伯1989]，[小岩井1998]が考察している。また，宋代に執行猶予刑が確立していたと指摘する[愛宕1972]もある。裁判審理が滞りなく進んで未

決収容者がいないことを「獄空」と言うが，［石川 2007a・b］は，宋朝の「獄空」政策のもつ意味などについて述べている。

　宋代の死刑には，絞と斬，新たに出現した凌遅処死（受刑者の肢体を切断する刑罰），そして重杖処死＝杖殺（重杖で60回たたく刑罰）があった。［海老名 1985］は，凌遅処死の制定と宋朝による刑罰規定の細分化傾向などの関連性について考察する。また，［川村 1992b・c・1993b］は，重杖処死＝杖殺について検証し，絞は杖殺に読み替えて執行されていたと述べる。［川村 1994］は，宋代には死刑案件は原則として皇帝の裁断を必要としなかったと述べ，皇帝の裁断が仰がれる死刑案件の条件とその変遷について考察する。［川村 1995b］は，宋代，闘殺案件の処理は赦降の適用と関連づけられて，その処理の基準となる詳細な規定が設けられるようになったと述べる。

　処罰の対象に関しては，［川村 1995c］が，復仇者について考察し，北宋中期以降，復仇者に何らかの刑罰処分が加えられるようになったと述べている。［翁 2006］は，宋代における姦罪に対する処罰の特質について論じている。また［梅原 2006］は，官員の処罰と懲戒について考察している。

(4) 家族・家族法

　「女子分法（女子財産権）」論争　家族・家族法に関しては，「女子分法」を中心に研究・論争が活発に行われてきた。この論争は，そもそも『清明集』巻八戸婚門「女婿不応中分妻家財産」に書かれている「女子分法」（在法，父母已亡，児女分産，女合得男之半）が，女子の財産継承権を意味するのか，しないのか，という問題に関して行われた論争である。「女子分法」の存在を積極的に評価する研究者（仁井田陞・柳田節子・板橋眞一の各氏）とあまり評価しない研究者（滋賀秀三・永田三枝・高橋芳郎の各氏）の間で，中国家族法や在地の慣習，国家の政策などと「女子分法」の関係について議論が行われた（関連研究として，［袁 1988］がある）。さらに，1990年代後半以降になると，「女子分法」に関する史料自体についての研究や，「女子分法」が出現した社会的背景に関する研究が出された。以下，その論争の経過について詳しく見て行きたい。

まず，明版『清明集』発見以前の状況であるが，滋賀氏と仁井田氏の間で論争が行われた（滋賀・仁井田論争）。仁井田陞氏が，[仁井田 1962] で，「女子分法」は江南の慣習を反映したものであり，女子にも祭祀と無関係に財産承継が行われていたと考えるのに対して，滋賀氏は，[滋賀 1950・1953・1954・1955] で，承継という相続様式では，財産の包括継承と祭祀義務とが不可分に結びついており，父を祀る資格をもたない未婚女子は承継系列の外におかれていたと考え，「女子分法」は慣習から遊離した異質的なものであったと主張した。これ以降，一時議論は休止した。

　しかし，明版『清明集』発見以降，柳田節子氏が [柳田 1989] を発表したことにより，議論が再び活発化した。柳田氏は，この論文の中で，「女子分法」は，当時の女性が有していた家産分割に対する相続権，財産に対する所有権を裏づける法であったと主張した。その後，柳田氏は，さらに [柳田 1990・1993・1999] を発表して自説を展開した。こうした柳田氏の学説に対して，永田三枝氏が，[永田 1991] で，「女子分法」が適用されるのは，家の跡継ぎが絶えた（戸絶の）時だけであり，女性が一般的に家産に対する承継権を有していたとは言えないという見解を提示した。それに対して，さらに，板橋眞一氏が，[板橋 1993] で，柳田説を支持し，永田説を批判した。また，高橋芳郎氏が，[高橋 1995] で，永田説を支持する立場から，「女子分法」は，よるべのない未婚の女子に人なみの結婚をさせるための，宋朝による社会政策的対応であったと主張した。

　こうした論争に対して，1990 年代後半以降になると，上記の論争の根拠となる史料自体に関する研究が出された。キャスリン・バーンハート氏は，[バーンハート 1997] で，「女子分法」は，存在していないか，在ったとしても例外的なものだったと主張する。また，佐立治人氏は，[佐立 1999] で，現在復元されている唐戸令応分条の条文には誤りがあり，「女子分法」は『宋刑統』所掲の戸令の規定ないしこの規定を引き継いだ法律を意味していたと考えている。その一方で，北宋の墓誌史料を使って，北宋期にも「女子分法」が存在していたと考える [翁 2003] も出されている。

　さらに，社会史・地域社会研究の活発化に伴い，「女子分法」が出現した社会

的背景に関する研究も出された。大澤正昭氏は，［大澤 1998］で，「女子分法」が有効性を持った当時の社会の在り方に着目し，「女子分法」は，男性原理を裏から支える現実の法であったと考える。また，青木敦氏は，［青木 2003］で，「女子分法」は説明困難な異常な法令ではなく，江西の法文化などを反映したものであると考えている。なお，［大澤 2005b］は，こうした「女子分法」の問題も含め，巨視的に家族と女性について論じている。

　その他　養子法については，［川村 1988a・1989］が考察している。［川村 1993c］は，妻の家に婿入りした夫と妻家の財産との関係について考察する。また，［大島 2006b］は，直系ではない承継者の正当性を問う訴訟の中で，承継者としての正当性を認める条件が宋代と元代と明代といずれも異なることを示して，その相違が生じた理由について示唆する。［柳田 1997］は，宋代の義絶・離婚・再嫁について考察している。［高橋 2007a］は，「粧奩」（妻の持参財産）について考察し，それは事実上妻のものであり，法律上は夫妻のものであり，夫死亡後は妻単独のものとなっていたと指摘する。


(5) 土地法・身分法

　耕作権・佃戸の法的身分　土地法・身分法に関しては，地主佃戸論争に関連して，耕作権や佃戸の法的身分の問題について多くの成果が出された。そうした地主佃戸論争と係わる動向については，すでに［宮澤 1993］などで整理紹介されているので，以下ではそれ以外の成果についてあげてみたい。

　土地法　土地法に関しては，裁判のあり方と関連させて考察した以下のような成果が出された。伝統中国には，買戻し条件つきの土地売買（典・活売）というものがあり，売り手は一定期間の後，買戻し（回贖）ができたが，買い手に追加価格（找価）を要求して，完全に売ること（絶売）もあった。しかし，絶売後も売り手が找価を要求する事態が起きていた。［岸本 2006］は，「找価回贖」をめぐる紛争とそれへの官の対応について宋―清という長期的視点から分析し，宋から明清になって找価慣行が定着してゆくと，裁判で「法」への言及が少なくなることなどについて指摘する。また，［青木 2006］は，民事的な紛争を扱う宋代の

判語において法律が重視された背景について土地典売関係法を検討しながら考察する。

　**身分法**　身分法に関しては，［高橋 1986］が，宋代には，現職官僚や郷官に次ぐ身分的地位を持ち，庶民の上位に位置する無官の読書人層（士人層）が成立しており，彼らは役法と刑法の上で，優免を受けていたと指摘している。なお，佃戸の法的身分に関する1990年代以降の成果として，［丹 1994・2000］がある。

(6) 地域社会・社会秩序

　**概　観**　1990年代後半頃より，訴訟（「健訟」）に着目した，また，判語史料（『清明集』）を糸口にした宋代（伝統中国）の地域社会（社会秩序）のあり方に関する研究が国内外で活発になっている。［大澤 1996］は，一般書であるが，こうした研究で論じられる「健訟」的世界，地域社会の諸相を概観するのに役立つ。本書では，『清明集』の記事を主に分析しながら，訴訟現場の諸相（訴訟ゴロ，士人・宗室の犯罪，豪民のあり方など）と特徴的な社会現象（宗教・信仰など），及びその社会的背景（例えば，村落共同体・中間団体の欠如と国家・中間階層・庶民が相互に対立しつつもたれ合う構造など）について述べている（［戸田 1997］，［平田 1998］参照）。

　**「健訟」**　「健訟」は伝統中国社会（宋－清代の社会）を考える上で重要な事象として，多くの研究者により注目されてきた。宋代は江西と江東の饒州・信州で特に「健訟」や「訟学」（裁判で勝つために行う法律などの学習活動）が当時の人々により認識されていた（［許 2002］，［龔 2002］，［劉 2005］参照）。宋代の江西で「訟学」が盛んになった原因については，［宮崎 1954］が，五代・南唐の平和な状況から出た人民の権利の伸張と宋初の植民地扱いにあったと考えている。一方，［草野 1985］は，貨幣経済の発達に伴う田土の交易，人口の増加と訴訟繁興との関連性について指摘している。［大澤 1996・1997］は，人口の多さや物流の増加と「健訟」の関係に注目し，［小林 1996］は，江西吉州の「健訟」を交通路の発展と関連させて考えている。［青木 1999a］は，以上の研究を検討しながら，人口の流入やフロンティア的状況が「健訟」の背景にあったのではないかと論じている。

　［小川 2001a・b・2006b］は，宋代長江中下流域の鉱山や農業社会で訴訟が多

発する具体的な仕組みの解明を試みる。さらに，［小川2006a］は，明代江西における開発と社会秩序の関係について検証する。［小川2009a］は，従来の「健訟」研究を検討し，上記［小川2001a・b・2006a・b］の内容を基礎にして，宋―明代という長期的視点から，伝統中国の社会秩序の仕組みについて考察する。本書では，宋代の鉱山や農業社会などでは，経済・産業の発達に伴って醸成された「競合的社会状態」と「政府主体の訴訟処理体制」「政府による不正告発の奨励」の相互作用により，「訴訟多発型紛争社会」的な状況が出現していたこと，また，上記の条件のあり方の違いにより，社会秩序が「多様な姿」をみせていたことを指摘している。

なお，［翁2007］は，北宋の墓誌史料にみられる「健訟」言説について考察している。その他に，「健訟」や「法と秩序」に関連した研究としては，［渡辺1984］，［赤城1985・1987］，［徳永1993］，［川村1998］などがある。

**地方行政と豪民（富民）** 宋代の地域社会には，上層に地域エリートである士大夫・士人がおり，その下に，財力のある在地有力者である富民が存在していた。彼らは官が「負」の存在として認識した場合は豪民などと呼ばれていた。［佐藤1991・1995］は，『清明集』を分析して，地方行政のあり方を検証し，地域有力者が胥吏を媒介として国家権力と相互補完的に地域支配を貫徹していたと論じている。［戸田2007］も，『清明集』を使って，地域ボス（豪横）のあり方について述べる。［今泉2005a・b・2007・2008・2009］は，県令を中心に地方行政と地方社会の関係について考察している。上記［今泉2005a］は，判語史料を分析して，地方行政の多様性について指摘する。上記［今泉2009］は，『清明集』の中の県令の判語には不動産・財産争いに関する案件が多いことなどについて述べる。その他に士大夫と法の関連について論じた［孫2003］もある。

## 三　今後の課題

以上で述べてきた宋代法制史に関する研究動向についてみてみると，『清明集』など基本史料の研究や訳注作業が進められ，裁判における判断基準や刑罰体系，

「女子分法」，地域社会のあり方などについてさまざまな事柄が明らかにされたことが確認できる。ただ，上記の事柄については，今後探究すべき課題も多いように思われる。以下では，そうした今後の課題について考えてみたい。

まず，第一の課題は，『清明集』などの判語史料に書かれている地域社会のあり方と現実の地域社会のあり方の関係をどのように考えるのかという問題である。［川村1998］は，判語史料には紛争がない日々の生活は投影されにくいとし，判語史料のみによって社会全体を論じることの危険性について指摘している。また，判語史料に見られる地域社会のあり方は，判語を書いた官僚たちの認識にもとづくものなので，その内容が即現実の地域社会のあり方を示しているわけではないのではないかといった問題もある。判語史料に書かれている地域社会のあり方と現実の宋代の地域社会のあり方との関係について，判語以外の史料（『宋会要輯稿』，小説史料，墓誌史料など）の記述と比較検討しながら，（そうした分析は今までも行われてきたが）さらに考察を深める必要があると思われる。

第二の課題は，今まで明らかにされた法制・裁判・地域社会の実態の背景に関する問題である。例えば，［滋賀2003］は，律令変形期の宋代には，法へのこだわりが極限に達していて，他の王朝とは違って，数え切れないほどの特別法の法典が編纂されたと述べている。［高橋2007b］も，宋代には法律準拠主義的傾向がみられ，民事法が多かったとし，その理由について考える必要性を説いている。また，［川村2002］は，なぜ宋は『宋刑統』を基本法典として有し続け，独自の律を編纂しなかったのかと指摘している。その他にも，なぜ「女子分法」が出現したのか，なぜ士人層が形成されたのか，なぜ江西等で「健訟」が認識されたのかといった問題などがある。これらの問題については，すでにさまざまな見解が示されているが，今後探求すべき課題も多いと思われる。なお，士人層の形成に関しては，［川上1987］が指摘する科挙下第者の増加や，［近藤1994］が指摘する北宋末の学校政策，州県学生の増加との関連について，さらに検証する必要があると考えられる。

第三の課題は，宋代の法制・裁判・地域社会のあり方の歴史的特質に関する問題である。つまり，宋代の法制・裁判・地域社会のあり方が中国史（特に宋代か

ら清代)の流れの中にどのように位置づけられるのかという問題である。例えば，[高橋2007b]は，宋代には民事法が多かったが，明・清代には法による画一的な解決方法があまりとられず，民事法がほとんどないとし，その理由について考える必要性を説いている。[滋賀2003]で指摘されている宋代に特別法が多い理由や[川村2002]で指摘されている宋代に独自の律がない理由についても，宋一清代という長期的視点から考察してみる必要があると思われる。さらに，女子財産権についても，[柳田1989]が，明清期に到ると女子の財産権に低下現象があらわれたのではないかと述べている。また，[岸本2006]も，宋から明清になって找価慣行が定着してゆくと，裁判で「法」への言及が少なくなると指摘している。こうしたことなどから考えると，中国史の流れを考えながら，宋代の法体系や財産権のあり方，裁判と法の関係などの歴史的特質について，さらに探究する必要があると思われる。明代の里老人制（老人制）・明清代の民間の慣習と法の関連性についても考えつつ，宋代の「法へのこだわり」について具体的に検証してみる必要があるように感じられる。なお，こうした問題を考える際には，[池田1988]，[中島2000・2004]，[大島2006b]，[山本2006]なども参考になる。

　以上，日本における宋代法制史に関する研究の動向と今後の課題について述べてきた。こうした状況については，すでに，[小川2003・2006c・2009b]でも整理や紹介を行ってきた。しかし，依然として，日本における研究が海外に十分知られているとは言えないように感じられる。一方で，日本の研究者も海外の動向を十分におさえているとは言えないように思われる（海外の研究動向については[小川2009b]参照。また，中国における『清明集』に関連した研究の動向については[鄧2006]参照）。今後，国際的な学術交流がさらに進展することにより，以上のような課題が解明され，宋代の法制史研究・地域社会研究が進展することを期待したい。


[参考文献目録]
【日本語論文】
青木　敦［1999a］「健訟の地域的イメージ——11〜13世紀江西社会の法文化と人口移動をめ

青木　敦［1999b］「北宋末〜南宋の法令に附された越訴規定について」『東洋史研究』第 58 巻第 2 号。
青木　敦［2003］「南宋女子分法再考」『中国――社会と文化』第 18 号。
青木　敦［2006］「開発・地価・民事的法規――『清明集』に見える若干の土地典売関係法をめぐって――」『待兼山論叢（史学篇）』第 40 号。
赤城隆治［1985］「南宋期の訴訟について――「健訟」と地方官――」『史潮』新 16 号。
赤城隆治［1987］「訴訟の性格とその周辺――中国中・近世史の近業から――」『史潮』新 21 号。
赤城隆治・佐竹靖彦［1987］『宋代官箴総合索引』汲古書院。
池田　温［1988］「伝統中国の法と社会（宋〜清）」『中国――社会と文化』第 3 号。
石川重雄［1988］「中国社会科学院歴史研究所・宋遼金元史研究室点校『名公書判清明集』上・下」『立正大学東洋史論集』第 1 号。
石川重雄［1990］「南宋期における裁判と検死制度の整備――「検験（験屍）格目」の施行を中心に――」『立正大学東洋史論集』第 3 号。
石川重雄［1992］「南宋期における民事訴訟と番訴――『名公書判清明集』を手がかりに――」『立正史学』第 72 号。
石川重雄編［1995］「『清明集』関連研究論文一覧」『宋元釈語語彙索引』汲古書院。
石川重雄［2007a］「高麗時代の恤刑――慮囚・疏決・獄空を中心に――」『民族文化論叢（嶺南大学校）』第 37 輯。※関連文献（中国語）：石川重雄［2007b］「宋代的獄空政策」『唐宋法律史論集』上海辞書出版社。
板橋眞一［1993］「宋代の戸絶財産と女子の財産権をめぐって」『柳田節子先生古稀記念・中国の伝統社会と家族』汲古書院。
今泉牧子［2005a］「宋代県令の一側面――南宋の判語を手がかりに――」『東洋学報』第 87 巻第 1 号。
今泉牧子［2005b］「宋代県令赴任地についての一考察」『上智史学』第 50 号。※［今泉 2005a・b］の書評：小川快之『法制史研究』56，2007 年。
今泉牧子［2007］「宋代福建における県令についての一考察」『紀尾井史学』第 26 号。
今泉牧子［2008］「挙留と地方官――宋代地方社会の実態――」『上智史学』第 53 号。
今泉牧子［2009］「『名公書判清明集』中の県令の判語について」『中国史研究（韓国）』第 59 輯。
植松　正［1992］「務限の法と務停の法」『香川大学教育学部研究報告・第Ⅰ部』第 86 号。※書評：高橋芳郎『法制史研究』43，1994 年，後に『宋代中国の法制と社会』汲古書院，2002 年に収録。
梅原　郁訳注［1986］『名公書判清明集』同朋舎出版。※書評：滋賀秀三［1988］『法制史研究』37．滋賀秀三［1989］「訳注『清明集』書評の補」『東洋法制史研究会通信』第 3 号。高橋芳郎［1987］「梅原郁訳注『名公書判清明集』訂誤」『名古屋大学東洋史研究報告』第 12 号。※筆者補足：梅原郁［1988］「拙訳『清明集』

に対する高橋芳郎氏の「訂誤」について」『名古屋大学東洋史研究報告』第13号。

梅原　郁［1990］『慶元条法事類語彙輯覧』京都大学人文科学研究所。

梅原　郁［1993a］「唐宋時代の法典編纂——律令格式と勅令格式——」『中国近世の法制と社会』京都大学人文科学研究所，後に『宋代司法制度研究』創文社，2006年に再録。

梅原　郁編［1993b］『中国近世の法制と社会』京都大学人文科学研究所。※書評：滋賀秀三［1994］『東洋史研究』第52巻第4号。

梅原　郁編［2002］『訳注中国近世刑法志（上）』創文社。※「「宋史刑法志」訳注稿（上・下）」『東方学報（京都）』第64冊・第65冊，1992・1993年を改訂して収録。←書評：川村康『法制史研究』44，1995年。

梅原　郁［2006］『宋代司法制度研究』創文社。※第1部 宋代の司法制度。なお，第2部 宋代法制の諸問題の第1章～第4章には，宋代官員の処罰と懲戒に関する成果がまとめられている。※書評：近藤一成『東洋史研究』第67巻第1号，2008年。川村康『法制史研究』57，2008年。第2部第1章の書評：遠藤隆俊『法制史研究』46，1997年。

海老名俊樹［1985］「宋代の凌遅処死について」『宋代の社会と宗教』汲古書院。※書評：中村茂夫『法制史研究』36，1987年。

海老名俊樹［1988］「五代宋初における勅の刑制体系に就いて」『立命館史学』第9号。※書評：川村康『法制史研究』40，1991年。

翁　育瑄［2003］「北宋墓誌に見える財産権に関する史料について」『上智史学』第48号。

翁　育瑄［2006］「宋代の姦罪」『お茶の水史学』第50号。

翁　育瑄［2007］「北宋の「健訟」——墓誌を利用して」『高知大学学術研究報告（人文科学編）』第56号。

大澤正昭［1991］「中国社会史研究と『清明集』」『ソフィア』第40巻第4号。

大澤正昭編著［1996］（石川重雄・大櫛敦弘・戸田裕司）『主張する〈愚民〉たち——伝統中国の紛争と解決法——』角川書店。※書評：大金富雄『上智史学』第42号，1997年。伊藤正彦『東方』第195号，1997年。戸田裕司［1997］「役所にまとわりつく亡霊」『季刊中国』第48号。平田茂樹［1998］「宋代社会史研究の現状と課題」『人文研究（大阪市立大学）』第50巻第11号。青木敦『歴史学研究』第710号，1998年。

大澤正昭［1997］「『清明集』の世界——定量分析の試み——」『上智史学』第42号。

大澤正昭［1998］「南宋の裁判と女性財産権」『歴史学研究』第717号，後に『唐宋時代の家族・婚姻・女性——婦は強く』明石書店，2005年に収録。※中国語訳：(劉馨珺訳)「南宋的裁判与女性財産権」『大陸雑誌』101-4，2000年。※書評：川村康『法制史研究』51，2002年。

大澤正昭［2005a］『唐宋時代の家族・婚姻・女性——婦は強く』明石書店。※書評：大島立子『東

洋史研究』第65巻第2号, 2006年。高橋芳郎『社会経済史学』第71巻第6号, 2006年。翁育瑄『上智史学』第50号, 2006年。

大澤正昭 [2005b]「唐宋時代の家族と女性――新たな視点の模索――」『中国史学』第15巻。※書評：川村康『法制史研究』56, 2007年。

大澤正昭 [2006]「胡石璧の「人情」――『名公書判清明集』定性分析の試み――」『宋―清代の法と地域社会』財団法人東洋文庫。

大澤正昭 [2008]「劉後村の判語――『名公書判清明集』と『後村先生大全集』」『中国史研究(韓国)』第54輯。

大島立子編 [2006a]『宋―清代の法と地域社会』財団法人東洋文庫。※書評：青木敦『法制史研究』57, 2008年。

大島立子 [2006b]「「承継」判例から見た法の適用――宋・元・明代の比較から――」『宋―清代の法と地域社会』財団法人東洋文庫。

大島立子編 [2009]『前近代中国の法と社会――成果と課題――』財団法人東洋文庫。

大津　透 [2007]「北宋天聖令の公刊とその意義――日唐律令比較研究の新段階」『東方学』第114輯。

岡野　誠 [1993]「宋刑統」『中国法制史――基本資料の研究』東京大学出版会。

岡野　誠 [2005]「北宋の区希範叛乱事件と人体解剖図の成立」『明治大学社会科学研究所紀要』第44巻第1号。

岡野　誠 [2008]「北宋の天聖令について――その発見・刊行・研究状況――」『歴史と地理』第614号。

小川快之 [2001a]「宋代信州の鉱業と「健訟」問題」『史学雑誌』第110編第10号。

小川快之 [2001b]「宋代饒州の農業・陶瓷器業と「健訟」問題」『上智史学』第46号。

小川快之 [2003]「『清明集』と宋代史研究」『中国――社会と文化』第18号。※関連文献（英語）：小川快之 [2006c] "Qingmingji 清明集 and Song History Studies in Japan", Journal of Song-Yuan Studies, vol. 36.

小川快之 [2006a]「明代江西における開発と法秩序」『宋―清代の法と地域社会』財団法人東洋文庫。

小川快之 [2006b]「宋代長江中下流域における農業と訴訟」『宋代の長江流域――社会経済史の視点から――』汲古書院。

小川快之 [2009a]『伝統中国の法と秩序――地域社会の視点から――』汲古書院。

小川快之 [2009b]「宋―清代法秩序民事法関係文献目録」『前近代中国の法と社会――成果と課題――』財団法人東洋文庫。

愛宕松男 [1972]「封案～柝断の制――宋代における執行猶予刑について――」『東方学会創立二十五周年記念 東方学論集』東方学会。

兼田信一郎 [1999]「戴建国氏発見の天一閣博物館所蔵北宋天聖令田令について――その紹介と初歩的整理――」『上智史学』第44号。※岡野誠『法制史研究』50, 2001年。

兼田信一郎［2008］「天一閣所蔵北宋天聖令研究の現状──『天一閣蔵明鈔天聖令校証』出版に寄せて──」『歴史評論』第693号。
川上恭司［1987］「科挙と宋代社会──その下第士人問題──」『待兼山論叢（史学篇）』第21号。
川村　康［1988a・1989］「宋代における養子法──判語を主たる史料として──（上・下）」『早稲田法学』第64巻第1号・第2号。※書評：七野敏光『法制史研究』40, 1991年。
川村　康［1988b］「宋代史研究者必読の史料『名公書判清明集』」『東方』第90号。
川村　康［1990］「宋代折杖法初考」『早稲田法学』第65巻第4号。※中国語訳：「宋代折杖法初考」『中国法制史考証（丙編：第3巻）』中国社会科学出版社, 1992年。※書評：中村正人『法制史研究』42, 1993年。
川村　康［1992a］「政和八年折杖法考」『裁判と法の歴史的展開』敬文堂。
川村　康［1992b］「建中三年重杖処死法考」『中国礼法と日本律令制』東方書店。
川村　康［1992c］「唐五代杖殺考」『東洋文化研究所紀要』第117冊。※書評：中村茂夫『法制史研究』43, 1994年。
川村　康［1993a］「慶元条法事類と宋代の法典」『中国法制史──基本資料の研究』東京大学出版会。
川村　康［1993b］「宋代杖殺考」『東洋文化研究所紀要』第120冊。※書評：中村正人『法制史研究』44, 1995年。
川村　康［1993c］「宋代贅壻小考」『柳田節子先生古稀記念 中国の伝統社会と家族』汲古書院。
川村　康［1994］「宋代死刑奏裁考」『東洋文化研究所紀要』第124冊。※書評：平田茂樹『法制史研究』45, 1996年。
川村　康［1995a］「宋代断例考」『東洋文化研究所紀要』第126冊。※書評：辻正博『法制史研究』46, 1997年。
川村　康［1995b］「「闘殺遇恩情理軽重格」考」『東洋史研究』第53巻第4号。
川村　康［1995c］「宋代復仇考」『宋代の規範と習俗』汲古書院。
川村　康［1997］「宋代主刑考」『法と政治（関西学院大学）』第48巻第1号。
川村　康［1998］「宋代「法共同体」初考」『宋代社会のネットワーク』汲古書院。※書評：島居一康『法制史研究』49, 2000年。
川村　康［2000］「宋代配役考」『法と政治（関西学院大学）』第51巻第1号。※書評：梅原郁『法制史研究』51, 2002年。中村正人『金沢法学』第47巻第1号, 2004年。
川村　康［2002］「宋代用律考」『日中律令制の諸相』東方書店。
川村　康［2008］「未生以前の法──中国宋代の断例」『法が生まれるとき』創文社。
岸本美緒［2006］「土地市場と「找価回贖」問題──宋代から清代の長期的動向──」『宋-清代の法と地域社会』財団法人東洋文庫。
草野　靖［1985］「健訟と書鋪戸」『史潮』新16号。

久保恵子［1981］「北宋朝の専売制度に対する犯罪の処罰規定」『お茶の水史学』第24号。
小岩井弘光［1998］『宋代兵制史の研究』汲古書院。※第2篇 廂軍をめぐる問題，第3章 牢城について。
小林義廣［1996］「宋代吉州の欧陽氏一族について」『東海大学紀要（文学部）』第64輯，後に『欧陽脩──その生涯と宗族──』創文社，2000年に収録。
近藤一成［1994］「蔡京の科挙・学校政策」『東洋史研究』第53巻第1号，後に『宋代中国科挙社会の研究』汲古書院，2009年に収録。
佐伯　富［1950］「宋代に於ける重法地分に就いて」『羽田博士頌寿記念 東洋史論叢』東洋史研究会，後に『中国史研究（第一）』東洋史研究会，1969年に再録。
佐伯　富［1989］「宋代の牢城軍について」『劉子健博士頌寿紀念宋史研究論集』同朋舎出版。
佐竹靖彦［1973・1974・1977］「作邑自箴訳注稿（その1・2・3）」『岡山大学法文学部学術紀要』第33号・第35号・第37号。
佐竹靖彦［1993a］「作邑自箴──官箴と近世中国の地方行政制度」『中国法制史──基本資料の研究』東京大学出版会。
佐竹靖彦［1993b］「『作邑自箴』の研究──その基礎的再構成──」『人文学報（東京都立大学）』第238号。※中国語訳：「《作邑自箴》研究──対該書基礎結構的再思考」『中国法制史考証（丙編：第3巻）』中国社会科学出版社，1992年。※書評：梅原郁『法制史研究』45, 1996年。
佐立治人［1993］「『清明集』の「法意」と「人情」──訴訟当事者による法律解釈の痕跡──」『中国近世の法制と社会』京都大学人文科学研究所。※中国語訳：「《清明集》的"法意"与"人情"──由訴訟当事人進行法律解釈的痕跡」『中国法制史考証（丙編：第3巻）』中国社会科学出版社，1992年。
佐立治人［1999］「唐戸令応分条の復元条文に対する疑問──南宋の女子分法をめぐる議論との関連で──」『京都学園法学（京都学園大学）』第29号。
佐立治人［2007］「南宋後期の怪談集『鬼董』の中の法制史料」『藝林』第56巻第2号。
佐藤　明［1991］「前近代中国の地域支配の構図──南宋期江南東西路を中心に──」『中国史学』第1巻。
佐藤　明［1995］「中国前近代の都市行政の内幕──南宋（12～13世紀）江南の場合──」『新しい東アジア像の研究』三省堂。
滋賀秀三［1950］『中国家族法論』弘文堂。
滋賀秀三［1953・1954・1955］「中国家族法補考①～④──仁井田陞博士『宋代の家産法における女子の地位』を読みて──」『国家学会雑誌』第67巻第5･6号，第9･10号，第11・12号，第68巻第7･8号。
滋賀秀三［1966］「仁井田陞博士の『中国法制史研究』を読みて」『国家学会雑誌』第80巻第1・2号。
滋賀秀三［1967］『中国家族法の原理』創文社，改訂版2000年。

滋賀秀三 ［1972］「刑罰の歴史――東洋――」『刑罰の理論と現実』岩波書店，後に『中国法制史論集――法典と刑罰――』創文社，2003年に再録。
滋賀秀三 ［1984］『清代中国の法と裁判』創文社。
滋賀秀三 ［1998］「清代の民事裁判について」『中国――社会と文化』第13号，後に『続・清代中国の法と裁判』創文社，2009年に収録。
滋賀秀三 ［2003］『中国法制史論集――法典と刑罰――』創文社。※第1章 法典編纂の歴史，第6節 宋――律令変形期その2。※紹介：筆者「中国における法典編纂の歴史――新著刊行の報告」『日本学士院紀要』第58巻第1号，2003年。書評：高橋芳郎『創文』第458号，2003年。川村康『東洋史研究』第63巻第1号，2004年。谷井俊二『法制史研究』54，2005年。
志田不動麿 ［1962］「沙門島」『東方学』第24輯。
清明集研究会編 ［1991・1992・1993・1994・1995］『『名公書判清明集』（懲悪門）訳注稿（その1・2・3・4・5）』清明集研究会（販売：汲古書院）。※［清明研1991・1992］の書評：滋賀秀三 ［1993］『法制史研究』42。
清明集研究会編 ［2000・2002］『『名公書判清明集』（人品門）訳注稿（上・下）』清明集研究会（販売：汲古書院）。
清明集研究会編 ［2005］『『名公書判清明集』（人倫門）訳注稿』清明集研究会（販売：汲古書院）。
清明集研究会編 ［2008・2010］『『名公書判清明集』（官吏門）訳注稿（上・下）』清明集研究会（販売：汲古書院）。
曾我部静雄 ［1937］「宋代軍隊の入墨について」『東洋学報』第24巻第3号，後に『支那政治習俗論攷』筑摩書房，1943年に収録。
曾我部静雄 ［1965］「宋代の法典類」『東北大学文学部研究年報』第15号，後に『中国律令史の研究』吉川弘文館，1971年に収録。
曾我部静雄 ［1971］「宋代の刺配について」『中国律令史の研究』吉川弘文館。
孫　学君 ［2003］「宋代の法律家――科挙制度が生み出した社会的エリートの実像」『横浜国際社会科学研究』第8巻第3号。
高橋芳郎 ［1986］「宋代の士人身分について」『史林』第69巻第3号，後に『宋―清身分法の研究』北海道大学図書刊行会，2001年に収録。※書評：木田知生『法制史研究』37，1988年。
高橋芳郎 ［1991］「務限の法と茶食人――宋代裁判制度研究（1）――」『史朋（北海道大学）』第24号，後に『宋代中国の法制と社会』汲古書院，2002年に収録。※書評：川村康『法制史研究』42，1993年。
高橋芳郎 ［1993］「名公書判清明集」『中国法制史――基本資料の研究』東京大学出版会，後に『宋代中国の法制と社会』汲古書院，2002年に再録。
高橋芳郎 ［1995］「親を亡くした女たち――南宋期におけるいわゆる女子財産権について――」『東北大学東洋史論集』第6輯，後に『宋代中国の法制と社会』汲古書院，

2002年に収録.※中国語訳:「"父母已亡"女児的継承地位――論南宋時期的所謂女子財産権」『中国法制史考証(丙編:第3巻)』中国社会科学出版社,1992年.※書評:柳田節子『法制史研究』46,1997年.

高橋芳郎［2001］『宋−清身分法の研究』北海道大学図書刊行会.※書評:伊藤正彦「中国近世身分制に関する覚書」『熊本大学文学部論叢』第74号,2002年.寺田浩明『東洋史研究』第60巻第4号,2002年.陶安あんど『史学雑誌』第112編第7号,2003年.

高橋芳郎［2002］『宋代中国の法制と社会』汲古書院.※書評:青木敦『社会経済史学』第69巻第3号,2003年.

高橋芳郎［2003］「上海図書館所蔵『名公書判清明集』校本の対校本について」『史朋(北海道大学)』第35号.

高橋芳郎［2006］『訳注 名公書判清明集』戸婚門――南宋代の民事的紛争と判決――』創文社.※「『名公書判清明集』巻六戸婚門訳注稿(その1)」『北海道大学文学部紀要』第48巻第2号,1999年,「『名公書判清明集』巻六戸婚門訳注稿(その2)」『北海道大学文学部紀要』第48巻第3号,2000年,「『名公書判清明集』巻七戸婚門訳注稿」『北海道大学文学研究科紀要』第103号,2001年を収録.※紹介:筆者「宋代判語の難しさ」『創文』第489号,2006年.書評:戸田裕司『法制史研究』57,2008年.

高橋芳郎［2007a］「粧奩は誰のものか――南宋代を基点として」『史朋(北海道大学)』第40号.

高橋芳郎［2007b］「『清明集』が語る南宋の法文化」『アジア遊学』第96号.

高橋芳郎［2007c］「『名公書判清明集』の編印者と版本」『伝統中国の訴訟・裁判史料に関する調査研究(平成16-18年度科学研究費研究成果報告書)』北海道大学大学院文学研究科東洋史研究室.

高橋芳郎［2008］『訳注 名公書判清明集』官吏門・賦役門・文事門』北海道大学大学院文学研究科.※「『名公書判清明集』巻三賦役門訳注稿」『北海道大学文学研究科紀要』第116号,2005年を収録.

瀧川政次郎［1940］「宋の慶元条法事類に就て(1・2)」『法学協会雑誌』第58巻第10・11号.

丹 喬二［1994］「宋より清に至る佃戸・奴婢・雇工人の法的身分について」『松村潤先生古稀記念 清代史論叢』汲古書院.※書評:岸本美緒『法制史研究』45,1996年.

丹 喬二［2000］「宋代佃戸の移転の自由・不自由問題と「主僕の分」」『史叢(日本大学)』第62号.

辻 正博［1993］「宋初の配流と配軍」『東洋史研究』第52巻第3号,後に『唐宋時代刑罰制度の研究』京都大学学術出版会,2010年に収録.

辻 正博［1994］「北宋「配隷」芻議」『滋賀医科大学基礎学研究』第5号,後に『唐宋時代刑罰制度の研究』京都大学学術出版会,2010年に収録.※［辻1993・1994］の書評:川村康『法制史研究』45,1996年.

辻　正博　[1995]「宋代の流刑と配役」『史林』第78巻第5号，後に『唐宋時代刑罰制度の研究』京都大学学術出版会，2010年に収録。※中国語訳：「宋代的流刑与配役」『中国法制史考証（丙編：第3巻）』中国社会科学出版社，1992年。※書評：川村康『法制史研究』46，1997年。

辻　正博　[1996]「杖刑と死刑のあいだ――宋代における追放刑・労役刑の展開――」『前近代中国の刑罰』京都大学人文科学研究所，後に『唐宋時代刑罰制度の研究』京都大学学術出版会，2010年に再録。

辻　正博　[2002]「宋代編管制度考」『東洋史研究』第61巻第3号，後に『唐宋時代刑罰制度の研究』京都大学学術出版会，2010年に収録。

辻　正博　[2010]『唐宋時代刑罰制度の研究』京都大学学術出版会。

徳永洋介　[1993]「南宋時代の紛争と裁判――主佃関係の現場から――」『中国近世の法制と社会』京都大学人文科学研究所。

戸田裕司　[2007]「唐仲友弾劾事件の社会史的考察――南宋地方官の汚職と係累」『名古屋大学東洋史研究報告』第31号。※中国語版：「唐仲友案的現実与評価――兼論《清明集》所描述的地方政治」『法制史研究（台湾）』第14期，2008年。

長井千秋　[1996]「宋代の路の再審制度――翻異・別勘を中心に――」『前近代中国の刑罰』京都大学人文科学研究所。

中嶋　敏　[1973]「『慶元条法事類』諸本源流小考」『図書学論集：長澤先生古稀記念』三省堂，後に『東洋史学論集――宋代史研究とその周辺――』汲古書院，1988年に再録。

中島楽章　[2000]「明代の訴訟制度と老人制――越訴問題と懲罰権をめぐって――」『中国――社会と文化』第15号。※書評：青木敦『法制史研究』51，2002年。

中島楽章　[2004]「墓地を売ってはいけないか？――唐―清代における墓地売却禁令――」『九州大学東洋史論集』第32号。

永田三枝　[1991]「南宋期における女性の財産権について」『北大史学』第31号。※書評：柳田節子『法制史研究』42，1993年。

仁井田陞　[1937]『唐宋法律文書の研究』東方文化学院東京研究所，後に東京大学出版会，1983年復刻。

仁井田陞　[1942]『支那身分法史』東方文化学院東京研究所，後に『中国身分法史』と題を改め東京大学出版会，1983年再版復刻。

仁井田陞　[1959]『中国法制史研究――刑法』東京大学出版会，1980年補訂再版。

仁井田陞　[1960]『中国法制史研究――土地法・取引法』東京大学出版会，1980年補訂再版。

仁井田陞　[1962]『中国法制史研究――奴隷農奴法・家族村落法』東京大学出版会，1980年補訂再版。※「宋代の家産法における女子の地位」（『家族法の諸問題（穂積先生追悼論文集）』有斐閣，1952年）を収録。

仁井田陞　[1964]『中国法制史研究――法と慣習・法と道徳』東京大学出版会，1980年補訂再版。※「清明集戸婚門の研究」（『東方学報（東京）』第4冊，1933年，同5冊，

1934年補正）を収録。

バーンハート，キャスリン［1997］(Bernhardt, Katherine：白凱）（沢崎京子訳）「中国史上の女子財産権——宋代法は「例外」か？——」『中国——社会と文化』第12号。※書評：柳田節子『宋代庶民の女たち』汲古書院，2003年。※関連文献（英語）：Bernhardt, Katherine, *Women and Property in China: 960-1949*, Stanford University Press, 1999. →中国語訳：『中国的婦女与財産 960-1949』上海書店出版社，2003年。

平田茂樹［1989］「「試刑法」考——王安石の刑法改革を手掛かりとして——」『文化（東北大学）』第52巻第3・4号。

平田茂樹［1991］「南宋裁判制度小考——『朱文公文集』巻百「約束榜」を手掛かりとして——」『集刊東洋学』第66号。※書評：川村康『法制史研究』42，1993年。

古垣光一［1989］「はじめて全容が明らかになった明版『名公書判清明集』」『東方』第95号。

古林森廣［1990a］「宋代の官箴書について」『吉備国際大学開学記念論文集 国際社会研究の視座』高梁学園吉備国際大学，後に『中国宋代の社会と経済』国書刊行会，1995年に再録。

古林森廣［1990b］「南宋の官箴書『州県提綱』について」『兵庫教育大学研究紀要』第10巻第2号，後に『中国宋代の社会と経済』国書刊行会，1995年に収録。

宮崎市定［1954］「宋元時代の法制と裁判機構——元典章成立の時代的・社会的背景——」『東方学報（京都）』第24冊，後に『宮崎市定全集（第11巻）』岩波書店，1992年に収録。※中国語訳：「宋元時期的法制与審判機構——《元典章》的時代背景及社会背景」『中国法制史考証（丙編：第3巻）』中国社会科学出版社，1992年。

宮澤知之［1993］「宋代農村社会史研究の展開」『戦後日本の中国史論争』河合文化教育研究所。

柳田節子［1989］「南宋期家産分割における女承分について」『劉子健博士頌寿紀念宋史研究論集』同朋舎出版，後に『宋代庶民の女たち』汲古書院，2003年に再録。※中国語訳：「論南宋時期家産分割中的"女承分"」『中国法制史考証（丙編：第3巻）』中国社会科学出版社，1992年。※紹介：小松恵子「宋代における女性の財産権について」『広島大学東洋史研究室報告』第13号，1991年。

柳田節子［1990］「宋代女子の財産権」『法政史学』第42号，後に『宋代庶民の女たち』汲古書院，2003年に収録。※書評：川村康『法制史研究』41，1992年。

柳田節子［1993］「宋代の女戸」『柳田節子先生古稀記念 中国の伝統社会と家族』汲古書院，後に『宋代庶民の女たち』汲古書院，2003年に再録。

柳田節子［1997］「宋代における義絶と離婚・再嫁」『慶祝鄧広銘九十華誕論文集』河北教育出版社，後に『宋代庶民の女たち』汲古書院，2003年に再録。

柳田節子［1999］「宋代裁判における女性の訴訟」『論集中国女性史』吉川弘文館，後に『宋代庶民の女たち』汲古書院，2003年に再録。※書評：大澤正昭『法制史研究』

50,2001年。
柳田節子［2003］『宋代庶民の女たち』汲古書院。※書評：大澤正昭『歴史評論』第652号，2004年。寺地遵『広島東洋史学報』第9号，2004年。青木敦『社会経済史学』第70巻第1号，2004年。小川快之『歴史学研究』第793号，2004年，後に『伝統中国の法と秩序──地域社会の視点から──』汲古書院，2009年に収録。大島立子『中国女性史研究』第14号，2005年。
山本英史［2006］「健訟の認識と実態──清初の江西吉安府の場合──」『宋−清代の法と地域社会』財団法人東洋文庫。
吉田　寅［1981］「『慶元条法事類』の書誌学的一考察」『中嶋敏先生古稀記念論集（下巻）』汲古書院，後に『『慶元条法事類』諸本対校表（稿）』立正大学東洋史研究室，1992年に再録。
吉田　寅編［1992］『『慶元条法事類』諸本対校表（稿）』立正大学東洋史研究室。※「『慶元条法事類』研究論著目録（1911〜1990）」を掲載。
渡辺紘良［1984］「宋代潭州湘潭県の黎氏をめぐって──外邑における新興階層の聴訟──」『東洋学報』第65巻第1・2号。
渡邊　久［2005］「北宋提点刑獄の一考察」『龍谷史壇』第123号。

【中国語論文】
陳　智超［1984］「明刻本《名公書判清明集》述略」『中国史研究』1984年第4期，後に『名公書判清明集（第2版）』中華書局，2002年に収録。
戴　建国［1999］「天一閣蔵明抄本《官品令》考」『歴史研究』1999年第3期。
戴　建国［2000］「《宋刑統》制定後的変化──兼論北宋中期以後《宋刑統》的法律地位──」『宋代法制初探』黒龍江人民出版社。
鄧　勇［2006］「『清明集』研究在中国的現状与未来」『中国史研究（韓国）』第43号。
龔　汝富［2002］「江西古代"尚訟"習俗浅析」『南昌大学学報（人社版）』2002年第2期。
郭　東旭［1997］『宋代法制研究』河北大学出版社。
何　忠礼［1989］「論南宋刑政未明之原因及其影響──由《名公書判清明集》所見──」『東方学報（京都）』第61冊，後に『宋元時代的法律思想和社会』国立編訳館，2001年に収録。
江　必新・莫　家斉［1985］「"以勅代律"説質疑」『法学研究』1985年第3期。
劉　馨珺［2005］『明鏡高懸──南宋県衙的獄訟』五南図書出版公司。
王　雲海主編［1992］『宋代司法制度』河南大学出版社。
徐　道隣［1975］「宋朝的刑書」『中国法制史論集』志文出版社。
許　懐林［2002］「宋代民風好訟的成因分析」『宜春学院学報（社会科学）』2002年第1期。
薛　梅卿［1997］『宋刑統研究』法律出版社。
袁　俐［1988］「宋代女性財産権述論」『宋史研究集刊（2）』杭州大学歴史系宋史研究室。

# 財政史研究

宮澤　知之

## 緒　言

　本稿は近30年における日本の宋代財政史の動向を振り返るものである。本論に入る前に簡単に1970年代以前の財政史研究にふれておきたい。日本において財政史を含む宋代経済史研究は，1910年代以後，貿易や貨幣史の分野で本格化し，商業史や金融史の分野が盛んであった。このような傾向が強いのは1950年ごろまでであり，第1期とまとめることができる。この時期における経済史の研究は民間の自生的な経済行為という観点からの研究はもちろんあるが，どちらかと言えば国家財政にかかわる観点からの研究が多いのが特徴である。便糴・博糴・対糴・均糴・和買といった糴法，塩茶の専売制度，国家為替の研究などである。民間からの官用物資の買上げや専売等，国家が社会と取り結ぶ売買関係が早くから取り上げられてきたことは注目されてよい。それは宋代史料の性格を直接に反映したというより，この時期の経済史研究の背景に自覚的か否かを問わず，国家の経済政策を重視する歴史派経済学があったからであると思われる。

　1950年代から1970年代半ばまでは財政史研究の第2期である。農村の社会経済史研究が主流の位置を占め，財政史研究も税役制度にかかわるテーマが中心となった。両税や職役はどのように徴収するか，その本質規定は何か，農村社会の構成とどのように対応しているか，総じて時代区分論と関わって宋朝の支配体系の一環として問題がたてられた。戦後の中国史研究の最大の課題すなわち封建制社会が中国史に展開したのはいつかという問題と直結していたのである。

　中国で文革が終息したのとほぼ同じ頃，戦後の中国史研究を主導した所謂ゆる「世界史の基本法則」を中国史に見出そうとする試みも挫折した。宋代史研究で地主佃戸制研究あるいは時代区分論争という形で展開した封建社会論争は急速に

下火となり，中国史を貫く社会的特質を追求する研究や，専制国家を正面から追求する研究が彷彿と起こり，財政史研究も再び盛んとなった。1970年代半ば以後，本稿で扱う第3期である。

財政史を整理するにあたって，財政学的に財務機構論，収入論，支出論（経費論）のように分ける方法もあるが，宋代財政史研究はそのように区分できるようには展開しなかった。歴史学の一部として財政の歴史的意義を問うため，収入・支出にわたるいくつもの要素・局面を複雑に絡ませて論を立てる研究が多いからである。そこで本稿では，上記のような区分をたてず，研究の集中したテーマごとに整理することにした。ただし，すべてを網羅することは困難なので，税役研究，国家財政内部の仕組み，国家財政における中央と地方の関係，財政原理，財政的物流等のテーマに関わる研究を取り上げる。

## 一　両税法と官田・公田

両税法の内容・本質・歴史的意義について長らく定説の位置を占めてきたのは，日野開三郎の唐代両税法に関する6原則である。すなわち，(1)徭役を含む各種税目の併存を禁じた単税原則，(2)夏秋2回収穫時の徴収両回原則，(3)支出に見合う収入を両税で課徴する量出制入原則（税制上の原則であると同時に財政上の原則でもある），(4)租庸調の丁対象均額賦課を変更した戸対象資産対応原則，(5)有産戸に課税する見居原則，(6)課税対象資産や税額を銭額で表示し銭納を本色とする銭数銭納原則の6か条である［日野1961a, 1961b］。単税原則が次第にくずれたように建中元年（780）に施行された両税法と宋代の両税法がまったく同じであるということはないが，両税法の本質という点では唐宋間に決定的な変更はないと見るのが一般的である。

しかし日野の6原則について，船越泰次・島居一康によって重要な批判が提出された。船越は(1)(6)について，両税は田畝の税として田土面積に一定税率で穀物を課徴する両税斛斗・青苗銭と，戸の資産に応じて見銭・布帛を課す両税銭とからなり，従って両税は単税でなく斛斗・青苗銭と両税銭の二本立て課税で

あることを論じ［船越 1973］，さらに五代・宋への両税体系の推移を述べた［船越 1984］。

島居は自立小経営農民である主戸層とその土地所有からの税役収取が国家財政の直接的基盤であるという立場から両税法を検討する。船越の唐代両税に関する議論を前提に，特に日野の (4)(6) を問題にして，五代における変遷を経て成立した宋代両税法の課税体系を論じる。両税は各種資産を対象として戸等を基準に賦課する総合資産税でなく，田土の等級別に賦課する土地税であること，それまで宋代両税の課徴基準と見なされることもあった多様な基準は免役銭の課徴基準であったり，官田租米の決定方法であったり，特殊な地域時期の臨時措置であったりというように両税の基準ではなかったことを明らかにした。それゆえ両税の課税対象者は田産所有者である主戸であって田産非所有の客戸ではない［島居 1983, 1993b, 1993c］。島居の議論は 1950 年代から 70 年代に盛んであった中国封建制，あるいは宋朝の支配基盤をめぐる論争の一環である［島居 1993a］。すなわち宋代両税が土地税として確立しているか否かが争点であったのを，島居は土地税であることを確認したのである。

島居はまた，二本立てであった唐代両税法のうち見銭と布帛で徴収した両税銭部分が，どのような経過で宋代の田土等級別の物納方式に変化したかを論じ，その導入が華北と江南でかなりの時間差があり，しかも完全には地域差を解消できなかったことを指摘し［島居 1983］，さらに物納は規定の物資で納入するとは限らず，財政が必要とする他の物資で納入させる折納があることに注目し，その換算で適用される価格が市場での価格でなく国家が任意に設定した折価すなわち納税のための価格であること，それがどのような仕組みで決定されるかを論じた［島居 1981, 1990］。

このほか両税法の研究には梅原郁と草野靖のものがある。梅原は主として南宋地方志を使って，言い換えれば中国東南部に見られる両税法の諸問題を取り上げた。三等九則の田土等級があり，産銭を指数として両税が算定される方式がやがて実情にあわなくなると，時価で資産を評価した物力によって課税するようになったこと，受納と称される両税の徴収手続き，税租簿・税租鈔のあり方，支移

や折変，さらに納入現場での郷司・攬納人の弊害など両税課徴の実態を具体的に詳述した［梅原1989］。

草野靖は，両税の色額を田地の土色肥瘠に応じた科則によって定める納税手続き（催徴法）の変遷に注目する。宋初の税戸自輸の方式では，税簿（税租簿）・戸鈔・鈔旁による納税，未納戸の科校（督促加罰）・胥吏の比磨（評定）による未納調査の方法・代納等を述べ，その後，農民の零細化が進み，税収確保が困難になると，田籍管理を精密にするための丈量や魚鱗図の作成を行い，大保長＝戸長が催科するなど，必要な税収確保のためのさまざまな方法を取るようになった経緯，さらに元を経て明の里甲制にいたる長い期間にわたる徴税方法の変遷の過程を追求した［草野2000a］。そして草野は春秋戦国以来の税制の変遷を総括して両税法の歴史的位置を見定めようとし，私有財産制が成立して以後，賦税は資産に基づいて徴取されたものであり，均田制が崩壊して個人の土地所有が公認されたというのは根拠がなく，両税法で変化したのは賦税積算の基礎が人でなくただ資産だけとなったこと，人を積算の基礎とする時代は身分制と絡んで運営されたが，身分制社会が消滅して両税法に移行したと論じた［草野2002］。

官田・公田の研究はあまり多くない。島居は，両税が土地税である以上，宋朝は税田の増加政策を講じる必要があるとの観点から，官田の請佃法は荒田や逃棄田に有産戸を入植させて税田を拡大し，官田の出売法は没官田・水利田・営田を民間に売り出して歳入を増やすとともに税田の増加をはかったものであるとした［島居1977，1980b］。

草野は宋から近代におよぶ田面慣行を論じた大著において，田面・田底の分離の歴史的過程を追うなかで，その端緒として宋代官田を取り上げ，その種類・管理系統・資陪承佃法（佃戸工本銭の支払いによる交佃）の成立について，かつての自説を確認詳説し［草野1989］，南宋末の公田法について，和糴の弊害を除く目的から設置され，租米で軍糧を確保する公田の田産としての性格を考察するために北宋末からの公田の系譜をたどった［草野1987］。

寺地遵は南宋末の公田法の実施の背景を，行都臨安の過剰人口に加え頻発する大飢饉に備えての巨大官倉設営にもとめ，近隣農村から強制的に田地を買い上げ

て米穀を収奪したことで臨安は危機をしのいだとした［寺地 2001］。

## 二　その他の課税

　島居一康は宋代の賦役体系下で唯一の例外というべき丁口賦課である身丁税を系統上3つに分けてそれぞれの沿革を検証した結果，一括して均田制的丁支配の課税原理とか一君万民的支配の原理とかの課税原理であるとは言えないとした［島居 1986］。陂湖に湖税と称する税が課徴されることがあった。本田治は湖税が課徴される場合を検討し，唐宋代に築造された人工湖であること，その用地となった農地の税額が新湖の受益者に転嫁されたものであることを明らかにした［本田 1994］。清木場東は宋初の河北・河南の末塩地に行われ，真宗朝以後陝西・淮南・江西・両浙等に拡張された塩銭（塩の支給なしに塩の代価を課徴する）が榷塩法の廃止の代りに徴したもので，五代の塩銭額より低廉であることを述べた［清木場 1984］。

　都市の課税については研究が少ない。熊本崇は屋税について，屋業を所有する坊郭戸の家産に対する課税であること，旧五代領域に限定されること，屋宇に由来する一時的臨時的な多様な内容の課税一般であること等を論じ，郷村の両税に対置しうる正税ではないことを述べ，地税について，「田」に対する「地」の課税で坊郭独自のものでないこと，官有地の地税とあわせた総称であると解釈する［熊本 1980］。

　商税については，足立公徳が北宋期の商税制度をたどり，商税は中央税制と地方財政の矛盾点と捉え，地方での濫徴に対して中央は緩和政策として免税措置をとったという［足立公 2000］。なお北宋の重要史料である宋会要商税統計のデータを整理し，今後の活用に寄与する研究が出現したことも特記すべきである［清木場 2005］。

## 三　宋代財政の特徴・原理

　第3期の財政史研究の特徴は当時の財政がどのような特質をもっているのかを問う研究の多いことである。その方向は2つある。まず斯波義信は宋代を通じて長江下流域における秋苗課税負担が静的な停滞状況にあって生産水準の漸増と相即しないことに着目し，その要因が秋苗税率10分の1という低率と，低率を固定した東南六路上供米の原額620万石の設定にあることを指摘する。軽税率通則と原額主義が結合すると，土地税の査定方式は，土地税原額＝土地面積×税率という建前よりは，土地税数＝土地税原額×徴収率で算出することになり，明清期と共通する様相を見せることになる。両税法の制定当初の徴税方式は量出制入であったが，宋代に固定税額となり，固定歳収つまり量入制出に変化した。固定税額の硬直的な財政の短所は付加税による補填を必須としたから，南宋の長江下流域では生産水準に即応しない原額主義，原額自体の実質削減という財政矛盾のもと，夏税増徴・付加税・雑税・間接税・商業収益の増徴・留州部分を1割にするという王朝後半期の特有の財政状況が現れる。この悪影響が地方財政に反映し，軽税率・原額定制化の実質利益は消去され事実上の高額財政圧力が形成されたと論じた［斯波1986，1988］。

　また岩井茂樹は，唐末以来の両税法体系のなかで財政システムとしての原額主義が次第に確立して明清にいたるとする。中国では経済成長という厳然たる事実はあっても，その観念が欠如あるいは希薄であるため，当初に決めた額を維持することは担税力増大の趨勢にあっても善政と観念されること，中央政府が税収達成の監視と支出項目・数量の監察を能率よく行うには，行政技術や能力に規定されて固定的な額を立てる必要があったことのため，原額主義が形成されたと指摘する。そして中央集権的に管理すればするほど正額財政は総体的に縮小し正額外の財政が自然的に成長するのである。困窮する地方において法定的にその調達が整備されない職役は，正規の租税の外に科派されざるを得なくなる。岩井の実証的な論証は明清時代であるが，その論理は両税法時代を通じて適用できるものである［岩井1992，2004］。

斯波と岩井の提唱した原額主義財政は，その後の研究の指針となり，原額主義をいっそう具体的に実証しようとする研究も現れた。長井千秋は，府州県レベルの財政研究の事例として南宋期の鎮江府を取り上げ，宋代財政の中心たる両税なかでも土地税である秋苗米に，一度決められた税額や課税対象の土地面積が一王朝さらに次の王朝にまで変更されないという原額主義が貫かれるかどうかを検証した。その結果，鎮江では県段階では不明だが，府の段階で大中祥符年間に設定された原額が存在し，南宋で徴収額が増大するのは加耗米が合算されたもので原額自体は不変であるとした。それゆえ宋代に軽税主義の原則が継続的に存在し農民の負担が増大していくという重税論は見直しが必要なこと，財政原理が租庸調制下の量入制出から両税法下の量出制入に転換したという見解は再検討されるべきであるとの見通しを述べた［長井1995］。

　原額主義財政と絡む問題として，青木敦は羨餘をとりあげた。羨餘とは地方財政の剰余であり，北宋では中央の三司，南宋では戸部のちに南庫に進献されることが多い。建前上は禁止だが，地方官は羨餘捻出のためさまざまな付加税・雑税を設け，備蓄を取り崩し，上供額を浸食した。当然定額がないが，ある程度の定期性・定額性が見られ，試算すると，北宋で全国から600万貫，南宋で南庫歳入の大半を占めた可能性がある。青木は，羨餘は原額主義からくる財政硬直を現実の社会経済に対応させる役割を負うと指摘する［青木1992］。

　第3期の財政史研究の1つの潮流が原額主義であるのに対し，もう1つは社会を統合する国家の機能を財政が現実化すると捉える研究である。足立啓二は，中国専制国家は社会を再生産する主体として，財政を通じて剰余労働を組織し一般的共同業務を遂行するという観点のもと，財政総額が①田賦，②田賦以外の徴税，③関税・商税・専売益金等，④徭役労働，⑤とくに地方の行政経費の大分部をまかなう額外徴収，であることを挙げるとともに，財政行為が巨大な再分配であることに着目し，国家的物流の重要性と，それを媒介する貨幣の機能を指摘する。そして中国前近代の財政史の諸段階をまとめ，唐宋変革期においては小経営の質的発展によって，徭役労働部分まで含めて基本的に所有に応じた租税を納入し，兵農が分離する。兵農分離は財政膨張を引き起こし，このころから長期にわたった

周辺諸民族との軍事的緊張のなかで，財政は急激に拡大するとともに，財政運用の必要性がたかまり，財政による国家的物流が全面的に開花すると論じた［足立啓1990］。

　宮澤知之は，宋代財政を根底で規定する要因は軍事であり，単に軍事支出が大きいというのでなく，穀物・馬草・布帛等個別の物資について軍事支出に必要な量になるように計画的に両税・課利・和買等を組み合わせて調達するという意味で軍事財政であると考える。軍事に支出される個別の物資の歳収額が財政全体における各物資の歳収額のほぼ85％で一定する事実から，物資ごとに軍事支出を量って財政収入を調整する量出制入の原則が厳密に貫徹するとし（貨幣は各物資の過不足を調整する役割をはたす），「貫石匹両……」といった複合単位も軍事的使用価値を形式的に数量化して財政運用を容易にするため導入されたと理解した［宮澤1990］。また春秋戦国以来の伝統的財政観として2つ取り上げる。1つは財用（国用・邦計等）といい，財貨を対象とし，会計を通じて再分配する機能・過程であり，もう1つは個別の財貨（使用価値）について計画をたてる量入為出で，租庸調制から両税法へ転換してもこの財政原理は変化しなかった。しかし宋代になり，軍糧補給のための大規模な財政的物流を編成し軍事財政が徹底するようになると財政の原理も量出制入に転換した。国家財政の原理転換の時点は宋初であって両税法施行時点でなく，両税法の課税原理から財政一般の原理を導くのは困難であると考える。宋代財政は個別の使用価値の獲得と再分配であるとの発想に基づくからである。個別の財貨の獲得のため，それぞれ祖額をたて適当な時期に改訂するという制度は明清の原額とは異なるとみて定額主義・祖額主義と称すべきであるとした。明清の原額の前段階である。そして中央財政のもと，財政主権を欠いて経費だけがある所謂ゆる地方財政は，財用に算入されない役を地方経費の窮迫を補うためしばしば追加的に徴発する。役は免役銭のように銭納つまり国税化されると財用となるが，またあらたな雑役を発生することとなる。社会の維持再生産のために個別の剰余労働を社会的必要労働に編成するのが財政であるという観点からすると，役は当然財政史の問題であるが，伝統的財政観では労働はあくまで財貨でなく，それゆえ財用＝財政の問題とみなされないのである［宮

澤 1999]。

　島居一康は，財政はどのように運用されるかという点を重視する。そこで財政運用の鍵となる上供を取り上げ，その特徴として，①上供は田賦・付加税・課利・土貢など広範な対象分野をもつこと，②上供は国初以来何度か大幅な費目の増加・歳額の増大のあること，③上供物資には税・和買・折変をはじめ多様な調達方法があり，さらに一旦調達した物資を別の物資を糴買する本銭にあてるという循環が見られること，という3点を挙げ，具体的に上供米と上供絹帛について総合的に論じる。その結果，宋朝財政は上供された財貨で運用され，上供の特質が以上のようであるからには，宋財政は当初から正税のほか和買等の他の賦課を組み合わせて運用する構造をとっている。それゆえ租税の軽税主義と固定制（原額）が付加的課徴をうみだすという「原額主義論」は時間的推移の問題としても論理の問題としても成り立たないとする［島居 1996]。

## 四　役法と地方財政

　銭物で徴収する租税のほか，労働力を徴収する職役がある。職役の賦課の基礎となる戸等制は，島居によると，宋初は物力を基準とした九等戸制，1034年以後両税額を基準とする五等戸制，保甲法と合体後は物力基準の五等戸制へと変遷する［島居 1984]。戸等制は職役賦課だけでなく，両税納入量の調整・付加税の徴収にも活用され，主戸（土地所有者）の所有と経営の規模の格差に応じてできるだけ納税額や職役差充を均等にするための調整手段であるという［島居 1980a]。また草野靖は差役負担戸の没落とともに戸等制が変容崩壊する過程を追跡した［草野 2000b]。

　役法の研究は中国専制国家の財政構造の特質すなわち中央政府と地方政府の財政をめぐる関係に関わる問題でもある。この問題に先鞭をつけたのは宮崎市定であり，募役法を地方財政の確立をめざしたものと評価したが［宮崎 1953]，その後，職役は租税とともに人民からどのように徴収するかに目が向けられたため，財政構造の問題としては十分な展開を見なかった。宮崎の観点を復活したのは八木充

幸である。

　八木充幸は，州県役は募役法に，郷役は保甲法に吸収されたこと，募役法の施行にともなって「三司―転運使」という中央財政系統から独立した「司農寺―提挙常平司」という地方財政の体系が確立したが，やがて形骸化し制度的に後退したとした [八木1978]。また福州の事例に他の府州の事例を適宜採用して南宋期の地方財政の状況を述べ，上供と地方存留の比は約8対2で，負担能力を無視した上供額の設定や経総制銭に見られる地方財源の吸収等によって地方は正常な財政運営が困難となり，正常ならざる手段で財源を確保し，役法の混乱も倍加したとする [八木1980]。

　小倉正昭は役法問題について賦課基準・財政問題その他多岐にわたる議論を展開した。まず差役法と募役法を比較し周知の事柄を含め8点の相違を摘出した。ここでは役法の賦課基準となる戸等制と財政上の意義に関する論点を紹介すると，差役法は田土基準でなく，人丁と資産の合算を基準とする戸等に基づくのに対し，募役法は人丁基準がなくなり資産を基準とする戸等によること，差役法では全国画一の賦課であったのに対し，募役法では全国的な地域差を認め，州県単位の必要に応じて必要徭役額を決定する地方分権的な地方財政政策であることなどである [小倉1990]。ついで小倉は募役法によって丁産合算から資産対応原則へ変化したことの歴史的意義を問い，差役法下の戸等制の矛盾とくに人丁の多少基準に起因する徭役負担の不公平を解決するためであり，資産対応の免役銭は下等戸からも免役銭を徴収したところに大きな意義がある，それは均田制下の人丁基準と資産基準の合算による戸等制を両税法が放棄して資産対応原則を採用したのに対応し，地方財政にかかわる役法においても両税法の資産対応原則を継承したものと評価した [小倉1990-92]。

　古松崇志は，宮崎のほか，前述の岩井茂樹の清代の国家財政を中心に扱いながら中国的財政の一般的な構造的特徴を論じた研究 [岩井1992] を参照し，地方官司は不十分な地方行政費を自由な裁量で物品によって賦課するが，募役法は銭納にすることでその財源を確保したものの，これを管掌する「司農寺―提挙常平司」体系は国家財政機構の一部であって，地方行政費を中央が統制することでもある

から，必然的な結果として地方経費は正規財政の外で再生産されるとした［古松1998］。

長井千秋は中央財政の犠牲となって地方財政の空洞化が進むとする八木充幸の見解［八木1978, 1980］を批判し，南宋の鎮江府を例として収入・支出を計算，米を除く銭物の収支は健全で必要経費をまかなえたこと，両税収入の6～7割が上供にまわり他の収入も中央や総領所に吸収されても加耗・和糴・和買・課利で運営される現実が南宋時代の正常な財政であると論じる［長井1999］。

丸橋充拓は唐前期・後期・宋代の3期に分け，地方的労働編成に対する中央政府の構造的関与がどのように変わったかについて先行研究を整理して跡づけ，唐前期にあった地方財政が後期に縮小し，北宋に消滅する過程を簡明に描いた［丸橋2003］。

なお前村佳幸は，宋代の地方財政制度について路の監司から府州県鎮寨にいたるまで，その財務手続きや統属関係を検討し，行政系統とは別に，財政的には府州軍―県鎮寨という系統で把握されたことを論じ［前村2001］，毛塚康明は免役寛剰銭や青苗法の息銭の納入が毎年の銅銭鋳造額の多くを州県に蓄積する結果となり銭荒を引き起こしたとする［毛塚2003］。

## 五　行役と免行銭

郷村戸の職役に対し，坊郭戸あるいは商人に対する行役の問題も取り上げられた。加藤繁以来，一部の例外はあるものの，宋代の行は唐宋変革期に力量をつけた商工業者の団体で，営業独占を獲得した代償として国家に支払ったのが行役であると見るのが一般的であった［加藤1935］。80年代にはいると，日野開三郎は，行は仕入れを独占する商人団体であり（販売独占は伴わない），その負担は，宋初，屋税・地税・和買・科配・行役（州県の差役）であったが，王安石変法によって和買・科配は貿遷物貨法に，行役は免行銭法に改革されたとする［日野1981］。この行役・科配を市場独占の代償とみず，正規の税役とする視点は，郷村戸の税役負担と並行的に位置づけるとともに，唐宋間の行の発展を国家制度への寄生（市制下で帰

納的に実現する独占) から，代償を伴わない無制約的な行勢力の成長過程と捉える構想から導かれる。

免行法は新法の一環として行役を銭納化したものだが，熙寧元豊期と北宋末南宋初では性格が異なる。免行銭は単に徴収されるだけで行役の免除は事実上伴わなくなったから，免行法の実態は消滅した。木良八洲雄は北宋末以後の免行銭は軍事費調達のための増税政策であるとする［木良1983］。宮澤知之は行が商工業者の自律的団体であるとは見ず，国家が商工業者に行役を賦課するために組織したもので，構成員も官府が管理したと論じた。行役は和市・科率・供応などと区別できるものでなく，対価を不当に支払わない物品購入や労働を言い，免行銭は行役を銭納化したもの，すなわち正税としたものである［宮澤1994］。

## 六　財政的物流

財政は社会経済の展開に対応し，実情にあった収入と運用を実現しなければならない面をもつと同時に，社会経済に能動的に働きかけ改変・統合する面をもつ。財政による物流の編成は，社会経済の基礎のうえに成り立つとともに，全国的な物流も編成するというように財政の二面性をよくあらわす。

財政的物流とは，宮澤の考えでは，①国家が直接に財貨を移動する物流（官運等輸送の問題，上供等政府機構内の物資移動），②手形や専売等財政制度を組み合わせて財政的に商人を動かす商品流通，③国家が自ら生産物を商品化する物流（専売），④租税や市糴を通じて官需物資を民間から徴発・購入し，俸給・救荒・土木事業等を通じて社会に再分配する物流である［宮澤2002］。そして財政的物流を編成するうえで重要な役割を果たしたのは，財政が採用する価格体系（時估・公定比価・虚估・省陌）である［宮澤1996］。財政的物流は，それと対をなす市場的流通とは概念的に区別されるものであり，現実の物流では両者を截然と区別できないことがあり，また個別の研究ではこれらの物流を同時に扱うことも多い。ここでは研究が比較的集中した分野ごとに整理してみよう。

(1) 上 供

　上供とは地方官府から中央政府におくる物流である。この分野では島居一康が精力的に研究した。上供物資の代表的なものは両税米・和糴米・夏税絹帛・和買絹・銀・銭である。米は景徳4年（1007）に定額600万石が立てられ，およそ両税米400万石・和糴米200万石の構成となった（両税米と和糴米の額は変動し合計が定額である）。和糴は上供定額を満たすために実施されるのであり，農民救済政策とか恣意的な付加税というのは当たらない。均輸法は上供米を効率的に収糴して安定供給するとともに和糴米を効率的に運用して米価を安定させ北辺軍糧の確保に資する目的から実施されたもので，担当官庁である発運司の権限を剥奪した元豊元年（1078）が廃止の時点であるとする［島居1988］。南宋では紹興29年（1159）の改革が重要で上供米332万石を定額とし，和糴は200万石を目標として備蓄することとした。332万石は紹興29年の苗米実徴額である。北宋から継承された苗米課額（原額）との関連を失った上供額・実徴額の関係を明らかにした［島居1993c］。

　銭貨の上供については，北宋では天禧4年（1020）に定額が立てられた。元豊5年（1082）以後，上供銭貨は，租税系統の「上供銭」が納税額の約70％にあたる約400万貫（定額），新鋳銭105万貫（定額），無額上供銭約200万貫（不定額）の計700万貫となり，地方にはこの額に数倍する銭貨が存留したという［島居1998］。北宋末から南宋初期にかけて上供銭貨は大きく変貌し，多様な名目が登場した。経制銭・総制銭・月椿銭・大軍銭・版帳銭等は北宋の無額上供銭の系統に属し，折帛銭は夏税絹帛と和買絹帛の合計の一部を銭納したものである。経制銭以下は路転運司が州県経費のなかから費目充当したもので，新たな付加税として人民に賦課したものではないとした［島居1999］。島居には，以上の研究を総合し，宋代財政の複雑な仕組みを，中央財政の財源となる上供をキーワードとして説明した論文がある［島居2002a］。

　島居は上供のほか封椿という財政運用にも着目し，従来封椿を，財貨を官司や財庫に貯蔵することであると単純に理解してきたことに対し，軍糧備蓄の目的のため，移送・転送の指定，財貨の保管，支出方法等について指定した財政運用で

あるとし，元豊3年の官制改革で三司が廃止され，戸部右曹—元豊庫の専管する朝廷封椿銭物が出現すると，戸部左曹の系列の諸官司とくに転運司の財政裁量の権限が低下し，地方経費は困窮に陥るとした［島居2002b］。

梅原郁は財政運用として上供銭物を取り上げ，経制銭・総制銭・月椿銭・版帳銭等上供費目の複雑な仕組みと関連する諸問題に言及し，結局は農民に転嫁されることを述べる［梅原1989］。

(2) 市糴法

市糴制度は戦国以来救荒や物価調節の目的からなされたが，宋代には辺餉問題と結合した。財政支出の80％ほども占める軍事経費の大きさとともに，北宋では河北・陝西の沿辺への軍糧補給が，南宋では金国との国境沿いへの軍糧補給が，財政の最大の課題となった。糴法は租税とならんで物資調達の二本柱である。斯波義信は，両宋における各地の兵員の配置数・必要な軍糧数と自給率・市糴の額と方法等について大量の数値データを示して沿革をのべ，市糴が北宋の河北・陝西では商人を利用する方法で行われ，河東・江淮では農民から和糴し，北宋末の均糴法以後全国で租税に準じる強制賦課の色彩をおび，南宋では土地制度・徴税制度の不備が表面化すると軍餉を一手に引き受ける調達制度に変わったという［斯波1974，1988］。

斯波の総合的体系的な議論に対し，対象を限定した研究には以下のようなものがある。北宋期の沿辺軍需を確保するための市糴法は，納入された物資の代価として各種の手形（塩鈔・茶引・見銭交引等）を支払い，京師の権貨務において見銭に交換したり，また別の手形に交換したりした。これらは客商を財政的に動かす手段として重要であり，時代によってどの種の手形が使われるか，どのように使われるかという問題は財政的流通を編成する方法にかかわるため，第1期から盛んに研究されてきたテーマである。

板橋真一は，三説法の成立過程について従来の定説を再検討し，それが折中法と大差のない内容（三種の物貨による償還）であり，雍熙年間（984-987）に成立したという［板橋1984］。

草野靖は，宋初，糧草・金銀・絹帛等の納入に茶塩礬の権貨の引換券（交引）を支払う入中（博糴），糧草の納入に手形を発行し京師で見銭を支払う便糴，見銭の納入に交引を発行し京師で見銭を支払う直便（鑿頭），という3種の方式（三説法という）があったが，11世紀はじめから入中が増大し，景徳2年（1005）の折中新法で入中法・便糴法の一体化が進むとともに，河北では香薬象牙・茶・見銭の3種の交引で支払う三説法が，陝西では見銭・茶・塩その他の交引で支払う方式が主流となったとし，三説法の意味が変化したと理解した［草野1988a］。また草野は京師権貨務に所属して，入中で支払われた各種交引の価格を見銭や香薬象牙で支払ったり，東南の茶引や末塩鈔等に交換したりする交引鋪戸を考証した［草野1988b］。

蛭田展充は，三説法が3種の物貨による償還とみるか，3方式による償還とみるかで意見の分かれる現状に対し，その原因が沈括による三説法の定義（『夢渓筆談』巻11，三方式で説明する）を重視するか否かで決まるとして沈括の三説法を再検討した。その結果，沈括の「便糴」は三物貨「三説法」に，「博糴」は河北見銭和糴法に相当することから，沈括のいう三説法はそれまでの諸政策を再編成したものであることが分り，それゆえ市糴法でない「直便」も加えたと解釈する［蛭田2003］。井上孝範は，熙寧・元豊年間における四川路と熙河路の結糴（請負制買上）を市易司の活動と絡めて述べた［井上1979］。

北辺・西北辺での軍糧確保以外の市糴をみよう。池濃勝利は，南宋の江西路を対象に軍糧買上げを目的とする和糴の制度的内容をまとめ，糴場での糴本銭の種類・価格・弊害を述べたあと，やがて田土・家業銭・秋苗を基準として強制的に買い上げる科糴に移ったと論じた［池濃1978］。

畑地正憲は官用物資の各種調達方法のうち承攬（生産者や商人の実封投状による請負）は市易法と絡んで科買・科配にかわる方法として導入され，北宋後期には支移や攤配の請負である攬納がはじまり南宋で確立することを論証し［畑地1977］，北宋末以後の攬納の実態を明らかにした［畑地1980］。また北宋における修河物資の梢草の調達方法について，民戸への力役賦課が新法によって就役免除の免夫銭納入，収買による調達へと変化したこと［畑地1985］，梢草のほか京師

の軍隊に必要な馬草の調達も，宋初は民戸への賦課・科配によって，新法以後は収買によって行われたことを論証した［畑地1993］。

　西奥健志は市糴を異なった角度から見て，穀物税収総額の停滞，支出の増大，常平・義倉制度の不振，貨幣収入の増加を背景に，軍糧の獲得だけでなく，救荒等社会を再生産するための手段として，3年を上限とする備蓄を目指して実施されたことを確認している［西奥2004］。

(3) 市易法

　市易法は従来しばしば中小商人保護政策・低利金融政策だと見なされてきたが，財政による市場再編政策であると捉え直す研究が現れた。市易法は評価がどうであれ，国家財政と商品経済の関係をめぐって展開した財政政策である。

　熊本崇は，まず熙河・河北の軍糧問題に市易司がどのように干与したかを見るため，市易司が両路で行った結糴，河北で行った俵糴等を検討して，市易法応用の最大値を探り［熊本1982］，ついで開封の市易司の機構に大商人を取り込みながら市易司のもとに行戸を再組織したと主張した［熊本1983］。さらに四川榷茶法が買馬・糧草購入の面で熙河路経営の財政的裏付けとなったことを論証して，これも市易法の応用とみる［熊本1986］。均輸法についても辺境軍需の必要という観点から解釈し，市易法の前段階として，既存の財政諸制度を総合的に含んだものと理解した［熊本1985］。

　宮澤知之は市易条文を検討し，当初の市易法は都市市場の再編をはかるため，客商→邸店・牙人→鋪戸という商品の流通経路を，客商→市易務→鋪戸という経路に改変したこと，のみならず免行法と連携して開封で営業できる鋪戸を市易務に登録した市易務行人に限定したこと，市易法は従来からあった抵当法を合体したとき融資も行ったが再び分離したことから市易法の本旨はあくまで貿遷物貨であること等を論じた［宮澤1984，1994］。

　市易法は政府機関がみずから商業活動の主体となったが，同様に地方官府が公的に商業活動を行って地方財政の補填を図ったことがあり回易と称した。井上孝範は北宋では沿辺の回易について実施と禁止を繰り返した経過，南宋では各地に

回易庫を設置して恒常的に行った経過，回易の方法・本銭・弊害等について考証した［井上1980, 1981］。

(4) 輸送と物流圏

首都や北辺をめざす全国的規模での財政的物流に関する研究が近年活発になった。調達した物資をどのように輸送するか，どこで調達するか，物流の範囲あるいは民間商業を巻き込んで形成する市場圏はどのような様相を示すかという問題が問われている。

清木場東は物資の輸送手段（人夫・役畜・車運）の用途・運搬量・費用等を検討し，唐より宋のほうが費用の少ないことを論じた［清木場1993］。

畑地正憲は，京師・沿辺に主として糧草を漕運する形態が，宋初の官船・民船の和雇併用から，熙寧2年（1068）の客船による委託輸送の導入，元豊年間の官船官運の徹底と廃止，その後客船の和雇へと変転して南宋にいたったことを論じた［畑地1987］。西奥健志は長江と黄河をつなぐ大運河による物資の輸送について，国家の漕運による財政的物流と商税統計に現れる市場的流通の関係を分析し，転般法下での私貨の搭載と過税の免除を主因として上供総額の1～2割にあたる免税対象の商品が北上したというほど財政と商品流通は密接な関係にあったという［西奥2007］。日比野丈夫は北宋の京東路の漕運について，江南平定以前において国都への物資供給で重要な機能を果たした広済河が新法期に興廃を繰り返した事情等を述べ［日比野1974］，橋本紘治は南宋の漕運について地方から臨安へは直達法で，地方から地方大軍へは要地に転般倉を設置したこと，紹興28年（1158）以後臨安への漕米452万石は，両浙路の120万石が行在に，その他が地方大軍におくられたと論じた［橋本1974］。

強力な外敵と対峙し多くの兵を集中した河北・陝西の辺境にいかに軍糧を補給するかは宋朝にとって重大な政策課題である。蛭田展充は，宋初の陝西の軍糧補給が解塩通商法・榷茶法・水利灌漑政策を組み合わせ当地で自給的に確保することが推進されたのに対し［蛭田1997］，河北では，宋初は屯田政策が実施されるとともに民間からの労力徴発による軍糧転送が行われ，その後糴買が発達したこ

とを論じた［蛭田1998］。

　西奥は，陝西での軍糧入中は従来，東南からの輸送が想定されてきたことに疑問を呈し，2つの方法で検討した。1つは輸送効率を考慮すると，開封や江南から商人が直接輸送することは到底ありえず，この場合，南商をはじめとする商人は例えば長安で南貨を売却して塩鈔を購入することが想定されるとする［西奥2001］。2つめは，後述の後藤［後藤2002］が開発した手法を用いて商税統計を分析し，物資の集散地と調達圏を確認する方法で，河北や陝西の現地で穀物を確保したことを論じた［西奥2006］。なお沿辺三路の糧料の支出額は宝元〜慶暦（1038-48）を除くと1000万石を下回り，国境付近では500万石前後と推定する［西奥2002］。

　後藤久勝は，未熟な遠隔地商業のもと，華北の北商と華中南の南商をつなぐため，江淮における専売収益を手形を通じて北辺への補給に用いたと論じ［後藤2000］，その結節点となったのが開封の交引鋪であるとした［後藤1998］。さらに熙寧十年商税統計を用い，戸口統計との相関図から統計学的に処理した「回帰残差」を地図化するという方法を採用し，開封を中心とする全国市場と，行塩地分とほぼ等しい1〜2路程度の地域市場圏を見出した。北宋における商業的な地域的まとまりはG. W. Skinnerの8大区分［Skinner1977］，漆俠［漆1988］の4区分が知られるが，後藤の見出した市場圏はいずれとも異なっている［後藤2002］。

　宮澤は軍事配置と行塩地分に着目して北宋と明の全国規模の財政的物流の違いに触れ，近現代の経済地理的地分や自然的地分を分割あるいは統合する財政の機能を主張した［宮澤2002］。

　北宋だけでなく南宋についても財政的物流の具体像が明らかにされつつある。これは総領所に関する研究によって進展してきたが，全体の見取り図を描いたものとして長井千秋の研究がある。長井は長江中下流域における客商の活動と総領所の調達・補給の地割を手掛かりとして，南宋の国家的物流構造全体を問う。遠距離交易をになう客商は江西・荊湖の米と専売品である淮南塩を主要な商品とするが，淮南塩の行塩地分は淮東・淮西・湖広の3総領所が調達・支出する領域と重なる。つまり長江中下流域は塩と米を中核とする経済圏を形成するのである。

同様に南宋全域の物流構造は，臨安—両浙・福建塩区，東南3総領所—淮南塩区，四川総領所—井塩区，両広—広南塩区と整理できる［長井2008］。

(5) 専　売

専売制度は課利収入として財政の重要な財源であったとともに，生産者と市場を分断して国家が生産物を財政手段として利用できるようにし，生産物の支払いを約束する手形（鈔・引）を組み合わせることで商人を財政的に誘導して物流を編成した点で重要である。専売に指定された物資でもっとも重要であったのは塩，ついで茶である。

佐伯富は産塩額・塩税収入額・生産・塩本銭・亭戸・配給・范祥の改革・私塩・塩法の項目について，宋代塩政の基本的事実を整理し［佐伯1987］，河上光一は，四川井塩・河東土塩・山西解塩・河北塩・京東塩・淮南塩・両浙塩・福建塩・広南塩のそれぞれについて生産額・生産形態・行塩地分・配給機構等を明らかにした［河上1974，1975a，1975b，1979，1992］。清木場東は五代宋初の河北の塩政を跡づけ，開宝3年（962）に河北全域で自主流通制となったこと，郷村では両税塩銭を，郭内では税場で商税を課徴したことを考証する［清木場1982］。また清木場は，官売法は官売機関が直接消費者に販売する体制で，郭内では食塩と称し，郷村では蚕塩と称して区別されたとし，郭内の官売法（宋代のこれを清木場の用語で場売法という）と，郭内・郷村を問わず官売廃止後その代わりに課徴した塩銭制，さらに官売法下で見られる乾食塩銭について，方法・施行地域・額等を検証した［清木場1986］。

日野開三郎は塩鈔について，産塩の大宗であった解塩と末塩を取り上げ，個別の展開過程と相互の関係，塩鈔と紙幣の関係，交引鋪の活動を詳細に論じた［日野1983a］。この論文は1930年に執筆されたものの未発表だった。実は日野自身，個々の論点を深めた論文を発表し学界に大きな影響を与えたのであるが，全体構想を展開したものとしてあらためて公表したのである。

幸徹は，塩の官売法と通商法の違いは生産地から販売地までの輸送方法の違い，すなわち国家運送か商人運送かの違いであることを確認し，東南六路では北宋の

極初と末期を除いて実施された官売法のもとでの塩鈔（末塩鈔）について，意義［幸 1973］，成立過程［幸 1974］，京師での現銭納入による発行法［幸 1977b］，慶暦年間の制度的混乱［幸 1976］，乱発の影響［幸 1977a］，その後の展開［幸 1978］を研究した。塩鈔は塩代価納入済証明書・塩支払約束手形・塩特許販売許可証等の機能を有するもので，商人は開封の権貨務に塩代価を納入し塩鈔の発給をうけ，これを東南に携帯して塩の支払いをうけ，さらにこれを販売許可証として塩の販売を行うことになる。末塩鈔の財政的意義は，当初の年間 180 万貫から多い時で 400 万貫以上に及ぶ現銭収入のあることと，主として河北沿辺の軍需物資納入に対する支払いにあてることである。その成立は天禧元年（1017）で廃止は崇寧元年（1102）である。はじめ開封だけでなく東南各地で，現銭納入あるいは穀物納入で発行されていたのが，天聖元年に開封での現銭納入に対する発行に一本化された。対西夏戦争が起こると，陝西糧草交鈔に対する京師現銭支払いが破産したため，茶引や解塩鈔とともに末塩鈔も翻換のための発行が始まった。しかし翻換による乱発によって慶暦ごろ制度は崩壊した。その後范祥の塩法改革をへて再び末塩鈔の京師現銭法が主柱となり北宋末にいたる。

ついで幸は，産塩場の管理から，内陸部への運送をへ，計口配売・蚕塩・産塩等の官販にいたる東南六路の官売法について，その制度の展開過程，年収額の推移（熙寧元豊期は 6 百数十万貫，そのほかの時期はおおむね 300 万貫），末塩鈔との関連等について逐一検討した［幸 1980, 1982, 1984, 1993a］。幸の塩法研究によって，複雑な東南における末塩の官売法と，末塩鈔の展開が委細を尽くして論述された。

(6) 国家為替

現銭や塩茶等の実物の支払いを約束する手形は，国家が財政的物流を編成するうえで重要な役割を担った。現銭を支払う約束手形は民間のものも知られるが，宋代で発達し財政や商品流通で圧倒的に重要だったのは国家発行のものである。塩茶の支払いを約束する塩鈔・茶引は専売制とリンクしており，もちろん国家発行である。宋代における為替の発達とは国家の信用に基づく為替であったことを

銘記しておかなければならない。なお塩鈔・茶引の研究は，前項の(5)専売と明確に区別することは難しいが，ここでは手形に重点をおく研究に目を向けたい。まず草野靖は，手形の種類・語義・形式・合同手続きを詳細に考証し，基礎的な事実を確認した［草野 1980］。

　手形の研究を本格的に進めたのは幸徹である。幸は華南から開封に北上する年額を推定し，財政運送の物資が千数百万貫石疋両，商業運送の商品が 500 万貫の計 2000 万貫石疋両で，南下する年額は，財政運送の物資はなく，商業運送は各種手形が約 400 万貫と南下商品 100 万貫の計 500 万貫である。南北の経済交流は北上年額が異常に多く，南下年額の大部分は手形類であるという不均衡な状況であると指摘する［幸 1986］。つぎに幸は南下手形について詳細に変遷を追い，宋初は政府発行の送金手形である便銭が主流だとして，その取扱機関・手続き・発行額等を考証し，北宋の大部分をしめた東南末塩の官売法時代では，末塩鈔の販塩のための機能や送銭手段としての機能・発行額等を詳考した［幸 1987-91］。そして，この結果得られた知見をもとに再度，唐宋時代の南北経済流通の歴史的展開を再構成し，結論として，宋代の商業流通の構造・性格について，自然条件や生産消費の経済条件による流通でなく，自然・経済・政治・社会の諸条件によって構成された流通で，一度循環を始めた流通は翻って自然・経済・政治・社会の諸条件に能動的に作用して改変する関係にあると述べた［幸 1993b］。

## 七　南宋の財政的物流と地方財政——総領所体制

　淮水以北の領土を失った南宋は，国境防衛の軍隊に補給するシステムを北宋とは異なる形で構築した。全国的規模での物流の変更にあわせて構築したのが南宋時代特有の財政機構，総領所の体制である。総領所体制は各ブロックで財政的物流と地方財政を緊密に関連させて展開するという点で北宋とはかなりおもむきの異なる財政システムである。

　第 3 期の総領所体制の研究は川上恭司に始まる。川上は，淮東・淮西・湖広・四川 4 総領所の財政運用について，財源（課税・専売・紙幣発行・営田屯田経営），

漕運，軍兵への支給，買馬等の項目に分け，基本的事実を概略的総合的に整理した［川上1978］。川上以後は総領所ごとに研究されるようになる。

長井千秋は鎮江の淮東総領所が「米70万石，銭700万貫」等の財政規模を有し，鎮江・淮東に駐屯する7〜8万人の軍兵への補給を担当したこと，米麦草銭のそれぞれの仰給地と数量を明らかにするなど淮東総領所の財政運用を数量的に復元した［長井1988，1992］。

金子泰晴は，荊湖地方が首都から遠く，また塩産がないことによる権貨務の非存在という条件下で，湖広総領所が鄂州や江陵等に駐屯する約8万の大軍にどのように財物を供給するかという課題から湖広総領所の財政運営を検証する。湖広総領所の歳入670万〜900万貫のうち，およそ500万貫が上供銭で160万〜200万貫が戸部からの補助であったこと，臨安・鎮江・建康の3か所の権貨務で見銭に交換できる三合同関子を発行して（290万貫ほど）和糴の支払手段としたこと，南宋中期以後には湖北の軍隊の俸給にあてる湖北会子（湖広会子）を発行したこと，鄂州や江陵に塩を販売する長江下流域の商人の回貨として茶引を発行したことを述べ，湖北・京西に湖北会子が流通し，長江下流域との間に淮南塩と茶引が流通する構造が形成されたという［金子1990］。金子はまた湖広総領所が設立される以前，岳飛軍を支えた岳飛の軍費調達方法を検討しその商業活動の重要性を指摘した。荊湖では民間の商業活動を軍需をまかなう体制に組み込むことが重要なのである［金子1995］。

樋口能成は湖広総領所と四川との関係を検討し，その財政収入の一部が四川の経総制銭でまかなわれたが，荊湖の軍事拠点で四川商人の活動があるにもかかわらず，総領所の財政運用に組み込まれなかったとし［樋口2006a］，また京西路と湖北路のみにしか通用しない湖北会子の意義を検討し，湖広総領所の放出・回収を通じて流通し鄂州商人を保護する役目を果たしたと論じた［樋口2006b］。

高橋弘臣は利州の四川総領所の設置とその後の推移・権限等を検討するなかで，その財政職務を明らかにする。四川総領所は7〜10万の兵力を擁する御前軍への補給を担当し，その財源として課利や経総制銭の一部を移送させた約2500万貫に及ぶ貨幣を用い，和糴を通じて軍糧米約150万石を確保した。四川総領所は

東南3総領所の財政規模よりはるかに大きく，また他の総領所と異なり，緊急時に中央の裁可を得ることなく増税したり，上供額を減額したり，紙幣（銭引）を増印したりするなど大きな権限をもっていた［高橋2002］。

なお四川総領所の財政関係文書が残っており，近藤一成が考証している。1つは淳熙10年（1183）四川総領所の買撲坊場関係文書［近藤1982］，もう1つは淳熙11年の軍関係文書で，懐安軍普州から屯駐後軍に銭引を移送し，また総領所が送った本銭で軍糧を糴買した件について，剣州が総領所に送った会計報告（帳状）であると推測した［近藤1981］。

## 結　語

以上，1970年代半ば以後すなわち宋代財政史研究の第3期を概観した。一部取り上げられなかった分野はあるが，およその展開は追えたと思う。取り上げられなかった分野とは，財務を担当する機関，塩を除く各種専売，水利をはじめ財政による社会的生産基盤（infrastructure）の整備，榷場や市舶司など対外貿易制度に関する研究である。また財政史の分野に含めてよい貨幣史研究も除外したが，これについては，［宮澤2007］を参照されたい。

また近年の財政史研究の動向，とくに財政原理にかかわる研究の紹介としては，長井千秋が1980年代以後の宋代財政史の主要な論争をまとめ［長井2000］，丸橋充拓が唐宋変革史研究の近況を整理したなかで財政もとりあげた［丸橋2001］。

さて第3期の研究の特徴をまとめておこう。第1に，第3期は財政史研究だけでなく，他の経済史の分野も多様化した。農業・漁業・塩業・窯業をはじめとする諸産業を対象とした技術史・流通史，商業組織・商人を対象とする商業史，東アジア海域を視野に入れた貿易史，水利問題や移住定住を論じる地域開発史が有力な分野となった。多様な分野からなる経済の諸局面に財務行政のかかわる部分は多く，社会経済史と国家財政史を截然と区別することは難しい。こうして第3期の宋代財政史研究の特徴の1つは研究テーマの多様性である。注意すべきは取り上げられるテーマはむしろ第1期と重なるものも多いが，研究の背後にある課

題意識が変化し，そのため着目する部分や位置づけが異なることである。

　第2の特徴は，課題意識の変化に応じて，国家財政が社会に及ぼす作用を検討する研究が増加したことである。財政上のさまざまな問題が社会に負の影響を与えるという見方も，財政が能動的に社会統合の役割を果たすという見方も，どちらも国家と社会の関係を問題にする点ではかわりない。ただ第2期の研究が国家支配の現れとしての財政史研究であったのに対し，第3期はこのような傾向が薄れ，社会統合のあり方としての財政史という観点が登場した。第2期は収入論が主流であったのに対し，第3期は経費論ないし運用論が主流であると言ってもよい。

　第3の特徴は中国専制国家の財政の構造的特質を正面から追求する研究が出現したことである。この場合，宋朝財政に限定して論じるよりも，宋清間を貫く特質，あるいは唐宋変革でどのように変わったかなど視野を広くとって論じる方が有効であり，実際そのような研究が現れた。原額主義や社会的統合（とくに財政的物流）の議論がそれである。

　第4に，近年宋代財政史の中心的課題と意識されているのは2つである。1つは，北宋では遼夏との，南宋では金との軍事的対立に伴う補給問題であり，2つは，地方財政をやりくりする仕組みである。いずれも研究者の課題意識のなかで定着しているように思われる。第1の課題は専売・市糴・貨幣・金融・北辺貿易等の研究にとくに顕著に現れ，第2の課題は職役・雑税問題に集中的に現れる。第2期において財政史の中心的な位置をしめた，両税・職役の賦課基準・性格・歴史的意義という課題に対する取り組みは，80年代前半の島居の研究以後，進展が見られなくなった。税役の賦課基準の問題は島居によって基本的に解決をみたと思われるが，第2期の研究を推進した問題関心（封建制をめぐる論争，時代区分論争）の後退が，この問題に対する一層の探求を妨げているように思われる。

　第3期の宋代財政史の研究は，第2期のような激しい論争はあまりない。どちらかと言えば共有する枠組み，共有する事実認識の上にたって研究が深化してきた面が強いように見える。しかし研究者がくだす評価の違いは別として，例えば，南宋和糴の用途，塩官売法の内容，市易法の内容ほか，事実認識にまだ一致を見

ないテーマも多くある。

　財政史は国家内外の状勢に対応する政治史と密接に絡み合うという意味で，ある時代特有の構造・特質をもつことは確かだが，数百年単位の長期的な社会構造に対応する点では，長い期間にわたって共通する構造・特質を根底にもつ。2層の構造の相互関係・展開を洞察することがもっとも重要である。両税・職役という税役体制，祖額あるいは原額という財政原理，入中・開中という軍糧補給を起因とする財政的物流，物流編成の手段たる手形と専売制のリンクなどは，いずれも宋以後清にいたる長期的な構造・特質であり，その基層のうえに時代特有の条件が加わって各時代・各時期の財政史が展開したことをあらためて意識したい。

　最後になったが，『宋史食貨志訳註』が完成したことにも触れておかなければならない。詳細な註が施され，財政史研究上のさまざまな問題が指摘され有用である［中島1999-2006］。


[参考文献目録]

　　※論文は著書に収録するにあたって論文タイトルを変更し加筆補正のあるものも多い。決定版として著書のものを参照したが，学説史の性格上，原論文タイトルと初出年を記し，原載雑誌名は省略した。

青木　敦［1992］「南宋の羨餘と地方財政」『東洋学報』第73巻第3・4号。
足立公徳［2000］「北宋期の商税について――主として国家財政との関連――」『中国の歴史と経済』中国書店。
足立啓二［1990］「専制国家と財政・貨幣」『中国専制国家と社会統合――中国史像の再構成II――』文理閣。
板橋真一［1984］「宋初の三説法に就きて」『集刊東洋学』第52号。
井上孝範［1979］「熙寧・元豊年間に於ける熙河路の結糴」『九州共立大学紀要』第13巻第2号。
井上孝範［1980］「北宋の回易について」『九州共立大学紀要』第15巻第2号。
井上孝範［1981］「南宋の「回易」について」『九州共立大学紀要』第16巻第2号。
岩井茂樹［1992］「中国専制国家と財政」『中世史講座（第6巻）』学生社。
岩井茂樹［2004］『中国近世財政史の研究』京都大学出版会。
梅原　郁［1989］「南宋両税制度雑攷――一中国王朝の徴税――」『国家――制度と理念――』京都大学人文科学研究所。
小倉正昭［1990］「王安石の募役法改革の制度的特徴」『鈴鹿工業高等専門学校紀要』第23巻第1号。

小倉正昭［1990-92］「募役法の資産対応負担原則の歴史的意義（1）（2）（3）」『鈴鹿工業高等専門学校紀要』第23巻第2号，第24巻第1号，第25巻第2号．
加藤　繁［1935］「唐宋時代の商人組合『行』を論じて清代の会館に及ぶ」『支那経済史考証（上巻）』東洋文庫，1952年，所収．
金子泰晴［1990］「南宋初期の湖広総領所と三合同関子」『史観』第123冊．
金子泰晴［1995］「荊湖地方における岳飛の軍費調達――南宋湖広総領所前史――」『宋代の規範と習俗』汲古書院．
川上恭司［1978］「南宋の総領所について」『待兼山論叢（史学篇）』第12号．
河上光一［1974］「宋代解塩の生産と生産形態」『宋代塩業史の基礎研究』所収．
河上光一［1975a］「宋代解塩の生産額について」『宋代塩業史の基礎研究』所収．
河上光一［1975b］「宋代解塩消費区における諸産塩地」『宋代塩業史の基礎研究』所収．
河上光一［1979］「宋代禁榷下解塩の配給について」『宋代塩業史の基礎研究』所収．
河上光一［1992］『宋代塩業史の基礎研究』吉川弘文館．
清木場東［1982］「五代・宋初の販塩制について――河北販塩制をめぐって――」『鹿大史学』第30号．
清木場東［1984］「五代宋初の塩銭について」『東方学』第68輯．
清木場東［1986］「北宋の郭内官売制と塩銭制」『産業経済研究』第26巻第4号．
清木場東［1993］「唐宋における陸運について――輸送手段を中心として――」『東アジアにおける生産と流通の歴史社会学的研究』中国書店．
清木場東［2005］『北宋の商業活動』中国書店．
木良八洲雄［1983］「宋代の免行銭」『東方学』第65輯．
草野　靖［1980］「宋代で用いられた手形の名称とその形式」『中島敏先生古稀記念論集』汲古書院．
草野　靖［1987］「賈似道公田法の系譜」『日野開三郎博士頌寿記念論集　中国社会・制度・文化史の諸問題』中国書店．
草野　靖［1988a］「三説法――宋初の権易法――」『（熊本大学）文学部論叢』第25号．
草野　靖［1988b］「宋代権貨務の交引鋪」『榎博士頌寿記念東洋史論叢』汲古書院．
草野　靖［1989］『中国近世の寄生地主制――田面慣行――』汲古書院．
草野　靖［2000a］「宋代以後における田税催徴法の変遷」『福岡大学人文論叢』第32巻第2号．
草野　靖［2000b］「宋代における戸等制の衰退と郷役の変遷」『七隈史学』第1号．
草野　靖［2002］「両税法の歴史的地位（上・下）」『福岡大学人文論叢』第34巻第2号・第3号．
熊本　崇［1980］「宋制「城郭の賦」の一検討」『集刊東洋学』第44号．
熊本　崇［1982］「北宋神宗期の国家財政と市易法――熙寧8・9年を中心に――」『文化』第45巻第3・4号．
熊本　崇［1983］「王安石の市易法と商人」『文化』第46巻第3・4号．
熊本　崇［1985］「均輸法試論――「薛向略伝」補遺――」『東方学』第69輯．

熊本　崇 [1986]「四川榷茶法——王安石「市易法」理解のために——」『東北大学東洋史論集』第2輯。
毛塚康明 [2003]「王安石新法と銭荒——募役法存廃をめぐる論争を手懸りとして——」『柳田節子先生古稀記念 中国の伝統社会と家族』汲古書院。
後藤久勝 [1998]「北宋時代河北糧草交引の流通と京師交引鋪の保任について」『九州大学東洋史論集』第26号。
後藤久勝 [2000]「北宋における京師と江淮地方との間の商業流通について——専売手形の流通より見た——」『九州大学東洋史論集』第28号。
後藤久勝 [2002]「北宋における商業流通の地域構造——『宋会要輯稿』所収熙寧十年商税統計を中心として——」『史淵』第139号。
近藤一成 [1981]「南宋屯軍文書考」『史観』第105冊。
近藤一成 [1982]「南宋「銭簿残欠」考」『史観』第107冊。
佐伯　富 [1987]『中国塩政史の研究』法律文化社。
斯波義信 [1974]「宋代市糴制度の沿革」『青山博士古稀紀念宋代史論叢』省心書房。
斯波義信 [1986]「宋代江南秋苗額考」『中村治兵衛先生古稀記念東洋史論叢』刀水書房。
斯波義信 [1988]『宋代江南経済史の研究』汲古書院。
島居一康 [1977]「宋代における官田出売策」『宋代税政史研究』所収。
島居一康 [1980a]「宋代における戸等の定立とその機能」『宋代税政史研究』所収。
島居一康 [1980b]「宋代における逃棄田対策の変遷過程」『宋代税政史研究』所収。
島居一康 [1981]「宋代における両税の折納について」『宋代税政史研究』所収。
島居一康 [1983]「宋代両税の課税基準と戸等制」『宋代税政史研究』所収。
島居一康 [1984]「宋代役法の賦課基準について」『宋代税政史研究』所収。
島居一康 [1986]「宋代身丁税の諸系統」『宋代税政史研究』所収。
島居一康 [1988]「宋代上供米と均輸法」『宋代税政史研究』所収。
島居一康 [1990]「両税折納における納税価格と市場価格」『宋代税政史研究』所収。
島居一康 [1993a]「宋代税政史研究序論」『宋代税政史研究』所収。
島居一康 [1993b]「宋代両税法と客戸・佃戸」『宋代税政史研究』所収。
島居一康 [1993c]「南宋の上供米と両税米」『宋代税政史研究』所収。
島居一康 [1993d]『宋代税政史研究』汲古書院。
島居一康 [1996]「宋代上供の構成と財政運用」『島根大学法文学部紀要 社会システム学科編』第1号。
島居一康 [1998]「北宋の上供銭貨」『東洋史研究』第57巻第3号。
島居一康 [1999]「南宋の上供銭貨」『(大阪府立大学) 歴史研究』第37号。
島居一康 [2002a]「宋代の上供——賦税体系の整備に先行した財政運用——」『中国の歴史社会——統合のシステムと多元的社会——』東京都立大学出版会。
島居一康 [2002b]「北宋の封椿と財政運用」『中国史学』第12巻。

高橋弘臣［2002］「南宋四川総領所について」『中華世界の歴史的展開』汲古書院。
池濃勝利［1978］「南宋代の和糴政策について——江南西路を中心として——」『星博士退官記念中国史論集』同事業会。
寺地　遵［2001］「南宋末期，公田法の背景」『史学研究』第231号。
長井千秋［1988］「淮東総領所の機能」『待兼山論叢（史学篇）』第22号。
長井千秋［1992］「淮東総領所と財政運営」『史学雑誌』第101編第7号。
長井千秋［1995］「南宋期 鎮江府の秋苗米と原額」『史林』第78巻第6号。
長井千秋［1999］「南宋時代鎮江府の財政収支」『岐阜聖徳学園大学紀要 教育学部・外国語学部』第37集。
長井千秋［2000］「中華帝国の財政」『東アジア経済史の諸問題』阿吽社。
長井千秋［2008］「南宋の補給体制試論」『愛大史学——日本史・アジア史・地理学——』第17号。
中島　敏［1999-2006］『宋史食貨志訳註（2）～（6）』東洋文庫。
西奥健志［2001］「北宋の西北辺における軍糧輸送と客商」『鷹陵史学』第27号。
西奥健志［2002］「北宋辺境の軍糧支出」『鷹陵史学』第28号。
西奥健志［2004］「宋代市糴制度の財政的背景——儲備の獲得を中心として——」『社会経済史学』第70巻第1号。
西奥健志［2006］「宋代の物流と商人——軍糧納入への関わりを中心として——」『鷹陵史学』第32号。
西奥健志［2007］「宋代大運河の南北物流」『東洋学報』第89巻第1号。
橋本紘治［1974］「南宋における漕運の特殊性について」『青山博士古稀紀念宋代史論叢』省心書房。
畑地正憲［1977］「北宋時代における承攬制について」『山口大学文学会志』第28号。
畑地正憲［1980］「宋代における攬納制の展開について」『東亜経済研究』第47巻第3・4号。
畑地正憲［1985］「北宋における修河物資「梢草」の調達について」『山口大学文学会志』第35号。
畑地正憲［1987］「宋代における攬載について」『日野開三郎博士頌寿記念論集 中国社会・制度・文化史の諸問題』中国書店。
畑地正憲［1993］「宋代における草の調達と商品化について」『東アジアにおける生産と流通の歴史社会学的研究』中国書店。
樋口能成［2006a］「南宋総領所体制下の長江経済——湖広総領所と四川との関係から——」『早稲田大学大学院文学研究科紀要』第51輯。
樋口能成［2006b］「南宋湖北会子の市場構造」『史滴』第28号。
日野開三郎［1961a］「両税法の基本的四原則」『日野開三郎東洋史学論集（第4巻）』所収。
日野開三郎［1961b］「楊炎の両税法の見居原則と銭数銭納原則」『日野開三郎東洋史学論集（第4巻）』所収。

日野開三郎［1981］「唐宋時代における商人組合『行』に就いての再検討」『日野開三郎東洋史学論集（第7巻）』所収。
日野開三郎［1982］『日野開三郎東洋史学論集（第4巻）』三一書房。
日野開三郎［1983a］「北宋時代の塩鈔について——附・交引舗——」『日野開三郎東洋史学論集（第6巻）』三一書房。
日野開三郎［1983b］『日野開三郎東洋史学論集（第7巻）』三一書房。
日比野丈夫［1974］「北宋時代の京東路」『中国歴史地理研究』同朋舎，1977年，所収。
蛭田展充［1997］「宋初陝西の軍糧補給政策」『史滴』第19号。
蛭田展充［1998］「宋初河北の屯田政策」『史観』第141冊。
蛭田展充［2003］「沈括「三説法」条の再検討——北宋前期の軍糧補給政策の一側面——」『早稲田大学大学院文学研究科紀要』第48輯。
船越泰次［1973］「唐代両税法における斛斗の徴科と両税銭の折糴・折納問題——両税法の課税体系に関連して——」『唐代両税法研究』所収。
船越泰次［1984］「唐宋両税法の課税体系について——特にその推移の問題を中心として——」『唐代両税法研究』所収。
船越泰次［1996］『唐代両税法研究』汲古書院。
古松崇志［1998］「宋代における役法と地方行政費——財政運営の一研究——」『東洋史研究』第57巻第1号。
本田治［1994］「宋代の湖税について」『立命館文学』第537号。
前村佳幸［2001］「宋代地方財政機構と監鎮官」『名古屋大学東洋史研究報告』第25号。
丸橋充拓［2001］「「唐宋変革」史の近況から」『中国史学』第11巻。
丸橋充拓［2003］「唐宋変革期の財政構造と役法」『日本史研究』第487号。
宮崎市定［1953］「宋代州県制度の由来とその特色——特に衙前の変遷について——」『宮崎市定全集（第10巻）』岩波書店，1992年，所収。
宮澤知之［1984］「宋の都市商業と国家——市易法新考——」『宋代中国の国家と経済』所収。
宮澤知之［1990］「北宋の財政と貨幣経済」『宋代中国の国家と経済』所収。
宮澤知之［1994］「宋代の行」『宋代中国の国家と経済』所収。
宮澤知之［1996］「宋代の価格と市場」『宋代中国の国家と経済』所収。
宮澤知之［1998］『宋代中国の国家と経済——財政・市場・貨幣——』創文社。
宮澤知之［1999］「中国専制国家財政の展開」『岩波講座世界歴史（第9巻）』岩波書店。
宮澤知之［2002］「中国専制国家の財政と物流——宋明の比較——」『中国の歴史社会——統合のシステムと多元的社会——』東京都立大学出版会。
宮澤知之［2007］「日本における宋代貨幣史研究の展開」『中国史学』第17巻。
八木充幸［1978］「北宋後期における役法・保甲法と地方財政」『集刊東洋学』第40号。
八木充幸［1980］「南宋地方財政の一検討」『集刊東洋学』第44号。
幸徹［1973］「北宋時代の東南官売法下末塩鈔の意義について」『九州大学東洋史論集』第

1号。
幸　徹 [1974]「北宋の東南地方に於ける官売法下末塩鈔制度の成立について」『青山博士古稀紀念宋代史論叢』省心書房。
幸　徹 [1976]「北宋慶暦年間の官売法下末塩鈔制度の混乱について」『史淵』第113号。
幸　徹 [1977a]「北宋慶暦年間の官売法下末塩鈔乱発の影響について」『歴史学・地理学年報』第1号。
幸　徹 [1977b]「北宋時代の官売法下末塩鈔の現銭発行法について」『東洋史研究』第36巻第3号。
幸　徹 [1978]「北宋時代の末塩鈔京師現銭発行法の行方について」『歴史学・地理学年報』第2号。
幸　徹 [1980]「宋代の東南官売塩法（1）——官売末塩銭と末塩交鈔銭——」『歴史学・地理学年報』第4号。
幸　徹 [1982]「宋代の東南官売塩法（2）——官売末塩銭年収額の推移——」『歴史学・地理学年報』第6号。
幸　徹 [1984]「宋代の東南官売塩法（3）——熙寧元豊年間直前の官売塩法の退廃について——」『歴史学・地理学年報』第8号。
幸　徹 [1986]「宋代の南北経済交流について」『歴史学・地理学年報』第10号。
幸　徹 [1987-91]「唐・宋時代の南北経済交流と南下手形類について（1）（2）（3）」『歴史学・地理学年報』第11号・第13号・第15号。
幸　徹 [1993a]「宋代の東南官売塩法（4）——官売塩法・通商塩法と末塩交鈔の行用——」『歴史学・地理学年報』第17号。
幸　徹 [1993b]「唐宋時代における南北商業流通と証券類についての諸問題」『東アジアにおける生産と流通の歴史社会学的研究』中国書店。
漆　侠 [1988]『宋代経済史（下冊）』上海古籍出版社。
G. W. Skinner [1977] "Regional Urbanization in Nineteenth-Century China," *The City in Late Imperial China*, Stanford University Press.

# 地域社会史研究

岡　元司

## 一　地域社会史研究の意義

　日本における宋史研究の現状と課題を論じる本書の中で，本章が扱う「地域社会史」は，本書が重点を置く1980年代以降の日本の宋史研究において，顕著な進展を見せた分野の一つである。

　地域社会史研究の最大の特色は，歴史を国家や首都の側から見るのではなく，基層社会の側から見ることである。中国古代史の史料，とくに国家によって編纂された史料は，政治動向や政治制度に詳しいため，宋代史においても政治史や制度史が先行的に研究されたことは自然な成り行きであった。しかし，現代で言えば首都の国営放送局が日々送り出すニュースを見ていても，日常的な社会のあり方が十分に把握できないのと同様に，歴史学においても，各種の史料を博捜することによって，地域という場において，政治だけでなく，経済・宗教・文化などの諸要因がどのようにまじりあって社会が動いていたのかを明らかにすることは，たいへん重要である。「地域」に場を設定するということは，決して視野を狭めることを意味するのではなく，逆に，一つの場を通して，さまざまな複合的な要因の関連性の中で歴史を考察することを目指すものである。たとえば文化にしても，単に士大夫に関わる"Elite Culture"のみを研究対象とするのではなく，"Popular Culture"との相互作用がどのように現れていたのかを考察することは，地域社会のように一つの場を事例として具体的に分析していくことによって，検討がしやすくなる。また，こうした定点観測による分析は，単に宋代史のみに問題を限定させずに，長期的な歴史の中で，宋代がもっていた意味を考察することにもつながることがしばしばある。こうした作業を通して，中国の社会がもっていた「内発的変化」の過程と要因とを探り出していくことが可能となると考える。

地域社会史のもう一つの意義は，面積がヨーロッパに匹敵する広さをもつ中国の歴史を考えるうえで，「地域偏差」を重視する必要性である。中国の地域区分については，米国の G. W. Skinner によって "Macroregion" 論として提出され，Robert Hartwell が宋代およびその前後の時代について具体化しており，日本においても斯波義信らに大きな影響を与えている。東アジアの気候は，安定的な西岸海洋性気候や地中海気候を主とするヨーロッパとは異なり，強い季節風に影響されているため，農牧業のあり方が地域によって大きく異なり，また地形的な相違にも左右されて，地域経済の周期循環も地域ごとに独自の運動性を示す（[Skinner 1977]，[Hartwell 1982]）。そのため，斯波義信が「ここで当面に求められているものは，将来に整序された社会内比較，社会間比較に益するような，周到な手続きを踏んでなされた地域的事例の積み上げである」[斯波義信 1988：34] と警告しているように，地域ごとの分析は，中国史を考察するうえで不可欠の視角となる。

　また，筆者はここまで「中国」という語を無前提に使用したが，宋朝の版図は当然ながら現在の中華人民共和国の国土ともまったく異なる。宋代においても，地域によっては，北方の遊牧民族と文化・民俗的に近い地域もあれば，高麗，日本，あるいは東南アジアとの密接な関係が見られる地域もあり，地域的な個性はそうした点にもあらわれる。「地域」の発想とは，当たり前に考えがちな「中国」という枠組みを，より広く柔軟なものとして位置づけることにもつながると思う。

　そうした「地域社会史」という学問的手法のメリットが，日本の宋代史研究においてどこまで実現されているのかを本稿では振り返ってみたい。

## 二　1970年代までの宋代地域社会史研究の流れ

　第二次世界大戦以前から加藤繁らによって本格的に分析が進みつつあった宋代社会経済史研究を，中国史の焦点の一つにクローズアップさせたのは，戦後における地主・佃戸関係についての論争であった。宋代が「中世」か「近世」かという時代区分の問題に関わるこの論争は，東京大学の周藤吉之と京都大学の宮崎市

定との間で，佃戸の性格をいかに把握するかをめぐっておこなわれたものであった。これらの論争による研究深化の中で，周藤吉之は南宋時代の農業の地域性を重視して，とりわけ両浙路の進歩に注目し，他方，宮崎も「健訟」の地として江西に着目し，宋代社会の地域的相違にもしだいに関心が広がってきた（[周藤吉之 1954・1962・1965・1969]，[宮崎市定 1954]）。さらに柳田節子は，両浙路を中心とする長江下流つまり江南デルタ地帯を先進地帯とし，荊湖南北路・四川を辺境と捉え，地主・佃戸関係のあり方を地域的相違と関わらせる見解を提示した［柳田節子 1963］。

こうした中で，宋代の官僚と科挙・大土地所有との関係を分析した周藤吉之は，皇帝時期ごとの宰相・執政の出身路についてのデータ整理もおこない，後のエリート研究への基礎を築いた［周藤吉之 1950］。続いて青山定雄は，華北および江西の官僚の家系と婚姻について具体的に分析をおこない［青山定雄 1963b・1965a・1965b・1967a・1967b］，さらに伊原弘は，明州・婺州を事例として南宋期両浙路の官戸の婚姻関係を分析した［伊原弘 1971・1974a・1976］。ほぼ同時期には，松井秀一が北宋初期の石介を，愛宕元が五代宋初の麻氏を，衣川強が河南呂氏を分析するなど，各地の名族についての論文もしだいに増えてきた（[松井秀一 1968]，[愛宕元 1974]，[衣川強 1973]）。

同時にこの間に，歴史地理研究に長期的な視野で取り組んだ日比野丈夫の研究が 1 冊の著書にまとめられ，そこには宋代京東路・福建路についての論考も含まれており［日比野丈夫 1977］，青山定雄による宋代の地方志・地図・交通に関する研究も進展を見せた［青山定雄 1963a］。また，戦前以来の曾我部静雄や柳田節子らによって郷村制度に関する基礎的研究が進行した（[曾我部静雄 1963]，[柳田節子 1986] [1]）。さらに，蘇州のクリーク，杭州の運河について詳細に論じた戦前の池田静夫の研究に続いて［池田静雄 1940］，戦後も，吉岡義信が宋代黄河の治水政策を分析し［吉岡義信 1978］，長瀬守が宋元時代の華北および江南の水利開発を分析するなど［長瀬守 1983］，水利史研究が継続的に推進された。

---

1) 柳田節子 1986 には，1950 年代後半から 1980 年代初期に発表された論文が収録されている。

## 三　1980年代以後の宋代地域社会史研究の流れ

　1980年代に入ると，水利史を含め，地域経済史に関する優れた著書・論文が目立つようになる。宋元時代から明清時代の水利史研究の成果を踏まえて，さらに比較史的視点で総合化を試みたのが，京都大学東南アジア研究センターで開催された「江南デルタ・シンポジウム」をもとに刊行された著書である。このシンポジウムには，中国史・農業史・地形学・作物学・生態学などのさまざまな専門の研究者が参加し，アジア各地のデルタとの比較の視点から，宋元時代の圩田・囲田や占城稲をめぐって活発な学際的討論がおこなわれた［渡部忠世・桜井由躬雄1984］。さらに農業生産力による地域的相違については，大澤正昭・足立啓二が両浙の稲作の生産力について通説を批判し，囲田における生産の不安定性を主張した（［大澤正昭1985］，［足立啓二1985］）。両氏の農業史に関する業績は，近年，明清史農業史に関して視野の広い成果を発表している李伯重にも影響を与えており，宋代社会の地域差を長期的視点で考察する際に参考すべき重要な成果となっている。

　さらに，水利史・開発史を含めて経済地理学的手法による地域研究を最もまとまった形で公刊したのが，斯波義信である。本書は，宋代の長江下流域および寧波・紹興を主な分析対象とし，時間・空間の区分を明確にしたうえで，農業生産性，地域開発，流通，都市化などの問題を体系的に考察しており［斯波義信1988］，斯波の業績は海外でも高く評価されている。

　水利史については，その後，本田治が婺州や温州の水利開発・移住について着実な論文を多数著し，小野泰も明州の湖田開発，台州の都市水利について好論文を発表した（［本田治1975・1979・1981・1982・1984・1994・1996・2000・2003・2005］，［小野泰1987・1990・1995］）。また，西岡弘晃が1970年代から2000年までの間に宋代の両浙路の都市水利・農業水利について著した多数の論文は，2004年に刊行した西岡の論文集に収録されている［西岡弘晃2004］。

　こうした地域経済史・水利史に関する実証の深まりとあわせて地域社会史についての論文もしだいに増加の傾向が見られた。1980年代には，渡辺紘良が史料

の丹念な読み込みをもとにして，湖南・福建の在郷士大夫に関する実像の解明を試みた［渡辺紘良 1982・1984・1986］。さらに 1990 年代に入ると，寺地遵が，紹興府や台州黄巌県を事例として，地域の開発に果たした在地有力指導者層のあり方を，中央政権との関係も踏まえつつ分析し，「地域」からの視点の有効性を提示した［寺地遵 1992・1993・1996］。

そしてこの 1990 年代は，同時に，士大夫を中心としたエリート研究について，若い世代での関心が高まった時期でもあった。1960～70 年代の青山定雄・伊原弘らによる官僚研究は，米国の宋代史研究にも影響を及ぼし，なかでも Robert Hymes は，江西撫州を事例として，移住・婚姻関係・社会活動といった地域エリートの姿を多角的に分析して，本格的な地域社会史研究の嚆矢となった［Hymes 1986］。また，1978 年の日中平和友好条約締結以後，日本の中国史研究者が留学によって若いうちに中国各地の社会を実際に体験することができるようになり，とくに上田信・菊池秀明をはじめとする明清時代の地域社会史研究者によって，現地感覚を身につけ，或いは現地での史料調査をともなった優れた業績が生み出されることとなった。こうした内外の研究状況の刺激を受け，日本の宋代史研究においても，1990 年代から 2000 年代にかけて，エリートを軸として地域社会を扱う論文が増加する傾向を見せた。

具体的な論文については次節で言及するが，この流れを支える基盤となったのは，1976 年に当時の若手宋代史研究者が中心となって創設した宋代史研究会であった。これによって出身大学を問わずに宋代史研究者の交流が促進され，年数の積み重ねによって世代層も広がりをもつようになると同時に，「東洋史」「中国哲学」「中国文学」に分かれて所属している宋代研究者の分野間交流を活発にした。本研究会がその後，2～5 年おきに出版している宋代史研究会研究報告において［宋代史研究会編 1993・1995・1998・2001・2006］，歴史学だけでなく哲学・文学関係の論考が含まれていることは，そうした活動の特色の表れであり，そのことはエリート研究にとって，プラスの効果を及ぼしたと言える。すなわち，日本の宋代士大夫研究において，地域社会史の問題と思想史の問題とが相互に関連づけて考察されることが多く，またそれに関わることとして，科挙を通して地域社

会のエリートと国家との関係が米国での宋代エリート研究以上に強く意識されていることは，そうした相互交流が多かれ少なかれ関連していると言えよう。たとえば，朱子学研究者の市來津由彦は，福建の地域社会において思想家たちがいかなる次元で思索活動をおこなっていたか，地域をこえた広域の講学ネットワークと関わらせながら重厚に論じた［市來津由彦 2002］。また近藤一成は，科挙が唐宋変革によって出現した新しい中国世界の統合システムとして機能したことに着目し，士大夫政治出現の歴史的意義を考察した［近藤一成 1999］。

さらにこうした宋代史研究会の活動から，宋代史を中国史の問題だけに限定せずに，日本史・西アジア史・西洋史などと対照させた「比較史」の視点が打ち出されていることも，本研究会が生みだした積極的方向性として評価することができよう。「知」を基軸とした社会秩序のあり方は，地域的差異にもかかわらず中華帝国が維持された構造を考察するうえでも重要な問題であり，この点についてはなお継続的な考察が期待されるところである。

地域社会史に関わる史料分析については，一つは石刻史料に関する史料学的分析が進んでいることを挙げておきたい（［近藤一成 1997］，［須江隆 2002・2007］）。これについては，本書の中で「石刻史料」について須江隆が紹介しているので，そちらを参照してほしい。また，『名公書判清明集』などの法制史料の分析については，高橋芳郎・大澤正昭・青木敦・小川快之・戸田裕司・大島立子らが積極的に成果を挙げており[2]，これについても本書の「法制史」に小川快之が紹介をおこなっているので参照されたい。なお，法制史料の使用を通じて，中国伝統社会における「法共同体」の存在・不存在について論じられることが多いが，このことについて川村康が，「官司の手を煩わさずに解決してしまった紛争が判語で語られることも，まずありえないであろう。要するに，紛争なく過ぎ去った日々の生活，そして官司に持ち込まれずに宗族団体や地域社会だけで解決されてしまった紛争は，判語という史料には記録され難い。…（中略）…判語のみに依拠

---

2）『清明集』の記事について，大澤正昭は定量分析をおこない，地名の3分の1が江東路によって占められ，福建では7割が建寧府に集中するなど，地名頻度の偏在性を指摘し［大澤正昭 1997］，地域社会史研究にとって一定の示唆を与えている。

してこれを結論づけ，さらに社会全体を論ずることの危険性は厳しく認識されなければならない」[川村康 1998：144] と述べていることにも留意が必要である。

## 四　各地域別の成果——1980年以降の業績を中心に——

　以上のように，1980年代に入り，地域経済史の目立った成果が現れたのに続いて，90年代には，各地域を事例とした地域のエリートに関する研究が増加するに至った。以下，これらの成果を地域別に整理してみたい。「五代十国史」・「遼金史」については本書の中で山崎覚士・飯山知保が整理し，また開封・杭州（臨安）については「都市史」として久保田和男が整理しているので，ここでは取り上げていない。また地域経済史については，すべてを網羅することは紙幅の関係で困難なため，地域社会史との関係が深い地域開発史・水利史に限定して含めることとさせていただく。

　地域別に概観すると，華北・華中・河南に分けると，宋代の地域社会史研究のかなりの多数は，その史料状況にも左右されて，華中に集中している。なかでも研究が多いのは，両浙路についてである。両浙路全体に関わるものとしては，宮澤知之が両浙路の階層構成を土地所有の状況，階層構成の分布についての統計資料から定量的に捉えようと試みている［宮澤知之 1985］。

　両浙路の各府州別にみると，明州（慶元府）のエリートについては，伊原弘が官戸の婚姻関係を明らかにし［伊原弘 1971］，石田肇が高氏一族の学問・家系と南宋政治の関係を分析している［石田肇 1985］。また，森田憲司は，宋元交替期に慶元で活動して知識人の相互関係を碑記の撰述を材料として検討し［森田憲司 1999］，近藤一成は科挙合格者数を分析して，南宋後半の慶元府における学術の傾向とも絡めた考察をおこなっている［近藤一成 2006］。

　明州の地域開発については，前掲の斯波義信の研究以外に，小野泰が，明州における廃湖派と守湖派の対立を通して，水利開発の時代的変化を論じている［小野泰 1987］。また，寺地遵が「権力中心の眼」「在地の眼」が寧波出身の思想家にどのようにあらわれているのかを論じている［寺地遵 1992］のは，明州・慶元・

寧波の地域文化史を考察するうえで参考となる視点であろう。

　紹興府については，寺地遵が湖田開発をめぐる利害対立を通して，在地郷村と中央政権との相互関係を探っている［寺地遵 1986・1989］。また，近藤一成は『紹興十八年同年小録』の分析に関連して，山陰陸氏の科挙合格者および政治との関係に言及し［近藤一成 2005］，山口智哉は，新昌県における石氏などの有力一族の検討を中心に，地域社会において教育施設が果たした役割を丹念に論じている［山口智哉 2007］。

　台州については，小野泰が台州の都市水利および黄巖県開発への在地社会の構成員との関わりを分析した［小野泰 1990・1995］。伊藤正彦は，義役に地方官の強い指導力が見られることを論じ，社会的結合の脆弱性を強調した［伊藤正彦 1992］が，これに対して寺地遵は，義役・社倉・郷約を通して黄巖県における民レベルの社会集団・社会活動を活写し，官サイドの領導力・主導性を評価する伊藤氏への批判をおこなった［寺地遵 1993・1996］。

　温州については，本田治が 1980 年代以来，温州への移住と水利開発について詳細な分析をおこなっている。また永嘉の学問を支えたエリートたちについては，伊原弘が都市を舞台とした知識人の視点から考察をおこない［伊原弘 1991］，岡元司が温州のエリートをめぐる婚姻関係や人的結合を分析するとともに，マニ教や南戯など温州における "Popular Culture" も含めた地域文化を「空間」の視点から検討している。

　婺州については，本田治が婺州における溜池の普及と農業生産力の限界を指摘している［本田治 1975］。婺州のエリートについては，伊原弘が官戸の婚姻関係を明らかにし［伊原弘 1974a］，戸田裕司が金華の唐仲友一族とその弾劾事件を分析している［戸田裕司 2007］。また，早坂俊廣は「婺学」という「物語」がいかに語られてきたのかを中国思想史の立場から独自の視点で論じている［早坂俊廣 2001］。

　長江下流デルタ地域に移ると，蘇州のエリートについては，伊原弘が都市士大夫の活動の視点から論じ［伊原弘 1980］，范仲淹一族については遠藤隆俊や小林義廣が分析をおこなっている（［遠藤隆俊 1993a・1993b・1998・2006］，［小林義廣

2007])。遠藤・小林については，本書「家族宗族史」を参照されたい。また，塩卓悟は，蘇州の経済・商品流通の問題を扱った［塩卓悟 1998］。

その他，常州については，伊原弘が常州の都市エリートの活動と都市の発展・限界を論じている［伊原弘 1990］。また江南の各鎮については，前村佳幸が嘉興府烏青鎮の秩序維持構造を分析している［前村佳幸 2001］。

宗教史の立場からは，金井徳幸が浙西の村社・土地神と郷村社会の関係を論じている［金井徳幸 1985］。また須江隆は，両浙に分布していた徐偃王廟を取り上げ，地域社会の庶民層や指導者層との関わりを考察し，地方神と地域社会との関わりについて魅力的に提示している［須江隆 1993］。須江は宋代湖州南潯鎮の祠廟をめぐる宋朝と在地社会との関係についても分析をおこなった［須江隆 2001］。

華中のなかで両浙路に次いで多いのが，江南東西路に関する研究である。この地域については，家族史・宗族史と関わる論考が多い。たとえば佐竹靖彦は，唐宋変革期の江南東西路における義門の成長を明らかにし，また，贛州の社会をフロンティアとしての地域的性格の視点から論じている［佐竹靖彦 1973・1974］。徽州の地域開発については，小松恵子・山根直生・中島楽章が地域開発と宗族の形成とを関連づけて考察している（［小松恵子 1993］，［山根直生 2005］，［中島楽章 2006］)。小林義廣は吉州の欧陽氏一族と学問・科挙との関係や婚姻関係について分析している［小林義廣 1996］。また，青木敦が取り上げた婺州の楽氏一族は，組織的な活動をおこない得なかった事例である［青木敦 2005］。

それ以外の論文としては，戸田裕司が広徳軍の社倉，南康軍の荒政について分析をおこない［戸田裕司 1990・1993］，小川快之は江西地域で多かった健訟を当地の産業との関係の視点から考察している［小川快之 2001a・2001b・2006］。また，近藤一成は，王安石撰の墓誌から王氏一族と王氏をとりまく人間関係を明らかにしており，その中で江東・江西との関わりにも言及されている。この論文は，墓誌史料論としても必読の好篇である［近藤一成 1997］。

両浙路・江南東西路以外の華中の路を扱った研究は，日本では多くない。荊湖南北路については，渡辺紘良が潭州湘潭県の黎氏を事例として，新興商人階層が「聴訟」（在地裁判権の掌握）の役割を担っていたことを論じる［渡辺紘良 1984］。

また，上西泰之が宋朝の「溪峒蛮」地の開拓策を検討している［上西泰之1996］。淮南東西路については，山根直生が海域史との関連性を意識しつつ，通州の姚氏盗賊集団を取り上げた［山根直生2006］。また。小野泰は，淮南における運河の整備を分析し，沿線都市の変遷にも言及している［小野泰2007］。四川については，伊原弘が宋朝政治機構に強く依存していた呉氏勢力を分析し［伊原弘1974b］，森田憲司は『成都氏族譜』の検討から官僚の家系について論じている［森田憲司1977］。

華北については，久保田和男が本書で紹介している開封の研究，および飯山知保が紹介する金代を除くと，1980年前後以降の研究は決して多くはない。木田知生は洛陽に集まった士人たちの姿について耆英会を軸に論じており，政治状況との関連や彼らの理財観の限界についても論及するなど，必読の優れた論考となっている［木田知生1979］。また木田は，相州の韓琦と欧陽脩・蔡襄・司馬光との交遊について，碑文の現地調査を踏まえて分析している［木田知生1989］。韓氏については，小林義廣も韓億（真定府）・韓琦（相州）の一族の再生産を明らかにしている［小林義廣2005］。政治史を専門とする平田茂樹も，元祐党人のネットワークを検討する中で，生まれ故郷（河北東路）と生活の拠点（京東東路）とに密接な人脈を形成している状況を論じている［平田茂樹2005］。また，伊原弘は黄河沿いの滑州・陝州における都市の社会構成や社会救済事業などについて碑文・磚文を用いて解析をおこなっている［伊原弘1998・2001・2004］。

華南については，福建路の地域社会史が科挙や思想との関連性を含めて盛んに研究されている。まず科挙との関わりでは，佐竹靖彦が，建州の科挙合格者の分布を里レベルで詳細に分析している［佐竹靖彦1998］。在郷士大夫については，渡辺紘良が，南宋初の范汝為の乱を鎮定しようとして逆に反乱軍に荷担してしまうこととなる陸棠の分析を通して，在郷士大夫の実態の一面を描く［渡辺紘良1986］。道学と福建との関係については，近藤一成が，楊時の経済政策を論じ，他地域からの流入者が多く，科挙志向が強いことを閩学興隆の基盤として指摘し［近藤一成1980］，また，福州出身の黄榦をめぐる家族・姻戚，学者官僚ネットワークを分析している［近藤一成1996］。思想史研究の立場からは，市來津由彦が朱

熹思想の形成と地域社会との関係を考察し［市來津由彦 2002］，小島毅が福建沿海部における俗習と儒教経学とのずれを指摘している［小島毅 1996］。

　福建路の中では，興化軍莆田県についての事例研究が進んでおり，中砂明徳は南宋後半の劉克荘と政界・地域社会の関係を論じ［中砂明徳 1994］，須江隆が莆田の方氏一族の戦略と宋朝との関係を考察している［須江隆 1998］。また，小林義廣は，地域社会における劉克荘の日常活動と行動範囲とを明らかにしている［小林義廣 2001］。また，福建と海上交易・海上勢力との関わりについては，1980 年代に大崎富士夫が研究を進めている［大崎富士夫 1986・1989］。

　広南東路については，森田健太郎が，知広州による州城修築と州学建設について論じ，南海商人の劉富と蕃坊居留民の辛押陀羅の強い発言力に注目している［森田健太郎 2001］。森田は広州と関わりの深い南海神廟についても考察をおこなった［森田健太郎 2003］。こうした森田健太郎の論文は，広南地域の独自性を検討するうえで，たいへん有益な成果となっている。

　広南西路に関しては，河原正博が宋朝の少数民族羈縻政策やベトナムとの関係を検討し［河原正博 1984］，岡田宏二が広南西路における非漢民族の社会と宋朝の政策とを論じている［岡田宏二 1993］。

## 五　今後への課題

　以上のように，1980 年代以降の日本の宋代史研究においては，地域社会史に関する研究が増加し，海外の研究者との交流も活発におこなわれるようになった。外国の研究動向に積極的な目配りをしている英語圏や台湾の中国史研究者によって，こうした日本の宋代地域社会史研究について引用される頻度が近年高まってきており，また中国の宋代史研究者との交流の機会が徐々に増えてきているのも，たいへん喜ばしいことである。さらに，本文中で述べたように，歴史学だけに籠もらずに思想史や文学との学際的な問題意識が形成され，また比較史的な視点でのシンポジウムが試みられていることも，日本の宋代地域社会史研究に見られる傾向と言えるだろう。

そこで本稿では最後に，本文の冒頭で述べた地域社会史研究の意義という観点にもう一度戻って，今後の更なる課題を提起しておきたい。

第一に，"Elite Culture" と "Popular Culture" との両方を同時に視野に入れる必要性である。これまでの思想史研究・文学研究との連携は，士大夫の文化を中心にしたものであり，仏教・道教・民間信仰なども含めた連携は必ずしも十分ではない点である。竺沙雅章の宋代仏教社会史研究［竺沙雅章 1982・2000］，松本浩一の宋代道教史研究［松本浩一 2006］をはじめとする宗教史研究の成果を，地域社会史としていかに生かしていくことができるかが問われる。この点で，石川重雄・金井徳幸・大塚秀高・古林森廣・須江隆らが，基層社会との関わりを意識しつつ宋代信仰史に関わる論考を次々に公にしている（［石川重雄 1993］，［金井徳幸 1993・2003］，［大塚秀高 1995］，［古林森廣 1995a・1995b］，［須江隆 1998・2001］）のは，地域社会史の幅を広げる可能性を示したものである。また地域的偏差の問題をより意識的に扱ううえでは，水越知が解明を試みているような信仰圏の問題［水越知 2002・2003・2006］も，より積極的に俎上に載せられるべきであろう。明清史に比べて宋代史では史料的に詳細な検討が相対的に困難な "Popular Culture" の問題にいかに接近できるかは，宋代地域社会史が「全体史」を構成できるかどうかの鍵を握っているように思う。

第二に，地域経済史と地域社会史研究との有機連関性を，より高めることである。1990 年代以降，地域エリートに関する事例研究が盛んにおこなわれてきたが，それらにおいて取り上げられた地域が，どのような個性をもった地域であるのかは，十分に明確にはされて来なかった。しかし，一定の事例研究が進んだ段階に入ったからこそ，地域の社会経済史的特色とも関連づけ，より体系的に問題を構築していく必要があるだろう。そのためには，一点目として述べたエリート研究と通俗文化研究の総合化と同時に，宋代に限定されない長期的な視点[3]を強く意識する必要があろう。その意味で，優れた成果を生み出してきた地域開発史・水

---

3) 宋代に限定されない長期的な視点ということについては，近年，英語圏で注目されている宋元明移行期 (Song-Yuan-Ming Transition) は日本でも話題となっており（［Smith & Glahn 2003］，［中島楽章 2005］），地域社会史の立場からこの問題をいかに論じていくかも重要な課題である。

利史の成果，さらには近年徐々に関心が高まりつつある生態環境史の動向をも踏まえた考察が求められてくるように思う。

　第三に，上記の地域開発・生態環境は，行政区画や国境とは異なった地域的特色を帯びることも少なくないため，地域史研究の目指すところには，単にミクロな地域社会だけでなく，国家を超えた地域的空間も視野に入ってくることになる。近年話題となることの多い「海域」の歴史との関わりでいえば，東アジア海域世界の歴史研究の一環として，「沿海」地域[4]の役割や社会変容を環境や独自の地域発展サイクルの視点も絡めて観察することもできるであろう[5]。また，北アジアや中央アジアとの関係についても，近年環境史的視野で国境とは別の考察が進んでいることが，宋金代華北の地域社会史にどのように展開されるかも，大いに注目してみたいところである。

　第四に，冒頭で述べたように地域社会史研究という研究手法自体，社会の「内在的発展」を重視する立場と深く関わっており，そのことを明確にするためには西洋・日本を含めて他の地域とは異なった「共同性」がいかに形成されていたのかを追究する必要がある。その意味で，斯波義信が「「郷評」とか「公心好義」とかは，またパブリック，マインデッドと直訳できないかもしれないが，コミュニティーのコンセンサスに支えられた行為の実質を帯びていた。上から科挙官僚やその文化が定着してきたためともみられるし，下から社会の自律性が成長してきたためとも受けとれる。エリート層がこれらを「義」とか「公」と称した含意は，より深く究めてみる必要がある。」［斯波義信 1996：202］と述べて，南宋における「中間領域」の登場を強調した視点は，今後の地域社会史研究においても考察を深める余地があるように思う。また，その中間領域を支える価値観は，当時の史料の用語一つ一つにも目配りして見出す必要があろう。たとえば，寺地遵は社倉・郷約から見出される兄弟相友のヨコの関係としての「仁」を指摘し［寺地

---

4) 最近，日本においても「沿海」を標題に含む論文が徐々に見られるようになってきている（［深澤貴行 2003・2005］，［岡元司 2005・2006］）。
5) 東アジア海域史については東京大学の小島毅を領域代表として多くの宋代史研究者が参加している日本文部科学省科学研究費補助金特定領域研究「東アジアの海域交流と日本伝統文化の形成——寧波を焦点とする学際的創生——」の構成員によって次第に分析が進みつつある。

遵 1996]，山口智哉は「同年」のつながりに注目し［山口智哉 2002]，岡元司は地域社会における「友」の関係を分析している［岡元司 2003]。こうした思考論理——もちろん他にもいろいろな例を挙げ得るであろう——を，通俗社会も含めた地域社会の中に位置づけて考察し，さらにマクロな社会文化の枠組みといかに連接したものとして提示し得るかは，今後の更なる解明に委ねられている。

　最後にもう一点加えるならば，地域社会史研究は国家の役割を基層社会の側から逆照射して考察する役割も担うことができる。国家が基層社会にどのように浸透し，それに対して基層社会の側がどのような対応や抵抗を示してきたのか，そうした視点において歴史的に宋代史を位置づけていくためには，地域社会史研究と同時に，国家制度における地方統治のシステムについての研究が同時に進められることも不可欠である。近年，若手研究者によって宋代の地方統治に関する研究も進行しつつあり（たとえば［小林隆道 2004]，［前村佳幸 2000］など），とりわけ元明清までの長期的な変化も視野に入れた成果が期待されよう。

　長期的視野という点で言えば，日本における地域社会史研究は，以前は明清史を中心にウェーブが起きていたが，最近では明清史研究においては地域社会史関係の論文の数が減少しつつあり［大野晃嗣 2007]，むしろ宋代史の側から社会史に関する長期的な視点での問題提起を活発におこなう傾向さえあるように感じられる（たとえば［小川快之 2007]）。その意味でも，日本の宋代史研究者の間で若いうちに中国留学を経験して現地調査に必要な語学力を身につけた研究者がますます増加しつつあることは頼もしいことである。現地の社会を体験し，地域の多様な姿に触れ，細分化された一分野だけに籠もることなく「全体史」を常に意識して，より柔軟な発想によって社会史を構築していくための舞台として今後も地域社会史研究が展開されることを期待したい。

［参考文献目録］
青木　敦［1999］「健訟の地域的イメージ——11～13世紀江西社会の法文化と人口移動をめぐって——」『社会経済史学』第 65 巻第 3 号．
青木　敦［2005］「宋元代江西撫州におけるある一族の生存戦略」井上徹・遠藤隆俊編『宋─明

宗族の研究』汲古書院。
青山定雄［1963a］『唐宋時代の交通と地誌地図の研究』吉川弘文館。
青山定雄［1963b］「宋代の華北官僚の系譜について」『聖心女子大学論叢』第21号。
青山定雄［1965a］「宋代の華北官僚の系譜について（2）」『聖心女子大学論叢』第25号。
青山定雄［1965b］「宋代における華北官僚の婚姻関係」『中央大学創立八十周年記念論文集』。
青山定雄［1967a］「宋の華北官僚の系譜について（3）」『中央大学文学部紀要（史学科）』第12号。
青山定雄［1967b］「宋代における江西出身の高官の婚姻関係」『聖心女子大学論叢』第29号。
足立啓二［1985］「宋代両浙における水稲作の生産力水準」『熊本大学文学部論叢』第17号。
池田静夫［1940］『支那水利地理史研究』生活社。
石川重雄［1993］「宋元時代における接待・施水庵の展開――僧侶の遊行と民衆教化活動――」宋代史研究会編『宋代の知識人――思想・制度・地域社会――』汲古書院。
石田　肇［1985］「南宋明州の高氏一族について――高閌・高文虎・高似孫のこと――」宋代史研究会編『宋代の社会と宗教』汲古書院。
市來津由彦［2002］『朱熹門人集団形成の研究』創文社。
伊藤正彦［1992］「"義役"――南宋期における社会的結合の一形態――」『史林』第75巻第2巻。
井上　徹・遠藤隆俊編［2005］『宋―明宗族の研究』汲古書院。
伊原　弘［1971］「宋代明州における官戸の婚姻関係」『中央大学大学院研究年報』創刊号。
伊原　弘［1974a］「宋代婺州における官戸の婚姻関係」『中央大学大学院論究（文学研究科編）』第6巻第1号。
伊原　弘［1974b］「南宋四川における呉氏の勢力――呉曦の乱前史――」『青山博士古稀記念宋代史論叢』省心書房。
伊原　弘［1976］「宋代官僚の婚姻の意味について――士大夫官僚の形成と変質――」『歴史と地理』第254号。
伊原　弘［1977］「南宋四川における定居士人――成都府路・梓州路を中心として――」『東方学』第54輯。
伊原　弘［1980］「宋代浙西における都市と士大夫」『中嶋敏先生古稀記念論集（上巻）』汲古書院。
伊原　弘［1990］「中国宋代の都市とエリート――常州の発展とその限界――」『史潮』新28号。
伊原　弘［1991］「中国知識人の基層社会――宋代温州永嘉学派を例として――」『思想』第802号。
伊原　弘［1998］「宋代史研究の新視点――現地調査の過程において――」『史叢』第59号。
伊原　弘［2001］「河畔の民――北宋末の黄河周辺を事例に」『中国水利史研究』第29号。
伊原　弘［2004］「宋代都市における社会救済事業――公共墓地出土の磚文を事例に」長谷部史彦編著『中世環地中海圏都市の救貧』慶応義塾大学出版会。

伊原　弘・小島　毅編［2001］『知識人の諸相——中国宋代を基点として』勉誠出版。
上西泰之［1996］「北宋期の荊湖路「渓峒蛮」地開拓について」『東洋史研究』第 54 巻第 4 号。
遠藤隆俊［1993a］「宋代蘇州の范氏義荘について——同族的土地所有の一側面——」宋代史研究会編『宋代の知識人——思想・制度・地域社会——』汲古書院。
遠藤隆俊［1993b］「宋代蘇州の范文正公祠について」『柳田節子先生古稀記念 中国伝統社会と家族』汲古書院。
遠藤隆俊［1998］「宋代における「同族ネットワーク」の形成——范仲淹と范仲温——」宋代史研究会編『宋代社会のネットワーク』汲古書院。
遠藤隆俊［2006］「北宋士大夫の寄居と宗族——郷里と移住者のコミュニケーション——」平田茂樹・遠藤隆俊・岡元司編『宋代社会の空間とコミュニケーション』汲古書院。
大崎富士夫［1986］「瀕江地域の自衛態勢——とくに福建の瀕江地域を中心として——」『史学研究』第 173 号。
大崎富士夫［1989］「南宋期, 福建における擾乱——とくに走私貿易との相関において——」『修道商学』第 29 巻第 2 号。
大澤正昭［1985］「"蘇湖熟天下足"——「虚像」と「実像」のあいだ——」『新しい歴史学のために』第 179 号。
大澤正昭［1997］「『清明集』の世界——定量分析の試み——」『上智史学』第 42 号。
大島立子［2006］『宋–清代の法と地域社会』東洋文庫。
大塚秀高［1995］「瘟神の物語——宋江の字はなぜ公明なのか——」宋代史研究会編『宋代の規範と習俗』汲古書院。
大野晃嗣［2007］「2006 年の歴史学界——回顧と展望——明・清」『史学雑誌』第 116 編第 5 号。
岡　元司［1995］「南宋期温州の名族と科挙」『広島大学東洋史研究室報告』第 17 号。
岡　元司［1996］「南宋期温州の地方行政をめぐる人的結合——永嘉学派との関連を中心に——」『史学研究』第 212 号。
岡　元司［1998a］「南宋期科挙の試官をめぐる地域性——浙東出身者の位置づけを中心に——」宋代史研究会編『宋代社会のネットワーク』汲古書院。
岡　元司［1998b］「南宋期浙東海港都市の停滞と森林環境」『史学研究』第 220 号。
岡　元司［2001a］「南宋期の地域社会における知の能力の形成と家庭環境」宋代史研究会編『宋代人の認識——相互性と日常空間——』汲古書院。
岡　元司［2001b］「宋代の地域社会と知——学際的視点からみた課題——」伊原弘・小島毅編『知識人の諸相——中国宋代を基点として』勉誠出版。
岡　元司［2003］「南宋期の地域社会における「友」」『東洋史研究』第 61 巻 4 号。
岡　元司［2005］「宋代における沿海周縁県の文化的成長——温州平陽県を中心として——」『歴史評論』第 663 号。
岡　元司［2006］「南宋期温州の思想家と日常空間——東南沿海社会における地域文化の多層性——」平田茂樹・遠藤隆俊・岡元司編『宋代社会の空間とコミュニケーション』

汲古書院。
岡田宏二［1993］『中国華南民族社会史研究』汲古書院。
小川快之［2001a］「宋代信州の鉱業と「健訟」問題」『史学雑誌』第110編第10号。
小川快之［2001b］「宋代饒州の農業・陶瓷器業と「健訟」問題」『上智史学』第46号。
小川快之［2006］「宋代明州（寧波）における社会経済状況と法文化——研究上の課題——」
2006年度科学研究費補助金「中国の法文化の特質，変化，および地域的差異に関する研究」Working and Discussion Paper Series No.1
小川快之［2007］「「健訟」に関する基礎的な史料と研究：伝統中国法秩序システムを解明するための基盤構築の試み」桃木至朗編『近代世界システム以前の諸地域システムと広域ネットワーク』平成16-18年度科学研究費補助金（基盤研究（B））研究成果報告書。
愛宕　元［1974］「五代宋初の新興官僚——臨淄の麻氏を中心として——」『史林』第57巻第4号。
小野　泰［1987］「宋代明州における湖田問題——廃湖をめぐる対立と水利——」『中国水利史研究』第17号。
小野　泰［1990］「宋代浙東の都市水利——台州城の修築と治水対策——」『中国水利史研究』第20号。
小野　泰［1995］「宋代浙東における地域社会と水利——台州黄巌県の事例について——」森田明編『中国水利史の研究』国書刊行会。
小野　泰［2007］「宋代運河政策の形成——淮南路を中心に——」『東洋史苑』第69号。
金井徳幸［1979］「宋代の村社と社神」『東洋史研究』第38巻第2号。
金井徳幸［1985］「宋代浙西の村社と土神——宋代郷村社会の宗教構造——」宋代史研究会編『宋代の社会と宗教』汲古書院。
金井徳幸［1993］「南宋の祠廟と賜額について——釈文珦と劉克荘の視点——」宋代史研究会編『宋代の知識人——思想・制度・地域社会——』汲古書院。
金井徳幸［2003］「宋代寺院の成立基盤——住持と行遊僧」『立正大学東洋史論集』第15号。
川上恭司［1984］「宋代の都市と教育——州県学を中心に——」梅原郁編『中国近世の都市と文化』京都大学人文科学研究所。
川上恭司［1987］「科挙と宋代社会——その下第士人問題」『待兼山論叢（史学篇）』第21号。
河原正博［1984］『漢民族華南発展史研究』吉川弘文館。
川村　康［1998］「宋代「法共同体」初考」宋代史研究会編『宋代社会のネットワーク』汲古書院。
木田知生［1979］「北宋時代の洛陽と士人達——開封との対立のなかで——」『東洋史研究』第38巻第1号。
木田知生［1989］「韓琦相州昼錦堂記碑考」『龍谷大学論集』第434・435号。
衣川　強［1973］「宋代の名族——河南呂氏の場合——」『神戸商科大学人文論集』第19巻第1・

2号。

小島　毅［1996］『中国近世における礼の言説』東京大学出版会。
小林隆道［2004］「北宋期における路の行政化——元豊帳法成立を中心に——」『東洋学報』第86巻第1号。
小林義廣［1996］「宋代吉州の欧陽氏一族について」『東海大学紀要（文学部）』第64輯。
小林義廣［2001］「南宋時期における福建中部の地域社会と士人——劉克荘の日常活動と行動範囲を中心に——」『東海史学』第36号。
小林義廣［2005］「宋代の二つの名族——真定韓氏と相韓韓氏——」井上徹・遠藤隆俊編『宋—明宗族の研究』汲古書院。
小林義廣［2007］「宋代蘇州の地域社会と范氏義荘」『名古屋大学東洋史研究報告』第31号。
小松恵子［1993］「宋代以降の徽州地域発達と宗族社会」『史学研究』第201号。
近藤一成［1980］「道学派の形成と福建——楊時の経済政策をめぐって——」早稲田大学文学部東洋史研究室編『中国前近代史研究』雄山閣出版。
近藤一成［1996］「宋代の士大夫と社会——黄榦における礼の世界と判語の世界——」佐竹靖彦・斯波義信・梅原郁・植松正・近藤一成編『宋元時代史の基本問題（中国史の基本問題3）』汲古書院。
近藤一成［1997］「王安石撰墓誌を読む——地域，人脈，党争——」『中国史学』第7号。
近藤一成［1999］「宋代士大夫政治の特色」『岩波講座 世界歴史9 中華の分裂と再生』岩波書店。
近藤一成［2005］「宋代の修譜と国政——青木報告によせて——」井上徹・遠藤隆俊編『宋—明宗族の研究』汲古書院。
近藤一成［2006］「南宋地域社会の科挙と儒学——明州慶元府の場合——」土田健次郎編『近世儒学研究の方法と課題』汲古書院。
佐竹靖彦［1973］「唐宋変革期における江南東西路の土地所有と土地政策——義門の成長を手がかりに——」『東史研究』第31巻第4号。
佐竹靖彦［1974］「宋代贛州事情素描」『青山博士古稀記念宋代史論叢』省心書房。
佐竹靖彦［1990］『唐宋変革の地域的研究』同朋舎。
佐竹靖彦［1998］「唐宋期福建の家族と社会——閩王朝の形成から科挙体制の展開まで——」中央研究院歴史語言研究所編『中国近世家族与社会学術研討会論文集』。
塩　卓悟［1998］「南宋代における蘇州の経済的性格と商品流通構造」『千里山文学論集』第59号。
斯波義信［1988］『宋代江南経済史の研究』汲古書院
斯波義信［1996］「南宋における「中間領域」の登場」佐竹靖彦・斯波義信・梅原郁・植松正・近藤一成編『宋元時代史の基本問題（中国史の基本問題3）』汲古書院。
須江　隆［1993］「徐偃王廟考——宋代の祠廟に関する一考察——」『集刊東洋学』第69号
須江　隆［1998］「福建莆田の方氏と祥応廟」宋代史研究会編『宋代社会のネットワーク』汲古書院。

須江　隆［2001］「祠廟の語る「地域」観」宋代史研究会編『宋代人の認識——相互性と日常空間——』汲古書院。

須江　隆［2002］「作為された碑文——南宋末期に刻まれたとされる二つの祠廟の記録」『史学研究』第236号。

須江　隆［2005］「祠廟と「地域社会」——北宋末期以後の宗族の動向を中心に——」井上徹・遠藤隆俊編『宋-明宗族の研究』汲古書院。

須江　隆［2007］「宋代石刻の史料的特質と研究手法」『唐代史研究』第10号。

周藤吉之［1950］『宋代官僚制と大土地所有（社会構成史体系第二部　東洋社会構成の発展）』日本評論社。

周藤吉之［1954］『中国土地制度史研究』東京大学出版会。

周藤吉之［1962］『宋代経済史研究』東京大学出版会。

周藤吉之［1965］『唐宋社会経済史研究』東京大学出版会。

周藤吉之［1969］『宋代史研究』東洋文庫。

宋代史研究会編［1993］『宋代の知識人——思想・制度・地域社会——（宋代史研究会研究報告第4集）』汲古書院。

宋代史研究会編［1995］『宋代の規範と習俗（宋代史研究会研究報告第5集）』汲古書院。

宋代史研究会編［1998］『宋代社会のネットワーク（宋代史研究会研究報告第6集）』汲古書院。

宋代史研究会編［2001］『宋代人の認識——相互性と日常空間——（宋代史研究会研究報告第7集）』汲古書院。

宋代史研究会編［2006］『宋代の長江流域——社会経済史の視点から——（宋代史研究会研究報告第8集）』汲古書院。

曾我部静雄［1963］『中国及び古代日本における郷村形態の変遷』吉川弘文館。

竺沙雅章［1982］『中国仏教社会史研究』同朋舎。

竺沙雅章［2000］『宋元仏教文化史研究』汲古書院。

寺地　遵［1986］「湖田に対する南宋郷紳の抵抗姿勢——陸游と鑑湖の場合——」『史学研究』第173号。

寺地　遵［1989］「南宋期，浙東の盗湖問題」『史学研究』第183号。

寺地　遵［1992］「地域発達史の視点——宋元代，明州（慶元府）をめぐって——」今永清二『アジア史における地域自治の基礎的研究』平成3年度科学研究費補助金総合研究（A）研究成果報告書。

寺地　遵［1993］「南宋末期台州黄巌県事情素描」吉岡真編『唐・宋間における支配層の構成と変動に関する基礎的研究』平成3・4年度科学研究費補助金（一般研究C）研究成果報告書。

寺地　遵［1996］「義役・社倉・郷約（南宋期台州黄巌県事情素描，続篇）」『広島東洋史学報』創刊号。

戸田裕司［1990］「黄震の広徳軍社倉改革——南宋社倉制度の再検討」『史林』第73巻第1号。

戸田裕司［1993］「朱熹と南康軍の富家・上戸——荒政から見た南宋社会」『名古屋大学東洋史研究報告』第17号。
戸田裕司［2007］「唐仲友弾劾事件の社会史的考察——南宋地方官の汚職と係累——」『名古屋大学東洋史研究報告』第31号。
中島楽章［2005］「宋元明移行期論をめぐって」『中国——社会と文化』第20号。
中島楽章［2006］「累世同居から宗族形成へ——宋代徽州の地域開発と同族結合——」平田茂樹・遠藤隆俊・岡元司編『宋代社会の空間とコミュニケーション』汲古書院。
中砂明徳［1994］「劉後村と南宋士人社会」『東方学報（京都）』第66冊。
長瀬　守［1983］『宋元水利史研究』国書刊行会。
西岡弘晃［2004］『中国近世の都市と水利』中国書店。
早坂俊廣［2001］「「婺学」・場所の物語」宋代史研究会編『宋代人の認識——相互性と日常空間——』汲古書院。
日比野丈夫［1977］『中国歴史地理研究』同朋舎。
平田茂樹［2005］「劉摯『忠粛集』墓誌銘から見た元祐党人の関係」井上徹・遠藤隆俊編『宋−明宗族の研究』汲古書院。
平田茂樹・遠藤隆俊・岡　元司編［2006］『宋代社会の空間とコミュニケーション』汲古書院。
深澤貴行［2003］「南宋沿海地域における海船政策——孝宗朝を中心として——」『史観』第149冊。
深澤貴行［2005］「南宋沿海地域社会と水軍将官」『中国——社会と文化』第20号。
古林森廣［1995a］「宋代の長江流域における水神信仰」森田明編『中国水利史の研究』国書刊行会。
古林森廣［1995b］「宋代の海神廟に関する一考察」『吉備国際大学研究紀要』第5号。
古林森廣［1995c］『中国宋代の社会と経済』国書刊行会。
本田　治［1975］「宋代婺州の水利開発——陂塘を中心に——」『社会経済史学』第41巻3号。
本田　治［1979］「宋・元時代浙東の海塘について」『中国水利史研究』第9号。
本田　治［1981］「唐宋時代・両浙淮南の海岸線について」布目潮渢『唐・宋時代の行政・経済地図の作製　研究成果報告書』
本田　治［1982］「宋元時代の濱海田開発について」『東洋史研究』第40巻第4号。
本田　治［1984］「宋元時代温州平陽県の開発と移住」中国水利史研究会編『佐藤博士退官記念中国水利史論叢』国書刊行会。
本田　治［1994］「宋代の湖税について」『立命館文学』第537号。
本田　治［1996］「宋代温州における開発と移住補論」『立命館東洋史学』第19号。
本田　治［2000］「南宋時代の災害と復元のシステム——乾道2年温州を襲った台風の場合——」『立命館文学』第563号。
本田　治［2003］「宋代の溜池灌漑について」『中国水利史研究』第31号。
本田　治［2005］「北宋時代の唐州における水利開発」『立命館東洋史学』第28号。

前村佳幸　［2000］「南宋における新県の成立——江西・江浙・広東を中心として——」『史林』第 83 巻第 3 号。
前村佳幸　［2001］「烏青鎮の内部構造——宋代江南市鎮社会分析」宋代史研究会編『宋代人の認識——相互性と日常空間——』汲古書院。
松井秀一　［1968］「北宋初期官僚の一典型——石介とその系譜を中心に——」『東洋学報』第 51 巻第 1 号。
松本浩一　［2006］『宋代の道教と民間信仰』汲古書院。
水越　知　［2002］「宋代社会と祠廟信仰の展開——地域核としての祠廟の出現——」『東洋史研究』第 60 巻第 4 号。
水越　知　［2003］「宋元時代の東嶽廟——地域社会の中核的信仰として——」『史林』第 86 巻第 5 号。
水越　知　［2006］「伍子胥信仰と江南地域社会——信仰圏の構造分析——」平田茂樹・遠藤隆俊・岡元司編『宋代社会の空間とコミュニケーション』汲古書院。
宮崎市定　［1954］「宋元時代の法制と裁判機構」『東方学報（京都）』第 24 冊。
宮澤知之　［1985］「宋代先進地帯の階層構成」『鷹陵史学』第 10 号。
森田憲司　［1977］「『成都氏族譜』小考」『東洋史研究』第 36 巻第 3 号。
森田憲司　［1999］「碑記の撰述から見た宋元交替期の慶元における士大夫」『奈良史学』第 17 号。
森田憲司　［2004］『元代知識人と地域社会』汲古書院。
森田健太郎［2001］「劉富と辛押陀羅——北宋期広州統治の諸相——」『史滴』第 23 号。
森田健太郎［2003］「宋朝四海信仰の実像——祠廟政策を通して——」『早稲田大学大学院文学研究科紀要』第 49 輯第 4 分冊。
柳田節子　［1963］「宋代土地所有にみられる二つの型」『東洋文化研究所紀要』第 29 冊。
柳田節子　［1986］『宋元郷村制の研究』創文社。
山口智哉　［2002］「宋代「同年小録」考——「書かれたもの」による共同意識の形成——」『中国——社会と文化』第 17 号。
山口智哉　［2007］「宋代地方都市における教育振興事業と在地エリート——紹興新昌県を事例として——」『都市文化研究』第 9 号。
山根直生　［2005］「唐宋間の徽州における同族結合の諸形態」『歴史学研究』第 804 号。
山根直生　［2006］「静海・海門の姚氏——唐宋間，長江河口部の海上勢力——」宋代史研究会編『宋代の長江流域——社会経済史の視点から——』汲古書院。
吉岡義信　［1978］『宋代黄河史研究』御茶の水書房。
吉岡義信　［1995］『宋元社会経済史研究』創文社。
渡辺紘良　［1966］「宋代福建・浙東社会小論——自耕農をめぐる諸問題——」『史潮』第 97 号。
渡辺紘良　［1979］「陸棠伝訳注」『独協医科大学教養医学科紀要』第 2 号。
渡辺紘良　［1982］「宋代福建社会の一面——陸棠伝訳注補——」『独協医科大学教養医学科紀

要』第 5 号。
渡辺紘良 [1984] 「宋代潭州湘潭県の黎氏をめぐって——外邑における新興階層の聴訟——」『東洋学報』第 65 巻第 1・2 号。
渡辺紘良 [1986] 「宋代在郷の士大夫について」『史潮』新 19 号。
渡部忠世・桜井由躬雄編 [1984] 『中国江南の稲作文化——その学際的研究』日本放送出版協会。
Hartwell, Robert M. [1982] "Demographic, Political, and Social Transformation of China, 750-1550", *Harvard Journal of Asiatic Studies*, 42-2.
Hymes, Robert P. [1986] *Statesmen and Gentlemen: the Elite of Fu-chou, Chiang-Hsi, in Northern and Southern Sung*, Cambridge University Press.
Skinner, G. William, [1977] "Regional Urbanization in Nineteenth-Century China", G. William Skinner ed., *The City in Late Imperial China*, Stanford University Press.
Smith, Paul Jakov, and von Glahn, Richard, eds. [2003] *The Song-Yuan-Ming Transition in Chinese History*, Harvard University Press.

# 家族宗族史研究

遠藤　隆俊

　1980年代以降，日本の中国史研究では，家族や宗族の研究が大きな潮流の一つになった。とりわけ明清史研究においては欧米の研究や社会学，人類学の影響もあり，地域社会の研究およびその中での家族，宗族の問題が大きく取り上げられてきた。宋元時代の研究においても明清ほど多くはないにせよ，士大夫研究および地域社会史研究の盛行によって，家族，宗族への関心が高まった。既に1994年には『柳田節子先生古稀記念 中国の伝統社会と家族』（汲古書院）が出版され，また2004年にはシンポジウム「中国宋明時代の宗族」が開かれた。その成果は井上徹・遠藤隆俊『宋−明宗族の研究』（汲古書院，2005年）として出版されている。

　家族，宗族に対する関心は中国大陸や台湾，韓国，欧米でも高く，80年代以降，多くの成果が生まれている。例えば，アメリカでは，P. B. Ebrey 氏らの編纂による著書 *Kinship Organization in Late Imperial China 1000-1940*（1986年）があり，また台湾中央研究院からは『中国近世家族与社会学術研討会論文集』（1998年）が出版されている。2002年には中国の南開大学で「中国家庭史国際学術討論会」が開かれ，03年夏には韓国ソウルで中国史学会主催の国際シンポジウム「中国史における宗族と社会」が開かれた。その成果はそれぞれ『家庭史研究的新視野』（三聯出版社，2005年），『中国社会歴史評論』第5輯（中華書局，2007年），『中国史学』第27号（韓国，2003年）として出版されている。

　日本の家族，宗族史研究とりわけ宗族研究については，既に井上徹氏の包括的な整理がある［井上徹2000］。それによれば日本の宗族研究は3つの時期，すなわち第1期が1945年以前，第2期が1945年から1970年代，第3期が1970年代以降に分けることができるという。本論で扱う研究もこの第3期に属するものである。小林義廣氏にも范氏義荘をはじめとする家族，宗族史研究の整理があり［小

林2001・2002]、また前掲『宋―明宗族の研究』の総論では筆者と井上氏が80年代以降における宋元、元明宗族史研究の現状を整理した。同書の総括コメントでは、岸本美緒氏がこれら80年代以降の研究の特徴を3つにまとめながら、今後の課題を提示している[1]。

本論では以上の分析、整理をもとにしつつ、近年の知見を加味しながら、改めて宋元時代の家族、宗族研究を考察した。なお、ここでは主に日本の研究を整理し、海外の研究については最小限度の紹介にとどめたい。

## 一 家庭と家族、宗族

近年、中国大陸や台湾では「家庭」「家庭史」という用語が多く使われ、中国の家族、宗族に関する語義や解釈をめぐって、日本の研究との間に差異が生じている。「家庭」については先掲『家庭史研究的新視野』がその最も大きな成果であるが、その前後にも徐揚傑『宋明家族制度史研究』(中華書局、1995年)および邢鉄『宋代家庭研究』(上海人民出版社、2005年)が出版されている。徐氏によれば「家族とは宗族とも称され、個体の小家庭が聚居した家族組織を指す場合と、累世同居共財の大家庭を指す場合がある」とあり、一組の親子を基礎単位とする同居共財の親族集団を「家庭」と称している。ここから、氏は親族を大きく「家庭」と「家族」に二分し、「家庭」とは同居共財の小家族を指し、「家族」とはそれを越える父系親族、すなわち一般に言われる「宗族」と「累世同居の大家族」を指すと述べている。

---

1) 第1に「戦略としての宗族形成」に着目した研究が多いこと、第2に宗族をとりまく様々な社会集団や地域社会の分析の方向性が追究されたこと、第3に族譜など宗族史料に対する認識が深化したことである。岸本氏はその上で「家」理解の重要性やこれと社会秩序との関連、さらには東アジアの家族制度など比較史への展望を述べている。なお、『宋―明宗族の研究』には総論、総括コメントのほか、小島毅、吾妻重二、佐々木愛、小林義廣、平田茂樹、須江隆、蔡罕(岡元司訳)、青木敦、近藤一成、中島楽章の各氏による宋元宗族の論考が収められているが、本論ではテーマごとに執筆者名だけならべて一括紹介した部分がある。またこれ以外の研究においても、初出論文とそれが収録された著書、論文集、著作集とを統一性のないままに紹介したところがあり、執筆者にはご海容をお願いしたい。

邢氏は徐氏の二分法をより詳細に区分し，血縁親族を「家庭」「家族」「宗族」の三つに区分した。すなわち「家庭」とは徐氏と同じく一組の夫婦とその子供からなる小家族を指し，「家族」とはそれを越える五服内の父系親族，「宗族」とは五服を越えるより広い父系親族を指すと述べている。徐氏が「家族」の語義を広くとらえたのに対し，邢氏はこれを五服内の「家族」と五服外の「宗族」に分けた点に違いがある。しかし，同居共財の小家族を「家庭」とする点では両氏とも同様の見解であり，また「家族」を同居共財の小家族よりも広くとらえる点で共通している。

　台湾でも「家庭」「家族」「宗族」を区別する研究は多くあり，中国と同様の用法が見られる。例えば黄寛重氏の『宋代的家族与社会』（東大図書股份公司，2006年），柳立言『宋代的家庭与法律』（上海古籍出版社，2008年）があり，黄氏は「家庭」の定義を必ずしも明確にはしていないが，「家庭」「家族」「宗族」の語を用いて宋代家族の実態を分析している。また柳氏は「家族」の中の「家庭」を細かく「主干家庭」「核心家庭」「共祖（直系／傍系）家庭」に分類し，家族の形成過程を理論的に追究している。

表1　親族呼称の比較

|  | 同居共財の血縁親族<br>（一組の夫婦と子供） | 同居共財より広い父系血縁親族 ||
|---|---|---|---|
|  |  | 五服内 | 五服外 |
| 徐　揚傑 | 家　　庭 | 家　　　　族 ||
| 邢　　鉄 | 家　　庭 | 家　　族 | 宗　　族 |
| 牧野　巽 | 家　　族 | 宗　　　　族 ||

　これに対して，日本では「家庭」という語が学術用語として使われることは少なく，とくに中国の家族，宗族史研究で使用されることはほとんどない。古くは牧野巽氏が「家族とは日常生活や財産，経済を共同にする集団」「宗族とは日常の生活を共同にしている以外のさらに広い範囲の父系親族」と定義したように［牧

野 1985]、日本の研究では同居共財の血縁親族を「家族」と称し、それを越える父系親族を「宗族」と称するのが一般的である。表1にもあるように、中国の研究で「家庭」と呼ぶ単位を日本では「家族」と呼び、中国の「家族」「宗族」を日本では「宗族」と呼ぶのが今でも一般的である。ここに、日本と中国、台湾の認識のずれがあり、研究上の差異が生じつつある。

　もちろん、日本にも「家庭」という語はあり「夫婦、親子を中心にした血縁者の生活する最も小さな社会集団」という意味で使われる場合もある。また漢語において「家庭」の語は古く漢代にさかのぼり、これが単なる近代の概念であるわけではない。しかし、日本では「家庭」を学術用語として用いる事例は少なく、通常「家族」の語を使うのが一般的である。次に掲げる滋賀秀三氏の研究においても「家庭」ではなく「家族」の語が用いられており、本論でも「家族」の語を以て「家庭」「家族」の意味に使用する。

　一方、「家族」「宗族」についても多様な語義があり、表1のように「家族」と「宗族」を截然と区別するのは必ずしも容易ではない。滋賀秀三氏によれば、漢語においては「家族」も「宗族」も「家」と表現され、その語義は狭くは「同居共財」の「家族」の意味、広くはそれを越えた「宗族」の意味を持つことが指摘されている［滋賀 1967］。通常、日本では「家族」と「宗族」の区別を義荘、族譜、祠堂などの組織や制度の有無に置くが［牧野 1980b、仁井田 1983 再刊、清水 1942、井上 2000、遠藤 1988］、朱熹『家礼』の親族範囲を見てもわかるように前掲邢氏の解釈など様々な理解が成り立つ余地は十分にある。

　本論は日本の研究を整理、紹介することが目的なので、ひとまず日本の伝統的な解釈に従って「家族」「宗族」の二分法を採用し、「家庭」「家族」「宗族」の三分法は採用しない。しかし、前掲『宋―明宗族の研究』の総論、総括コメント、そして同書に収められる小島毅氏、吾妻重二氏の論考においても概念の問題が重ねて指摘されているように、「家族」「宗族」の二分類法にも多くの問題点がある。今後は「家」の理解をはじめ「家庭」「家族」「宗族」の概念規定や実態分析について、国内はもとより国際的な対話と意見交換、そして認識の共有が必要で

ある[2]。

　さて，1970～80年代以降，日本の宋代家族史研究は戸等制や地主制など国家制度や地主経済の問題から，社会史および文化史の研究が主流になってきた。その基礎になったのが，前掲滋賀氏による家族法の研究である。氏は法制史の立場から中田薫氏および仁井田陞氏らの「家族共産」論を批判し，家族の財産権についてより明確な見解を示した。それによれば，「家族共産」および「同居共財」とはあくまでも家族の経済的な機能を指し，「共同所有」という法的帰属の問題を指す概念ではないという。その上で，滋賀氏は財産相続の問題を家父長型家族と兄弟同居の複合型家族に分け，前者の財産権は父にあり，後者の権能は同居する兄弟親族にあるとした。さらに氏は嗣子など実子のいない家族の財産問題や，婦女の地位と財産，そして妾や義子，招婿など不正規な家族員の財産問題および地位の問題について広範囲に明らかにし，中田，仁井田氏が提唱した「家族共産」「同居共財」の理解に大きな修正を迫った。これにより，中国家族の法制的な理解が格段に進むとともに，のちの家族研究とりわけ社会史研究や経済史研究にも大きな影響を与えた。滋賀氏の研究以降，家族の法制的な研究が増加し，とりわけ明版『名公書判清明集』の発現により，女性の財産権などについて多くの論考が出された。この問題については，本書小川快之氏の論考に詳しく紹介されているので，そちらを参照されたい。

　家族の社会史および経済史的な側面については，つとに前掲牧野氏の研究がある。氏によれば，中国の家族は秦漢以来一貫して一家五口の小家族が基本単位であったことを繰り返し強調し，中国の家族規模が大家族から小家族へ移るという縮小説をくつがえした［牧野1979］。佐竹靖彦氏も牧野氏の所説を継承しつつ，豪族門閥層については戸口拡大説を採り，唐代後半期になってはじめて門閥の家

---

2)「家庭」の語を方法概念として用いて分析することは確かに有効と思われるが，「家庭」と「家族」の使い分けや定義の問題，実態分析についてはさらに精査する必要がある。同様の問題は，英語圏の研究および英語の語義にも言える。すなわち 'family' 'lineage' 'clan' などの定義と理解について，漢語との比較や中国，台湾，欧米，日本の研究で食い違いが生じている。それについては［瀬川1991］，銭杭『中国宗族制度新探』（中華書局，1994年）を参照。なお，英文による宗族の定義および解釈については，P. B. Ebrey and J. L. Watson, *Kinship Organization in Late Imperial China, 1000-1940*, University of California Press, 1986. に解説がある。

族が解体し，個別の新興家族が出現したことを明らかにした［佐竹 1980］。大澤正昭氏も唐末五代宋初における家族構成が一家五口であったことを確認し，あわせて唐宋間における人間関係の基調が家族主義的な集団関係から契約関係など個別の人間関係に変化したと論じている。さらに大澤氏は唐宋時代の家族の多くは4人～6人程度の規模であり，夫婦一組による家族構成が一般的であったことを明らかにするとともに，唐代よりも宋代において核家族化が進行し，夫婦の分業や妻妾の区別などが明確化したと述べる。また宋代では家内労働における賤民の存在が小さくなり，良民がこれを担うことになったことを指摘している。あわせて氏は明版『清明集』や古典小説などを利用し，唐宋時代における女性の地位や役割について社会史の側面から包括的に論じている［大澤 2005］。翁育瑄氏も墓誌銘を利用して宋代女性の守節と再婚の問題や財産問題を明らかにし［翁 2003a・b］，また大島立子氏は元朝の儒戸や家産分割の問題について考察を進めている［大島 1981・1993］。近年，日本の宋代史研究においては随筆，筆記小説，文集，日記，書簡，墓誌など文化史的な史料の発掘が進み，家族の日常や生活実態を社会文化史的に明らかにした論考が多く出されている。その詳細については，本書勝山稔氏の論考を参照されたい。

　一方，唐宋時代は「累世同居」の大家族が多かった時期として知られ，家族や宗族との関連で大家族や累世同居に関する研究が多い。法制史面からはつとに中田薫氏や仁井田陞氏の研究があり，先述した両氏の「家族共産制」論は主に累世同居の大家族を材料に立論されている［中田 1926，仁井田 1983］。また社会学的な見地からは，清水盛光氏や前掲牧野氏らが累世同居家族の財産関係や社会実態を明らかにしている［清水 1942，牧野 1980b］。とくに牧野氏は，司馬光「書儀」と朱熹「家礼」を比較して，宋代は累世同居の「大家族主義」が頂点に達するとともに，その反動として個別家族による「宗法主義」が台頭した時代であると述べている［牧野 1980b 所収］。これを受けて，前掲佐竹氏は唐末五代期における「義門」の成長について土地制度の面から考察し，唐宋時代に累世同居の大家族が多かった背景には魏晋以来の豪族結集の伝統があったこと，および新来者が族的に結集することにより公的世界への進出の足がかりにしたことを明らかにした。さらに

佐竹氏は牧野氏の所説をふまえて，「義門」と呼ばれる大家族が，後に義荘を中心とした宗族に変化するという図式を提示した［佐竹 1990：第Ⅲ部，佐竹 1995］。ただし，牧野氏の所説にはいくつか異論や疑問も出されている。例えば，水口拓寿氏は牧野氏の「大家族主義」および「宗法主義」という区分は必ずしも有効ではないと指摘し［水口 2000］，また前掲吾妻氏によれば司馬光の『書儀』に基づいて「大家族主義」を論じるのは誤りであると指摘している［吾妻 2001］。この点については，前掲『宋―明宗族の研究』小島，吾妻両氏の論考でも改めて詳しく考察されており，前述した「家」の理解および概念規定の問題とあわせて今後の検討課題となっている。なお小林義廣氏は，累世同居の家族が地域秩序を維持する立場にあったという観点から考察を進めている［小林 1990］。

## 二　士大夫と地域社会

　宗族史研究も家族史研究と同様に，1970 年代までは土地制度史や地主制からの研究が大きな比重を占めていた。その中心は仁井田陞氏が提唱した「同族共同体論」であり，のちの宗族研究や地主制研究に大きな影響を与えている［仁井田 1980：第 12 章所収］。「同族共同体論」とは宗族が地主支配の支柱であり，また農民再生産の培養基であったという議論である。宋代以後の宗族はそれ以前の氏族と異なり，宋以後の社会の中から新たに生まれた産物であるという指摘，およびそれが国家的保障の十分でない社会において私的保障の役割を担ったという仁井田氏の見解は，現在においてもなお多くの示唆を与えている。ただ，その階級論的な考え方や方法，そして宋以後をヨーロッパ中世と同様の固定的な社会と見る時代性の問題，さらには「共同体」の理解や認識において，いくつかの批判や疑問が出されている［谷川道雄 1976，近藤秀樹 1961・1963，小林義廣 1982，井上徹 2000，遠藤隆俊 1988］。
　80 年代以降の宗族研究は，この仁井田氏の所説をいかに乗り越えるかという点が一つの課題であった。そこで導入された方法および概念の一つが，士大夫と地域社会である。士大夫とは文化的には読書人，政治的には官僚，そして経済的

には地主・資本家という三位一体の存在であると一般には説明されている［宮崎市定 1992：第Ⅱ章］。もちろん，それはあくまでも典型的な場合であり，士大夫が登場する初期的の段階では庶民と変わらない身分や立場であり，そこから出世した新興官僚としてとらえる研究も数多くある［周藤吉之 1950，松井透 1968］。どちらにしても士大夫とは宋元時代の社会を担った階層であり，また彼らと庶民との階層移動が比較的容易であったという点では見解が一致している。さらに宋代を社会文化史的な立場から解明しようとする点でも共通しており，以下，本論では家族，宗族，系譜，婚姻に関する研究を中心に紹介する[3]。

宋元時代の研究においては，既に 1950 ～ 60 年代から士大夫，官僚の系譜や婚姻に関する研究が出され［青山定雄 1951・1963・1965・1974・1977，西川正夫 1959・1962・1967，清水茂 1961］，70 年代になるとこれがより活発になった［衣川強 1972，伊原弘 1972・1974・1977・1980，愛宕元 1974，森田憲司 1977・1978，石田肇 1980］。その後，80 年代になると後述する地域社会史研究の影響もあり，士大夫と宗族の問題がより自覚的かつ専門的に議論されるようになった。例えば，小林義廣氏は宋代の宗族をとらえる鍵は地主ではなく士大夫にあると唱え［小林 1982］，また井上徹氏も宋以後の宗族を地主や農民ではなく士大夫再生のための機構であったととらえている［井上 1987］。さらに遠藤隆俊はこれらを受けて宋以後の宗族が「共同体」のような固定した組織ではなく，「ネットワーク」のように柔軟で弾力的な組織であったと論じている［遠藤 1988・1998］。宋以後の社会を固定的ではなく流動的な社会ととらえ，士大夫や新興官僚の戦略的な成長を軸にして宗族の問題をとらえ直す点においてはみな共通の認識を示している。

とくに小林，井上両氏は 80 年代以降の自身の研究をまとめて，宋代宗族に関係する著書を刊行した。前者は北宋時代の欧陽脩を題材にした研究であり，欧陽

---

[3] 士大夫の研究は，本論で紹介した家族宗族研究のほかに，地域社会の研究，文化思想の研究，官僚社会の研究，個人史研究など幅広い分野にわたる。これらの中で，近年のまとまった成果としては［植松正 1997，王瑞来 2001，高橋芳郎 2001・2002，森田憲司 2004，衣川強 2006，近藤一成 2009］などがある。また［宋代史研究会報告集 1993］も同様の観点から編集されている。そのほか個々の優れた論文については割愛せざるを得ず，詳細については別途に考察することとしたい。

脩の意識や立場が政治から宗族へ移行した点を士大夫の内面的な問題から分析している［小林2000］。また後者の井上氏はかつて牧野巽氏が提示した「宗法主義」という論点を「宗法復活論」として再評価し，宋代に再編された宗族の問題を儒家の宗族論議および国家の礼制という側面から明らかにした［井上2000］。両氏とりわけ井上氏の研究をめぐってはいくつか議論のやりとりがなされているが［寺田浩明2001，小島毅2001，山田賢2002，井上徹2002a・2002b・2004］，両著とも80年代以降における日本の宋元宗族史研究の一つの水準を示している。前掲『宋－明宗族の研究』は以上の議論をまとめ，また次に紹介する地域社会史研究や宗族の制度，思想の実証分析を含む総括的な研究書である。

　一方，日本の宋代史研究においては80年代後半から90年代にかけて，明清史研究および欧米における宋代史研究の影響により，地域社会史の研究が大きな潮流となってきた［佐竹靖彦1990，寺地遵1993，斯波義信1996，宋代史研究会2001］。その詳細については本書岡元司氏の論考をあわせて参照していただくこととし，ここでは家族，宗族に関わる論考を紹介する。宋代の地域社会と家族，宗族の視角については，前掲小林氏が「郷村社会」という古い言葉使いではあるが，宗族の問題を地域の中で解明しようとする方向性を既に示している［小林1982］。さらに90年代になると，様々な地域における宗族や婚姻の問題が議論されることになる。浙西，浙東については前掲井上氏や遠藤のほか，須江隆氏や岡元司氏の論考があり［須江1993，岡1995・1996・2001］，江西については前掲小林氏，福建については小島毅氏のほか前掲小林氏や佐竹氏，須江氏らの論考［小島1993，小林1995，佐竹1997・1998，須江1998］，さらに徽州地域については小松恵子氏や山根直生氏の論考が出されている［小松1993，山根2001］。

　これらの研究の特徴は対象としては士大夫や名族の家族，宗族問題を扱ってはいるものの，単に士大夫の宗族問題を地域から明らかにするだけでなく，その地域の秩序や構造，人間関係のあり方，生活の規範などを解明することによって宋代社会を見直そうとする点にある。例えば須江氏は王朝権力や地域の名族が地域の祠廟にどのように関わっていたのかという視点から浙西地域の秩序について父老の重要性を指摘し，また岡氏は墓誌銘を史料に浙東の地域士大夫と婚姻関係

について詳細な資料を提供している。さらに小島氏は福建における朱子学の広がりと宗族の関係，そしてこれと文化資本の蓄積や出版流通の問題を検討し，小松氏や山根氏は徽州における士大夫宗族の任官や科挙の問題を明らかにしている。『宋―明宗族の研究』に収録された小林義廣，平田茂樹，蔡罕（岡），須江隆，青木敦，近藤一成各氏の論考も，みな士大夫，名族あるいは地域エリートと呼ばれる人々の宗族問題を取り上げ，士大夫の成長戦略や地域社会の課題解決にとって家族，宗族がいかに重要であったかを解明した。ここで扱われている地域は浙西，浙東や江西，福建，徽州，四川など中国東南部に限られており，この地域偏差が宋元時代の特徴と言える。しかし，今後，史料の読解状況によって，また明清研究の影響如何によっては，華北の名族や宗族についてもより研究が進む可能性は十分にある。

　なお，地域社会史の研究では水利や地域開発，人口移動などの研究も少なからず出されているが，これと家族，宗族の関係を直接的に考察した研究は少なく，今後の課題である。また，宋代の宗族と地域社会をめぐる問題には，中国における社会集団や社会組織，さらには「中間的諸団体」の評価に関わる議論がある。これについては明清近代との関連で，宋以後の中国社会においては法的主体性を持った「中間的諸団体」は存在しなかった，あるいは欠如していたという意見がひとまず共通した理解となっている［岸本美緒 1992・1999 所収，遠藤隆俊 1988，吉田浤一 1990，大澤正昭 1993］。ただ，それなるが故に政治権力がストレートに人民にゆきわたり，社会が自己組織性を欠き専制的な国家形態を生成・再生産させた［中国史研究会編 1990，中村哲編 1993，伊藤正彦 1994・1998］と見るか，あるいは専制国家の存在を前提にしつつそれとは次元を異にする人倫の網の目や社会的ネットワークをより重視する［宋代史研究会編 1998・2001，岸本 1999 所収］かについては見解が分かれるところである。

## 　　　　　　　三　宗族の制度と思想

　宋元宗族の制度およびその特質については，つとに牧野巽氏が古代の宗法と比

較しながら次の6点をあげている。すなわち，宋以後の宗族は(1)族長の地位が浮動的で固定していない，(2)宗族結合の範囲すなわち祖先祭祀の範囲が高祖以上にさかのぼる，(3)一族共同の財産すなわち族産を設ける，(4)族譜を作る，(5)宗祠や義塾，義荘などを設けて自治，自衛を行う，(6)これらの制度は官府の定めによるのではなく民間で発達した［牧野1980b：第一章］。これにより，宋代以後のいわゆる近世宗族が前代までとは異なる新しい要素を含んでおり，またその再編期が宋代にあったことは，概ね共通理解となっている。ただし，前掲『宋―明宗族の研究』総論で筆者も述べたことであるが，氏の所説は宋以後の宗族を明清近代まで通観した結果であり，宋元時代における宗族の特徴とは必ずしも一致しない。例えば，宗族再編の初期にあたる宋元時代にはまだ宗族の規模も小さく，義荘や族譜，宗祠の制度も十分に発達していなかった。

　その結果，明清のように義荘，族譜，祠堂のいわゆる「三点セット」を完全に備えた宗族は比較的まれであり，この中のどれか一つが欠けていたり，あってもまだ萌芽的な段階だったりするものが多い。その意味で，宋元時代の宗族はのちの明清時代との関係で見ればいわゆる近世宗族の萌芽，形成期にあたり，明代前半期の挫折，停滞期を経て，明末清代は近世宗族の復興，発展期と位置づけることができる。先述した「家庭」「家族」「宗族」の分類および日中台における認識の違いも，この宋元と明清の差異をどう理解するかに由来するところが大きいと考えられる[4]。

　ただ，義荘，族譜，祠堂の三要素が出現したのは確かに宋代であり，一つ一つの問題に関しては多くの研究がなされている。中でも義荘をはじめとする族産の問題は，宗族の財産関係や土地制度に関連して早くから注目されてきた。とくに蘇州の范氏義荘は宗族結合の模範として大きく取り上げられ，古くから多くの研

---

4)　宋元宗族と明清宗族の違いは4つある。第一に，宋元時代においては士大夫が宗族再編の中心であり，民衆が宗族の形成に直接関わることは少なかった。第二に，宗族形成の地域は南方が中心であるが，その偏差は明清以上にあり普及の度合いも限られていた。第三には，族産と族譜，祠堂のいわゆる「三点セット」がすべてそろった宗族は稀であり，宗族の大きさや結合の範囲も比較的小さい。そして第四に，宗族再編の議論や思想においても宋代ではまだ儒教と仏教，道教とのせめぎあいが強く，儒家の解釈論にほぼ一本化される元明または明清とは異なっている。これらの点については『宋―明宗族の研究』総論参照。

究がある［田中萃一郎 1917, 清水盛光 1949, 仁井田陞 1980 所収, 1983 所収, 近藤秀樹 1963］。中でも仁井田氏の「同族共同体」論はこの范氏義荘を中心に展開されており, 日本における范氏義荘研究の重要性を見ることができる。その後, 80年代になると前掲井上氏が士大夫の視点から研究を始め［井上 1987］, 近年では遠藤隆俊が宗族の人的結合や秩序構造, 移住と宗族形成の視点から研究を進めている［遠藤 1988・1990・1993・1998］。現在では地域社会史研究の盛行により范氏以外にも様々な研究が出されているが, 史料の豊富さや論点の多様性から范氏義荘の重要性は依然として高いと言える。今後は税制や裁判の側面からも, 范氏義荘の問題を考える必要がある。以上の点については先述の通り小林義廣氏に包括的な整理があり［小林 2002］, また范氏以外については福田立子氏が明州楼氏の義荘について, 土地制度や税制の側面から考察している［福田 1972］。

　族産に関連する問題として墓田がある。とくに義荘や祭田などの族産が明清近代ほど普及していなかった宋元時代においては, 墳墓や墓田, 墳寺の問題が士大夫の関心を集めていた。墓田については既に前掲清水氏が祭田や祀田との関係で基本的な論点を明らかにしており, また墳墓や墳寺については竺沙雅章氏が仏教社会史の側面から制度および社会的実態について論じている。清水氏によれば祭田の起源は朱熹の『家礼』にあるが, 民間にはそれ以前から墓田が広がっていたという［清水 1949］。また竺沙氏によれば宋代に行われた墳寺制は『家礼』の普及によって元朝には継承されず, 明代になると社会実態としても稀になったと述べている［竺沙 2002：前編］。『宋―明宗族の研究』に収められた平田氏の論文は墓誌銘の利用について分析し, また蔡氏は明州史氏一族の墓群について現地調査の結果を報告している。さらに中島楽章氏は元朝における墓地の問題を取り上げ, 宋元時代には祠堂ではなく墓地を中心に同族の結集が図られたことを明らかにした。遠藤はこれらの研究を承けて, 宋元における祖先祭祀の形態が墳寺から祠堂へ移行した点について考察している［遠藤 2007］。

　族譜についてはつとに多賀秋五郎氏の研究があり, 族譜は唐以前から作られているが, それらは欧陽脩および蘇洵に代表される宋以後の族譜とは性格を異にすることや, 族譜の編纂は明末清代以降に急増したことなどが指摘されている［多

賀 1960・1981]。これと相前後して森田憲司氏は宋元時代における氏族志の編纂や族譜の序文を手がかりに，科挙士大夫の成長や社会的流動性について論じている [森田 1977・1978]。近年では前掲小林義廣氏や竺沙雅章氏が欧陽脩および蘇洵らの族譜を題材に，北宋士大夫による族譜編纂の意義および唐代家譜との比較研究を進めている [小林 1980，竺沙 2000：第9章]。また宋代には『袁氏世範』など家訓や家規類が多く作られており，これについては古林森廣氏や緒方賢一氏が家訓の性格や「家」の思想史的な問題について論じている [古林 1995，緒方 2001]。近年，明清族譜が続々と出版刊行され，蔵書目録の発行によって中国における族譜の所蔵先も明確になりつつある。かつては前掲多賀氏の著作や東洋文庫などの資料館，大学図書館でしか見ることのできなかった族譜が，中国の各地で比較的容易に，また大量に見ることができるようになった。その中には宋元時代の宗族に関する記述がかなり多く見られるので，今後はそうした史料の発掘や利用および史料学的な検討も必要である。『宋-明宗族の研究』所収の近藤一成氏の論考は，こうした族譜に関する問題を士大夫の視点から扱っている。

　宗族の思想面に関して，まずは家廟，祠堂および祖先祭祀の問題がある。これについてはつとに前掲牧野巽氏が『家礼』の重要性を指摘した上で，『家礼』では祠堂および祭田を設け，宗子がこれを主宰して高祖までを祭るように規定していることを明らかにした [牧野 1980b：第二章]。この範囲が，いわゆる「百世不遷」の「大宗」に対する「小宗」である。氏はこれをもって『家礼』が「小宗」にもとづく「宗法主義」を採っていたことを確認するとともに，後世の宗祠は『家礼』の範囲を越えてより遠い祖先を祭る傾向にあったと述べている [牧野 1980a 所収]。近年では小林義廣氏や小島毅氏，吾妻重二氏が改めて『家礼』における祠堂の重要性に着目するとともに，家廟，影堂，墓祠など祠堂とは呼ばれない祖先祭祀の施設やその実態について考察している [小林 1995，小島 1996]。とくに吾妻氏は北宋以来の祠廟の制度，実態，そして思想的変遷を詳細に検討し，これがひとまず南宋の『家礼』祠堂に帰結した流れを実証的に明らかにした [吾妻 2003]。なお，宋代では官僚を祀った専祠なども家廟の役割を果たしたが，その一つの事例として例えば蘇州の范文正公祠や福建の祥応廟などがある [遠藤 1993，須江 1998，山

口 2006・2007, 小二田 2008]。

　『家礼』の成立や性格, 構造については, 前掲牧野氏のほか思想史の方面から上山春平氏, 前掲小島氏や吾妻氏および井上徹氏, 佐々木愛氏らの研究がある [上山 1982, 小島 1996, 吾妻 2003, 井上 1995, 佐々木 1998・2003]。上山氏によれば『家礼』は『儀礼経伝通解』とともに朱熹の著作であり, 前者は日用実践の指針として, 後者は礼関係の古典の体系的な集成として編まれたものという。小島氏も『家礼』が冠婚葬祭のマニュアル書であり, 『儀礼』のほか司馬光『書儀』および程頤の所説を重視して書かれたものであると述べる。さらに吾妻氏は『家礼』を朱熹の著述であると再認定した上で, 『家礼』が祖先祭祀の儀式を仏教的なものから儒教的に変える契機になったと論じている。一方, 井上氏は元明以降における『家礼』の継承と批判について検討し, 『家礼』は民間社会では一定の評価を受けたが明清国家には正式には採用されなかったと述べる。さらに佐々木氏は明末清初の陽明学者である毛奇齢の『家礼』批判をふまえた上で, 『家礼』はあるべき秩序の確立を目的とした原則主義的な礼であり, 現実的な親族結合への関心は払われていないと述べる。加えて, 氏は『家礼』で規定される小宗の内部が入れ子状の重層的な構造になっていることを明らかにし, 『家礼』では嫡長子一子継承の原理が貫かれていること, および儀礼単位の大きさが「宗法」の名で想定されるよりもずっと小さいことを再確認した。

　朱熹以前の儒学者による宗族論についても, いくつか研究が出されている。前掲井上氏は宋代とりわけ北宋時代における宗法復活論を宗族形成という社会的現実が宋儒の思想や主張に反映したものと考え, 宗族発展の社会的な実態と思想的な主張とを相即的にとらえている [井上 1987]。これに対して, 佐々木氏は思想独自の論理展開を重視し, 宋代の宗法復活論は社会的な現実に即応して構築された主張ではなく, 宋儒の原理主義ないし復古主義に従って語られた言説であると述べる [佐々木 2000]。経学上の宗族問題は経学の中でこそまずは位置づけられるべきという佐々木氏の主張は確かに妥当であり, 思想史と社会史との接点を考える際には重要な指摘である。ただ, それをふまえた上で, なおかつ宗族の思想的論議を検討する際には, それが語られた「場」の考察は必要不可欠であろ

う[5]。『宋―明宗族の研究』に収められた吾妻氏および佐々木氏の論考は，以上の問題を改めて深く追究している。

　以上，3節にわたって1980年代以降の宋代家族，宗族研究を紹介した。この時期，日本の家族，宗族史研究は，地主制や土地制度史から社会史，文化史の研究が中心となった。家族史においては家族の社会関係や女性，財産問題が多く取り上げられ，宗族史においても士大夫や地域社会，そして思想面からの研究が多く出されている。ただ，家族と宗族の両者をつなぐ研究が必ずしも十分ではなく，家族と宗族の研究が別個に進められてきた感が強い。本論でも述べたように，近年，中国や台湾，欧米では理論面でも実証面でも新しい研究視角が提示されており，質，量ともに日本の研究との間に差異が生じている。今後は，国内における家族研究と宗族研究の対話はもちろんのこと，国際的にも認識の共有が必要である。本論がその一助になることを願いたい。不足の点については博雅の指正を乞う次第である。

[参考文献目録]

青山定雄［1951］「五代宋における江西の新興官僚」『和田清博士還暦記念東洋史論集』講談社。
青山定雄［1963・65］「宋代における華北官僚の系譜（1）・（2）」『聖心女子大学論叢』第21号・第22号。
青山定雄［1974］「宋代における華南官僚の系譜についてⅠ」『中央大学文学部紀要（史学科）』第19号。
青山定雄［1974］「宋代における華南官僚の系譜についてⅡ」『宇野哲人先生白寿記念論叢』祝賀記念会。
青山定雄［1997］「宋代における華南官僚の系譜についてⅢ」『江上波男教授古稀記念論集』山川出版社。
青木　敦［2005］「宋代江西撫州におけるある一族の生存戦略」『宋―明宗族の研究』所収。
吾妻重二［1999］「『家礼』の刊刻と版本――『性理大全』まで」『関西大学文学部論集』第48

---

5）　宋儒の宗族論に関しては，ほかに小島氏と佐々木氏が『家礼』の婚礼廟見および女性の再嫁に関する検討を行っている［小島1994，佐々木2000］。その中で小島氏は，様々な思想の位相や置かれた立場，さらには社会状況や時代的差異を勘案しながら考察することの重要性を示している。

巻第 3 号。
吾妻重二［2001］「宋代の家廟と祖先祭祀」小南一郎編『中国の礼制と礼学』朋友書店。
吾妻重二［2003］『朱熹『家礼』の版本と思想に関する実証的研究』（平成 12 年度～14 年度科学研究費補助金基盤研究 (C)(2) 研究成果報告書, 研究代表者・吾妻重二)。

吾妻重二［2004］『朱子学の新研究』創文社。
吾妻重二［2005］「近世宗族研究における問題点――祠堂・始祖祭祀・大家族主義」『宋－明宗族の研究』所収。
石田　肇［1980］「南宋明州の高氏一族について」宋代史研究会編『宋代の社会と宗教』汲古書院。
板橋眞一［1993］「宋代の戸絶財産と女子の財産権をめぐって」『柳田節子先生古稀記念 中国の伝統社会と家族』汲古書院。
伊藤正彦［1994］「中国前近代史把握の方法に関する断章」『新しい歴史学のために』第 214 号。
伊藤正彦［1998］「中国史研究の「地域社会論」」『歴史評論』第 582 号。
井上　徹［1987］「宋代以降における宗族の特質の再検討――仁井田陞の宗族『共同体』論をめぐって――」『名古屋大学東洋史研究報告』第 12 号, 井上［2000］所収。
井上　徹［1992］「元末明初における宗族形成の風潮」『文経論叢』第 27 巻第 3 号, 井上［2000］所収。
井上　徹［1993］「宗族形成の動因について――元末明初の浙東・浙西を対象として――」『和田博徳教授古稀記念・明清時代の法と社会』汲古書院, 井上［2000］所収。
井上　徹［1994］「宗族理解をめぐる若干の問題点」『集刊東洋学』第 72 号。
井上　徹［1998］「宋元以降における宗族の意義」『歴史評論』第 580 号。
井上　徹［2000］「中国における宗族の伝統」『〈血縁〉の再構築――東アジアにおける父系出自と同姓結合』風響社。
井上　徹［2000］『中国の宗族と国家の礼制――宗法主義の視点からの分析――』研文出版。
井上　徹［2002a］「寺田浩明氏の疑問と提案に答える」『集刊東洋学』第 87 号。
井上　徹［2002b］「小島毅氏の批判に答える」『歴史学研究』第 758 号。
井上　徹［2004］「山田賢氏の疑問に答える」『名古屋大学東洋史研究報告』第 28 号。
井上　徹・遠藤隆俊編著［2005］『宋－明宗族の研究』汲古書院。
伊原　弘［1972］「宋代明州における官戸の婚姻関係」『中央大学大学院研究年報』第 1 号。
伊原　弘［1974］「宋代婺州における官戸の婚姻関係」『中央大学大学院論究』第 6 巻第 1 号。
伊原　弘［1977］「南宋四川における定居士人」『東方学』第 54 輯。
伊原　弘［1980］「宋代の浙西における都市士大夫」『集刊東洋学』第 45 号。
伊原　弘［1980］「宋代浙西における都市と士大夫」『中嶋敏先生古稀記念論集（上巻）』, 汲古書院。
植松　正［1997］『元代江南政治社会史研究』汲古書院。

上山春平［1982］「朱子の『家礼』と『儀礼経伝通解』」『東方学報（京都）』第54冊。
遠藤隆俊［1988］「范氏義荘の諸位・掌管人・文正位について――宋代における宗族結合の特質――」『集刊東洋学』第60号。
遠藤隆俊［1990］「宋末元初の范氏について――江南士人層の一類型――」『歴史』第74輯。
遠藤隆俊［1993］「宋代蘇州の范氏義荘について――同族的土地所有の一側面――」宋代史研究会編『宋代の知識人』汲古書院。
遠藤隆俊［1993］「宋代蘇州の范文正公祠について」『柳田節子先生古稀記念 中国の伝統社会と家族』汲古書院。
遠藤隆俊［1998］「宋代における『同族ネットワーク』の形成――范仲淹と范仲温」宋代史研究会編『宋代社会のネットワーク』汲古書院。
遠藤隆俊［2001］「小林義廣著『欧陽脩――その生涯と宗族』」『創文』第430号。
遠藤隆俊［2002］「中国近世宗族論の展開」『集刊東洋学』第17号。
遠藤隆俊［2002］「宋代の地域社会と宗族――その学説史的検討――」『高知大学学術研究報告（人文科学編）』第51巻。
遠藤隆俊［2003］「北宋士大夫の日常生活と宗族――范仲淹の『家書』を手がかりに――」『東北大学東洋史論集』第10輯。
遠藤隆俊［2004］「日本宋代宗族史研究的現状与課題」『安大史学』第1輯。
遠藤隆俊［2007］「墳寺から祠堂へ――宋元士大夫の墳墓と祖先祭祀」『東北大学東洋史論集』第11輯。
翁　育瑄［2003a］「唐宋墓誌から見た女性の守節と再婚について」『唐代史研究』第6号。
翁　育瑄［2003b］「北宋墓誌から見た財産権に関する史料について」『上智史学』第48号。
大澤正昭［1990］「「笞」「僕」「家族関係」――太平広記，夷堅志に見る唐宋変革期の人間関係」中国史研究会編『中国専制国家と社会統合』文理閣。
大澤正昭［1993］「中間層論と人間関係論への一視点」中国史研究会編『東アジア専制国家と社会経済』青木書店。
大澤正昭［1998］「南宋の裁判と女性財産権」『歴史学研究』第717号。
大澤正昭［2000］「唐宋変革時期的婚姻与家族」『中国民国史専題論文集』国史舘。
大澤正昭［2005］『唐宋時代の家族・婚姻・女性』明石書店。
大澤正昭［2007］「唐宋時期的家庭規模与結構」『中国社会歴史評論』第5巻。
大澤正昭［2003］『唐宋変革期における女性・婚姻・家族の研究』平成12-14年度科学研究費補助金基盤研究(C)(2)研究成果報告書，研究代表者・大澤正昭。
大島立子［1981］「元代の儒戸について」『中島敏先生古稀記念論集（下巻）』汲古書院。
大島立子［1993］「元代家族の分籍について」『柳田節子先生古稀記念 中国の伝統社会と家族』汲古書院。
王　瑞来［2001］『宋代の皇帝権力と士大夫政治』汲古書院。
岡　元司［1995］「南宋期温州の名族と科挙」『広島大学東洋史研究報告』第17号。

岡　元司［1996］「南宋期温州の地方行政をめぐる人的結合――永嘉学派との関連を中心に――」『史学研究』第212号。

岡　元司［1998］「南宋科挙の試官をめぐる地域性」宋代史研究会編『宋代社会のネットワーク』汲古書院。

岡　元司［2001］「南宋期の地域社会における知の能力の形成と家庭環境」宋代史研究会編『宋代人の認識――相互性と日常空間』汲古書院。

岡　元司［2003］「南宋の地域社会における「友」」『東洋史研究』第61巻第4号。

岡本不二明［2003］『唐宋の小説と社会』汲古書院。

緒方賢一［2001］「家訓に見る宋代士人の日常倫理」宋代史研究会編『宋代人の認識――相互性と日常空間』汲古書院。

愛宕　元［1974］「五代宋初の新興官僚」『史林』第57巻第4号。

勝山　稔［1996］「白話小説記事に現れる媒酌人の史学的考察」『中国――社会と文化』第11号。

勝山　稔［1998］「宋元代の聘財に関する一考察」『アジア史研究』第22号。

勝山　稔［2001］「白話小説に現れた「近隣」という地域について」宋代史研究会編『宋代人の認識――相互性と日常空間』汲古書院。

川村　康［1988・89］「宋代における養子法（上・下）」『早稲田法学』第64巻第1号・第2号。

川村　康［1993］「宋代贅壻小考」『柳田節子先生古稀記念・中国の伝統社会と家族』汲古書院。

衣川　強［1973］「宋代の名族――河南呂氏の場合」『神戸商科大学人文論集』第9巻第1・2号。

衣川　強［2006］『宋代官僚社会史研究』汲古書院。

小島　毅［1993］「婚礼廟見考」『柳田節子先生古稀記念・中国の伝統社会と家族』汲古書院。

小島　毅［1993］「福建南部の名族と朱子学の普及」宋代史研究会編『宋代の知識人』汲古書院。

小島　毅［1999］『宋学の形成と展開』創文社。

小島　毅［2001］『中国近世における礼の言説』東大出版会。

小島　毅［2001］「井上徹著『中国の宗族と国家の礼制』書評」『歴史学研究』第749号。

小島　毅［2005］「宗族を見る手法――1940年代の日本の研究から」『宋―明宗族の研究』所収。

小二田章［2008］「『名臣から名地方官へ――范仲淹の知杭州治績に見る「名地方官像」の形成」『早稲田大学大学院文学研究科紀要（第4分冊）』第53輯。

小林義廣［1980］「欧陽脩における族譜編纂の意義」『名古屋大学東洋史研究報告』第6号，小林［2000］所収。

小林義廣［1982］「宋代史研究における宗族と郷村社会の視角」『名古屋大学東洋史研究報告』第8号。

小林義廣［1990］「宋代における宗族と郷村社会の秩序――累世同居を手がかりに――」『東海大学紀要（文学部）』第52輯。

小林義廣［1995］「宋代福建莆田の方氏一族について」中世史研究会編『中国中世研究続編』京都大学学術出版会。

小林義廣［1995］「北宋中期における宗族の再認識について」『東海大学紀要（文学部）』第64輯，

小林［2000］所収。
小林義廣［2000］『欧陽脩——その生涯と宗族』創文社。
小林義廣［2001］「南宋時期における福建中部の地域と士人」『東海史学』第36号。
小林義廣［2001］「宋代宗族研究の現状と課題——范氏義荘を中心に——」『名古屋大学東洋史研究報告』第25号。
小林義廣［2002］「日本における中国の家族・宗族研究の現状と課題」『東海大学紀要（文学部）』第78輯。
小林義廣［2005］「宋代の二つの韓氏——真定韓氏と相韓韓氏」『宋—明宗族の研究』所収。
小松恵子［1993］「宋代以降の徽州地域発達と宗族社会」『史学研究』第201号。
近藤一成［2005］「宋代の修譜と国政——青木報告によせて——」『宋—明宗族の研究』所収。
近藤一成［2009］『宋代中国科挙社会の研究』汲古書院。
近藤秀樹［1961］「清代史研究への覚書——明清社会経済研究史の諸問題（二）——」『東洋史研究』第20巻第1号。
近藤秀樹［1963］「范氏義荘の変遷」『東洋史研究』第21巻第4号。
蔡　罕［2005］（岡元司訳）「宋代四明史氏墓葬遺跡について」『宋—明宗族の研究』所収。
佐竹靖彦［1980］「中国古代の家族と社会秩序」『東京都立大学人文学報』第141号。
佐竹靖彦［1990］『唐宋変革の地域的研究』同朋舎。
佐竹靖彦［1995］「宋代の家族——宋代の家族と社会に関する研究の進展のために——」『人文学報（歴史学編）』第257号。
佐竹靖彦［1997］「唐宋期福建の家族と社会——山洞と洞蛮」『人文学報』第277号。
佐竹靖彦［1998］「唐宋期福建の家族と社会——閩王朝の形勢から科挙体制の展開まで」中央研究院歴史語言研究所編『中国近世家族与社会学術研討会論文集』。
佐々木愛［1998］「毛奇齢の『朱子家礼』批判——特に宗法を中心として」『上智史学』第43号。
佐々木愛［2000］「張載・程頤の宗法論について」『史林』第83巻第5号。
佐々木愛［2000］「程頤，朱熹の再嫁批判の言説をめぐって」『上智史学』第45号。
佐々木愛［2003］「『朱子家礼』における家族親族の構造とその大きさについて」『島根大学法文学部社会システム論集』第8号。
佐々木愛［2005］「朱子家礼中的家族・親族結構及其大小」『家庭史研究的新視野』三聯出版社。
佐々木愛［2005］「宋代における宗法論をめぐって」『宋—明宗族の研究』所収。
滋賀秀三［1967］『中国家族法の原理』創文社。
斯波義信［1996］「南宋における「中間領域」社会の登場」佐竹靖彦編『宋元時代史の基本問題』汲古書院。
清水　茂［1961］「北宋名人の姻戚関係」『東洋史研究』第20巻第3号。
清水盛光［1935］『支那社会の研究——社会学的考察——』岩波書店。
清水盛光［1942］『支那家族の構造』岩波書店。
清水盛光［1949］『中国族産制度攷』岩波書店。

須江　隆［1993］「徐偃王廟考――宋代の祠廟に関する一考察――」『集刊東洋学』第69号。
須江　隆［1998］「福建莆田の方氏と祥応廟」宋代史研究会編『宋代社会のネットワーク』汲古書院。
須江　隆［2005］「祠廟と「地域社会」――北宋末期以降の宗族の動向を中心に――」『宋―明宗族の研究』所収。
周藤吉之［1950］『宋代官僚制と大土地所有』『社会構成史体系（2）』日本評論社。
瀬川昌久［1991］『中国人の村落と宗族』弘文堂。
瀬川昌久［1996］『族譜』風響社。
宋代史研究会編［1993］『宋代の知識人』汲古書院。
田中萃一郎［1917］「義荘の研究」『三田学会雑誌』第11巻第12号。
多賀秋五郎［1960］『中国宗譜の研究――資料編――』東洋文庫。
多賀秋五郎［1981］『中国宗譜の研究（上・下巻）』日本学術振興会。
高橋芳郎［1986］「宋代の士人身分について」『史林』第69巻第3号，高橋［2001］所収。
高橋芳郎［2001］『宋―清身分法の研究』北海道大学図書刊行会。
高橋芳郎［2003］『宋代中国の法制と社会』汲古書院。
谷川道雄［1976］『中国中世社会と共同体』国書刊行会。
谷川道雄［2001］「六朝時代の宗族――近世宗族との比較において――」『名古屋大学東洋史研究報告』第25号。
竺沙雅章［2000］『宋元仏教文化史研究』汲古書院。
竺沙雅章［2002］『中国仏教社会史研究』朋友書店，増補版。
中国史研究会編［1990］『中国専制国家と社会統合』文理閣。
寺田浩明［2001］「井上徹著『中国の宗族と国家の礼制』書評」『集刊東洋学』第85号。
寺地　遵［1993］「南宋末期台州黄巌県事情素描」『唐・宋間における支配層の構成と変動に関する基礎的研究』（平成3-4年度科学研究費一般研究（C）報告書）。
中島楽章［2005］「元朝統治と宗族形成――東南山間部の墳墓問題をめぐって――」『宋―明宗族の研究』所収。
中田　薫［1926］「唐宋時代の家族共産制」『国家学会雑誌』第40巻第8号。
永田三枝［1991］「南宋期における女性の財産権について」『北大史学』第31号。
中村　哲編［1993］『東アジア専制国家と社会・経済』青木書店。
仁井田陞［1952］「中国の同族又は村落の土地所有問題――宋代以後のいわゆる「共同体」――」『東洋文化研究所紀要』第10冊，仁井田［1980］所収。
仁井田陞［1952］『中国の農村家族』東京大学出版会。
仁井田陞［1980］『中国法制史研究 奴隷農奴法・家族村落法』東京大学出版会，再刊。
仁井田陞［1983］『中国身分法史』東大出版会，再刊。
西川正夫［1959］「呉・南唐両王朝の国家権力の性格」『法制史研究』第9号。
西川正夫［1962］「華北五代王朝の文臣官僚」『東京大学東洋文化研究所紀要』第27冊。

西川正夫［1967］「華北五代王朝の文臣と武臣」『仁井田博士追悼論文集　前近代アジアの法と社会』勁草書房。

バーンハート，キャスリン（沢崎京子訳）［1997］「中国史上の女子財産権――宋代法は「例外」か？――」『中国――社会と文化』第12号。

平田茂樹［2005］「劉摯『忠粛集』墓誌銘から見た元祐党人の関係」『宋－明宗族の研究』所収。

福田立子［1972］「宋代義荘小考――明州楼氏を中心として――」『史艸』第13号。

福武　直［1952］『福武直著作集9　中国農村社会の構造』東大出版会。

牧野　巽［1979］『牧野巽著作集1　中国家族研究（上）』御茶の水書房。

牧野　巽［1980a］『牧野巽著作集2　中国家族研究（下）』御茶の水書房。

牧野　巽［1980b］『牧野巽著作集3　近世中国宗族研究』御茶の水書房。

牧野　巽［1985］『牧野巽著作集7　家族論・書評他』御茶の水書房。

松井秀一［1968］「北宋初期官僚の一典型」『東洋学報』第51巻第1号。

水口拓寿［2000］「『大家族主義』対『宗法主義』――牧野巽氏の中国親族組織論を承けて――」『中国哲学研究』第14号。

宮崎市定［1992］『宮崎市定全集2』岩波書店。

森田憲司［1977］「『成都氏族譜』小考」『東洋史研究』第36巻第3号。

森田憲司［1978］「宋元時代における修譜」『東洋史研究』第37巻第4号。

森田憲司［2004］『元代知識人と地域社会』汲古書院。

柳田節子［1986］『宋元郷村制の研究』創文社。

柳田節子［2003］『宋代庶民の女たち』汲古書院。

山口智哉［2006］「宋代先賢祠考」『大阪市立大学東洋史論叢』第15号。

山口智哉［2007］「宋代地方都市における教育振興事業と在地エリート」『都市文化研究』第9号。

山田　賢［2002］「井上徹著『中国の宗族と国家の礼制』書評」『名古屋大学東洋史研究報告』第26号。

山根直生［2001］「唐末五代の徽州における地域発達と政治的再編」『東方学』第103輯。

吉岡義豊［1955］「北宋初期における南人官僚の進出」『鈴峰女子短大研究集報』第2号。

吉田浤一［1990］「中国家父長制論批判序説」中国史研究会編『中国専制国家と社会統合』文理閣。

# 都市史研究

久保田　和男

## はじめに

　日本に於ける1980年代から今日までの宋代を中心とした都市史研究の紹介が本稿の役割である。これまでも，[斯波1990]，[木田1978]，[伊原1987]などが，それぞれ特色のある研究史の整理を行っている。1980年以前の研究状況については，これらをご参照頂きたい。[西岡2000]は，宋代都市にたいする水利史の観点からの研究を整理したものである。また，最近，[梁2007]（中文）によって日本における開封研究の紹介が行われている。中国都市史に関する文献目録としては，大阪市立大学都市文化研究センターが作成し増補中のデータベース「中国都城史文献目録」があるが[1)]，「都城」とうたっているように，首都の研究が中心となっている。さて，本稿では，まず筆者が関心をよせている，首都の研究状況を概観し，引き続き，州・県・鎮などの地方都市に関する研究状況を一瞥し，責を埋めたい。

　斯波は「行論中，意図的に開封・臨安のごときむしろ例外的な大都会の挙証を控え，地方都市の事例を多く援用したのは，標準的・平均的な都市の実態をそれらの中から見極めようとしたために他ならない。」[斯波1968：308]とのべており，「都市」の研究において，首都の史料を用いることに対して慎重であるべきだという。このような認識は梅原の「国都だけを見ていたのでは中国の特殊な一面しかわからぬ」とのコメント[梅原1994]と，共通する。問題なのは，日本の学会に存在した，首都に発生する現象を，都市全般のものに援用する学問的態度である。それに警鐘を促したのが，斯波・梅原両氏の上記コメントである。実に首都は特殊な都市なのである。首都は，一般都市に比べ政治的な要素が強い都市であ

---
1) http://ucrc.lit.osaka-cu.ac.jp/database/his-china/a/index.html

る。したがって，一般都市とは違った問題意識が必要なのである。近20年においては，首都を専門に扱う「首都論」ともいえる論考も増えてきた。このような学界状況にしたがって首都論と一般都市という章立てを定めることにした。

## 一　首都論の諸相とその周辺

　戦前戦後，そして現在にいたるまで，唐代の中国都市研究においては，都城研究が盛んである（[妹尾2001]を参照）。これは，日本の都城（平城京・平安京など）が，唐の長安城の影響を受けた都市プランを持ったものだったからであろう。したがって，長安や洛陽の都城プランを問題とする研究が広く行われた。

　それに対して，宋代においては，都市プランの面での中国首都の影響は，日本に対して薄くなる。平城京や平安京の後継都市である奈良や京都も，中国的都市プランはなし崩し的に崩壊し，日本的な都市が形成されるようになった。したがって，宋代の都市を同時代の日本都市の視点から捉えるという研究は行われておらず未開拓の課題である。

　進歩史観が普及していた日本では，自由の拡大，政府の規制緩和は，社会の発展であるという発想が生まれやすかった。そのため，唐宋の間に大きな変革があったという史観が説得力をもった。この唐宋変革という命題は，都市の問題にも応用された。唐代都市の整然たる景観と厳格な坊城制の施行は，宋代の「自由経済都市」をイメージさせる史料群と好個の対照であった。

　唐宋間に，都市の変化があったという言説は，加藤繁の古典的論文「宋代に於ける都市の発達について」[加藤1931]を嚆矢とする。加藤の論文はいくつかの唐宋間の都市に於ける変化を「発達」と捉える。その項目のなかで学説として広く影響をあたえたのが，坊制市制の崩壊論である。本節では坊牆制の崩壊を巡る日本の学説史を整理することからはじめる。何となれば，この問題はすぐれて首都論といえるものだからである。

(1)「坊制の崩壊」と首都開封

崩壊を語るには,その起源にも遡及する必要がある。

坊制は城郭都市の内部にさらに牆壁をめぐらした小空間を設け都市空間を物理的に区画する制度である。宮崎市定は,坊制は漢代の里制の復活であり,北朝時代,多くの民族が雑居する都市空間で治安維持を目的として施行されたものとする［宮崎 1962］。

朴漢済は,首都での坊制の採用は,強制徙民させた敵国民や遊牧民たちをより確実に統制するためのものだったとする［朴 1991］。そして,この原則は東魏・北斉の都城の鄴,隋の大興城の建設にも影響を及ぼしたと述べている。菊池英夫は,北族系騎馬軍団は家族とともに京師をはじめ各要地の軍坊に集住し国家の管理下に置かれ,軍坊は坊牆に囲まれた城郭内の軍営を指したものであるとする［菊池 1994］。

隋の大興城にも坊制は採用された。宮崎は隋・唐の坊制には住民統制の意義がやや希薄になったとする。大街に面して門を開くことのできる特権者の増加を,唐代の坊制の性格を表す現象として指摘する。一方,平岡武夫は,分裂していた世界を大きく統一した時代にあって天下の調和と秩序を象徴するものとして,長安城は設計され,築造され,維持されたと述べている［平岡 1952］。

以上のように坊制は主として三つの要素をもっていたと考えられる。都市全般における坊制としては,閉鎖的な空間によって多様な民族から構成される住民を管理する治安制度の側面がある。首都の坊制については,それに加え,徙民させた人口を管理統制し帝国統治を強化する権力の側面と,首都の偉容を保ち権威をみせつける機能の側面である。

どのようにして坊制はなくなったのだろうか。妹尾達彦は,唐代後半における国家規模の半減が多民族国家としての相貌を失わせ,長安の国際性が喪失したことが,坊制の崩壊につながったとする［妹尾 1997］[2]。唐末と同様な版圖であっ

---

[2] 妹尾は,アフロ＝ユーラシアの文明史の展開から「都城史」を再構築する試みをおこなっている。すなわち,各地に於ける遊牧民族と農耕民族との接触地帯に文明の交流によって大都市が形成されるという［妹尾 2006］。この提言をうけて宋代都市史の側がどのように対応するかは,今後の大きな課題である。

た北宋においても，首都で多民族雑居という状況は考えられないので，宋都開封に坊制が無いとする学説にとって，妹尾説は有力な論拠となる。

開封における崩壊の時期については，二様の考え方がある。この問題にはじめて言及された加藤繁は北宋中期（仁宗時代なかば）まで坊制が施行されていたと述べている［加藤1931］。それに反論を加えた梅原郁は，総合的判断から宋初からすでに坊制は存在しなかったとする［梅原1977］。木田知生は治安制度としての坊制の存否を問題とせず，坊牆は宋初から開封に存在していたが，商業の発展にともない街路に進出した侵街店肆が坊牆を切り崩し，仁宗の中頃には坊牆は存在しなくなり都市景観が一変したとし，加藤説を継承発展する［木田1978］。

多民族国家ではない北宋の首都では，政府により坊牆が建設され中期まで維持されたと見ることはやはり難しい。五代において国都ではすでに，坊牆にたよった夜間外出禁止制度は行われていない［久保田1995b］。後唐の洛陽では，大街に面した農地は見苦しく天子の都の権威を弱めるから，店肆を建造するように命令が出ている。すなわち，坊牆制は無くなっていたのである。後唐洛陽のプランは，後周開封に受け継がれた［久保田1998］。また，後周世宗によって開封の都市面積は，一定の都市プランによって数倍に拡大されているが，坊牆制が採用された形跡はない。

［久保田2000］は，開封の人口の過半は，禁軍軍人とその家族であり，障壁によって，軍人集団を囲い込んで夜間外出を禁止する軍営が400ほど作られ，治安維持が図られていたとする。宋初には中央集権化のため滅亡した諸国から集められ禁軍に編入された傭兵たちが治安悪化要因だったのである。したがって，唐代首都の坊牆・坊門と同じような首都機能が，軍営の壁・門にも期待されていたと考えられる[3]。ただし，［久保田1995b］は，軍営が王安石の兵制改革によって

---

3) 『旧五代史』巻139, 天文志には，「晋高祖天福二年，正月乙卯，これより先，司天奏す，「正月二日，太陽虧蝕す。よろしく正殿を避け，諸営門を開けるべし…」と。」とある。唐代では日蝕の際に，陽気を通じさせるため，坊門を開放していたのであるが，その役割を五代後晋時代には，軍営の門が担っていたことを示す興味深い史料である。すなわち，首都における空間の機能として，坊と軍営は，少なくとも五代人の意識上では，承継関係にあることを示す史料といえる。

開封から消えてしまうと，軍営地は再開発され市街地となったことをのべる。そして，軍営が持っていた権威的景観を演出する機能は，神宗時代に拡大された「新城」の城壁と城壕が担うことになった［久保田 2004］。

坊牆制の問題も含めて，首都開封の都市制度や文化は，単なる都市の問題ではなく，国家の権力と権威に関わる問題と直結している。したがって，一般の都市における坊牆制の問題については，別の観点から考え直す必要がある。ただし，史料は限られており難しい。

坊にかわる都市区画として宋代に登場したとされる都市区画「廂」についての研究は，［曾我部 1963］によって，概括的に行われている。「廂」の淵源を，唐末五代の軍事組織名にもとめそこから都市区画の名称として定着するまでの経緯を詳論したのが［日野 1995］である。

(2)「市制の崩れ」と都市商業の展開

坊制と同様，都市における唐宋変革の一つの要素として重視されるのが「市制の崩壊」である。しかしながら，唐代において「市」にのみ商業活動が限定されていたという説は，日野開三郎によって否定されている［日野 1968］。宋代においては首都の「市」は，商業以外に使用される首都施設だったようでその機能の分析が大事であろう。開封では「市」が刑場として史料上登場するという指摘［梅原 1977］［木田 1978］は注目される。しかしながら，刑場と割り切った上での制度史的・社会史的な検討は未開拓である。市については文化人類学的な検討も可能であり，開封の都市空間にも存在した市（甕市子・鬼市子・西市・都市などが史料上検出できる）の役割などの分析に応用できるのではないか。［桐本 1986］には，処刑場としての市が，いかなる人類学的な意味を持っていたのか，日本や中国の実例をあげてしめされている。［澤田 1976］は，鬼市について通時代的に考察を加えている。宋代の市の問題に対して参考になるかもしれない。

開封は従来商業都市としてイメージされてきており，坊牆制の崩れも，大街へ進出するために，商店や邸店の経営者が侵街（大街の両側を不法占拠し家屋を建てること）する過程で発生したと考える論者もいる［木田 1978］。侵街は，真宗仁宗

期に集中して禁止令が出されており都市商業の盛期という見方できる。ただしそこにも首都であるからこそ，国家による商業統制という側面も考えられる。

王安石の新法政治がはじまると，商業政策として市易法が行われる。首都の流通を独占する大商人の活動を市易法は問題としていた。宮澤知之によると，市易法は流通を再編するために国家機関である市易務が最大の問屋として機能したもので，市制崩壊後に久々に行われた政府による直接的商業統制策であり，唐宋変革のなかで形成されてきた流通機構と対立し失敗していったという［宮澤1984］。熊本崇は，商人を組織の中に取り込んでその能力を利用することによって国家の欲求（軍需品の調達など）に合致させるように商品流通を再編成させるための政策であり，必ずしも，商業抑圧政策では無かったとする［熊本1982］。［久保田1995a］は，熙寧に於ける市易法の執行機関である市易務の活動の結果，商店の倒産などが相次いだことを指摘し，熙寧年間は都市商業が不活発となったとする。したがって，侵街を引き起こすような状況ではなくなったが，王安石桂冠後，市易務・市易法の性格が変化し，開封の商業空間は再び活性化したという。

なお行に関しては，日野や宮澤が長年に検討に従事し，唐宋間の行の実態については，ほぼ明らかになっている［日野1983b］［宮澤1994］。

開封は，全国の遠隔地商業のセンターとしても機能したことは以前から指摘されていた［日野1983a］。汴河などの運河の結節点に立地していたからである。ただし，北方辺境への軍糧輸送を民間商人を使って行わせる政府の政策があったことは，遠隔地商業の発達に多大な影響を及ぼした。宮澤はこれを「財政的物流」と称し，財政手段，専売制度，手形制度などによって国家が物流に介入することによって，軍事物資が移動し，同時に他の商品の流通も促されたとする［宮澤1998］。この問題の実態解明に取り組む論者は近年多い。［後藤2000］は，史料に見られる南商・北商という概念を詳細に検討し，彼らの活動状況・活動範囲を明らかにする。その結果として開封を中心とする遠隔地商業が従来言われているほど発達していたとはいえず，「全国的市場」「全国的流通」といった宋代の「商業革命」を代表する言葉に対して疑念を呈している。［西奥2002］は，開封から

西北辺までの軍糧輸送はコストが高く，輸送そのものも当時の交通手段では困難であったとする。[西奥2001] は，商税統計の分析によって，開封から直接に辺境を結ぶような物流は想定できず，軍事路程度の「物資調達圏」の存在を指摘する。以上のように開封を中心とする全国的商業圏の存在について，いわゆる商業の自律的な発展という見方から説明することを，留保する傾向が生じている。開封に至る上供米は，ほとんどが開封で消費されてしまう [久保田2000]。したがって，大運河によって運ばれる物流が，河北や陝西にまで至っているというイメージには疑問があり，西奥らの結論は首肯できる。

(3) 政治空間・宗教空間としての首都開封など

国家の権威と権力が集中的に表現される政治空間が首都である。政治空間としての首都研究は，国家儀礼の研究の方面から行われるようになった。中国首都において伝統的に行われていた国家儀礼として郊祀がある。山内弘一は首都の国家儀礼の問題に精力的に取り組み，[山内1983] において，郊祀に関する基本的な考察を行っている。儀礼が行われる首都機能をもった施設である太廟 [山内1990] や景霊宮・神御殿 [山内1985] に関する専論もある。梅原郁は [梅原1986] において，南郊における鹵簿行列を詳細に検討し，御街が政治空間として重要な演出の舞台となったことを指摘する。なお郊祀については小島毅が，北宋初・中期における天に関する概念が変化したことを，郊祀をめぐる士大夫の言説を分析することによって指摘している [小島1988・1989]。[久保田2006] は，首都空間の道観・寺院・宗族／官僚の邸宅などへの行幸について考察した。首都住民に皇帝の身体を露出し，その実在を顕示することにより，皇帝権威を維持する行為も，北宋を通じて行われていた。その舞台となったのが開封の都市空間だったのである。

徽宗時代については，近年非常に注目されており，雑誌で特集が組まれ，多角的に検討が試みられている[4]。小島毅は，徽宗時代の儀礼問題に対する詳細な研究のなかで，首都と皇帝権力との問題にも論究している [小島1992]。[久保田

---

4) 『アジア遊学』64,「特集 徽宗とその時代」。

2005]は,『東京夢華録』『清明上河図』のイメージを超えた徽宗時代の開封像を捉えるために,政治空間の問題として分析を加えた。徽宗の権威と蔡京の権力に関わって,明堂や艮岳など巨大建造物が次々と,国家的儀礼空間として建設され,首都空間は再編ともいえるような変化を被ったことが明らかになった。同じように宗教的権威を利用した真宗時代の開封についての検討は,まだ行われていないようだが,玉清昭応宮建設と仁宗時代に発生したその崩壊などが政治空間に与えた影響は興味を引かれる。

開封は,折々に皇帝と民がともに楽しみを分かち合う祝祭の舞台となった。[伊原1991]は,この問題を概括的に論じている[5]。中でも盛大に行われたのが上元観灯である。この祝祭に関しては,「三言」で舞台装置になっている状況を論じた[今西1985]などがある。都市空間を政治空間として捉える傾向が強まってきている歴史学の分野から,祝祭の政治的演出という側面としての分析が期待される課題である。

(4) 開封住民の生活

首都開封がもつ二重の城郭という都市構造に制約される士大夫の出勤状況や出勤時間について論じたのが[久保田1995c]である。また,士大夫官僚たちの居宅は賃貸家屋だったことが多かった。開封など宋代の大都市では,国家が賃貸家屋をもち,収入源としていたが,その実態について解明した論考が[梅原1990]である。この中で梅原は,皇帝が功臣に邸宅地を下賜する賜第についても考察をおこなっている。[久保田2005]は,寵臣へ賜第が乱発気味に行われた徽宗時代においては,庶民生活を脅かす都市問題であったことを指摘する。

開封の人口問題については,日野開三郎が塩の一日の消費量を用いて500万人の数字を算出する[日野1968:333]。[久保田2000]は,軍営に居住する禁軍とその家族数を編戸数にプラスするという方法で算出し,在京軍人数の推移から,開封の人口は,仁宗時代に最大140万人強となるが,その後,軍人数が減らされ

---

[5) [中村喬1993]は,必ずしも宋代をテーマとしていないが,中国前近代の年中行事について概説しており,宋代の事例への言及も多い。

る政策がとられたため，人口は減少局面に入ったと説く。[金 1989]は，開封で大きな割合を占める禁軍軍人たちを顧客にしていたから，戦場を舞台とする英雄物語：三国志などの戦記物が講釈などの主題とされ流行したとする。

　開封の民間人の生活は，『東京夢華録』や『清明上河図』[6]の表現の影響は強く，ともすれば，「自由商業都市」といったイメージで語られることがあった。しかし，首都空間に様々な規制があったことも今日では明らかになっている。夜間外出禁止令（夜禁）も宋代では唐代ほど早くはないものの，三更（夜半）より明け方には実施されていた。殊に，軍営の住民は日没から外出は禁じられていた［久保田 1995b］。城門は決められた時間に開閉しており，人々の生活は政府によって分節化された「とき」によって規制されていたのである［久保田 1995 c］。「夜禁の廃止」とともに，社会の勤勉化が生じたと主張するのが［北田 1999］である。唐宋変革期の商工業の発展は，政府による時間支配であった夜禁の緩和を生じさせた。同時に，「美的時間意識」「勤労的時間意識」などが，発生し，社会の勤勉化が都市の商工業者に出現し，それを支えていたのが，禅宗や宋学などの教義だったという。「夜禁の廃止」については，筆者には異論があるが，時間を意識のなかでの有意味時間であると捉える視点は新しい。後掲する，空間を有意味空間であると捉える「政治空間論」［平田 2005］とともに，これからの都市研究に必要な概念装置であろう。民間生活の諸局面を，小説史料に依って探求しているのが勝山稔である。『東京夢華録』などの都市繁昌記や『三言二拍』などから，開封や臨安などにおける近隣意識の問題を論じたのが［勝山 2001］である。また，金銀をあしらった贅沢な装身具などの制限命令について論じた［勝山 1996a］［勝山 1996b］も都市民の生活に深く関連する。

　『東京夢華録』や『夢粱録』などの都市繁昌記に生き生きと描かれている料理の事について，体系的に考察しているのが，中村喬である［中村 2000］。中村のこの巨冊は，飲食店の外観，内部構造，ランク，社会的役割，従業員の役割分担のことなども併せて記述されており，社会史的考察も含まれる。都市繁昌記を読

---

6)『清明上河図』については，多くの論考があるが，［伊原編 2003］は，歴史学・美術史・建築史・文化人類学など諸分野の研究者による論集であり注目される。

むものにとっての必携の書である。また，都市研究者からの反響が期待される。その一つが［塩 2005］である。塩は，開封から臨安への食文化の継続を食肉の種類を切り口として検討する。開封では羊肉が下層階級まで普及していたが，南渡後の臨安にも羊肉食文化が北人によって持ち込まれたという。ただし，開封に比べると供給量が減少し，華北と江南の食文化の融合も見られるという。開封では江南出身の人々のために「南食店」がかなりあったが，臨安でも「南食店」が開店した背景には，移住してきた北人にとって，羊肉料理店を「北食店」とは名付けがたく，その裏返しに「南食店」の名称が使われ続けたという。開封・臨安の両都を比較し，首都論を深化させることの必要性が痛感されるが，塩の指摘は，この視覚からして興味深いものである。

(5) 臨安に関する諸問題

北宋では地方中核都市（杭州）であり，南宋には，行在（臨安）となったこの都市に関する諸問題については，時代を追って紹介を進めたい。

呉越を中心に江南列国の諸問題に精力的に取り組んでいる山崎覚士は，［山崎 2003］で，唐末五代における呉越国時代の杭州の港湾機能の発展を，揚州から杭州への海外貿易の窓口の転移の過程に於いて捉える。いわゆる「港市」論の視点から論じたものである。呉越時代の杭州については［伊藤 1995］もある。［西岡 1992］は，唐宋時代の杭州における都市水利（運河の変遷や，上水道の整備など）を論じる。北宋時代の杭州に於ける知州蘇軾の救荒策を消費都市杭州の流通経済を前提としたものであり，都市住民を念頭に置いたものであると論じた［近藤 1983］もある。杭州が北宋時代においても十分消費都市であったことが，救荒政策の実施過程の分析から導き出されている。

南渡した高宗政権が江南の諸都市を転々とした上で，杭州を臨安として首都にした背景や巡幸地点をめぐる論争については，［金子 1993］や［高橋 2003］などがある。［高橋 2003］は，主戦派が，中原回復のために建康への巡幸をもとめ，高宗もたびたびその意見に従っているが，和平をもとめる秦檜らは，臨安に戻る

ことを求めたと推測する。

　梅原郁編『中国近世の都市と文化』（京都大学人文科学研究所，1984年）に納められた研究論文の半数ほどが，南宋臨安の個別研究であり，共同研究による豊かな成果といえる。このなかで，梅原は，坊・廂・運河などの都市構造を中心に検討し，添付された南宋臨安の地図は，類似の作業の到達点となっている［梅原1984］。高橋弘臣は，近年精力的に臨安の研究に取り組んでおり，臨安の宮殿や祭祀施設，官庁の形成過程や，治安，防火の問題について論じた［高橋2006a］や，臨安における住宅問題について論じて侵街や火災などの都市問題を扱った［高橋2005］などがある。［高橋2006b］は，臨安の下層民の生態と政府の救済政策を論じる。居養院・漏澤園など北宋で行われた施設が南宋でも継承され華北から流入した避難民の福祉を担っていた状況が判然とする。また，南宋における官地侵占にも言及し，臨安では開封と違い下層民がその主な担い手であった点が指摘される。

　臨安の政治と首都空間の問題について。衣川強が，秦檜・韓侂冑・史弥遠・賈似道といった専権宰相の居宅を論じ，権力の大きさと宮城からの距離が決定したのではないかという仮説を述べる。すなわちもっとも長期にわたって専権を振るった賈似道はもっとも遠くに居宅を構えていたという。また宰相たちの首都空間における行動を考察し臨安における交通手段などにも論及している。彼らが江南の某州に別に本宅を持っていた事実も興味深い［衣川1984］。近年は，平田茂樹が，政治史の立場から都市空間を考察するために，政治空間という概念を提示し，他の朝代の首都との比較を行いながら臨安の政治の場を分析することを提唱している［平田2005］。平田が臨安の政治空間の特色としてあげているのが，大内（南内）に対する，北内（太上皇帝の居宅）がもう一つの政治の場であったことである。寧宗が即位後も北内に止まっていた時期があったことをめぐる政治空間的考察が，［小林2006］である。この大内・北内の問題を出発点として臨安の都市空間に関する研究のさらなる深化と多角化が期待される。竺沙雅章は，宋の南渡と元の江南接収という激動の時期における臨安の仏教寺院の推移を論じる［竺沙1984］。南渡した高宗政権が，行在の首都機能を整備するために，既存の仏教

伽藍をどのように利用したのか網羅的に述べられており，政治空間論への展開が期待される論点である。臨安木子巷にあった明慶寺が，北宋に於ける大相国寺に匹敵するような機能を国家に対して果たしていたとするのが，［永井1987］である。一方，開封の仏教寺院についてはほとんど論じられておらず，課題となっている。［木良1990］は，臨安の火災とそれに対する防災組織について述べる。

　臨安の都市商業について。斯波は，臨安を中心とする江南の市場圏の存在を指摘するとともに臨安城内の商業地域を業種別に位置を明らかにする作業をおこなった［斯波1984］。臨安は，五代呉越国時代・北宋より，全国的な印刷業の盛んな都市として知られていた。印刷工房である書舗について論じたのが［一ノ瀬1986］である。臨安を中心として流通した会子については，［草野1966］がある。また，［伊原1994］は，石刻史料に散見される寺院造営における庶民の寄付行為に関するデータを整理し，臨安やその周辺の庶民の資産規模を分析しようとした。

　臨安の人口問題については，1960年代から70年代にかけて論争があり，500万人説から，150万人説まである。研究史は［斯波1974］にまとめられているが，近年は，あまり論じられていない。寺地遵は，「南宋末期，公田制の背景」［寺地2001］で，臨安の抱えた都市運営上の基本問題を以下の三点とする。①人口の過剰性。②住民への賜与による世論形成。③自然災害などに起因する流民の流入への対応。それに対応するために南宋政府は巨大官倉の造営と円滑な運営や失業対策事業，物価安定策などの実施を続けた。公田制の実施は，そのような首都政策の一環であったという。しかしながら公田制は，臨安の危機は救ったが，後背地の混乱を将来し，南宋にとっては自殺行為だったという。首都と国家の命運をめぐる複雑な背景を詳論しており，首都論として経典的な作品といえる。寺地はまとめの部分で，社会学者藤田弘夫が強調する，国家権力が首都を飢えさせない，という首都と国家との関係性［藤田1991］に言及し，臨安と南宋の関係にも藤田の展望が当てはまることを指摘している。

以上，宋代史の諸問題を首都を舞台として検討した論考を紹介してきた。程度の差こそあれ，首都を問題意識の対象としている研究である。すなわち首都を媒介とした歴史研究であるといえる。首都は特殊な都市である。その「宋代」における特殊性に着目し，首都機能と首都空間との関係について論及する。本稿ではそのような論点を首都論と称している。ところで，宋代の首都は開封であり，臨安である。しかしながら，臨安は臨時の首都であり開封は理念上の首都であり続けた。その差異を問題意識とすることは，両都市の検討において有益な結果をもたらすであろう。北宋・南宋の社会文化の比較という問題からも，重要な論点であるが，若干の論考を除き，あまり意識的に検討が試みられていない。

## 二　地方都市（州城・県城・鎮市）

　唐宋変革期に，州県城という伝統的な地方都市の中間地点に鎮市あるいは草市・店・歩などの小都市が族生したことを指摘したのも加藤である［加藤1933］。戦後の研究は，鎮など宋代に普及した地方小都市の研究を中心として，加藤が前掲論文の末尾に書いた課題を発展深化させてゆく過程といった観がある。本節では，地方都市間のネットワークを統計的に捉えることを中心とする研究と，地方都市の個別具体的な空間分析を行う研究とにわけて紹介したい。

(1) 都市ネットワーク
　「商業革命」「都市革命」として宋代を捉える斯波は，スキナーをはじめとするアメリカの研究者の中国の都市化現象をめぐる1950年代よりの成果を吸収しつつより具体的な検証を続けている。［斯波1981］は，行政ランクと都市規模の比例関係を地域的偏差を指摘しながら明らかにする。［斯波1982］は宋代以降清朝までの，中国の都市ネットワークの全体的な傾向を論じ，特に，県―郷―村という行政一元支配の路線から，県―鎮市―村という経済的社会的交渉路線がパラレルに形成され，清末に至るまでその精緻化が各地で進行したという見通しを述べる。唐宋間における草市の発達，そして邸店の実態を明らかにしたのが［日野

1970］である。［斯波1988］は，斯波のこれまでの江南都市社会に関する考察の集大成であり，［斯波1982］の実証的な成果といえる。杭州・蘇州・湖州・明州（寧波）などの各都市を鎮市・郷村など後背地との関連，他の都市とのネットワークといった観点から，個別に論じ，長江下流地域の9〜12世紀に於ける経済史を総合的に論じている。また，清木場東の［清木場2006］は，北宋における首都レベルの都市から鎮に至るまでの大小の都市における商業活動を商税統計から独特の方法論を用いて体系的に分析した巨冊である。蘇州をめぐるネットワークについては［塩1998］もある。

(2) 鎮などの地方小都市の研究

［梅原1966］は，1960年代までの研究を総括して，鎮以下の小都市の問題点を抽出している。鎮よりさらに小規模の店・歩などの商業聚落の発展，名称の南北間の格差の指摘，鎮の起源と鎮の分布状況，鎮の昇格降格の状況，鎮の内部に関しては,澉浦鎮について宋代の状況を概説する。［梅原1958］は，鎮の歴史的変遷，鎮の指す範囲は鎮の人間的集団であり，地面は県郷の支配する所のものであるという，鎮の行政上の意味付けを丁寧に行い，県との関係を明らかにする。また，鎮の坊郭戸の税制上の位置づけを詳細に論じ，その他の鎮に関わる問題を網羅的に扱っている。斯波は，先述したように，都市ネットワークの宋代に於ける新たな展開を強調し，鎮市・村市の発生が地域差を持ちながら進展したという。宋代の州には,平均すると6.7個の鎮があり,その間に20位の村市があった,それらが，地場流通組織をなしていた，という。すなわち，末端としての鎮市の発生を都市化の進展として捉え,「商業革命」の一つの現象として注目する［斯波1982］。［山田1995］は，華北と江南の鎮市の商税額の比較から，鎮市の設置状況の地域的偏差を導こうとする。

近年，鎮市など地方小都市の研究には新しい局面が切り開かれつつあるようだ。［林1984］は宋代より清代まで通時代的に湖州烏青鎮の変遷を商業流通の側面から記述する。［前村1998］は監鎮官と鎮社会の関わりを通じて，江南の鎮に

おける都市化の諸相を描き出す。[前村 2001] は，烏青鎮の空間や士人層をふくめた住民と社会の関わりの分析を通じて，江南の鎮の国家との距離を論じている。前村の視点は，国家行政と地方都市との関係に注がれており，(斯波のように) 商業の拠点，あるいは民間自治から鎮の推移を捉えることに対して批判的である。須江隆は，祠廟を中心とした江南の鎮社会の分析を碑文史料を用いて地域社会論の観点から行い，多大な成果を上げている ([須江 2005] など)。そこにも政府と鎮社会との関わりの深さが指摘される。[高村 2000] は，必ずしも宋代を扱っているわけではないが，建築史の立場から江南の水郷鎮に対してフィールドワークを実施した研究報告であり，歴史学の論文とは別の切り口が新鮮である。

(3) 州県城について

長江下流域の「先進地帯」の州レベルの都市を論じる論者は多いが，ほとんど長江下流域の蘇州・杭州などの大都市に関するものばかりである。先にも紹介した [斯波 1988] には，寧波などの都市構造も検討されている。伊原弘は，蘇州について一連の研究を発表し，「平江図」の丹念な読み込みによって，蘇州の都市構造を解明した [伊原 1983]。[礪波 1984] は，唐宋時代をつうじての蘇州の諸問題をあつかう。唐代の部分は，白居易の詩文より，宋代については，やはり「平江図」を駆使して都市空間を解明する。[伊原 1983] と併せて読むことによって，蘇州の都市構造が判然としよう。そのような傾向のなかで，菊池英夫は，長城地帯の辺境都市の社会における，異民族の接触の中での漢民族の都市形成を検討している [菊池 1988]。地方都市に対する視覚として今後も生かすべきである[7]。

伊原は，士大夫と都市との関係を分析することによって宋代の特色を捉える良い手がかりとなるという [伊原 1985]。それを実践しているのが [伊原 1981] であり，蘇州の都市空間を士大夫の生態を分析することによって論じる。士大夫から都市を論じた研究は 80 年代前後に多い。[木田 1979] は，熙寧元豊時代，王安石の新法政治に反対する旧法派官僚が，洛陽に集住したため，洛陽の都市空間が文化

---

7) [中野 1988] は，遼の西京大同府の都市構造に大仏教寺院が重要な要素になっていたことを論じ，遼朝の国家と仏教の深い関わりを論じる。

的に注目される発展をしたという。前掲の［近藤1983］は，知州蘇軾の都市救済策を論じ，［川上1984］は，地方都市を士大夫の教育の視点から捉えたものである。州県学が地方士大夫や有力者の共済施設やコミュニケーションの場として必要とされ自律的に維持されていたことを指摘する。しかし，今日は，士大夫論という立場があまり明言されなくなっており，都市論に結びつける方法論は意識してとられなくなっている。

県を論じるものは余り多くはない。斯波は，県城の数の推移から中国全体の行政組織の密度について考察し，その県数の変化がほとんど無いのに対し，人口が拡大する点を強調し，その裏で様々な自治的な都市団体が生じたという［斯波1982］。但し，それは宋代から明清へ至る長期間の傾向分析である。北宋時代，太行山脈中にあった楽平県は，軍隊の駐屯とその撤退によって，顕著な社会経済的な変化を被ったという事例を詳細に検討した［菊池1986］は，県城の個別研究であり，華北の都市を扱った研究でもあり，貴重な業績である。［前村2000］は，南宋に於ける新県の成立について検討する。県城など都市施設の建設を中心として新県成立過程において，住民（父老・士人など有力者）と官側との協調によって推進される傾向があったことが指摘される。新県は，治安問題を抱えている場所に国家が介入することによって解決するため新設されており，必ずしも経済発展に対応した新設とはいえないという。論証過程で，前村は明清の地方志に見られる宋代史料を多用しており注目される。［前村2002］は，州県の統廃合が地域住民に与える影響の大きさいため，地方の世論の反発を招くことが多かったことを示し，さまざまな中央政府の対応を分析したうえで，北宋熙寧年間以降は，県の廃止昇格は余り行われなくなったという見通しを述べる。このなかで，坊郭戸（都市民）と郷村戸に対する影響の差は税役負担[8]の面で大きく，世論形成は坊郭有力者による恣意的なものとなっていたことが指摘されている。

なお，城郭都市と民間信仰という観点からは，城隍神の問題が注目されている。

---

[8] 国家による都市住民の編成を解明するために，戸等制や税制の検討が必要である。都市戸等制については，［柳田1988］があり，都市税については，［梅原1970］などがある。［熊本1980］は，王安石の募役法体系に組み込まれるまで，坊郭戸には明確な税負担が無かったという。

［松本 2004］は，宋代から明代にかけての城隍神の役割や信仰の変遷に言及する。民間信仰の対象であった城隍廟が，他のものと異なり淫祠として破壊の対象にならず，地方官たちにより拝謁され，やがて国家制度の中に位置づけられてゆく経緯を述べるのが［小島 1990］である。

## おわりに

　日本では，1980年代にイスラム世界の都市に対する大規模な共同研究（題目「イスラムの都市性」代表板垣雄三）が行われた。その出発点となった従来の研究に対する反省点が，「自治都市」・「都市共同体」を特色とする西欧中世都市研究をモデルとして，西アジアの諸都市をそれとは対照的な「イスラーム都市」として論じる傾向であった。西欧都市との対照物として西アジアの都市を論じることは，結局の所，ヨーロッパの視線から見るに他ならない。これは，ザイードのいう「オリエンタリズム」として総括される研究態度といえる。西欧都市と異なった都市の様態が強調され，「停滞」が印象付けられた。それを超克するため，イスラム世界の都市に独特の歴史空間論を打ち立てるために様々な方法が試みられ多大な成果があった［板垣1993］。同じ時期，日本史の前近代都市を対象とする研究においても，都市の姿が様々な論点から見直されてきた。その転機となったのは，網野善彦の都市論である。網野は，非農耕民が集う「境界領域」としての都市の性格を強調し，中世都市の日本的な自由都市的特色を明らかにした［網野1987］。その後，1980年以降，都市空間という「場」がどのように生じるのかという問題意識が共有されるようになり，政治・軍事の論理を含めて総合的に都市空間の形成についての議論が行われるようになった。すなわち，政治権力と社会構造の変動が，都市空間の変容に深く関わりを持っていること明らかにする方法がとられるようになった［仁木1997］。

　本校で縷々述べてきた宋代都市研究の動向も，ほぼこれらと軌を一にしているようにみえる。故無きこととはいえない。80年代に生じた新しい知のあり方の普及，具体的には「言語論的転回」と，それに対応した空間論・都市論の広がり

に歴史学者が影響を受けたのである。

　斯波がたびたび触れているように，中国都市史の研究には，「官僚都市・城塞都市・消費都市」として論じるか，「商工都市・経済都市として開放性を強調」するかの二者択一的な議論があった。宋代都市に関しては，当該時代における商業経済の発達という見地から，後者が強調されてきた。一方で，政治的中心地としての都市史研究は等閑視される傾向にあった。ところが，先述のように1980年代に入ると，日本では現代思想や社会学の分野で都市論がブームとなり，中国都市研究者も，彼らに対して情報を提供すると同時に，理論的な示唆を得るようになった。一人挙げるとすると藤田弘夫という社会学者の著作群である。藤田は，都市は権力から生まれると主張し，その比較都市史的手法による説得力のある論理は，西欧の商業都市や自治都市の論理に対抗的で魅力的なものであった（［藤田1991］，［藤田1993］）。筆者も含めて中国都市研究者も影響を受けており，［菊池1992］，［久保田1995b］，［伊原2000］，［寺地2001］などが論文中で言及している。また平田茂樹は，政治的人的結合の場としての「政治空間」という概念を提案しており，都市空間構造の分析を試みている［平田2005］。ここに於ける「空間」概念は，有意味空間とでも称すべきもので，物理的な空間ではなく，間主観的な空間である。いかに空間構成が行われたのかを問題にするとき，中国都市においては，政治の主導と民間の協力という二つのベクトルのものとで，研究の枠組みができる（［北田1999］は，時間に関する新しい概念——有意味時間を中国の都市の時間分析に応用したものである。平田の空間論と好一対といえる）。政治的な人的結合の場が政治空間であるとすれば，その密度が濃いのは首都である。また，在来史料も豊富であり，首都論として研究する傾向が生じている。首都論とは，首都が特殊な都市とし，首都機能を有する諸施設をめぐる関係性を歴史的に明らかにする立場である［久保田2007：序章］。なお，唐代などの他の朝代に比べ，商業空間としての分析が先行したため，まだ未開拓の政治空間としての問題や史料が残されており，今後の研究の発展が期待される。

　地方都市の研究概況を振り返ってみて気づかされることは，唐宋間の社会変化の中で発生した鎮市が注目され，研究は多数に登り，都市空間の変遷として個別

の鎮市の歴史を記述するような研究も行われるようになっている。やはり，注目されるのは前村に代表される鎮に対する，政治空間としての側面への照射である。

ところで，斯波が近著で問題視するように［斯波2002：313］，中国伝統的な地方都市である州城や県城の都市空間としての実体解明は，余り行われておらず，そもそも個別の州県の研究はあまり無い。州県城に関しても，同様に，政治空間としての研究が行われても良いと思う。地方都市の多くは，地方に於ける政府の出張所であるから，政治的な役割を担っていることは言うまでもない。日本史の分野では，これを「首都性」という概念を用いて考察することが試みられている［小林1999］。宋代地方都市の研究は史料的制約もあるが，地方都市の「首都性」の追求によって，一般都市の研究深化が可能と思われる。

研究手法の新しい傾向も生じてきている。とくに石碑など新出史料や明清時代の地方志に引用されている宋代史料を使うことによって，よりリアルな都市像を復元する試みが起こっている。また，本稿でも紹介した勝山や今西のような文学史料を用いての社会文化の研究も盛んになってきている。

ただし，都市ネットワークとして都市群を通時代的に捉え位置づける視点は斯波の独壇場である。斯波の研究の継承発展は今後の大きな課題といえる。また，都市研究として，都市社会学との連携が不足している。少なくとも，都市研究や首都論という立場を意識しての課題設定が必要である。政治空間との関わりからすると「権威」や「権力」の概念を突き詰めて考え，史料読解に反映させること，などがこれからは求められてゆくであろう。

［参考文献目録］

網野善彦［1996］『増補 無縁・公界・楽』平凡社。
今西凱夫［1985］「「三言」に描かれた汴京と臨安の元宵節（中国の風土と民俗）」『日本大学人文科学研究所研究紀要』第30号。
板垣雄三ほか［1993］『イスラームの都市性』日本学術振興会。
一ノ瀬雄一［1986］「南宋臨安の書舗に関する一考察」『史泉』第63号。
伊藤宏明［1995］「呉越杭州城考」『鹿児島大学法文学部紀要人文学科論集』第42号。
伊原 弘［1981］「宋代の浙西における都市士大夫」『集刊東洋学』第45号

伊原　弘［1983］「江南における都市形態の変遷——宋平江図解析作業」『宋代の社会と文化』汲古書院。
伊原　弘［1985］「宋代の士大夫覚え書——あらたな問題の展開のために——」『宋代の社会と宗教』汲古書院。
伊原　弘［1987］「中国都市の研究概要——10〜13世紀を中心として——」『比較都市史研究』第6巻第2号。
伊原　弘［1991］『中国開封の生活と歳時：描かれた宋代の都市生活』山川出版社。
伊原　弘［1994］「都市臨安における信仰を支えた庶民の経済力——石刻史料の解析を事例に———」『駒沢大学禅研究所年報』第5号。
伊原　弘［2000］「描かれた中国都市——絵画は実景をしめすか——」『史潮』新48号。
伊原　弘編［2003］『「清明上河図」をよむ』勉誠出版。
梅原　郁［1958］「宋代地方小都市の一面——鎮の変遷を中心として」『史林』第41巻第6号。
梅原　郁［1966］「宋代の地方都市」『歴史教育』第14巻第12号。
梅原　郁［1970］「宋代都市の税賦」『東洋史研究』第28巻第4号。
梅原　郁［1977］「宋代の開封と都市制度」『鷹陵史学』第3・4号。
梅原　郁［1984］「南宋の臨安」『中国近世の都市と文化』京都大学人文科学研究所。
梅原　郁［1986］「皇帝・祭祀・国都」『歴史のなかの都市 続都市の社会史』ミネルヴァ書房。
梅原　郁［1990］「宋代都市の房僦とその周辺」『東アジアの法と社会 布目潮渢博士古稀紀念論集』汲古書院。
梅原　郁［1994］「国都における年中行事——天地の祭り——」『しにか』1994年12月号。
勝山　稔［1996a］「北宋代に於ける奢侈禁令実施とその構造について——仁宗代の各種禁令施行の要素とその変化——」『社会文化史学』第36号。
勝山　稔［1996b］「北宋代における奢侈禁令の考察——真宗代の金飾禁令集中と公私経済に於ける金の集散——」『東方学』第92輯。
勝山　稔［2001］「白話小説に現れた「近隣」という地域について——都市に於ける婚姻環境の変化を手がかりとして——」『宋代人の認識——相互性と日常空間』汲古書院。
加藤　繁［1931］「宋代に於ける都市の発達に就いて」『桑原博士還暦記念東洋史論叢』弘文堂，後に『支那経済史考証（上巻）』東洋文庫，1952年に再録。
加藤　繁［1933］「唐宋時代の草市及び其の発展」『市村博士古稀記念東洋史論叢』冨山房，後に『支那経済史考証』（上巻）東洋文庫，1952年に再録。
金子泰晴［1993］「建炎年間における宋金の攻防とその背景——李綱と張浚の巡幸論を中心として」『早稲田大学大学院文学研究科紀要（別冊哲学・史学編）』第20集。
川上恭司［1984］「宋代の都市と教育」『中国近世の都市と文化』京都大学人文科学研究所。
菊池英夫［1986］「北宋時代一僻地聚落の盛衰」『中村治兵衛先生古稀記念東洋史論叢』刀水書房。
菊池英夫［1988］「辺境都市としての「燕雲十六州」研究序説」『中国都市の歴史的研究（唐代

菊池英夫［1992］「中国都市・聚落史研究の動向と「城郷（都鄙）関係」問題についての私的展望」『中国の都市と農村』汲古書院。
菊池英夫［1994］「唐初軍制用語としての「団」の用法（一）」『紀要』（中央大学文学部・史学科）第39号。
北田英人［1999］「都市の「とき」農村の「とき」」『ときの地域史』山川出版社。
木田知生［1978］「宋代の都市研究をめぐる諸問題——国都開封を中心として——」『東洋史研究』第37巻第2号。
木田知生［1979］「北宋時代の洛陽と士人達——開封との対立のなかで——」『東洋史研究』第38巻第1号。
衣川　強［1984］「杭州臨安府と宰相」『中国近世の都市と文化』京都大学人文科学研究所。
清木場東［2006］『北宋の商業活動』久留米大学経済学会。
木良八洲雄［1990］「南宋臨安府に於ける大火と火政」『人文論究』第40巻第2号。
桐本東太［1986］「市にさけぶもの——中国古代の市と予兆」『史学』第55号，後に『中国古代の民俗と文化』刀水書房，2004年に再録。。
金　文京［1989］「「戯」考——中国における芸能と軍隊」『未名』第8号。
草野　靖［1966］「南宋行在會子の発展（上・下）」『東洋学報』第49巻第1号・第2号。
久保田和男［1995a］「王安石と開封の都市社会」『駒込学園研究紀要』第6集。
久保田和男［1995b］「宋都開封の治安制度と都市構造」『史学雑誌』第104編第7号。
久保田和男［1995c］「宋代の時法と開封の朝」『史滴』第17号。
久保田和男［1998］「五代宋初の洛陽と国都問題」『東方学』第96輯。
久保田和男［2000］「宋都開封の人口数についての一試論——在京禁軍数の推移を手がかりとして——」『東洋学報』第82巻第2号。
久保田和男［2004］「北宋東京外城小考」『歴史地理』第20号。
久保田和男［2005］「北宋徽宗時代と首都開封」『東洋史研究』第63巻第4号。
久保田和男［2006］「北宋の皇帝行幸について——首都空間における行幸を中心として」『宋代社会の空間とコミュニケーション』汲古書院。
久保田和男［2007］『宋代開封の研究』汲古書院。※上記の久保田論文を再録。
熊本　崇［1980］「宋制「城郭之賦」の一検討」『集刊東洋学』第44号。
熊本　崇［1982］「北宋神宗期の国家財政と市易法——熙寧8・9年を中心に」『文化』第45巻第3・4号。
小島　毅［1988］「宋代天譴論の政治理念」『東洋文化研究所紀要』第107冊。
小島　毅［1989］「郊祀制度の変遷」『東洋文化研究所紀要』第108冊。
小島　毅［1992］「宋代の国家祭祀——『政和五礼新儀』の特徴——」『中国礼法と日本律令制』東方書店。
小島　毅［1990］「城隍廟制度の確立」『思想』第792号。

後藤久勝［2000］「北宋における京師と江淮地域との間の商業流通について——専売手形の流通より見た——」『九州大学東洋史論集』第28号。
小林信也［1999］「首都と都市」『年報都市史研究』第7号。
小林　晃［2006］「南宋中期に於ける韓侂冑専権の確立過程」『史学雑誌』第115編第8号。
近藤一成［1983］「知杭州蘇軾の救荒策」『宋代の社会と文化』汲古書院。
澤田瑞穂［1976］「鬼市考」『鬼趣談義』国書刊行会。
塩　卓悟［1998］「南宋代における蘇州の経済的性格と商品流通構造」『千里山文学論集』第59号。
塩　卓悟［2005］「宋代の食文化——北宋から南宋への展開——」『大阪市立大学東洋史論叢別冊特集号「中国都市の時空世界」』。
斯波義信［1968］『宋代商業史研究』風間書房。
斯波義信［1974］「南宋臨安の人口再説」『待兼山論叢（史学篇）』第7号。
斯波義信［1981］「宋代の都市城郭」『中嶋敏先生古稀記念論集（下巻）』汲古書院，後に斯波［1988］に再録。
斯波義信［1982］「中国，中近世の都市と農村——都市史研究の新しい視覚——」『近世都市の比較史的研究』共同研究論集第1輯。
斯波義信［1984］「宋都杭州の商業核」『中国近世の都市と文化』京都大学人文科学研究所，後に斯波［1988］に再録。
斯波義信［1988］『宋代江南経済史の研究』汲古書院。
斯波義信［1990］「宋代の都市にみる中国都市の特性」『歴史学研究』第614号。
斯波義信［2002］『中国都市史』東京大学出版会。
須江　隆［2005］「祠廟の記録に見える近世中国の「鎮」社会——南宋南潯鎮の事例を中心に——」『都市文化研究』第5号。
妹尾達彦［1997］「都市の生活と文化」『魏晋南北朝隋唐時代史の基本問題』汲古書院。
妹尾達彦［2001］『長安の都市計画』講談社。
妹尾達彦［2006］「中国の都城とアジア世界」『記念的建造物の成立』東大出版会。
曾我部静雄［1963］『中国及び古代日本における郷村形態の変遷』吉川弘文館。
相田　洋［1997］『異人と市——境界の中国古代史——』研文出版。
高橋弘臣［2003］「南宋初期の巡幸論」『愛媛大学法文学部論集 人文学科編』第15号。
高橋弘臣［2005］「南宋臨安の住宅をめぐって」『愛媛大学法文学部論集 人文学科編』第19号。
高橋弘臣［2006a］「南宋の国都臨安の建設」『宋代の長江流域——社会経済史の視点から』汲古書院。
高橋弘臣［2006b］「南宋臨安の下層民と都市行政」『愛媛大学法文学部論集 人文学科編』第21号。
高村雅彦他［2000］『中国の水郷都市——蘇州と周辺の水の文化』鹿島出版会。
竺沙雅章［1984］「宋元時代の杭州寺院と慈恩宗」『中国近世の都市と文化』京都大学人文科学

研究所。

寺地　遵［2001］「南宋末期，公田法の背景」『史学研究』第231号。
礪波　護［1984］「唐宋時代における蘇州」『中国近世の都市と文化』京都大学人文科学研究所。
永井政之［1987］「南宋臨安府，明慶寺考」『宗教学論集』第13輯。
中野醇子［1988］「遼西京大同府と華厳寺」『北大史学』第28号。
中村　喬［1993］『中国の年中行事』平凡社。
中村　喬［2000］『宋代の料理と食品』中国芸文研究会。
仁木　宏［1997］『空間・公・共同体』青木書店。
西岡弘晃［1992］「南宋杭州の都市水利」『中国水利史研究』第22号。
西岡弘晃［2000］「宋代都市水利史研究序説」『中国水利史研究』第28号。
西奥健志［2001］「北宋の西北辺における軍糧輸送と客商」『鷹陵史学』第27号。
西奥健志［2002］「北宋辺境の軍糧支出」『鷹陵史学』第28号。
林　和生［1984］「中国近世における地方都市の発達──太湖平原烏青鎮の場合──」『中国近世の都市と文化』京都大学人文科学研究所。
平岡武夫［1952］「唐の長安城のこと」『東洋史研究』第11巻第4号。
平田茂樹［2005］「宋代政治史料と都市研究」『中国都市研究の史料と方法』大阪市立大学大学院文学研究科都市文化研究センター。
日野開三郎［1968］『唐代邸店の研究』九州大学東洋史研究室，後『日野開三郎東洋史学論集（17巻）』三一書房。
日野開三郎［1970］『続唐代邸店の研究』九州大学東洋史研究室，後『日野開三郎東洋史学論集（18巻）』。
日野開三郎［1983a］「北宋時代の塩鈔について」『日野開三郎東洋史学論集（6巻）』。
日野開三郎［1983b］「唐宋時代における商人組合「行」についての再検討」『日野開三郎東洋史学論集（7巻）』。
日野開三郎［1995］「唐代州治の城坊制より城廂制への推移」『日野開三郎東洋史学論集（第20巻）』。
藤田弘夫［1991］『都市と権力　飢餓と飽食の歴史社会学』創文社。
藤田弘夫［1993］『都市の論理──権力はなぜ都市を必要とするか』中公新書。
前村佳幸［1998］「宋代の鎮駐在官」『史学雑誌』第107編第4号。
前村佳幸［2000］「南宋における新県の成立──江西・江浙・広東を中心として──」『史林』第83巻第3号。
前村佳幸［2001］「烏青鎮の内部構造──宋代江南鎮社会分析」『宋代人の認識──相互性と日常空間』汲古書院。
前村佳幸［2002］「北宋・金代における県の新設と統廃合」『名古屋大学東洋史研究報告』第26号。
松本浩一［2004］「宋代を中心としてみた都市の祠廟の変遷」『都市文化研究』第4号。

宮崎市定［1962］「漢代の里制と唐代の坊制」『東洋史研究』第21巻第3号，後に『宮崎市定全集（7巻）』に再録。
宮澤知之［1984］「宋代の都市商業と国家――市易法新考――」梅原郁編『中国近世の都市と文化』京都大学人文科学研究所，後に宮澤［1998］に再録。
宮澤知之［1994］「宋代の行」『鷹陵史学』第19号，後に宮澤［1998］に再録。
宮澤知之［1998］『宋代中国の国家と経済』創文社。
柳田節子［1988］「宋代都市の戸等制」『中国古代の法と社会 栗原益男先生古稀記念論集』汲古書院。
山内弘一［1983］「北宋時代の郊祀」『史学雑誌』第92編第1号。
山内弘一［1985］「北宋時代の神御殿と景霊宮」『東方学』第70輯。
山内弘一［1990］「北宋時代の太廟」『上智史学』第35号。
山崎覚士［2003］「港湾都市，杭州――9・10世紀中国沿海の都市変貌と東アジア海域――」『都市文化研究』第2号。
山田展子［1995］「宋代の鎮市」『国際文化研究紀要』第5号。
朴　漢済［1991］「北魏洛陽社会と胡漢体制――都城区画と住民分布を中心に――」『お茶の水史学』第34号。
梁　建国［2007］「日本学者関于宋代東京研究概況」『中国研究動態』2007年第4期。

# 地方志・石刻研究

須江　隆

## はじめに

　2005年度より稼働し始めた，小島毅氏（東京大学）を領域代表とする科学研究費補助金特定領域研究の大型プロジェクト「東アジアの海域交流と日本伝統文化の形成——寧波を焦点とする学際的創生——」も，間もなく終了しようとしている（2005年度〜2009年度）。その中で筆者は，「地方志及び碑記の史料論的解析を主とした近世中国東南沿海地方の地域性と歴史性」という研究テーマを掲げた計画研究班（通称「地方志・碑記班」）を主催し，地方志及び石刻といった所謂主たる地域史料の解析に着手してきた。この研究は，宋代から清代の中国東南沿海地方における地域性・歴史性を解明するために，地方志・碑記史料の皆尽調査と系統的分析，史料論的解析を行い，当該地方の基礎史料の構築を目的としたものである。つまり，当該地方に残存する主たる地域史料を，宋を基点としつつ，清までをも射程に入れて網羅的に調査・整理した上で，各史料が生成された現場の目的意識の読み込みや叙述内容への緻密な解析を施すことにより，当該地方の地域性・歴史性，ひいては近年経済的発展めざましい中国東南沿海地方の中国及び東アジア海域での役割を浮彫にしようと試みたものであった。

　ところで，筆者は十余年に及び，祠廟という"マド"を通じて唐宋変革期における社会構造の推移の過程を把握しようと努めてきた。その際に主として利用した史料が，地方志であり，また石に刻まれた碑記であった。しかし，こうした史料を利用すればするほど，これらが一体，いつ頃から，何故記録として残されてきたのか，誰がどのような目的で記しかつ刻んだのか，史料としてどのような特質を有しているのかといった疑問を呈するに至ったのである。地域史料は言うまでもなく，従来の中国史研究では解明が不十分であった基層社会の論理を如実に

物語ってくれる宝庫である。地域における，祠廟や寺院といった宗教や信仰に関わる施設や，学校・橋梁の建設，水利事業，社会救済等々，諸文化に関する豊富な情報源である。しかし意外にも，中国地域史研究が飛躍的に進展し，国内外にわたって当該史料の利用頻度が高まっていったにもかかわらず，とりわけ近世期以降については，皆尽的・系統的研究手法に加え，史料論的視点をも視野に入れた研究は比較的乏しい情況にある。従って，これら地域史料を地域ごとに網羅的に蒐集・調査し，史料性をも明らかにしていったとしたならば，事例研究としての地域史研究とは異なった次元の成果を得られるのではないだろうかと考えるようになったのである。筆者が冒頭で述べた視点からの研究を着想し，計画研究班を組織するに至った背景や経緯は，以上で述べた通りである。

そこで本稿では，特に我が国の宋代史研究において，地方志や石刻を主たる史料源として利用してきた近年の研究の現状と課題を，前後の時代の当該研究と比較しつつ整理し，今後の地域史料研究の可能性について探った成果を披瀝してみることにしたい。既述の研究を進めていく上で，この分野の研究史の整理と検討は，不可欠であったからである。

## 一　地方志に関する史料論的研究

(1) 研究の現状

1980年代以降，日本においては，明らかに宋代地域社会史研究が活発化した。その具体的な事情については，[岡・勝山・小島・須江・早坂 2001] の中で詳細に述べられているし，嘗て欧米の研究者向けに「地域社会史」研究の回顧と展望を行った岡元司らの所論からも明らかであろう[1]。従ってこれに伴い，地方志の記述を断片的に利用した研究が数多く公表されたことは言うまでもない。しかし，地域社会史研究が活況を呈し，地方志の利用頻度が飛躍的に増加してきた割には，地方志そのものがもつ史料性や，編纂過程・目的，叙述の在り方などに着目した

---

1) ENDO Takatoshi, OKA Motoshi and SUE Takashi, "Updates on Song History Studies in Japan: Social History", *Journal of Sung-Yuan Studies*, vol. 31, pp.172-182, 2001.

研究が, 多く現れたわけではなかった。

　日本で宋代の地方志を初めて総括的に研究したのは青山定雄であり［青山1958］, その業績の集大成が［青山1963］であった。本書は宋代の地誌に関する総合的な研究として唯一の存在であり, 現在においても宋代地誌研究を行う上で, 必読の文献となっている。ただし青山の研究は,「唐宋変革」に重点がおかれているためか, 宋代以降の地方志の展開についての言及に乏しく, また個別の総志や地方志一つ一つに関する具体的かつ史料論的な研究には, ほとんど着手されていない。その他, 注目に値する関連先行研究としては, 日比野丈夫［日比野1954］や小島毅［小島1991・1996］の成果がある。前者は,『元豊九域志』の編纂過程を精緻に考察したものである。『元豊九域志』は総志の一つであり方志ではないが, 宋代の総志が, 地方で作成された図経に基づいて編纂された点を考慮すれば, 北宋時代の総志編纂過程に関する研究にも今後は着手する必要があろう。また後者は, 宝祐『仙渓志』祠廟門の記述のされ方を分析し, 朱子学の浸透過程を究明しようとした好論である。いずれの研究も参考にすべき視点や結論を多々含んではいるが, 残念ながら, 宋代地誌の性格を総合的な視点から捉えようとしたものではない。なお最近, 前村佳幸は, 地方志刊行の理念や編者によるテクスト操作などを検討した一連の論文を公表した［前村2003・2004・2005］。このうち, 第一論文は, 宋代に刊行された地方志の序跋文の検討を通して, 地方志の史料性を解明しようとしたものである。この論文の最大のねらいは,「中央集権的官僚統治の進展によって南宋時代に地方志が盛行した」とする青山定雄の説を批判することにあるようであるが, 前村が指摘する, 地方志の盛行が「知識人の層と活動の拡大を背景とする」点や,「宋代の社会的文化的価値に基づき文字テクスト化する知識人層の所産」であるとする点については, 青山が全く言及していなかったわけではない。しかもこの論考には, 致命的ともいえる欠点があまりにも多く存在している。行論上, 論理的になっていないところや, 誤字脱字を始め, 史料の点の切り間違い・読み間違いなど基礎的な史料読解力に欠けていると思われる箇所が極めて多く, 引用史料から導き出された事象や結論の妥当性に甚だ疑問が残る。この類の個々の問題点については, 実に数十箇所に及び枚挙に遑がないの

で省略したい［前村 2003］。従って，その後に公にされた論考についても，些かの疑念を抱かざるを得ない。

さて，研究の視点に筆者と類似性が見出される前村論文に，上記のような問題点が含まれている以上，現存する宋代地方志の序跋文を蒐集し，叙述内容の分析はもとより，著者等についても徹底的に再検討することが必要不可欠であろう。かくして筆者は，先ず現存する北宋時代の 2 種類の地方志のうちの一つである『呉郡図経続記』の編纂意図を探るために，同書の序跋文の分析を行い［須江 2007a］，11 世紀後半という時期にこのような書物が編纂された目的及びその後の蘇州地方志へ及ぼした影響，更には本書の史料性についても探究した［須江 2008c・Sue 2009］。この研究は，11 世紀後半から南宋時代にかけて，さらには元・明・清と時代がくだるにつれて，多くの地方志が編纂・出版されることになった背景を探る糸口をつかむために行われたものでもあった。なお『呉郡図経続記』の著者朱長文について考察した論考も併せて公にされた［須江 2008b］。この論文の中国語版「一个北宋文人的日常与生平——着重解析朱長文之墓表及墓志銘——」が，近く河南大学出版社より刊行される『宋代文献資料学の新たな可能性』と題する論集の中に収録される予定である。また筆者は，蘇州の地方志の分析に引き続き，紹興府の地方志の叙述の在り方を，現地の碑文との関連性を追究することで明らかにした［Sue, ed. 2007・須江 2008a］。そして更に，明州地方志の序跋文等の解析［須江 2009a］や『四明叢書』別集[2]等にも見える明州の各種地誌に関する考察，それらに長期的に記録された言説の分析を通じた地域性の解明などにも着手しつつあり，関連成果の一部を公表した［須江 2009b］。今後の研究の進展に期待してほしい。

(2) 今後の課題

一般的に地方志は，現地に赴任した地方官が管内を把握する上で参考とするものであったり，治績を誇るために編纂されたりもしたといわれている。従ってそ

---

[2]『四明叢書』別集については、伊原弘「『四明叢書』別集解題」（『青波』第 2 号，2007 年）に詳しい解題がある。

の記述は,官僚や地域エリートの視点からなされており,内容的にはバラエティーに富むものではなく,情報源としての価値はあまりないと認識されてきた。しかしこの「常識」ともいえる理解は,果たして正しいのであろうか,そしてそう断言できるところまでの研究が進展していたといえるのであろうか。如上の日本における地方志に関する史料論的研究の現状からすれば,この点に筆者は,少なくとも疑問をもっている。

地方志が,ある時期(筆者は11世紀後半以降と考えているが)から盛んに書かれはじめたこと,その後,何度も重修されて現在に至っていることを考慮すれば,こうした現象が生起した意味づけを行うべく,個別の地方志ごとに,序跋文や内容,編纂目的や過程などに関する精緻な分析が不可欠である。またその叙述や編纂の在り方や,残存状況に地域的な差異があるならば,地域性や歴史性を抽出すべく,地方ごとの皆尽的調査や,長期的視野に立った叙述内容の伝承に関わる分析を行う必要もある。

一方,海外に目を転じれば,嘗てJames Hargettは,南宋時代に出現した地方志編纂の方法が,元・明・清代の地方志の形式を定義したと論じるなどして,宋代の地方志に関する包括的な研究を発表した［Hargett 1996］。また近年,Peter K. Bolは,金華府(婺州)を事例として取り上げ,地方志の系統的分析やその史料性の解明を通じた,すぐれた地域史研究をあらわしつつある［Bol 2001,ボル 2005・2006］。更にJoseph Dennisは,もともと明代地方志の編纂・出版・受容等に着目した成果を表したが［Dennis 2004］,最近は宋元時代の地方志をも視野に入れ,地方志の編集過程やそこに記載された情報の分析を通じた地域史研究に着手しつつある。くしくも筆者もまた,同じような視点からの事例研究蓄積の必要性を痛感している次第である。日本のみならず,世界的に見ても,宋代を起点とする地方志研究は,まだまだその緒に就いたばかりだからである。

## 二　石刻を主たる史料源とした研究

(1) 日本の宋代石刻研究

　元朝石刻史料研究の第一人者ともいえる森田憲司は、石刻史料研究について次のように述べている［森田 2006a］。

　　田制や税制などなどの研究に石刻史料中の文言を利用しているからといって、それを石刻研究、石刻研究者と呼ぶのだろうか。戦後の日本における宋代史研究の第一世代である宮崎市定、周藤吉之といった方々も、石刻を使った論文を書いておられる。しかし、その限りでは、『宋史』や『続資治通鑑長編』、ましてや文集所収の記文と石刻との間には、史料としての差はない。では、石刻の持つ史料的独自性と、その史料としての魅力とはなんなのか。史料そのものの性格に注目するとすれば、「同時間性」、「個別性」、それに出土石刻における「存在の遍在性」などを挙げることができると、私は考えている。（中略）それをどのように活用するのかが、石刻史料の独自性を利用した研究ということになろう。

ここに日本の宋代石刻研究の嘗て及び最近の研究動向が素直に反映されている。要するに嘗ての日本の宋代史研究では、墓誌銘や碑記などの石刻が、個人の文集の「記」「銘」等の項目や地方志の「金石」等の門目中に、あるいは録文集等の石刻書に多数分類・収録されているため、編纂史料の一つとして利用したり、記述の一部を補助的・断片的に利用したりすることが多かった。勿論、石刻文を編纂史料と同様に用いた研究は、それはそれとして価値あるものであったし、拓本類と記述内容を照合検討するなどした研究が、これまで皆無であったわけではない。しかし、石刻としての史料的特質を十二分に生かしていたかどうかとなると、反省されるべき点も多々あったのではなかろうか。その一方で最近、石刻史料の独自性を生かそうとする研究、つまり上記で言及した森田の言葉を借りれば、「誰かが読んだ石刻を使うのではなく、自分が石刻を読むことからはじまる研究が進行しつつある」のである。

　こうした最近の動向の中で、2006 年 8 月には、「石刻史料からみた唐宋元の社

会と文化」と題する唐代史研究会と宋代史研究会との合同シンポジウムが開催された。また同年9月には筆者が編集した石刻に関する特集号も刊行された［須江編2006］。今や日本の中国史研究では，唐・宋・遼・金・元を中心として，石刻研究が一つの潮流となりつつある。そこで以下では，より具体的に，日本の宋代石刻研究の現状を回顧し，課題を抽出するために，墓碑・墓誌銘等の墓関連の石刻史料研究と碑記史料研究の現状とを別々に検証し，今後の石刻研究の課題について言及していくことにしたい。

(2) 墓碑・墓誌銘研究の現状

この分野の研究においては，管見の限り，墓誌銘の史料的特性に着目しつつも，文集に収録されたそれを用いたものが圧倒的に多かった。墓誌銘が人物史研究に有効であることは言うまでもないが，それらは，ある人物の官歴，人的ネットワーク（交友関係・婚姻関係など），族的系譜の復元や，地方官としての治政・奏事の痕跡，関わりをもった政治事件の具体化，比較的把握が困難な，地域に根ざした知識人の生涯・日常性・埋葬の問題の解明等々に利用されてきた。墓誌銘を主たる史料源として利用した上記の如き代表的好論としては，近藤一成［近藤1997・2008］や岡元司［岡2001・2003a］，平田茂樹［平田2005］などの成果がある。一方，岡元司［岡2003b］は，文集に所収されている墓誌銘を利用しながらも，原石をも参照し，地域社会における人的結合の在り方を詳述している。また筆者も，文集所収の「朱長文墓表」の叙述内容を，異なる史料源である録文や拓本と比較検討することにより，実際には刻石されなかった一節が物語る政治的な意味を解明した［須江2006］。なお筆者は，この成果に，更に文集所収の墓誌銘や各種伝記史料をも加えて比較検討した「ある北宋知識人の日常と生涯――朱長文の墓表及び墓誌銘の解析を中心に――」と題する関連論文も著し［須江2008b］，その拙文は近く中国語版でも公にされる予定である[3]。こうした墓誌銘・墓表・神道碑などについては，当然のことながら，異なる史料源が存在している場合には，すべての各種史料を参照することが不可欠であろう。

---

3) この拙稿については、本稿第一節(1)の末尾でも言及した。

これに対して，新出土史料としての墓誌銘等に着目した研究も現れつつある。石田肇［石田1998］は，中国文物研究所・河南文物研究所編『新中国出土墓誌・河南』（文物出版社，1994年）に含まれている北宋宗室の墓誌・墓記を中心にして取り上げ，当該史料の特徴を幾つかの視点から紹介している。その他に，南通市出土の五代十国期の墓誌を利用して通州の姚氏一党の構成を論じた山根直生［山根2006］や，臨海県出土墓誌群を材料としてその史料性の解明や士大夫家系の系譜に関する具体的検討を行った森田憲司［森田2006b・2007］などの成果がある。特に後者の森田が公表した二編は，墓誌の史料的価値や，それを利用する上での可能性及び限界性についても重点的に言及されており，今後，新出土墓誌史料を研究する際には，必読すべき文献であるといえよう。

　また，五代十国期の南通市出土墓誌を取り上げた山根直生［山根2005］や，劉克荘が撰した「孟少保神道碑」に注目した榎並岳史［榎並2007・2008］のように，墓関連史料の紹介・解題のみならず，刻文すべてに詳細な訳注を付したり，その成立の背景をも探ろうとしたりする成果も出されつつある。更に最近，榎並岳史は，宋代の文集・地方志・録文集などに散見する神道碑の目録を公表した［榎並2009］。こうした新たな動きにより，当該史料の利用の便は，今後益々進展していくことと思われる。加えて近年，岡元司は，「宋代明州の史氏一族と東銭湖墓群」に関する現地調査を考古学的なアプローチをも踏まえて進展させている。墓群の分布状況や墓室の構造，埋葬品，墓誌銘・墓碑・神道碑などが配置された環境等々に関する解析や，実見した稀少価値のある墓誌銘の解読・訳注作業も進められ，一部成果が公にされた［岡2008a・2008b］。今後更に，纏まった成果が公表されるのが待たれる。

(3) 碑記研究の現状

　宋代には地域社会の成熟によって碑記の作成が盛行したにもかかわらず，碑記史料については，ごく一部の研究者を除いては，主たる史料源として十分に利用されてきたとは言い難い。それは，碑記自体が，祠廟・寺院・学校・橋梁・道路・水利・社会救済などの地域の諸事業・諸文化を記録したものであるだけ

に，余りにも多種多様で，しかも個々人の文集や地方志の各門目に分散的に残存し，利用しづらかったからかもしれない。そうした意味でも，我々日本の研究者にとっては，録文や拓本を集成した『石刻史料新編』第一輯～四輯（新文豊出版社，1977年～2006年），『北京図書館蔵中国歴代石刻拓本匯編』（中州古籍出版社，1989年），『歴代石刻史料彙編』（北京図書館出版社，2000年）の出版は，画期的な出来事であり，石刻文に接する機会をより身近なものとしてくれたのである。また最近では，各々の地方の碑刻目録や碑文集が夥しく刊行されたり，石刻の電子テクスト化がはかられたりするなどの史料環境の整備も進展しつつある[4]。この様な状況の中で，高橋繼男が『中国石刻関係図書目録（1949-2007）』（汲古書院，2009）を上梓してくれたことは，石刻研究者にとって，関連研究文献や石刻史料の所在を探索する上で，誠に有り難いことであった。こうした石刻活用の飛躍的利便化は，現地調査の容易化，地域史研究の盛行とも相俟って，今後益々石刻を利用した研究を日本においても発展させていくことになろう。

　さて，1980年代前後からの研究環境の整備により，日本の宋代史研究においても，碑記を主たる史料源として用いた研究が，徐々に現れるようになった。ただし個々の研究を概観して見ると，碑記を網羅的・体系的に蒐集・分析したり，石刻の史料性を十二分に吟味したりして考察を加えたといった類の研究は乏しく，ある特定の碑記の刻文を徹底的に分析考証し，新知見を導き出すというタイプの論文が多かったという傾向を指摘することができる。例えば，「田欽全寄進正法院常住田記」を用いて，成都府治郊外の正法院常住田の所在や立地条件を考察した佐竹靖彦［佐竹1987］や，二種の高麗寺住持任命の尚書省牒碑を解読して，住持任命システムを明らかにした石川重雄［石川1988］，「韓琦相州昼錦堂記碑」に着目し，その碑と碑文をめぐる考証を通じて当時の士大夫社会の公私にわたる

---

4)　例えば，龔列沸編『寧波現存碑刻碑文所見録』（寧波出版社，2006年）や，金柏東主編『温州歴代碑刻集』及び呉明哲編『温州歴代碑刻二集』（上海社会科学院出版，2002年・2004年），馬曙明・任林豪主編『臨海墓誌集録』（宗教文化出版社，2002年），鄭振満・丁荷生編『福建宗教碑銘彙編』興化府分冊・泉州府分冊（福建人民出版社，1995年・2003年）などがある。また『歴代石刻史料彙編』（北京図書館出版社，2000年）は電子化され，全文検索が可能となった（『中国歴代石刻史料匯編』北京書同文數字化技術有限公司，2004年）。

交際の一側面を抽出した木田知生［木田 1990］などの成果がある。また祠廟関連の碑記に着目し，基層社会の祭祀の実態や，そこに見出せる人的結合の在り方などの解明を行った金井徳幸の一連の研究［金井 1985・1989・1990・1993 など］や，烏青鎮に所在した複数の碑記の分析を通じて，鎮の内部構造を住民構成・職役改革・信仰祭祀などの視点から解明した前村佳幸［前村 2001］なども，特定の分野や地域の碑記を積極的に利用した研究成果といえる。一方，森田憲司は，宋元交替期の慶元路（現在の寧波）における地誌や文集に所収の公的建造物に関する碑記に着目し，碑記の撰者と地域との関わりについて論じた［森田 1999］。この論文では，石刻史料を分析する場合には，撰者に注目すべき重要性が説かれるのみならず，原碑などで書丹や題額の担当者が確認できる場合には，それらについても考察する必要があることにも言及されている。そもそも石刻研究とは何であるのか，今後は，その方法論についても，もっと議論されなければならないし，石刻の史料性を重視した研究が肝要となってくるであろう。勿論，石刻中にしか見出せない貴重な刻文の情報を，文集や地誌に所収されている記事から抽出し，論を展開するという研究の有効性を否定するつもりは毛頭ないが。

　さて最後になったが，伊原弘と筆者の碑記研究についても言及しておきたい。伊原弘と筆者は，本稿の冒頭で触れた科研プロジェクトの計画研究班（通称「地方志・碑記班」）を構成するメンバーである。かかる研究班のメンバーたる所以は，矢張り碑記史料を利用した研究に，これまで積極的に関わってきたからであろう。そこで，些か手前味噌になるかもしれないが，伊原の碑記研究に触れた上で，特に筆者については，反省の弁も含めて，自身の碑記研究を回顧してみることにしたい。伊原弘の石刻を利用した代表的な研究としては，「宋平江図」や「静江府図」などの石刻都市図を分析した一連の成果をあげることができる。「宋平江図」の解析作業を行い，前後の時代の蘇州と比定しながら城内の地域性を探求した［伊原 1979・1983・1993］や，「静江府図」や「長安図」の解析を通じて，碑刻地図の特徴にまで言及した［伊原 2001c・2006b］，既に伝承はしていないものの，嘗て石板に刻まれた「金陵図・建康図」の存在をも踏まえつつ，地方志所収地図や記事を参照し，建康府城の復元・解析作業を試みた［伊原 2009］などがある。そ

れらの解析手法は、正しく先駆的であり、後の都市史研究者に大きな影響を及ぼした。また［伊原 1994・1996・2000・2001b・2006a］では、寺観や道路建設に関連する寄進碑文の分析を通じて、庶民の経済力や村落社会の構造を論じている。宋代の碑文に刻まれた寄進額の一覧表を解析し、村の財力や構造を明らかにするという、矢張り独創的な着想による成果と言える。更に伊原は、比較的早くから石刻利用にあっての現地調査の必要性や新出土石刻の史料的価値・有用性を強調し、編纂史料のみに依拠してきた従来の研究の非を指摘してきた一人であり、その傾向は、漏沢園の磚文等に着目した［伊原 1998a・1998b・2001a・2004］などにも顕著に表れている。

一方筆者については、近頃［須江 2007］の中で、自身の石刻研究について回顧したことがあるので、本稿では、そこでの言及に若干補足をし、碑記研究と向き合う筆者の姿勢の変化について説明を加えていくことにしたい。次に呈示した〈須江碑記研究一覧〉は、これまでに筆者が石刻を主たる史料源として活用した研究成果を年代順に配列したものである。また研究の姿勢や手法に関して転機となったと思われる出来事についても矢印で挿入した。

〈須江碑記研究一覧〉

①須江［1993］：唐中期～南宋後期の廟記を比較検討し、廟事担い手に見る唐宋変革を抽出。

②須江［1994a］：北宋末期～南宋期の廟牒を分析し、唐宋期の賜額・賜号システムを解明。

③須江［1994b］：複数の廟記中に見える神々の言説に着目し、人民の心性の変化を描写。

←碑文生成の現場における思惟構造・目的意識の刻印に着目。

④須江［1998］：廟記の全文を徹底的に解析し、地域エリート・地域社会の実態、地域社会と王朝権力との連関構造の解明。

←国際会議（36th ICANAS）で "What do Inscriptions tell us?" を口頭発表。碑文の象徴性に着目。

⑤須江［2000］：碑記に見える「方臘の乱」の風説の内容，形成過程，広がりを分析。
⑥須江［2001a］：複数の廟牒を分析し，宋朝儒家官僚の「地域」観を解明。
⑦須江［2001b］：碑記に見える神々の霊験を考察し，庶民の心性や危機意識を解明。

← 2001年度広島史学研究会大会シンポジウム〈資料論――碑文を中心に――〉古代ギリシア碑文学や文化財学の研究者たちとの交流が生まれる。碑文はいかに見られたか，モノとしての石刻という視点に触発される。

⑧須江［2002］：酷似する二つの碑記を緻密に比較検討し，碑記が作為された意味を考察。

←「宋代石刻の会」スタート（2003年～）：拓本・原碑と文集原本との比較検討。

⑨須江［2004］：碑記の言説と文書史料の記述とを比較し，刻印された意味や碑記の性格，言説・信仰形成の過程を考察。

⑩須江［2005］：碑記の言説と伝承とを比較して碑記の性格を抽出し，宋朝が意図した鎮社会の秩序を解明。

← 2006研究集会「歴史史料における石刻史料の意味と役割」（文部科学省 科学研究費補助金 特定領域研究「東アジアの海域交流と日本伝統文化の形成」文献資料研究部門地方志・碑記班 第1回公開研究会，於：東方学会）を主催。

　日本・ギリシア・イタリア・ビザンツ・中国・ヴェトナムの石刻史料研究者が集い，石刻の種類や特色，史料としての意味・役割などに関して検討。中国史研究における石刻史料の特徴や研究手法の特異性・可能性を，比較史的な視点から模索する。

← 2006唐代史・宋代史研究会合同シンポジウム〈石刻史料からみた唐宋元の社会と文化〉

　唐代・元代石刻研究に比して宋代石刻研究の遅れを痛感する。

⑪須江編［2006］：アジアの碑石文化の特色を，比較史の視点からも検討。

⑫須江［2007b］：宋代石刻研究の視点と意義，その史料性と研究スタイル，研究手法に言及。

⑬須江［2008a］・Sue, ed.［2007］：碑文・録文集（石刻書）・地方志の史料性のみ

ならず，碑文と録文集（石刻書），碑文と地方志との関係や，碑文が紙に写された意味を解明。

この一覧から明らかなように，筆者は祠廟に関する碑記史料と長年格闘してきた。しかし少なくとも上記の①から③までは，筆者自身の頭の中に，石刻の史料としての特質を加味しようという意識は微塵もなく，単に具体的な未知の情報がつまっているからという理由だけで，録文の記述を編纂史料と同様に利用していたに過ぎなかった。但し筆者は，論理を組み立てていく上で，都合のよい碑記の一節だけを，前後の文脈もさして考慮せずに引用しているような研究の在り方に，次第に疑問を呈するようになり，石刻（石刻に限らないが）は全文を引用し，碑文が生成された現場における思惟構造や碑文が建てられた目的意識の刻印を読み込んでこそ利用価値があるのだと考えるに至った。④は明らかにその点を意識した研究成果でもあった。その後，筆者自身としては，全く予期せぬことではあったが，国際会議などを通じて，研究の視点が異なる欧米の研究者と接触する機会にも恵まれ，日本の研究スタイルとして，史料論を重視するという立場を強調すべきであることを知った。碑記から情報を得るのではなく，碑記に語ってもらうということを考えるようになったのである。しかし依然として筆者の頭の中には，モノとしての石刻という意識はさして無かった。現時点で振り返ってみて，矢張り筆者にとって衝撃的であったのは，2001年11月に開催された，広島史学研究会大会シンポジウム〈資料論――碑文を中心に――〉であった[5]。筆者は，碑文を扱う中国史研究者の一人として口頭発表をすることになったわけだが，このシンポジウムでは，古代ギリシア碑文学や文化財学の研究者も口頭発表を行い，碑文研究に関する議論が展開された。特に「文字史料とモノ資料の狭間で――古代ギリシア語碑文の場合――」と題する報告を行った前野弘志は，碑文の材質や制作にかかる経費を検討したり，碑文はいかに見られたのかという視点

---

5) このシンポジウムの成果は，『史学研究』第236号（2002年）に「資料論――碑文を中心に――」と題する特集号が組まれ，公表されている。詳しくは本シンポジウム特集号を参照していただきたい。

から，碑文が建てられている空間，識字率，碑文の刻み手の問題などを分析したりするという手法を体現していた。こうした研究が中国史研究で可能なのか，有効なのかは別として，筆者自身，モノとしての石刻という側面を意識せざるを得なくなったのである。またこのシンポジウムを機縁として，岡元司や筆者らが中心となって「宋代石刻の会」なる研究会もスタートさせ，定期的に活動することになった。この研究会には宋代石刻史料に関心をもつメンバーが集まり，石刻文の輪読を主として行っている。歴史・思想・文学など諸分野を専門とする参加者全員で議論し合いながら，宋代の石刻をじっくりと講読し，現地で確認調査をしてきた新出土の石刻なども，積極的に題材として取り上げている。こうして筆者は，編纂史料としてしか活用していなかった碑記との向き合い方が，様々な方々からの影響もあって，徐々に変化してきたのである。そして，こうした影響を受ければ受けるほど，宋代石刻研究の遅れを痛感してきた。そして更に，2006年8月に，唐代史研究会と宋代史研究会が合同で開催した，シンポジウム〈石刻史料からみた唐宋元の社会と文化〉は，宋代石刻研究の現実を，唐代や元代の石刻研究と比較して考えることができる良い機会となった[6]。また上記⑬は，2007年9月にトルコ共和国で開催された第38回国際アジア・北アフリカ研究会議（38th ICANAS）で発表した成果であるが，その際に，米国の明代碑文研究者でもあるSarah Schneewindや古代ギリシア碑文学者の師尾晶子らと，ともにパネルを構成しえたことは，今後の比較史的，国際的碑文研究の展開の重要性を再認識させられることになった。そこで次に，本節で述べてきた宋代石刻研究の現状や直近のシンポジウム等において筆者が感じたことなどを踏まえ，宋代石刻研究の今後の課題について述べることにしたい。

(4) 今後の課題

以下の記述は，現時点で筆者が感じている，今後の日本の宋代石刻研究についての課題を箇条書きにしたものである。

---

6) このシンポジウムの成果については，『唐代史研究』第10号（2007年）で特集号が組まれているので，そちらを参照してほしい。

①史料環境の変化や石刻活用の利便化に相応する研究手法を模索する必要性がある。
②唐代史や元代史の研究者，例えば氣賀澤保規や高橋繼男，森田憲司等が着手しつつあるように[7]，宋代石刻類についても，皆尽的調査・整理に加え，活用しやすい目録や索引類等の検索ツールの整備が不可欠である。これに関連して，唐代や元代の石刻と宋代のそれとを比較した場合に，時代的・地域的な石刻残存量の違い，石刻の中味や史料性の相違があるはずである。今後益々，時代横断的な石刻研究を進展させていく必要もある。
③石刻書や地方志に掲載された録文は，碑陰や刻字した人名などの省略が少なくなく，誤りも多い。利用には慎重を要するが，石刻書の性格を吟味したり，記録者が紙媒体の書物に写した意図や関心を探ったり，省略や誤りが多いことの意味付けを行ったりすることも重要である。
④石刻文の断片的利用は，石刻史料としての有効性が著しく減退してしまうし，撰者や刻石・立碑した者の意図が正確に読み取れない。碑陰や題名に着目するのは勿論のこととして，刻字の大きさや字体に至るまでも吟味し，できる限り「オリジナルな」材料で利用すべきである。
⑤文集や地方志などに輯録された石刻史料を活用する場合には，録文はもとより，拓本・原碑との比較や真偽の検討が不可欠である。その際には，録文を集成したり，碑石を解析したりした，宋代から清代の金石学の成果を利用すべきである。また膨大な碑文の内容（文章）を，紙媒体に載録した意味を考察すること

---

[7] 唐代・五代十国史の分野では，例えば，氣賀澤保規編『唐代墓誌所在総合目録』（明治大学東洋史資料叢刊1，汲古書院，1997年），同編『新版 唐代墓誌所在総合目録』（明治大学東洋史資料叢刊3，汲古書院，2004年），高橋繼男「中国五代十国時期墓誌・墓碑綜合目録稿」（『アジア・アフリカ文化研究所研究年報』第34号，2000年）などの成果がある。また元代史では，森田憲司が各地の元代石刻リストや目録を作成しつつある。森田憲司『石刻資料による元代知識人社会の研究』（平成10年度～13年度科学研究費補助金基盤研究（C）(2)研究成果報告書，2002年），及び同『13, 14世紀東アジア諸言語史料の総合的研究——元朝史料学の構築のために』（平成16年度～18年度科学研究費補助金基盤研究（B）研究成果報告書，2007年），同編『13, 14世紀東アジア史料通信』第1号～第10号（2004年～2009年）などを参照。

も必要である。

⑥石刻をモノとして把握することは，勿論，重要である。事実近年，台湾における宋代墓誌銘研究は，かなり進展しており，物質的形状（墓誌本体の大小，文章の長短，書体の精粗など）や，製作過程中の要素（刻印されない文字の意味付け，刻み手の技術など）なども加味された研究がなされつつある[8]。

⑦石刻を見る側の視点，石刻の空間的意味付けという視点も，今後は導入する必要がある。

⑧改革開放政策による自由化で，新史料の出現，拓本（あるいはその影印）・原碑（あるいはその写真）の利用が可能になりつつある。ただし，中国・台湾の研究者とそれ以外の国の研究者との有利・不利は当然考えられる。欧米の石刻研究の視点も加味しつつ，日本独自の石刻研究の特色をアピールしていく必要がある。

石刻史料には，編纂史料では得難い情報が沢山つまっている。その情報を如何に有効に利用できるか否かは，石刻を石刻として如何に扱うか，その史料性をどれだけ吟味できるかどうかにかかっている[9]。日本の宋代石刻研究は，今後こうした視点をより重視した研究をしていく必要があるのではないだろうか。

---

8) 例えば，劉静貞「文物・文本・語境──五代至北宋時期墓誌的資料性與研究思考──」（『文部科学省科学研究費補助金特定領域研究「東アジアの海域交流と日本伝統文化──寧波を焦点とする学際的創生──」文献資料研究部門主催国際シンポジウム「文献資料科学の新たな可能性」予稿集，2006年）を参照。なお，同論文は後に「文物・テキスト・コンテクスト──五代北宋期における墓誌資料の特質とその捉え方──」（『大阪市立大学東洋史論叢』別冊特集号，2006年）と題して日本語訳もされている。本論文中で劉静貞は，台湾では2000年より「宋代史料研読会」において，台湾で見ることができる拓本墓誌史料の逐字点校・釈読を開始したこと，2003年10月に「宋代墓誌史料のテキスト分析と実証運用」と題する国際学術シンポジウムを開催したことに言及している。

9) 石刻のもつ史料性や史料的魅力について，森田憲司は，「史料そのものの性格に注目するとすれば，「同時間性」，「個別性」，それに出土石刻における「存在の遍在性」などを挙げることができる」と述べており［森田 2006a］，大変参考になる。

## 三　地域史料研究の今後の可能性

　本稿では，地方志と石刻を主たる地域史料として捉え，この両者に関する日本の宋代史研究の現状と課題について検討してきた。本来ならば最後に，以上での言及に基づいて，総合的な視野から，地域史料研究の今後の可能性について述べるべきなのかもしれないが，筆者は冒頭でも述べたように，最近は「東アジアの海域交流と日本伝統文化——寧波を焦点とする学際的創生——」という研究課題を掲げた大きなプロジェクトに関わってきた。従ってここでは，かかるプロジェクトとの関連性を意識しつつ，地方志及び石刻研究の今後の可能性について言及することにしたい[10]。

　第一に，地方志や石刻を断代的かつ部分的に分析するのではなく，それら史料が宋代以降に豊富な記述内容を伴ってくる点や，何度も重修されていったという特質を生かし，長期的かつ皆尽的に調査・分析を行い，系統的な整理を試みたとすれば，地方志や石刻の史料性が明らかとなるであろう。そして，第二に，こうした手法による分析を地域別に行ったとしたならば，例えば，中国東南沿海地方などの地域に，如何なる史料や伝承が，どの程度，どれだけの期間に亘り残されたのかが解明され，研究対象としての当該地方の中国近世期における地域性・歴史性も抽出されるはずである。また地域史料を部分的にのみ利用し，ケース・スタディーの枠内に止まっている地域史研究を，より巨視的な観点から地域を捉えるという新次元へ押し上げることになり，浙江・福建等の東南沿海地方が，近世中国・東アジア海域に果たした役割についても解明される可能性もある。第三に，地方志や石刻は，勿論，中国のみに存するものではない。日本や朝鮮半島，沖縄諸島といった東アジア世界はもとより，それ以外の世界にも見出しうる。[須江編 2006] は，比較史的な視点をも入れた，石刻史料に関する研究成果の一部であった。今後，地方志・碑記史料の分析手法をめぐって，フィールドや研究環境を異にする研究者たちが，活発な議論を行えるような機会があれば，新たな方法論が

---

10) この点については，須江隆「中国近世地域史料研究の可能性」(「特集 アジア学の新展望」『アジア遊学』第100号，2007年) の中でも言及した。

確立されるかも知れない。その他,地誌に見られる中国と日本との受容の関係や,碑石文化の地域性解明等々,研究テーマには事欠かない。第四に,所謂地域史料は,ある意味で,各時代に生きていた人々が自ら接していた日常空間を描き記録に留めた作品であるとも言える。加えて,地方志には境域図や城内図などの地図類が含まれるし,碑石には都市図が刻まれたものもある。単に地域史料という範疇に限定せず,歴史的な海域図や日本図,世界図などの各種地図,あるいは地球儀など器物資料の分析を行っている研究者との共同研究が実現すれば,アジアにおける各地域・各時代における「描かれた世界観」の抽出も可能であろう。

## おわりに

本稿で述べたように,日本における宋代の地域史料,すなわち地方志や石刻を主たる史料源とする研究は,まだまだ緒に就いたばかりである。勿論それ故に,今後の発展的可能性が大いに期待できる分野ではある。しかし,地域史料学を構築していくためには,基礎的な史料整備作業が余りにも膨大に過ぎ,一研究者の力だけではなかなか困難な状況にあると,少なくとも筆者は痛感している。

かかる状況の中で,実はこの拙文が,図らずも中文のみならず,この度,英文でも発信されることになった[11]。中国や台湾,そして広く欧米の宋代史研究者にも読んで頂けたとしたならば,国際的な共同研究として,宋代地域史料学の構築がはかられる可能性もあるかもしれない。些か夢のような話ではあるが,少しでも実現に向かっていくように祈って止まないし,筆者自身も尽力していきたいと考えている[12]。勿論,こうした趣旨に賛同し,協力して頂ける国内の研究者

---

11) この拙文の中国語版「地方志・石刻——日本宋代地域史料研究的現状与課題——」が,近々『日本宋史研究的現状与課題』に所収されて,河南大学出版社より公にされる予定である。また英語版 "Updates on Song History Studies in Japan: Local Gazetteers and Stone Inscriptions" も,*Journal of Song-Yuan Studies*, vol. 39 に掲載されることになった。但し本稿では,それらの原稿に,更に最近の成果などをかなり加筆している。
12) その試みとして,筆者は,2007年9月にトルコ共和国アンカラ市で開催の第38回国際アジア・北アフリカ研究会議に於いて,"What do Rocks and Papers tell us?: Building a new theory for Chinese local history documents" と題する,二つのパートからなる,日本・台湾・

の出現についても，また然りである。

[参考文献目録]

青山定雄 [1958]「唐宋地方志目録及び資料考証」『横浜市立大学紀要』第92号。
青山定雄 [1963]『唐宋時代の交通と地誌地図の研究』吉川弘文館。
石川重雄 [1988]「宋代勅差住持制小考──高麗寺尚書省牒碑を手がかりに──」『宋代の政治と社会』汲古書院。
石田　肇 [1998]「北宋宗室の墓誌・墓記をめぐって」『駒沢史学』第52号。
伊原　弘 [1979]「唐宋時代の浙西における都市の変遷」『中央大学文学部紀要（史学）』第24号。
伊原　弘 [1983]「江南における都市形態の変遷──宋平江図解析作業──」『宋代の社会と文化』汲古書院。
伊原　弘 [1993]『蘇州 水生都市の過去と現在』講談社現代新書。
伊原　弘 [1994]「都市臨安における信仰を支えた庶民の経済力──石刻史料の解析を事例に──」『駒沢大学禅研究所年報』第5号。
伊原　弘 [1996]「宋代台州臨海県における庶民の経済力と社会──寺観への寄付金一覧表から──」『駒沢大学禅研究年報』第7号。
伊原　弘 [1998a]「宋代史研究の新視点──現地調査の過程において──」『史叢』第59号。
伊原　弘 [1998b]「新たな中国都市研究の視点をめぐって──新史料調査の過程において──」『比較都市史研究』第17巻第2号。
伊原　弘 [2000]「宋代の道路建設と寄進額」『日本歴史』第626号。
伊原　弘 [2001a]「河畔の民──北宋末の黄河周辺を事例に──」『中国水利史研究』第29号。
伊原　弘 [2001b]「碑文で読み解く宋代の村落社会」「特集 石で読む中国史──石刻・石碑が語る社会と文化──」『しにか』第133号。
伊原　弘 [2001c]「宋平江図・静江府図──碑刻に見る都市の繁栄」「特集 石で読む中国史──石刻・石碑が語る社会と文化──」『しにか』第133号。
伊原　弘 [2004]「宋代都市における社会救済事業」『中世環地中海圏都市の救貧』慶応義塾出版。
伊原　弘 [2006a]「寧波で発見された博多在住の宋人寄進碑文続編」「特集 碑石は語る」『アジア遊学』第91号。

欧米の研究者を含む国際的なパネルを組織した。その成果の予稿集は，既に公にされているが[Sue, ed. 2007]，いずれ手を加えて正式なかたちとして出版し，国際的な中国地域史料学構築に向けての糸口としていきたい。

伊原　弘［2006b］「地図と石刻された都市空間」「特集 碑石は語る」『アジア遊学』第91号。
伊原　弘［2009］「宋・元代の南京城──宋代建康府復元作業」『比較都市史研究』第28巻第1号。
榎並岳史［2007］「劉克荘撰「孟少保神道碑」訳注」『資料学研究』第4号。
榎並岳史［2008］「孟少保神道碑の成立をめぐって」『東洋学報』第89巻第4号。
榎並岳史［2009］「宋代神道碑目録」『資料学研究』第6号。
岡　元司［2001］「南宋期の地域社会における知の能力の形成と家庭環境──水心文集墓誌銘の分析から──」『宋代人の認識──相互性と日常空間──』汲古書院。
岡　元司［2003a］「南宋期浙東における墓と地域社会──対岸社会の一断面──」岸田裕之編『中国地域と対外関係』山川出版社。
岡　元司［2003b］「南宋期の地域社会における「友」」『東洋史研究』第61巻第4号。
岡　元司［2008a］「宋代明州の史氏一族と東銭湖墓群」寧波プロジェクト文化交流研究部門編『寧波の美術と海域交流』。
岡　元司［2008b］「宋代明州史師仲墓誌調査」『広島東洋史学報』第13号。
岡　元司・勝山　稔・小島　毅・須江　隆・早坂俊廣［2001］「相互性と日常空間──「地域」という起点から──」『宋代人の認識──相互性と日常空間』汲古書院。
金井徳幸［1985］「宋代浙西における土神信仰の成立」『宗教社会史研究』Ⅱ。
金井徳幸［1989］「南宋「里社廟」の祭祀基盤」『立正大学東洋史論集』第2号。
金井徳幸［1990］「南宋における立廟と県尉」『立正史学』第68号。
金井徳幸［1993］「南宋の祠廟と賜額について──釈文珦と劉克荘の視点──」『宋代の知識人──思想・制度・地域社会──』汲古書院。
木田知生［1990］「韓琦相州昼錦堂記碑考」『龍谷大学論集』第434・435号
小島　毅［1991］「正祀と淫祀──福建の地方志における記述と論理──」『東洋文化研究所紀要』第114冊。
小島　毅［1996］「南宋地方志の言説」『中国近世における礼の言説』東京大学出版会。
近藤一成［1997］「王安石墓誌を読む──地域，人脈，党争──」『中国史学』第7集。
近藤一成［2008］「黄震墓誌と王應麟墓道の語ること」『史滴』第30号。
佐竹靖彦［1987］「田欽全寄進正法院常住田記──碑文の作者楊天恵と田地の所在──」『論集中国社会・制度・文化史の諸問題 日野開三郎博士頌寿記念』中国書店。
須江　隆［1993］「徐偃王廟考──宋代の祠廟に関する一考察──」『集刊東洋学』第69号。
須江　隆［1994a］「唐宋期における祠廟の廟額・封号の下賜について」『中国──社会と文化』第9号。
須江　隆［1994b］「社神の変容──宋代における土神信仰をめぐって──」『文化』第58巻第1・

2号。

須江　隆［1998］「福建莆田の方氏と祥応廟」『宋代社会のネットワーク』汲古書院。

須江　隆［2000］「宋代における祠廟の記録――「方臘の乱」に関する言説を中心に――」『歴史』第95輯。

須江　隆［2001a］「祠廟の記録が語る「地域」観」『宋代人の認識――相互性と日常空間』汲古書院。

須江　隆［2001b］「碑文に見る宋代の民間信仰」「特集 石で読む中国史――石刻・石碑が語る社会と文化――」『しにか』第133号。

須江　隆［2002］「作為された碑文――南宋末期に刻まれたとされる二つの祠廟の記録――」『史学研究』第236号。

須江　隆［2004］「徽宗時代の再検討――祠廟の記録が語る社会構造――」『人間科学研究』創刊号。

須江　隆［2005］「祠廟の記録に見える近世中国の「鎮」社会」『都市文化研究』第5号。

須江　隆［2006］「刻石されなかった墓表の一節――米芾撰「朱長文墓表」――」『アジア遊学』第91号，「特集 碑石は語る」。

須江　隆［2007a］「宋代地誌序跋文考（一）――北宋 朱長文『呉郡図経続記』三巻 元豊七年一〇八四修――」『人間科学研究』第4号。

須江　隆［2007b］「宋代石刻の史料的特質と研究手法」『唐代史研究』第10号。

須江　隆［2008a］「宋～清時代の紙に写された碑文――紹興府城隍廟に関する史料群を中心に――」『人間科学研究』第5号。

須江　隆［2008b］「ある北宋知識人の日常と生涯――朱長文に関する伝記史料の解析を中心に――」『史叢』第78号。

須江　隆［2008c］「『呉郡図経続記』の編纂と史料性――宋代の地方志に関する一考察――」『東方学』第116輯。

須江　隆［2009a］「宋代地誌序跋文考（二）――乾道『四明図経』の史料性に関する二，三の考察――」『人間科学研究』第6号。

須江　隆［2009b］「記録された言説と信仰――寧波の地方志と碑文を中心に――」『文部科学省科学研究費補助金特定領域研究「東アジアの海域交流と日本伝統文化の形成――寧波を焦点とする学際的創生――」文献資料研究部門主催 第4回国際シンポジウム「寧波とその周辺――地方文献に見える史料性・地域性・歴史性――」予稿集』東大教材出版。

SUE Takashi［2009］ "Revelations of a Missing Paragraph: Zhu Changwen 1039-1098 and The Compilation of Local Gazetteers in Northern Song China", *Journal of the*

Economic and Social History of the Orient 52.1.

須江　隆編［2006］「特集　碑石は語る」『アジア遊学』第91号，勉誠出版。

SUE Takashi, ed. [2007] *What Do Rocks and Papers Tell Us? : Building a New Theory of Chinese Local History Documents*, for 38th ICANAS 2007, Ankara, Manufactured by Tateno Corporation.

日比野丈夫［1954］「元豊九域志纂修考」『東方学』第8輯，後『中国歴史地理研究』同朋舎，1977年に所収。

平田茂樹［2005］「劉摯『忠粛集』墓誌銘から見た元祐党人の関係」『宋－明宗族の研究』汲古書院。

前村佳幸［2001］「烏青鎮の内部構造――宋代江南市鎮社会分析――」『宋代人の認識――相互性と日常空間』汲古書院。

前村佳幸［2003］「宋代地方志における〈テクスト〉性」『統合テクスト科学研究』第1巻第2号。

前村佳幸［2004］「宋代士大夫の著作とテクストの流伝――羅願と淳熙『新安志』『羅鄂州小集』『爾雅翼』――」『統合テクスト科学研究』第2巻第2号。

前村佳幸［2005］「南宋地方志，淳熙『新安志』におけるテクスト操作と歴史叙述」『統合テクスト科学研究』第3巻第2号。

森田憲司［1999］「碑記の撰述から見た宋元交替期の慶元における士大夫」『奈良史学』第17号。

森田憲司［2006a］「「石刻熱」から二〇年」『アジア遊学』第91号，「特集 碑石は語る」。

森田憲司［2006b］「『臨海墓誌集録』所収史料から見た新出宋元墓誌の史料的特性」『13, 14世紀東アジア史料通信』第6号。

森田憲司［2007］「系譜史料としての新出土墓誌　臨海出土墓誌群を材料として」『奈良史学』第24号。

山根直生［2005］「南通市出土、五代十国期墓誌紹介」『福岡大学研究部論集（A：人文科学編）』第5巻第2号。

山根直生［2006］「静海・海門の姚氏――唐宋間，長江河口部の海上勢力――」『宋代の長江流域――社会経済史の視点から――』汲古書院。

James M. Hargett [1996] "Song Dynasty Local Gazetteers and Their Place in the History of Difangzhi Writing." *Harvard Journal of Asiatic Studies* 56.2.

Joseph R. Dennis [2004] "Writing, Publishing, and Reading Local Histories in Ming China", Ph.D. dissertation, University of Minnesota.

Peter K. Bol [2001] "The Rise of Local History: History, Geography, and Culture in Southern Song and Yuan Wuchou", *Harvard Journal of Asiatic Studies* 61.1.

ピーター・K・ボル［2005］「地域史と後期帝政国家について——金華の場合——」鈴木弘一郎訳、『中国——社会と文化』第20号。

ピーター・K・ボル（高津孝訳）［2006］「地域史の勃興：南宋・元代の婺州における歴史，地理学と文化」『東アジア海域交流史 現地調査研究〜地域・環境・心性〜』第1号。

# 儒教思想研究

市來　津由彦

## はじめに

　本稿は，中国宋代の，特に儒教に関わる思想文化の研究に関心を持つ中国の研究者に対し，1980年代から日本でこの分野の研究をしている日本語母語者の立場から，研究書を中心として90年頃以降の日本のこの分野の研究を紹介することを目的とする（文末【補記】参照）。

　その近年の研究も突然に出現したのではない。そこで，80年代初頭において研究の出発として読まれるべきものとされていた代表的著作4点をまず紹介し，そこにあった研究の枠組を考察する。次いで80年代頃から変わる研究環境について述べ，そしてその後の90年頃以降の新研究を紹介する。末尾に「参考【近50年の日本における宋代儒教思想研究に関する主要な研究書・概説書・訳注書】」リストを挙げた。本稿でリスト中の書に論及する場合は，リスト番号を本文参照文献「［著者名, 公刊年］」の後に加える。例：「［市來 2002：No. 83］」。リスト番号，刊行年に網みかけをしたものは訳注書である。リストの番号の後に☆印を施したものは，本稿で目次項目をあげて内容を紹介する著作である。

　なお，日本向けの近年の研究分析として［早坂 2004］，［伊東 2005］を挙げておく[1]。また，中国で刊行された日本人が書いた研究紹介論文として，80年頃

---

1)　前者は，2000年前後以降に刊行された新傾向の研究として5冊の研究書を，目次項目も示しつつ詳しく紹介する。その5冊は本稿でとりあげるものと重なる。後者は，明末清初思想を研究する伊東氏（以下，敬称は略す）の研究書である。戦後の日本では，唐宋からの下向的展開として明清を捉える視角と，近代から上向的に明清を近代との関わりから位置づける視角とがおこなわれ，しかしこの二つの方向は必ずしも整合的につながらなかった。これに対し［溝口 1981］が，社会史的視点を導入しつつこれを一貫させる視座を提起した。伊東はその視座を批判的に吸収しつつ，明清交代期の思想を「中国近世」という思想史の文脈に位置づけようとする。その目的のために，近20年ほどの宋～清の儒教思想研究の成果を熱心に消化し，その成

までの状況に関しては，研究書については［島田1983］が，個別論文と研究上の題目を中心とした紹介としては［吉田・市來1985］がある。その後の2006年前半までの状況を中国人研究者の目から全体的に覆ったものとして，［石2006］がある。本稿で論究する著作も，ここで論究されているものと重なるので参照されたい。

## 一　80年代初頭の研究思考枠組

　1945年から現在までの日本における宋代儒教思想研究を今から振り返ると，1980年頃あたりを境として前後に分けられよう。その80年代初頭，研究の出発点において参照されるべきとみられていた代表的著作4点を紹介する。その4点とは，［楠本1962］，［荒木1963］，［島田1967］，［友枝1969］である。楠本正継（1896-1963。宇野哲人の門生。主に九州大学で活動）は，戦前から戦後にかけて活躍された方で，その著は，研究の集大成として退隠後に刊行された。荒木見悟（1917-。楠本正継の門生で主に九州大学で活動），島田虔次（1917-2000。京都大学卒。主に京都大学で活動），友枝龍太郎（1916-1986。東京大学卒。主に広島大学で活動）の三氏はほぼ同世代の方で，戦前に教育を受けて戦中から戦後初期に新進の研究者として出発され，上記の諸書はそれぞれの研究の歩みのひとまずのまとめとして刊行されている。

　第一の［楠本1962:No.4］『宋明時代儒学思想の研究』は，第一編，宋学の部，第一章「新儒学の発生」，第二章「宋学前期」までは北宋慶暦頃までの儒学思想動向を，第三章「宋学中期」は北宋道学の勃興を，第四章「宋学後期」は朱熹および関連人物とその思想を描き，第二編，明学の部，第一章「宋代陸学」は陸象山学を説き，以下，第二章「元代儒学」，第三章「明学前期」は陽明学登場の前提を論じ，第四章「明学中期」で王陽明を説き，第五章「明学後期」で陽明学の

果の相互関係を手際よく整理した。そのことから伊東書は，個別の諸問題についてどのような議論がなされているかを見通すのに便利で有用な書となった。研究テーマの連関については本稿では簡略にしか紹介できないので，本稿と併せてこの著作を参照していただくと，日本における現在の研究状況の理解が深まるはずである。

展開を説く。

　楠本は，宋学と明学の核心をいわゆる朱子学と陽明学と捉え，その各特質を丁寧に描出することでその葛藤，対比を明らかにし，全体として「宋明儒学」という問題領域の特質を説く。楠本は，他の三者より一つ前の世代からして，江戸期以来の伝統世界にも通じる。彼は，思想の言葉の外からただ用語解説的に論述するのではなく，研究対象の古人の各々の立場に密着して内面から共感的に理解するという姿勢によって資料に深く沈潜し（楠本の語では「体認」（後記）と言う），中国近世思想世界の風気を近代に伝える。その叙述は格調が高くて今からするとやや難解だが（われわれ後学の日本語能力が落ちているという問題もある），「宋明儒学」という設定の論としてみた場合は，バランスがとれた着実な論述として，また研究の出発点の書として，これからも読み継がれるであろう。

　その二の［荒木1963：No. 5］『仏教と儒教』（新版が93年に刊行。初版では引用が漢文原文であったが，新版は訓読書き下し翻訳文となった）は，「序論――本来性と現実性」で本書が着目する思考を原理論的に解説する。第一章「華厳経の哲学」では法蔵，澄観，『大乗起信論』を論じ，第二章「円覚経の哲学」では宗密，李通玄を論じ，第三章「朱子の哲学」では大慧禅と朱子を，第四章「王陽明の哲学」では王陽明を論じ，「結語」に至るという構成をとる。

　中国に根付いた後の仏教に対し，中国思想の本流である儒教（朱子学，陽明学）は，言葉の表層ではこれを批判し排除しようとする。しかし荒木は，中国化した仏教の中で鍛えられた哲学を儒教側が継承する面に着目し，儒教仏教を包む唐代以降の中国思想の土壌の根源に，「本来性－現実性」という構図で心の構造を説く思考枠を見出す。そしてその思考枠が，唐代仏教の解釈者の精神世界，宋以降の新儒の人間観に通底するものとして仏教から儒教に伝えられたと洞察し，唐代仏教，宋明儒教における「心」の哲学と実践のしくみの論を構造論的に論じる。なお，ここで言われる「本来性－現実性」の構図は，「理想」と「現実」といったような，両項の実体的乖離を前提とした二元的概念として理解してはなるまい。話は中国仏教から始まるが，その如来蔵思想は煩悩と如来とを一体として捉える。その捉え方のように，「乖離（の意識）」（＝現実性）という課題が「本来性」との相関で

位置づけられ，その「本来性」も「乖離」との相関で課題化するという，実体的には一体の表裏相関のものとして提起されている。こう理解したい。

その三の［島田1967：No. 13］『朱子学と陽明学』は，新書版の概説書である。第一章「新しい哲学の出発」で「宋学」勃興の社会的基盤としての近世「士大夫」の存在様態と北宋道学の勃興を，第二章「宋学の完成・朱子学」で朱子，陸象山を，第三章「陽明学の成立・展開」で王陽明とその左派の展開を説き，最後に「儒教の叛逆者・李贄」を収める。

本書は，［島田1949］という，明代の陽明学の登場から李卓吾(贄)に至る展開を，中国士大夫思想における「近代思惟」の萌芽と「挫折」として描く研究を基礎にして，そこで構想された思想史展開の視点をより鮮明化させたものである。本書の特色の第一は，先にあげた楠本書のように，朱子学と陽明学とをその対抗面で捉える伝統的視点に対し，宋から明へ，朱子学から陽明学への展開という展開的側面から描くこと，第二は，その展開の動因を「内と外との闘争史」とみて陽明学の登場を語り，その極点として李卓吾を位置づけること，第三は，陽明学の核心に，北宋道学以来，清末までつながる士大夫精神としての「万物一体の仁」の理念と熱情を見出すこと，である。歴史社会の展開と思想の展開との対応というわかりやすい組み立てのために，現在も基本概説書として読まれる。今からすると，『伝習録』が主観的に語る「内」と近代思想的な「内」とが明確には分離されていないようでもあるが，資料に戻ってこの両者を分離し関係づけると，本書は，「中国」の「近代」ということを考える際の思考の材料をなお多大に提供するものといえよう。

その四の［友枝1969：No. 20］『朱子の思想形成』（79年に誤字などを訂正した改訂版が刊行された）は，序論，第一章「意識の問題」，第二章「存在の問題」，第三章「知識と実践の問題」，第四章「朱陸の異同とその背景」，結論，という構成をとり，附録として『朱子語類』研究二篇，『詩集伝』研究一篇の論文を収める。

陽明学の「朱子晩年定論」問題は，のちの清朝考証学の学風による優れた朱熹年譜研究を生み出した。著者はその成果を踏まえ，朱熹40歳の「定論」の確立のときに書かれた「已発未発説」という心意識の様態の内容，またそこから出

てきた思考（第一章）が，「太極」論（第二章）その他の朱熹の思想世界（第三章）に行き渡る様子を，思想の形成という時間展開的記述と哲学的分析の視点とから併せて総合的に検討する。1．清代考証学の年譜研究の成果を駆使することと，2．朱子学の言葉の世界を現に生きた江戸初期儒学者の日本語による朱子学理解の資料を哲学面の解説に用いること，また3．今で言えば社会史的な資料も当時にしては積極的に用いて社会問題への朱熹の旺盛な関心も記述すること（第三，四章）などに，本書の特色がある。本書は構成と論述ががっしりしているため，難解な論材が当時としてはわかりやすく説かれた印象の書物となり，基本研究書としてなお高い価値を有する。中国朱子学を理解するときの基本書として日本の日本思想史研究者が本書を尊重しているとも聞く。

　この4点の著作に貫かれる80年頃までの研究枠を構成するものとして，ここでは，
　　ⅰ，研究記述の客観性と実証性を保持しようとする精神，
　　ⅱ，「宋明学」「宋明思想」という視点で思想・学術を語る精神，
　　ⅲ，思想を体系を持つものとして捉えて表現する，論述上の思弁性，
の三件がセットでみられることを指摘したい。
　第一のことは，1945年の日本の敗戦にともなうことである。戦前，戦中の日本の中国思想研究は，国体論，日本精神の鼓舞といった時局の要請に，自覚的あるいは結果的に協力する面もあった。この協力に対する反省に立ち，あるいは戦争批判の立場に立ち，戦中から戦後へかけての日本の中国思想研究は大きな転換を経験した。その結果，社会状勢に左右されない実証学術として研究それ自体を自立させる論述をめざし，あるいは「合理」思考，「近代」の展開の要因といった問題を前近代の中国に探る研究に向かった。方向は様々だが，特に前者の，研究記述の客観性と実証性を保持しようとする精神が戦後期の優れた研究には貫かれ，その志向は，現在にも基本的に引き継がれている。
　第二の「宋明学」「宋明思想」という研究対象領域の設定は，きわめてあたりまえのことのようにもみえる。しかし中国でも日本でも，もとは「朱子学」すら

も存在しなかった。そのことからすると、やはり問うに値する事柄である。かつ現代では、「宋学」と「明学」、併せて「宋明学（現代の中国の言い方では「宋明理学」）」「宋明思想」と言い、内容的には「朱子学」と「陽明学」の対抗ないしは展開、という構図で、中国でも日本でも研究対象領域化している。

　しかしその状況の立ち現れ方は、中国と日本とでは歴史的には同じでない。中国社会にとっての近世儒教は科挙文化システムとともに形成され機能し、そのあらわれの儒学の一部として朱子学、陽明学が出現した。その後、清代の考証学（自称「漢学」）が、その宋代明代の儒学をひっくるめて「宋学」と呼称して批判的に捉えた。一方、日本の近世にはそうした科挙というシステムは行われなかった。知識人層と高位の社会知のあり方やその形成の事情も中国とは異なる。そして、中国で生まれた朱子学、陽明学のテキストが、日本というその異なる場で、本格的には江戸時代初期以降に、日本の知識人層の一部に読み込まれた。みずからが原初から立ち上げたものとしてではなく、そこでは伝来のテキストを読むこと通して、朱子学と陽明学の言説がセットで、いわば突然に立ち現れた（藤原惺窩、林羅山段階）。その後、その言葉の世界を思索の糧として学び信条とする人々が出現し、一方、その展開を引き継ぎつつ、その学術への批判から高位の社会知が多様化していく（18世紀段階）。その思索の蓄積が江戸期を通して重ねられた。その中で、中国歴史社会の思想文化の脈絡から一旦抽出され、日本の文化文脈のものとして「宋明学」という枠が構築され議論され、その枠があることが前提となっていった。戦前期の日本の中国近世思想研究は、一面では中国の清学の認識と出会い、一面では以上の経緯を引き継ぐ。「宋明学」という領域は、日本では、他国文化としての中国文化研究であるとともに、自国の文化展開の一部という側面をも持つ。中国の研究者には、このことに関して特に注意を喚起しておきたい。

　そして戦後期の研究は、上記の戦前への反省という形で、一面では上記の展開が続きつつ、一面ではこの自国の文化展開という流れから我が身を切り離し客観化しようとした。しかし江戸からの展開の連続面を客観的に把握するのは容易ではない。その客観化のために「近代」の言葉による説明を遂行する。しかし「近代」側からの無理な曲解を防ぐために、対象世界の言葉を生きた近代以前の現場の人

の理解と解説を参照することも有効なこととして求められる。そのときには，江戸期の書物や『宋元学案』等の中国明清代の資料を用いることになる。しかし参照するその書物は，この「宋明学」という枠を構築した当のものという性格を有するものでもある。江戸期からの学術の展開の中での「宋明学」枠の形成と特質に配慮をすることなくその参照を無自覚に行うと，客観化も後退しかねない。従来からの「宋明学」の枠に入りきらない宋代，明代の思想現象はどうするのかといった素朴な疑問も起きる。真の客観化のためには，連動しつつかつ異なる文化文脈による日本と中国における「宋明学」「宋明思想」という枠とその形成，あるいは「朱子学」，広く言えば東アジア「儒教」学説が持った機能ということから問い直すことが要請される。西暦2000年に至った今の時点から言えることだが，80年代初頭に存した研究枠組の，今後に向けての重要な課題がここにある。上記4点の著作は，良質的にこのような課題を胎み，冷静に見れば，後学に対して開拓していくべき道筋を提起してくれるものと思われる。

　第三の，「体系性」「思弁性」を持った論述というのは，資料主観の中にある思弁性のことではない。その資料を論じる記述上の思弁性をいう。このことも，思想研究なのであたりまえのようなことである。しかしこの思弁性は，第二の問題の延長において，近代以前の中国文化が持つ思考世界を，翻訳語の使用も含めて，西洋近代の思考を語る近現代の思考世界の言葉で説明しようとするときに，両世界の間にある切れ目をどのように架橋するかという，近代ゆえの課題として出てきているものとみられるのである。

　楠本書は，明学の項に陸学を入れ，これを宋学，朱子学と対抗的に捉え，かつ宋から明へと展開的に捉え，「宋明儒学」という世界を提示しようとする。思弁性という特質はこの組み立てにあらわれている。荒木書は，中国思想が持つ独特の思考法として，中国化した仏教如来蔵思想から「本来性－現実性」という思考枠を洞察し，この論理が研究対象の思想に内在するとして，朱子学，陽明学の言葉を読解する。島田書は，「性理学の歴史を，内面主義の展開としてとら」える「内と外との闘争史」として朱子学，陽明学の展開を描写する。論述の基礎に「近代」にも通底する「内」を設定するところに，「近代」理念化に思考は大きく傾くが，

この思弁性がみてとれる。友枝書は，意識の問題から覚醒した朱熹独自の思考が生み出した太極論がその思想全体に行き渡る様相を，「超越・内在」「絶対・相対」といった近代の側からの言葉で説明を与える苦心に，この特質がみてとれる。

　これらの思弁性は，直近には上記の「宋明思想」世界を，戦後期の研究精神により客観的に記述するためのものである。そしてそのために，戦前の知識人の教養世界として行き渡った京都学派哲学的な世界の思考を吸収し，論述に用いているとみるのが，著者らの世代の修学過程を考えると，まずは穏当と思われる。研究対象が日本伝統思想世界とも重なる中国伝統思想であるため，日本の近代学術が伝統思想を捉え，近代思想世界との関係を計測するという問題と並行する課題として，「中国」の「哲学」を「近代」の研究としてどう語るかということに向き合うことになる。これに対応する糧として，日本の伝統思想世界と西洋近代思考との出会いにおける明治以来の近代のいわば呻吟として興起した京都学派哲学的な世界に関心をいだき，あるいはその世界に批判的な「近代」像をいだき，そこから論述する。それが結果的に思弁性としてあらわれてきているといえよう。楠本は1928年から２年間ドイツ，イギリス，中国に留学し，荒木はその著書の中で戦前の日本の現象学研究に関心が深かったことを表明し，友枝もその著書の中で明治に生まれ昭和前半期に活動した沢木興道禅師の名をあげる[2]。戦後期の良質の研究の多くが独特の思弁性を持つ基礎には，西洋「哲学」世界と東アジア伝統世界の哲学的思考とをどうすりあわせていくかという，明治以来の歴史的課題が存していると本稿筆者は感得する。

　なお，第二，三の要素は，戦前から存するものではある。第一の要素としてあげた敗戦への「反省」により，その要素のうち，社会状況，動向と未分離であった部分が切り離され，学術記述として純粋化されることにより，戦後の研究枠となったことに注意したい。

---

[2] 楠本の留学については［柴田2007］，現象学研究に対する荒木の関心については［荒木編1974：No. 31］解説論文，友枝の言葉については［友枝1969：No. 20］486頁，をそれぞれ参照のこと。

## 二　近20年の研究環境の変化

　西暦2000年を過ぎた今から結果論的に言えば，1980年頃以降，研究環境と社会状勢に大きな変化が起こり，以上に述べた研究枠の基底に見出せる三つの事柄のうち，最初の戦後期の精神は批判的に継承される。だが後者の二つの事柄は再検討されるようになり，或いは希薄化し，研究の方向が多様化していっているようにみえる。近年の研究の紹介の前に，その研究環境の変化について，筆者なりの理解を3点に分けて簡略に述べておきたい。

　第一に，研究対象世界でもある中国の変化である。80年代以降，中国政府が改革開放政策をとることにより，中国社会が世界と交流を深め，世界の中の中国へと自らを変容させていった。ベルリンの壁もなくなった。中国の見学，調査が自由化し，出土文物も含めて新資料が続々公開されるようになった。その結果，研究の前提となる素材や資料の状況がこの20年で一変した。この流れ以前には，日本の中国学研究には，江戸からのものと戦前の蓄積とにより，近代側からの分析としての研究は世界的に優位にあるという自負も一部にはあった。しかしその前提は成り立たなくなった。しかも開かれたこの中国で中国の社会と文化を研究するには，中国語によって研究交流することが基礎となる。これに連動して，古典に特化した資料読解法である日本の漢文訓読という技法の位置も大きく相対化されることとなった。中国の変化は，研究環境の根本的変化をもたらしている。

　第二に，電子化技術の波が，90年頃以降，研究のすべての面をおおうようになった。原稿書法が手書きからワープロへ移行することからはじまり，個人資料も電子検索したりするようになり，電子メールが普及し，そしてインターネットによる検索と表現へと波は広がる。この波は様々な分野や国境の壁や隔たりを善かれ悪しかれ越えていく。その結果，第一の変化とも重なるが，それまで日本にあった一国中国学的な研究意識が成り立たなくなり，中国語，英語を共通語とする国際交流世界が否応なく開けてきた。こうした中で，研究言語も含めて世界の中国文化研究世界へ，日本からこそ，あるいは研究者所属の各国研究世界からこそ発信し貢献し得る独自の研究の構想が，個々の研究者に求められている。

第三に，上の中国の変化とも連動するが，いわゆるバブル崩壊後の日本社会が変貌し，世界連動のいわゆるグローバル化の波に覆われた。自文化を対象とするのであれ，他文化を対象とするのであれ，前近代，古典世界をそれとして検討する社会的関心と合意が，日本国内では薄れていっているようにみえる。その中で「役に立つか」という，「いま」を中心化した問いと評価軸に押され，既存のものという理由だけで無前提に研究分野を存続させることは許されなくなってきている。人文学で過去に焦点をあわせることの未来へ向けての意義を，国内向けにも国際的な場に向けても説くことが求められている。

　個別的には80年代後半以降にはじまった以上のような変化が，90年頃以降は連動化して避けようもなく研究界全体に立ち現れ，研究環境を80年代以前の状況から一変させている。研究が向かっていく方向も，このことと大いに連動する。

　すなわち，第一，二の変化にともない，一国内中国学という意識では研究が成り立たなくなった。膨大な情報が流れ溢れるようになり，それを処理する技法もみな否応なく使うようになった。かつ研究行為が一国内で限られてなされるのではなく，インターネットと電子メールを通じて国際的な広がりの場に参入する可能性がある中でなされるようになった。自身が発表した論文タイトルを外国の研究者がみている可能性がいつもある。研究内容面で言えば，中国，欧米の研究との交流を前提とするときには，例えば上記の「宋明思想」というのも，日本の文化文脈の中で形成された側面もあることに無意識的であったとすれば，その前提枠が問い直されざるを得ない。中国における「宋明思想」という枠も，その過程でもとより検討の対象となる。これらの客観化のためには，江戸時代の思索との往還に閉じこもるのではなく，世界の中で占める中国社会とその文化の位置を意識し，それと朝鮮，日本との関わりの構造を考えるといった方向で研究を構想する必要性があろう。

　第三の日本社会の変化は，第二の電子化とも連動し，過去との連続面からみた文化の歴史的特性の認識を希薄にさせ，欧米圏，東アジア圏，イスラム圏と現在的に水平的に連動する意識を前景化させる。研究内容面で言えば，東アジア伝統思想世界と近代とのすりあわせの呻吟において生じる，前節で述べた「思弁性」

などは拡散していくことになる。しかし，欧米，中国の研究との交流の中では，狭小なナショナリズム的意識からではなく，この共通の研究土俵に対して日本からの研究としてなにを提起できるかが問いかけられることになる。これに対し，明治期以来のすそ野を持つこうした「思弁性」や，伝統世界にさらに淵源する漢文訓読法などが，可能性を含む資産として客観的に検討されることにもなろう。総じて言えば，前節で述べた戦後期の研究の設定枠の批判的自覚とその更新が問われている。また，この変化の中で，新たな環境に対応した研究の構築が求められている。

　研究の出発としては前節の80年初頭の枠組に当初おりながら，その後，以上の変化の中に投げ込まれた世代の研究による研究書が，この変化が起きはじめたしばらく後の，90年代の終わり頃から，陸続として出てきている。全体として結果的に言えば，上記に述べたように，80年代初頭の研究の枠組に存する「宋明思想」「思弁性」といった特質をそのまま延長するのではなく，その特質を自覚し再検討しようとする。前者については歴史社会の発展の実態の中に宋明思想をあらたに定位しようとし，後者については現代の状況の中で更新する方向で研究を多様化させていっている。以下，その中から10数点を選んで，その研究の視点を中心として紹介し，近年の研究状況の紹介としよう。

## 三　80年代後半以降の新研究

(1) 80年代初頭の研究枠から転換した時期の研究

　90年代の終わりから多く出てくる研究書とこれまで述べた80年代初頭までの研究枠とをつなぎ，90年代末以降の研究書の先駆けともなっている研究著作について，3点紹介する。

　その研究とは，刊行順に言うと，［佐野1987］，［吉田1990］，［三浦國雄1997］である。いずれも1930年代後半から40年代前半生まれの研究者によるものであり，個別論文の刊行年で言えば，主として70年代後半から80年代の研究を収載

する。なお，本節以下は，やや煩瑣になるが，読者の便をはかるため，個別論文題目レベル項目まで各書の目次をあげていく。そのことで各書の紹介に代え，その後に各書の研究の視点と内容について若干の論評を付ける。また著作の規模が予測できるように，該書本文のおよその頁数もあげておく。

1　［佐野1987：No. 57］『四書学史の研究』440頁
　　序章：一 四書学史の概況／二 明代人と経書
　　第一章：四書学の成立——朱子における経書学の構造
　　第二章 宋元代の四書学をめぐる政治的思想的状況：一 党禁から従祀に至る朱子学の蹣跚／二 宋元思想界における四書学の位置
　　第三章：朱子以降における『大学』観の変遷
　　第四章 四書註釈書の歴史：一 章句集注のテキストについて／二 註釈書の続成——集成書について
　　第五章 『四書評』の歴史：一 『四書評』について／二 『青雲堂四書評』について／三 『四書評』の余韻
　　第六章 晩明の四書学：一 周汝登の四書学／二 晩明の四書学
　　第七章 科挙と四書学：一 講章の四書学——滄溟四書説をめぐって／二 八股文の四書学
　　附録

本書は，いわゆる朱子学の「四書学」のしくみ，四書注釈書の歴史，科挙に強制される明人の精神生活などを解明する。研究の中心は，四書に関する元明の各注釈書の編集の諸問題（第四章），いくつかの事例による四書注釈書の内容の検証，相互比較（第六章），科挙の時文と時々の四書学の内容の趨勢や八股文のしくみ（第七章）などの諸問題である。これに加えて，朱熹の注解方法，注解の立場という内容面（第一章）と，その注解が公認となるまでの経緯（第二章）との両側面から，四書学のそもそもの成立について論じる。また，朱熹が設定した四書学の構想で柱となる『大学』が明代にいろいろと論議を呼ぶので，その議論を宋明代を通して追跡する（第三章）。

本書は全体として言えば，朱熹の思想，王守仁の思想といった，著名思想家の思想そのものをたどる思想史からは従来あまり顧みられない部分，しかし中国統治に関わる士大夫文化として現代からの認識と研究では必ず必要となる問題を課題化する。そして，あまり使用されてこなかった資料の地道な調査と読解に基づいて先駆的かつ総合的に照明をあてて実証的に研究したのが本書である。宋代儒教思想研究という本稿の課題からすると，一〜四章がこれに対応する。歴史事象の追究部分も参考になるが，［大浜 1983：No. 49］の説を発展させて，「一而二，二而一」という語に象徴される四書に対する朱熹の注解の原理，記述法を説く第一章は特に興味深い。また，明代の諸問題を理解する上で第五章以下の論述も貴重であり，近年における日本のこの分野の研究の先駆となったものである。

2 ［吉田 1990：No. 63］『陸象山と王陽明』415 頁

Ⅰ 性善説と無善無悪説

Ⅱ 陸象山：一 陸象山研究序説／二 陸象山の南康訪問／三 南康会見後における陸象山の朱熹批判／四 無極・太極論争／五 正統と異端／六 朱陸論争の意味

Ⅲ 王陽明：一 朱子学に挫折した体験について／二 陸象山の顕彰／三 『朱子晩年定論』／四 誠意説／五 王一菴の誠意説／六 体認／七 王陽明晩年の思想

Ⅳ 性善説のゆくえ

本書は，朱熹思想との関係をその後景に踏まえつつ，大きくは陸象山思想研究と王陽明思想研究の二部分から成る。著者は，例えば天主教が「他力」主義であるのに対し，朱陸王の三者を包む視座として，「性善説」（朱子学・陽明学）「無善無悪説」（王陽明）という「自力による自己実現・自己救済を企図する確信体系」をみてとり（Ⅰ），その上で陸象山思想，王陽明思想を解析する。著者は荒木見悟に教えを受け，その荒木の構想を原理論として活用しつつ，自力主義「性善説」という一般的表現の中に荒木の「本来性」という視座を吸収する。その上で朱熹思想との対抗関係を陸王学の側から検討しようとする。

本稿の課題からすると，陸象山研究が注目される。戦後日本で陸象山思想を本格的に研究した著作は，本書まではなかった。著者は，従来の陸象山像が朱熹の引き立て役だったこと，陸象山の問題視角を発展させた王陽明思想の理解の不充分さが陸象山分析を核心に至らせなかったこと，陽明学登場後の朱王両学論争から再構成された要素が陸学像にあること等を反省する。そして資料の検討が進んだ『朱子語類』と朱熹の文集の書簡を陸象山資料と突き合わせる方法を駆使し，朱熹との議論の現場に戻って検討する。その結果，従来，鵞湖の会と無極太極論争を中心として朱陸論争が論じられていたのに対し，南康軍における会見と議論が朱陸両者のその後の論議に非常に重要な意義を持つことを明らかにした。その内容を端的に言えば，なんらかの見解，「意見」というものについて，正しいものと邪悪なものとの弁別を重視する朱熹に対し，陸象山は，たとえ善い「意見」でもそれに執着することは，刻々生きるこころの力の本来的発揮の妨げになるとみる，といった，「意見」というものに対するずれの存在とその意味を抽出する。思想体質を示すこうした二人のずれがその後に展開していく姿を，両者が各々その門人に語る語録や書簡から解明していくところに，本研究の白眉がある。著者は，広くは前述した宋明思想，朱陸論の研究枠にのるが，それぞれの語録資料の精査と発言時期の推測を行って発言状況を復元し，朱陸両者の頭にある相手の像を復元し突き合わせることで，陸象山の像を南宋代のものとしてよみがえらせるのである。

3 ［三浦國雄 1997：No. 77］『朱子と気と身体』410 頁

第一部 気の思想としての朱子学：第一章 総説 間断のない思想／第二章 歴史意識／第三章 鬼神論／第四章 易説／第五章 呼吸論

第二部 近世における気の身心技法：第一章 総説 三教の身心技法／第二章 気質の変革／第三章 陸游と養生／第四章 陳搏の睡功／第五章 気功と道教

二部構成となっているように，本書の研究関心は朱子学と道教修行との二つにあり，その両者を，中国独特の文化基礎概念ともいうべき「気」への関心が貫く。本稿の課題に対応するのは，第一部と第二部第二，三章であり，この部分は，70

年代後半から80年代前半の研究である。しかし，著者の朱子学研究と日本における研究史上のその意味はこれらの論文だけでは尽くせない。その研究の意義を説くためには，京都大学人文科学研究所（京大人文研）の『朱子語類』研究班にふれないわけにはいかない。

すなわち，1960，70年代に九州大学，東北大学などの各地で『朱子語類』の読解共同研究会がおこなわれ，その拠点の一つとして京都大学人文科学研究所があった。元曲研究の田中謙二や前出の島田虔次を中心とする研究班がつくられ，1970年代に会読が続けられていた。ちょうどこの間，三浦は助手としてこの人文研に勤め，この研究班の一員として研究者の道を出発した。その成果として刊行されたのが，［吉川・三浦 1976：No.37］である。この作品は，朱熹とその門人たちとの問答の記録を問題ごとに分類編集した『朱子語類』140巻，1万余条のうちから，朱熹の思想と生活の核心を伝えると思われる118条を抽出して訳注をつけたものである。訳注の実質は三浦の手に成る。朱熹と朱門の日常生活の中での疑問や悩みの肉声を伝えるこの『語類』の高い資料的価値については，今日では周知のことである。しかし朱熹の自著ではないことと，表記が白話に傾き，宋元の俗語の知識と現代中国語運用力が解読に必須であることから，70年時点の日本では今ほど重視されていなかった。こうした認識に対し，この訳注書は，朱熹が生きる文化世界の魅力を『語類』で語られる朱熹の肉声を通して内容的に伝える。それとともに漢文訓読法のみでは難解な白話語法や語彙の詳しい解説を施すことにより，『語類』を読む上での語法的技術を江湖に広く解放した。ここに，日本戦後の朱子学研究史における著者三浦氏の大きな功績がある。

本書『朱子と気と身体』所収の関連論文は，例えば頻出する「間断」，「勢」などの語の分析など，この『語類』研究で得られた知見，またその延長として考究されたものである。「気」についても，『語類』では単に理気哲学といわれる分野ばかりではない豊饒な内容の「気」が語られる。宋代におけるその自然学に関わる部分は，この研究班の会読に先立ち，［山田 1978：No. 41］がまとめる（各論文初出は60年代後半から70年代初頭）。三浦はこの『語類』研究において，この自然学に入らない日常生活の中の「気」の文化にもふれ，本書所収の朱熹の鬼神論，

呼吸論を論じることとなる。その延長に,「身体」に関わる問題としての道教修行や養生思想に関する著者のその後の研究が存する。朱熹に関するその論は,『語類』から出てくる問題であるゆえに朱熹の語りに密着しつつ,しかし現代からの問題意識に支えられた明快な論述となっている。

　なお,上記『朱子語類』研究班に関わる重大な成果として,［田中 2001：No. 81］所収「朱門弟子師事年攷」(73,75年初出)についてふれておきたい。『語類』各条の問答においては,基本的には朱熹,質問者,記録者の三名以上が同席し,中にはその同席者名が複数記述される条もかなりある。複数の記録者がいる条もある。田中は,この複数の同席者名や記録者名を抽出し突き合わせ,誰と誰がいつ同席した可能性があるかを追跡し,『語類』に登場する門人の師事時期を解析した。その成果がこの論文である。本論文は初出時から朱子学研究の必読論文となったが,著作集に入るまで著者は補訂を重ねた。この研究は,まさに後世に対するこの『朱子語類』研究班の実りの贈り物である。


　以上,実質は70年代後半から80年代前半にかけてなされた三氏の著作について紹介した。いずれも,思想の言葉を発する社会文脈とそこにある文化文脈の中に思想の言葉を戻して考えるという姿勢を持つ研究である。「宋明思想」という枠の外になお出るわけではないが,研究対象を無前提の前提的に価値あるものとするのではなく,資料が語る思考の価値の由来を,発言の状況や流通場面に即してそれぞれ検討しようとする。こうした特色は,以下に紹介する90年代末からの研究書にひきつがれていくものである。


(2) 90年代後半以降に刊行された新研究

　以下,上記の三書にみられる新傾向を含みつつ,研究上の新たな提起をおこなっている近10年の研究書の主要なものについて,簡略に紹介していく。それぞれ,書名,およその本文頁数,目次項目をあげ,主として研究の方法,姿勢に関するコメントを付ける。

4 ［木下 1999：No. 79］『朱熹再読——朱子学理解への一序説』360 頁

 第一章 鏡・光・魂魄

 第二章 様々な時間

 第三章 「与道為体」——世界存立の形而上学的根拠

 第四章 「易」理解

 第五章 「治」より「理」へ——陸贄・王安石・朱熹

　朱熹思想関係のテキストを読解するときに，われわれ読解者が，近代の思考の中におり，また恒存性体系性を具えた「思想」があるとすることや研究史の常識などを前提とし，そこからの予測を資料に見出して，理解したと思ってしまう。しかし恒存的思想が前提的にあるのではなく，朱熹の思索が語られる現場がまずあり，その痕跡としてのテキストがある。朱熹のその「思索の生態」をテキストに密着して捉えようというのが，本書である。

　その方法をより具体的に述べると，四書集注などの訳注に示された朱熹の基本見解に関して，『朱子語類』や朱熹書簡などで多くの質疑応答が交わされている。そこでは質問者と朱熹，質問者同士，また朱熹の複数の解釈などにずれが時に見受けられる。そうしたずれを生み出す鍵となる語や語法に着目し，『語類』の内部や，諸問答が踏まえる北宋道学，古典における用例を吟味し検討するというものである。著者は清朝考証学の研究に造詣が深く，本書は，あたかもその考証学的方法を朱熹のテキストに適用するかのようである。

　例えば第三章は，川の流れが戻らないことを孔子が嘆息したその嘆息に道のはたらきのあらわれを孔子は感得したのだと解説する朱熹注を検討課題とする。その注の材料となった程頤語の中で鍵となる「与道為体」について，「体」「与」「与〜為〜」などの語を徹底的に吟味し，旧来の理解が不足する点を明らかにし，朱熹がその注で「道体」と表現しようとした事柄について，それは，世界が「時間的に展開していく『場』として存立すること」を支える「純粋持続意志」といった形而上学的事柄であるという結論を導き出す。言葉が発せられる現場に密着しながら，現代の哲学的課題にも対応する問題意識を発見しつつ，それと同時に，近現代には還元されない朱熹の思索を考察する。そうした往復の粘りが，本章に

はよくあらわれている。その他，こころの働きの譬えによく用いる鏡の働きは，存在を「気」から捉える中国文化が構成する鏡観念から考えられるべきとする（第一章）。あるいは，「理」や「数理」を通してなされる朱熹の『易』理解の中に，ひとまとまりのものとして世界やこころを感得することを基底に置くことによりこころが対象世界に向き合っている，といった問題を朱熹が言語化しようとする姿を見出す（第二,四章）。

著者はこのようにして，深いレベルにおいて哲学的思考がなされていることを，朱熹の「思索の生態」の中にみてとる。語る者が同質の関心を持たない限りみえてこないような領域を問題とする論述ゆえに，それは，良い意味での著者の思索の生態でもある。

5　［小島 1999：No. 80］『宋学の形成と展開』250 頁

本書は，先端研究の問題状況を一般向けに語る「中国学芸叢書」という叢書の一冊として書かれたものである。論文の集成ではなく書き下ろしで作成された本書については，目次項目を一段細かく示そう。

　　Ⅰ 天：一 天譴論／二 郊祀論／三 天理による統合／四 朱熹による展開／五 天譴論の再現／六 郊祀論の再現

　　Ⅱ 性：一 北宋の性説／二 朱熹の定論／三 心身情性／四 無善無悪／五 朱陸の異同／六 非難と調停

　　Ⅲ 道：一 主題の構成／二 理学の開山／三 虚像の成立／四 従祀の昇降／五 唐宋の変革／六 道統の後継

　　Ⅳ 教：一 聖人の教え／二 礼学の意義／三 冬官の補亡／四 教化の職官／五 家礼と郷礼／六 漢学と宋学

本書は，朱子学，陽明学の展開を単に時代順に概説するものではない。著者は，清代考証学から「宋学」と呼ばれた近世儒教の像形成の由来を問い直すとともに，宋，明代の儒教言説の実態を探り，その「宋学」が持つ共通認識，思考枠組を説明していこうとする。

本書の章立ては，かの『中庸』冒頭の三句から採ったものだが，「天」章は，

王朝統治を正当化する天観念の宋代における変容，その延長に出現する「天理」観念の形成を論じる。「性」章は，近世の統治者層としての士における自己修養と社会的働きかけの統合という実践理念を支える心性論や，朱陸論争史像をめぐる諸問題を論じる。「道」章は，王朝秩序の担い手として自覚する士の主観のあり方を説き，朱子学の道統説や周惇頤像が朱熹に作為的に作られた側面があること，また唐宋変革の時代意識や宋明の文廟従祀の変遷を論じる。「教」章は，近世儒教が歴史社会の中で機能する姿として，経学としての礼学が，王朝統治の社会論に力点を置く『周礼』系礼学から，士の自己修養を社会的働きかけにつなぐ回路として宋代に再発見された『儀礼』系礼学に移行することの諸問題を論じる。

著者は主として 80 年代の日本の中国近世儒教研究を整理し，「宋学」という理解の旧来の前提を批判的に検討し，本書に先立つ［小島 1996：No. 72］を受けて礼学の社会的機能に照明を当てつつ，近世中国士大夫文化理解の未来を探る。本書には朱子学・陽明学の知識を得ようとする読者には読みにくいところもある。しかし本書の妙味は，「宋学」の単なる学説的説明にではなく，近世儒教や「宋学」を捉える，種々の意味での内部，また外部の意識の解明にある。研究の視点に対する問題提起の書として本書は提示されている。

6 ［市來 2002：No. 83］『朱熹門人集団形成の研究』520 頁
　序説
　　第一篇　朱熹思想形成の場——北宋末南宋初の閩北程学
　　　第一章　北宋末における程学の展開：第一節　程門初伝と二程語録資料／第二節　陳淵の思想——北宋末南宋初における道学継承の一様態
　　　第二章　南宋初の程学と閩北における朱熹：第一節　閩北における朱松と朱熹——程氏語録資料の収集をめぐって／第二節　朱熹の「雑学弁」とその周辺
　　第二篇　朱熹門人・交遊者の朱熹思想理解
　　　第一章　四十代までの朱熹とその交遊者達：第一節　福建における朱熹の初期交遊者達／第二節　何鎬と朱熹——福建初期交遊者の朱熹説理解／第

三節　廖徳明——福建朱熹門人従学の一様態
　第二章　乾道・淳熙の学—地域講学と広域講学—：第一節　乾道・淳熙における士大夫思想交流／第二節　朱熹・呂祖謙講学論／第三節　浙東陸門袁燮と朱熹
　第三章　五，六十代の朱熹とその門人，交遊者達：第一節　朱熹五，六十代の門人，交遊者達／第二節　呂祖倹と朱熹——朱熹広域講学の展開／第三節　陳文蔚における朱熹学説の受容／第四節　朱熹祭祀感格説における「理」——朱門における朱熹思想理解の一様態／第五節　朱熹晩年の朱門における正統意識の萌芽——呂祖倹と朱熹・朱門の講学を事例として
結びに

　本書は，朱熹の言葉の一次受容者である門人，交遊者と朱熹との交渉を多角的に考究するものである。第一篇は朱熹登場の前提となる北宋末から南宋への程学の展開を追跡し，第二篇が朱熹門人，交遊者たちと朱熹との交渉の研究にあたる。

　その研究を進める方法として著者（すなわち本稿筆者）は，朱熹思想研究の資料の中に大量に残る書簡や語録といういわば質疑応答型の資料に注目する。そこにおいては，質問者や記録者の意図に対応して朱熹の言葉が表出され，またその応答により朱熹の思索が深まりもする。朱熹の言葉が生成する現場が，この協同によるやりとりに窺える。朱熹没後に朱熹の言説が士人層に受容され，後には国家教学の内容にもなっていくが，その受容の初発の姿を検討することは，後にその学が広がり支持される理由を捉えることにもなる。

　著者は，特に書簡資料を主な材料として用い，その送付の時期，書簡宛人の社会的あり方や，地域のグループなどを検討し，朱熹の言葉がその受容者に機能した様相についていくつかのケースを検討する（何鎬，廖徳明，陳文蔚，呂祖倹論など）。また，講学ネットワークのあり方が朱熹50歳の南康軍知事期を境として転機を迎えるとして前後に分けつつ，地域講学と広域講学という視点を，講学のあり方を整理するものとして提唱する。さらに，その広域講学として朱熹と交流した呂祖謙が科挙システムの中で程学を顕彰した意義を高く評価し，一方，科挙に埋没することを批判する朱熹の「為己の学」の立場が地域に生きる士人に言葉を

提供するものとみて，朱熹の学術を門人たちが支持する様相を検討する。このように本書は，朱熹の学説と思想に関わる言葉を，朱熹の主観側からだけではなく，その受容者層における社会的機能面からも考察し，客観的に捉えようとする。

7 ［土田2002：No.84］『道学の形成』540頁

　　序章：第一節 宋代思想史研究の根本問題／第二節 道学研究の根本問題

　　第一章 北宋の思想運動：第一節 慶暦前後に至る思想動向／第二節 欧陽脩——中央の動向／第三節 陳襄——地方の状況

　　第二章 二程の先行者：第一節 胡瑗——程頤の師／第二節 周程授受再考／第三節 宋代思想史に於ける周敦頤の位置／第四節 二つの太極図

　　第三章：程顥の思想の基本構造

　　第四章 程頤の思想と道学の登場：第一節 程頤の思想に於ける「理一」の性格／第二節 「理気二元論」観の検証／第三節 程頤『易伝』の思想

　　第五章 道学と仏教・道教：第一節 道学と仏教に於ける議論の場と範疇／第二節 道学と華厳教学／第三節 死の問題から見た道学の仏教批判／第四節 二程の気論と道教

　　第六章 対立者の思想：第一節 王安石に於ける学の構造／第二節 蘇軾の思想的輪郭

　　第七章 道学の形成と展開：第一節　晩年の程頤／第二節　楊時の立場

　　終章：第一節　道学史上に於ける朱熹の位置／第二節　朱熹道統論の性格

　従来の道学史は朱熹を軸にしたものであり，また明代思想が持つ像から宋代に遡源する面もあった。著者はこのように認識し，「思想そのものをその発生地点にかえって把握」し，思想の発生の実態をまず捉え，「次にそれらの思想が思想史として記憶されていく過程を追跡」するという二段構えで考えるべきで，両者を混同してはならないとする（序章）。その第一段の課題に対応するのが，欧陽脩，陳襄，胡瑗に関する論，そして二程思想の多面的分析，また二程の展開としての楊時論などである。第二段の課題は朱熹が道統説を唱えたことを意識したもので，「周程授受」「太極図」「朱熹道統論」などを論じる諸論が，この「思想史として

記憶されていく過程」を客観化しようとした研究にあたる。

　さらに著者は，道学の形成をその内部側からだけ追跡するのではなく，「対立者の思想」を記述することも本書の課題とし，蘇軾，王安石の思想と道学との同と異を論じる。道学が「天人」「性命」といった問題を「論」じるのに対し，蘇軾は「論」の限界を見定めるという方向で論じるとし（蘇軾の思想的輪郭），道学が士としての個々人の倫理から理想の社会関係の構築を志向するのに対し，王安石は制度的施策から倫理の形成を志向し，方向が逆ながらそれぞれ体系的儒教理念を提示するとする（王安石に於ける学の構造）。また著者は，社会史研究の高まりを受けつつ，「思想的議論の場」のあり方について注意を喚起し，「道学がいかに外部を意識して思想的言説を展開していったか」（あとがき）を考える基礎として，議論領域及び用語の共有ということが起こるしくみを，地域と天下，士と民といった軸の中で考察する。こうした諸論は，検討が深められて然るべき重要な課題であろう。

　本書は，思想史における道学の記述を，儒教教学としてではなく，社会史研究と連動した北宋士大夫の思想史として，現代的視角から客観化しようとしたものである。


8　［三浦秀一 2003：No. 86］『中国心学の稜線——元朝の知識人と儒道仏三教』
　490頁

　　序章：十三，四世紀中国の心学に関する覚書
　　上篇　金末元初の道学と許衡：第一章　金末の道学／第二章　金末の際の全真教／第三章　許衡の思想について
　　中篇　宋末元初の老子注と呉澄：第一章　元初の道仏対立と老子注／第二章　老子注と朱熹の思想および内丹説／第三章　呉澄の『道徳真経註』について／附論　元朝南人における科挙と朱子学
　　下篇　宋濂と元末明初の時代思潮：第一章　宋濂の思想と行動　出仕以前／第二章　宋濂の思想と行動　出仕以後

　近世儒教が想定する「異端」の基本は，仏教，道教，道家（老荘）思想である。

このうち中国に根付いた仏教に関しては，先に紹介した［荒木1963：No. 5］が，近世儒教が主観的にはこれを排斥しながらも，その実，これと深い関わりを持つことを考究する。その論を踏まえつつ，本書は，探究の領域を，道教，老荘思想と儒仏の関係に広げる。従来，この荒木書の強い影響もあって，儒教の「心学」概念は，陽明学の思考を基軸にして朱子学と対比的に論じられがちであったが，これに対し著者は，時代的には後の王守仁思想を基準にするのではなく，それはあくまで結果とみて，そこに行き着く前代の多様な実相を明らかにすべく，元朝士大夫知識人の思索を描写する。元朝士大夫研究は宋明代に比べてなおこれからであり，儒仏道三教の連動研究も未開拓であり，本書は二重の意味で新たな領域を開拓した研究である。哲学的にというよりは思想史的方向にではあるが，荒木書が開拓した領域をその書の批判的継承として拡大する研究がようやく出現したと言える。

その具体化として本書は，許衡における王弼『易』注および全真教との関わり，呉澄における『道徳真経註』，宋濂における『龍門子凝道記』などの意義をそれぞれ綿密に検討する。そのことにより知識人としての社会的関わりと心の修養の実践とを統一的に捉えようとする志向の展開を，「心学」の深化として描き出す。本稿筆者は，元朝治下の出仕以前の宋濂における仏教と道教内丹説との複雑な関係を論じた論考を初出の時点で読んだときに，余人には困難な課題に取り組んだものと驚嘆した覚えがある。本書は，今後，なんらかの意味で元から明にかけての儒教思想を検討する際の必読の研究書となるであろう。

9 ［吾妻2004：No. 88］『朱子学の新研究――近世士大夫の思想史的地平』550頁
　　緒言
　　第一部 朱子学まで――北宋期の儒教とその展開
　　　　第一篇 周惇頤「太極図」の考察：第一章 太極図の形成――儒仏道三教をめぐる再検討／第二章 太極図・図説の浸透と変容
　　　　第二篇 士大夫の思潮：第一章 「洪範」と宋代政治思想の展開――災異説と皇極概念／第二章 晁説之について――考証学と仏教信仰のあいだ

第二部　朱子学の思想

　　　　第一篇　朱子学の基本概念：第一章　道学の聖人概念——その歴史的位相／第二章　理の思想—朱子学と魏晋玄学／第三章　朱熹の鬼神論と気の論理

　　　　第二篇　易学の理論と世界観：第一章　朱熹の象数易学とその意義／第二章『周易参同契考異』の考察

　　　　第三篇　朱子学の方法：第一章　重層的な知——朱熹窮理論の位相／第二章　格物窮理のゆくえ——朱熹以後における二つの方向／第三章　居敬前史／第四章　静坐とは何か

　　　　第四篇　政治実践とその思想：第一章　朱熹の政治思想／第二章　朱熹の中央権力批判

　　第三部　朱子学雑纂：第一章　朱熹の事績に関する新資料——武夷山，福州鼓山の題名石刻／第二章　標点本『朱子語類』について／第三章　アメリカの宋代思想研究

　本書は，幅広い朱子学の内容について，従来の研究の中心であった形而上学的哲学に入りきらない部分に力点を置き，道教，仏教，老荘思想，あるいは同時代の士大夫思想からの影響を受けて朱熹がどう思索を展開し，あるいは官僚文化人としてどういう政治思想をいだいたのか，朱子学がもつ知的広がりとその歴史的性格を，思想史的観点から検討する。目次紹介がはなはだ長くなったが，これは，本書が提示する考察の多面性をあらわす。

　以下，その多面的な考察の一端を示すと，朱熹が存在の理論を託して語った周惇頤の『太極図』同『図説』は，近代の研究では道教，仏教に由来すると言われてきたが，著者は，道教の影響を受けつつも周惇頤が自作したことを，諸資料からほぼ実証する。また，士大夫が科挙により学力によってその社会的地位を獲得することから，聖人可学論ともいうべき人間観を朱子学が持ち，「修己治人」という士大夫としての学問理念が出てくるとみる。その「修己」論の精華としての『大学』「格物窮理」論について，外的世界の知的認識と人格陶冶の内的修養を統合し，士大夫のあり方に見合うものだとして，その特質を詳細に明らかにする。また，「治人」論としての政治思想について，「格物窮理」によって把握された「理」

を指導原理として現状批判と社会改革に向かい，地方行政に詳しく，経界法を実施し，当時としては過激な政権批判をおこなった〔ママ〕政治姿勢を明らかにする。

本書は，学術史の究明という姿勢を持って研究課題を実直に設定し，堅実でわかりやすい論述を通して，魏晋，唐から北宋の流れの中で獲得した近世士大夫思想の水準がいかなるものなのかを，朱子学学説とそのすそ野に対して問いかける。「近世士大夫の思想史的地平」という本書の副題は，その問いかけの姿勢を象徴する言葉である。

10 ［垣内 2005：No. 90］『「心」と「理」をめぐる朱熹思想構造の研究』260頁
　序
　　第一章 心学としての朱熹の思想：はじめに 朱熹の思想を心学として論じることの意味／第一節 「心」と「工夫」／第二節 「敬」：一　程子の「涵養須用敬」，二　朱熹の「敬」
　　第二章 理学としての朱熹の思想：はじめに 人は何故「理」を求めるのか／第一節 格物窮理」／第二節 経書に「做工夫処」を読む──「経」を前提とする「理」の意味
　　第三章 朱熹と朱子学：はじめに 朱子学から最も自由な思想家としての朱熹／第一節 朱熹門人・黃榦──「気象」と「工夫」／第二節 朱子学者・胡敬斎──「敬」の偏重が意味するもの／第三節 反朱子学者・王陽明──聖人にならなかった朱熹と聖人になった王陽明
　　補論：『朱子語類』の記録をめぐる一考察──『語類』の言葉は誰の言葉か

著者は，朱子学の「おもしろさ」というものを，「『心』という極めて実感的・主観的な要素や『工夫』という極めて現実的・実践的な行為をも含むあらゆる人間の営為を支える『理』という概念の外延の広さ」に見出す（序）。そのような関心から，「心」の「工夫」の問題を中心として，いわゆる「敬」「格物窮理」といったいくつかの基本概念を「朱熹自身の論理を再構成することを通し」て「再定義」（序）しようとしたものが，本書の主要部分である（第一，二章）。併せて，朱熹以後の門人や「朱子学」後学，あるいは「朱子学」批判者と朱熹との距離をはかる

（第三章）。

　その「再構成」のための前提作業として著者は，『朱子語類』と朱熹の文集の書簡部分の翻訳を継続して心がける（書簡の訳注は「論叢 アジアの文化と思想」誌に不定期連載，『語類』については［垣内・恩田 2007：No. 95］参照）。その読解を通して，南宋代における心の鍛錬者，修養者の位置にみずからを置くことに努め，そこからみえる光景として，「工夫」とか「理」の内実を記述しようとする。ここに著者の論述姿勢の特色がある。主要資料でも重要資料である『朱子語類』の記述のあり方を問題とし，それが語録という形式であるゆえに必然的にそこに存する曖昧さを吟味して，なにがどこまでわかるのかと嘆息する補論に，資料に対峙する著者の姿勢の真摯さを本稿筆者は感得する。

11 ［小路口 2006：No. 92］『「即今自立」の哲学——陸九淵心学再考』410 頁
　　序章
　　Ⅰ 陸九淵と朱熹：第一章 陸九淵と朱熹——「曹立之」観をめぐって／第二章 陸九淵門人群像／第三章 朱熹の曽点観——陸九淵批判の一視座
　　Ⅱ 陸九淵の朱子学批判：第四章 心の病は医し難し／第五章 事実の楽しみ，言語の病／第六章 響き溢れる声の力——「臨床哲学」としての陸九淵心学
　　Ⅲ 「即今自立」の哲学：第七章 陸九淵の「当下便是」説は「頓悟」論なのか／第八章 陸九淵の性善説再考——構造論的人間観を越えて／第九章 陸九淵の「即今自立」の哲学——あるいは哲学の「現場」について／終章 本当の「学」を求めて——ソクラテス・陸九淵・林竹二の仕事

　本書は，陸九淵思想それ自体を本格的に研究したはじめての戦後の研究書として先に紹介した［吉田 1990：No. 63］の研究を発展させた陸九淵研究の専著である。著者は，実存的意味での「今」を「生＝学び」の現場とせよと陸九淵が語った「即今自立」という本書標題の語に，朱熹の論敵として思想史に登場する陸九淵思想の核心を見出す。そしてその朱子学批判の核心に焦点を合わせつつ，陸九淵が門人に語るその語り方と，その言葉が門人にどう受けとめられていたのかという問

答のやりとりの現場に密着し，縦横に説く。

　本書の特色としてぜひともふれたいのは，著者の論述姿勢である。すなわち，本書の刊行にあたり著者は，宋明思想について，「今，我々に必要なのは，…（中略）…，自らの〈生〉の現場に即して，その哲学を捉え直し，捉え返して，自己の〈生〉を，我々の〈生〉の現場としての〈今〉を，実験台として，その有効性と可能性とを吟味検証しつつ，そこから〈今〉を生きる智慧を学びとり，後世に引き継いでいくことにあるのではないだろうか」（はしがき），「（宋明思想の「哲学」を）現代に蘇らせるための研究も，これからは必要なのではないだろうか」（同）と述べる。「研究」という行為の意味を（日本の）学界と読者に問いかけるのである。この問いかけは，後半各論の副題内容にあらわれているが，中国近世思想を研究する（日本の）多くの研究者の琴線に響く提起でもあろう。

　このように歴史の中の現代も含む〈今〉というところに研究成果を引きあてようとする場合，資料読解においてとかく現代からの関心によって読み込み過ぎにもなる。しかし著者は，本書の刊行に先立ち『『陸象山語録』精読』という，中国学的な調べの技法を踏まえた精密，着実な陸象山語録の訳注を遂行し（報告書版），その作業とともに本書の各論を執筆した。その丹念な読解研究を踏まえたものとしてみた場合，著者の問いかけとは別に，本書における陸九淵思想解析の成果自体は，現代において「学びと」られる「〈今〉を生きる智慧」といったものとしてだけ受けとめられるよりも以上の，歴史の中の，宋代にも明代にも受けとめられた力ある陸九淵の語りの姿を開示していると本稿筆者は考える。

12［木下2007：No.94］『朱子学の位置』590頁
　　第一章　闘う民政官たち
　　第二章　「母権」の現実
　　第三章　馴致の理想と現実
　　第四章　「中国」の現実
　　終章
　北アジア，中央アジアとの絶えざる交渉の中で中国社会は鍛えられてきた。そ

の社会の統治に携わる士大夫層は，民の生活世界との関わりにおいて然るべき統治理念を形成していく。本書は，その展開としての宋代の政治思想が集約されたものが朱子学だと捉え，その士大夫精神に入り込む諸要素を，戦国時代から金，南宋の同時代までの歴史事象を逍遙しつつ検討する。

　各章標題からは内容がうかがいにくいので，以下，本書の論点を簡略に記す。

　第一章は，遼，西夏の侵攻，また宋金戦争の中，瞬時の対応を迫られる北宋の文官，士大夫たちを描写し，彼らが持つ心性として，「共に生きる人々の命運への我が生をも賭する責務の感情」「自主自任」といった精神を見出す。第二章は，その「自主自任」精神が対抗しようとした課題の大きなものとして，北宋の「垂簾聴政」とそこにみえる「母権」の政治的扱いを描写する。また，その宋に対抗する遼，金における母后の政治的地位のあり方，その淵源としての唐，北朝の母后の存在や，後世に続く王朝（皇朝）政治体制の初めにあたる前漢において政治的に不可欠な要因として「母権」が出現していることを，皇統が父系継承されるという観念のもとでこそ深化する文化伝統として描き出す。第三章は，厳しい自然環境と暴力的な政治支配下で苦しむ古代の民が置かれた状況に対し，理知的な統治によって民の生に安定をもたらす民政理念に関する士大夫精神が，前漢，宣帝期以降，後漢半ばまでに出現するとして，その経緯を豊富な事例によって物語る。第四章は，経書にみえる理念としての「中国」が現実には見失われているとして，それを家庭観念という根本から回復しようとする人々の心性を，朱熹の『家礼』の基礎としての司馬光の『書儀』や程氏兄弟における北宋の家族観念の一般認識を通して描く。また，宋金戦争の状況を受けてそうした危機感を持つ人々の群に入れられた朱熹が，『家礼』といった士大夫文化レベルにおいてだけではなく，「民」の生活の根幹に見出し得た「自主」観念に依拠して「社倉」を構想する姿を描写する。終章は，死去の頃の朱熹をとりまく政治状況と朱熹の対応の中に，本書にみてきた諸々の問題が立ち現れていることを描写して結びとする。

　先に，著者が清朝考証学に造詣が深く，漢字という文字の力によって文化を構成する中国文化にその内側から密着する力を持つということを述べた。本書は，その著者が，中国の内側からだけでは出てこない外国人としての視座を持って，

近世中国の士大夫文化を構築するいわば芯を内と外との両面から究明しようとしたものといえる。

13 ［佐藤 2007：No. 96］『宋代の春秋学――宋代士大夫の思考世界』505 頁
　　第一章　孫復の生涯とその思想――『春秋尊王発微』を中心にして
　　第二章　劉敞と『七経小伝』
　　第三章　劉敞の春秋学について
　　第四章　胡瑗の「明体達用」について
　　第五章　范仲淹の「近名論」について
　　第六章　全祖望撰「慶暦五先生書院記」考
　　第七章　「江州陳氏」について
　　第八章　朱熹と陸游
　　第九章　朱熹の敬説に関する一考察

　著者は，本稿冒頭で紹介した楠本正継に教えを受け，本稿筆者からすると先生世代にあたる著名な研究者であり，［佐藤 1969：No. 22］，［佐藤 1985：No. 54］，［佐藤 1996：No. 75］などの秀逸な朱子学概説，訳注書を公刊している。本書は，その著者がこの十数年究明してきた，北宋の道学勃興直前の慶暦から熙寧年間頃の宋代士大夫の学術・思想とその時代の趨勢に関する研究を集成したものである。
　各章題から各論のテーマがうかがえるが，思想史的には一見わかっているようでいて，その実は詳細な解析が進められていない部分を解明する。著者は，宋代から盛んになる随筆雑著類にも及びつつ，本人以外のものも含めて研究対象に論及する言葉を丹念に蒐集し，同時代及び後世の士大夫世界の評価の言葉の網目の中で対象を捉え，近代側から裁断するのではなく，その資料が語る事柄を読者に着実に伝える。例えば，第二，三章は，宋代解経の自由な気風を開いたとされる劉敞の学術の全体像を描く。その出自，祖父劉式以来の文化資産，当時の蔵書のあり方と意味，その解経の実事求是の姿勢と事例，古器物学への造詣と解経との関わりでのその意義，その春秋学の内実などを細やか豊かに論じる。
　的確に引かれる随筆雑著資料は本書を読む側には楽しいが，しかしこの類の資

料を引用するには，直接の課題を調べるためにではなくして日頃からこうした資料を繙いていないと難しい。そうした豊かな読書と学識に裏打ちされているところに，本書の魅力と特色がある。本節で追ってきたように，この10年，「宋明学」という研究枠自体の客観化が始まり，その枠を出発点としつつその枠にとらわれることがない多彩な研究が輩出した。そうした中でのこうした着実な著作の刊行は，研究の論述にあらためて反省を促す価値あるものである。

## 結びに——研究が向かう方向——

　以上，80年代の終わりからの13点の著作を紹介した[3]。最後に以下，本稿第一節で紹介した4点の著作が背後に持つ研究枠に対するこれらの著作の全般的傾向を振り返り，研究がこれから向かう方向と課題について，本稿筆者なりの考えを簡略に述べたい。

　その全般的傾向として，i，資料分析の深化による論述の細部化と，ii，資料の議論を支える「場」に密着する「現場」志向，ということをあげることができよう[4]。ただしこのように言っただけでは，単に研究が細分化しただけのことのようにみえるので，第一節でふれた80年代初頭の研究枠組との関係においてこのことを考える必要がある。そこで，第一節で先に列挙した三点の事柄との関係について考えたい。

　まず第一の，社会状況に左右されない研究世界を確立するという戦後期の研究精神の姿勢は，全書を通し基本的には継承されている。「基本的には」と言うの

3）　第三節「(2) 90年代後半以降に刊行された新研究」の諸書に対する日本語文の書評の主なものをあげておく。[小島1999：No. 80] に対しては [金子1999]，[市來1999]，[末木2001] の，[市來2002：No. 83] に対しては [土田2002]，[吾妻2003]，[寺地2004] の，[土田2002：No. 84] に対しては [小島2003]，[木下2003]，[末木2004] の，[三浦秀一2003：No. 86] に対しては [土田2004]，[小島2004] の，[吾妻2004：No. 88] に対しては [堀池2005] の書評がある。
4）　このことについては，冒頭にあげた研究状況分析論文 [早坂2004] も指摘する。一方，[石2006] は，この現象の認識は共有するが，「現場」志向において結果的に生じる研究対象へのある種の冷たさに懐疑的であり，本稿第一節にあげた楠本書的な「体認」的・哲学的研究の日本における衰えを嘆くようである。現代の中国と日本の研究交流の一事象として紹介しておきたい。

は、「戦後期の研究精神」として指すものの内容が必ずしも固定しているわけではないからである。すなわち、戦後期の研究精神の中に、欧米近代の市民社会を理念化するという意味での「近代」志向があり、これに対し、「中国の近代」は欧米と同じ道を歩んでいるのか、そもそも歩むものなのかということを問う問いかけが起きている（［溝口1989, 2004］,［溝口・伊東・村田1995］参照）。この問いは、近年の研究環境の変化の中ではさらに検討することが必要な問題だと本稿筆者は考える。ただし、研究対象世界を客観化して描出するという精神は、「研究」を成立させる前提として後退しないものとして継続している。

第二の、「宋明学」「宋明思想」という枠を前提とすることに関しては、歴史社会から抽出、抽象化された「宋明学」「宋明思想」の枠においてではなく、宋代、元代、明代歴史社会の「現場」の言葉として諸問題を論じることになってきている。本稿筆者も含めて、近年の多くの研究書の基本姿勢がここにある。さらに、歴史社会の「現場」を志向するということにより、［小島1999：No. 80］,［土田2002：No. 84］中の一部の論述のように、「宋明学」という枠組の形成そのものを歴史の中で相対化、客観化する論議が提起されてもいる。また、この「現場」志向は、従来の「宋明学」研究に入らない思想要素をすくいとる研究をも呼び起こしている。［三浦秀一2003：No.86］の、許衡、呉澄、宋濂における道教、道家思想への関心への正当な注目とその解析は、その典型にあたろう。

第三の、研究を論述する上での「思弁性」ということも、「宋明学」の枠を研究の前提とした研究の論述法においてではなく、例えば［木下1999：No. 79］のように思弁的な記述がみられる場合でも、それは資料の中の論議の「現場」の思考に密着するための方法として立ち現れる。逆に言えば、70年代までの研究が持っていた論述上の特殊な装置としての思弁性はほとんどみられなくなっている。思弁性を持つ資料主観に密着するときも、おおむねはごく日常に用いる術語、用語、言葉遣いによって説明するようになった。「現場」への志向と、論述の装置としての「思弁性」の後退とは、連動した現象のようである。

近20年の研究における、論述の細部化と多様な意味での「現場」志向とが1980年頃以前の研究枠に対して持つ関係は、以上のようである。旧研究枠は、

研究の出発点としての重い意味をなお有するが、結果的には、研究を進める上ではそこにとどまり得ないものとなっている。研究の内在的展開だけによるのではなく、本稿第二節で述べた外在の研究環境の変化との複合としてこの変化が起きていることに、再度ここで注意したい。研究のこれからがどうなっていくのか。研究課題を立てる際には、内在的課題についても、強力なこの環境要因に沿って考えていかざるを得ないからである。

さて、その「これから」であるが、個別研究としては、上記した論述の細部化と多様な意味での「現場」志向という潮流がさらに進み、思想史の空白が記述されるとともに、その中で、それまで無前提の前提となってその空白を作り出す原因ともなっていたであろう事象が、順次問い直されることになろう。これは当然のこととして言うまでもない。

本稿で問いかけた「宋明学」「宋明思想」という研究枠については、さらに相対化、客観化が進められよう。そこでは、中国の「宋明学」枠と日本の江戸から近代へかけての「宋明学」枠とのそれぞれの形成過程を分離して捉えることが、基本課題となる。中国を対象とする問題としては、宋、元、明代歴史社会における思想文化事象として、「宋明学」枠の形成の史的検討が深められていくであろう。一方、日本における「宋明学」の形成という問題は、日本思想史研究分野における江戸期から明治期にかけての重要な研究課題、しかも我が身の出自を問うような課題として現に存している。そこでは、この中国思想研究分野の展開を受けて、より綿密な連携がはかられることになろう。

それとともに、さらに言えば、この検討は単に日本思想史研究分野の課題にとどまらない。中国で形成された言説を、東アジア各地域社会はそれぞれの事情ごとに受け入れ、その言葉を「真実」とみて生きた人々がそれぞれの社会文脈で言葉を表現していく。その総体としての、中国を中心化するものではない、東アジア思想文化展開史というものが、研究交流が自由化した今こそ構想可能となってきているのではなかろうか。そこでは、本稿でふれた研究の論述上の思弁性ということも、各社会の「近代」と「伝統」の接点の呻吟としてそれぞれに起こっていた現象として、研究の俎上にのぼらせることができる。そうしてこそ、「近代」

翻訳哲学の言葉を無前提の前提とはしないで，その思弁の有効性をはかることが可能となり，問題の原初の各社会における呻吟も客観化することができる。容易ではないが，それが実現された場合の成果は，グローバル化した現代における，欧米思想文化，イスラム圏文化等と東アジア思想文化との対話の有効な素材となるであろう。

　抽象的な言い方になって恐縮だが，以上は，1980年代以前と以後の転換を承けての近20年の日本の「中国宋代儒教思想研究」の流れが向かう大きな方向として見えることである。「国」内の研究は「国際」研究となり，さらに研究対象に即しては，海域をはさんでの交流を軸とした各地域社会間の相互連動事象の客観化につながり，それがわが「国」とか，研究分野の専門性とかの旧枠組を問い直し越えていくのである。

　本稿は，日本の文部科学省特定領域研究「東アジアの海域交流と日本伝統文化の形成——寧波を焦点とする学際的創生——」という大きなプロジェクト研究の中で企画された日本の宋代史研究状況紹介の一部として作成したものである。こうした企画は，上に述べた流れの大きな方向を体現するものだが，中国と日本との研究交流を考える上で，本稿に寄与できるものがあれば幸いである。

[参考文献目録]

吾妻重二［2003］「書評 市來津由彦著『朱熹門人集団形成の研究』」『集刊東洋学』第89号。
吾妻重二［2004］『朱子学の新研究——近世士大夫の思想史的地平——』創文社（東洋学叢書）。
荒木見悟［1963］『仏教と儒教——中国思想を形成するもの——』平楽寺書店。
荒木見悟編［1974］『朱子・王陽明』中央公論社（世界の名著）。
市來津由彦［1999］「書評 小島毅著『宋学の形成と展開』」『しにか』1999年12月号。
市來津由彦［2002］『朱熹門人集団形成の研究』創文社（東洋学叢書）。
伊東貴之［2005］『思想としての中国近世』東京大学出版会。
大浜　晧［1983］『朱子の哲学』東京大学出版会。
垣内景子［2005］『「心」と「理」をめぐる朱熹思想構造の研究』汲古書院。
垣内景子・恩田裕正編［2007］『『朱子語類』巻一～三』汲古書院。
金子修一［1999］「書評 朱子学と陽明学に通底するもの——小島毅『宋学の形成と展開』を読んで」『創文』1999年10月号（通号414）。

木下鉄矢　［1999］『朱熹再読――朱子学理解への一序説――』研文出版。
木下鉄矢　［2003］「土田健次郎氏『道学の形成』第四章「程頤の思想と道学の登場」を読む――「理一」理解をめぐって」『東洋古典学研究』第16集。
木下鉄矢　［2007］『朱子学の位置』知泉書館。
楠本正継　［1962］『宋明時代儒学思想の研究』広池学園出版部。
小島　毅　［1996］『中国近世における礼の言説』東京大学出版会。
小島　毅　［1999］『宋学の形成と展開』創文社（中国学芸叢書）。
小島　毅　［2003］「書評「周敦頤神話」の崩壊――土田健次郎著『道学の形成』を読んで」『創文』2003年5月号（通号453）。
小島　毅　［2004］「書評 三浦秀一著『中国心学の稜線――元朝の知識人と儒道仏三教』」『集刊東洋学』第92号。
佐藤　仁　［1969］『朱子行状』明徳出版社（中国古典新書）。
佐藤　仁　［1985］『朱子――老い易く学成り難し――』集英社（中国 人と思想）。
佐藤　仁　［1996］『朱子学の基本用語――北渓字義訳解――』汲古書院（汲古選書）。
佐藤　仁　［2007］『宋代の春秋学――宋代士大夫の思考世界――』研文出版。
佐野公治　［1987］『四書学史の研究』創文社（東洋学叢書）。
柴田　篤　［2007］「楠本正継博士覚書」『名古屋大学中国哲学論集』第6号。
島田虔次　［1949］『中国における近代思惟の挫折』筑摩書房（改訂版1970年）。
島田虔次　［1967］『朱子学と陽明学』岩波書店（岩波新書）。
島田虔次　［1983］「戦後日本宋明理学研究的概述」『中国哲学』第7号。
小路口聡　［2006］『「即今自立」の哲学――陸九淵心学再考――』研文出版。
末木恭彦　［2001］「書評 小島毅『宋学の形成と展開』」『駒沢大学文化』第20号。
末木恭彦　［2004］「書評 土田健次郎著『道學の形成』を讀む」『駒沢大学文化』第22号。
石　立善　［2006］「戦後日本的朱子学研究史述評――1946-2006――」『鑑往瞻来――儒学文化研究的回顧与展望――』復旦大学出版社。
田中謙二　［2001］『田中謙二著作集（第三巻）』汲古書院。
土田健次郎　［2002］「書評 思想の現場へ――市來津由彦著『朱熹門人集団形成の研究』簡介――」『創文』2002年10月号（通号447）。
土田健次郎　［2002］『道学の形成』創文社（東洋学叢書）。
土田健次郎　［2004］「書評・新刊紹介 三浦秀一著『中国心学の稜線――元朝の知識人と儒道仏三教』」『東方宗教』第103号。
寺地　遵　［2004］「書評 市來津由彦著『朱熹門人集団形成の研究』」『史学研究』第243号。
友枝龍太郎　［1969］『朱子の思想形成』春秋社。
早坂俊廣　［2004］「「宋明思想」研究の現状と課題」『中国――社会と文化』第19号。
堀池信夫　［2005］「書評「開かれた朱子学」の世界――吾妻重二著『朱子学の新研究』を読む」『創文』2005年5月号（通号475）

三浦國雄［1997］『朱子と気と身体』平凡社。
三浦秀一［2003］『中国心学の稜線――元朝の知識人と儒道仏三教――』研文出版。
溝口雄三［1981］『中国前近代思想の屈折と展開』東京大学出版会。
山田慶児［1978］『朱子の自然学』岩波書店。
吉川幸次郎・三浦國雄［1976］『朱子集』朝日新聞社（中国文明選）。
吉田公平・市來津由彦［1985］「日本宋明理学研究状況概述」『中州学刊』第27号。
吉田公平［1990］『陸象山と王陽明』研文出版。

参考【近50年の日本における宋代儒教思想研究に関する主要な研究書・概説書・訳注書】
※「No.・刊行年 19～ or 20～年・編著者, 訳注者名・書名・出版社・備考」。網羅しているわけではない。
「No.・刊行年」網掛けは訳注書。「No.」後の「☆」印は本稿で内容紹介をしたもの。）

| No. | | 刊行年 | 編著者 | 書名・出版社・備考 |
|---|---|---|---|---|
| 1 | | 1948 | 安田二郎 | 『中国近世思想研究』弘文堂→'76増補再刊, 筑摩書房。 |
| 2 | | 1954 | 宇野哲人 | 『支那哲学史――近世儒学』宝文館。 |
| 3 | | 1958 | 今井宇三郎 | 『宋代易学の研究』明治図書出版。 |
| 4 | ☆ | 1962 | 楠本正継 | 『宋明時代儒学思想の研究』広池学園出版部。 |
| 5 | ☆ | 1963 | 荒木見悟 | 『仏教と儒教――中国思想を形成するもの――』平楽寺書店 →'93新版, 研文出版。 |
| 6 | | 1964 | 後藤俊瑞 | 『朱子の倫理思想』後藤俊瑞博士遺稿刊行会。 |
| 7 | | 1964 | 市川安司 | 『程伊川哲学の研究』東京大学出版会。 |
| 8 | | 1964 | 阿部吉雄 | 『日本朱子学と朝鮮』東京大学出版会。 |
| 9 | | 1965 | 寺田　剛 | 『宋代教育史概説』博文社。 |
| 10 | | 1965 | 宇野精一 | 『小学（新釈漢文大系）』〔訳注〕明治書院。 |
| 11 | | 1966 | 本田　済 | 『易（中国古典選）』〔訳注〕朝日新聞社。 |
| 12 | | 1967 | 麓　保孝 | 『北宋における儒学の展開』国書刊行会。 |
| 13 | ☆ | 1967 | 島田虔次 | 『朱子学と陽明学（岩波新書）』岩波書店。 |
| 14 | | 1967 | 守本順一郎 | 『東洋政治思想史研究』未来社。 |
| 15 | | 1967 | 島田虔次 | 『大学・中庸（中国古典選）』〔訳注〕朝日新聞社。 |
| 16 | | 1967 | 赤塚　忠 | 『大学・中庸（新釈漢文大系）』〔訳注〕明治書院。 |
| 17 | | 1967 | 宇野哲人 | 『論語（中国古典新書）』〔訳注〕明徳出版社。 |
| 18 | | 1967 | 山崎道夫 | 『近思録（中国古典新書）』〔訳注〕明徳出版社。 |
| 19 | | 1968 | 俣野太郎 | 『大学・中庸（中国古典新書）』〔訳注〕明徳出版社。 |
| 20 | ☆ | 1969 | 友枝龍太郎 | 『朱子の思想形成』春秋社→'79改訂版。 |
| 21 | | 1969 | 西　順蔵 | 『中国思想論集』筑摩書房。 |
| 22 | | 1969 | 佐藤　仁 | 『朱子行状（中国古典新書）』〔訳注〕明徳出版社。 |
| 23 | | 1969 | 遠藤哲夫 | 『小学（中国古典新書）』〔訳注〕明徳出版社。 |
| 24 | | 1970 | 山根三芳 | 『正蒙（中国古典新書）』〔訳注〕明徳出版社。 |
| 25 | | 1972 | 福田　殖 | 『陸象山文集（中国古典新書）』〔訳注〕明徳出版社。 |
| 26 | | 1972・74 | 湯浅幸孫 | 『近思録（中国文明選）（上・下）』〔訳注〕朝日新聞社 →'96改版, たちばな出版。 |
| 27 | | 1972 | 原田種茂 | 『宋名臣言行録』（中国古典新書・訳注）明徳出版社 |
| 28 | | 1972～83 | | 『朱子学大系（1～14巻）』〔訳注・解説・研究・研究案内〕明徳出版社。 |
| 29 | | 1973 | 山本　命 | 『宋時代儒学の倫理学的研究』理想社。 |
| 30 | | 1973 | 原田種成 | 『宋名臣言行録（中国古典新書）』〔訳注〕明徳出版社。 |
| 31 | | 1974 | 荒木見悟編 | 『朱子・王陽明（世界の名著）』〔解説・翻訳〕中央公論社→'78ＰＢ版。 |

| | | | | |
|---|---|---|---|---|
| 32 | | 1974 | 山下龍二 | 『大学・中庸（全釈漢文大系）』〔訳注〕集英社。 |
| 33 | | 1974 | 間野潜龍 | 『朱子と王陽明——新儒学と大学の理念——（清水新書）』清水書院。 |
| 34 | | 1974 | 市川安司 | 『朱子——学問とその展開——』評論社。 |
| 35 | | 1975 | 楠本正繼 | 『楠本正繼先生中国哲学研究』国士舘大学附属図書館。 |
| 36 | | 1975 | 市川安司 | 『近思録（新釈漢文大系）』〔訳注〕明治書院。 |
| 37 | | 1976 | 吉川幸次郎・三浦國雄 | 『朱子集（中国文明選）』〔訳注〕朝日新聞社。 |
| 38 | | 1976 | 大槻信良 | 『朱子四書集注典拠考』中文出版社。 |
| 39 | | 1977 | 岡田武彦 | 『宋明哲学序説』文言社。 |
| 40 | | 1977 | 高橋　進 | 『朱熹と王陽明——物と心と理の比較思想論——』国書刊行会。 |
| 41 | | 1978 | 山田慶児 | 『朱子の自然学』岩波書店。 |
| 42 | | 1978 | 小野沢精一・福永光司・山井湧編 | 『気の思想——中国における自然観と人間観の展開——』〔論集〕東京大学出版会。 |
| 43 | | 1979 | 三浦國雄 | 『朱子（人類の知的遺産）』〔伝記・翻訳・朝鮮朱子学概説〕講談社。 |
| 44 | | 1979 | 荒木見悟 | 『仏教と陽明学（レグルス文庫）』第三文明社。 |
| 45 | | 1980 | 久須本文雄 | 『宋代儒学の禅思想研究』日進堂書店。 |
| 46 | | 1980 | 山井　湧 | 『明清思想史の研究』東京大学出版会。 |
| 47 | | 1980 | 山田慶児 | 『授時暦の道』みすず書房。 |
| 参考 | | 1980 | 溝口雄三 | 『中国前近代思想の屈折と展開』東京大学出版会。 |
| 48 | | 1981 | 湯浅幸孫 | 『中国倫理思想の研究』同朋舎。 |
| 49 | | 1983 | 大浜　晧 | 『朱子の哲学』東京大学出版会。 |
| 50 | | 1983 | 山根三芳 | 『朱子倫理思想研究』東海大学出版会。 |
| 51 | | 1983 | 岡田武彦 | 『中国思想における理想と現実』木耳社。 |
| 52 | | 1984 | 友枝龍太郎 | 『朱子文集（中国古典新書）』〔訳注〕明徳出版社。 |
| 53 | | 1985 | 市川安司 | 『朱子哲学論考』汲古書院。 |
| 54 | | 1985 | 佐藤　仁 | 『朱子——老い易く学成り難し——（中国人と思想）』集英社。 |
| 55 | | 1985 | 高畑常信 | 『延平答問（中国古典新書）』〔訳注〕明徳出版社。 |
| 56 | | 1986 | 梅原　郁 | 『宋名臣言行録（中国の古典）』〔訳注〕明徳出版社。 |
| 57 | ☆ | 1987 | 佐野公治 | 『四書学史の研究（東洋学叢書）』創文社。 |
| 58 | | 1987 | 戸川芳郎・蜂屋邦夫・溝口雄三 | 『儒教史（世界宗教叢書）』山川出版社。 |
| 59 | | 1988 | 小沢正明 | 『朱熹集注論語全訳』白帝社。 |
| 60 | | 1989 | 荒木見悟 | 『中国思想史の諸相』中国書店。 |
| 61 | | 1989 | 進藤英幸 | 『伊洛淵源録（中国古典新書）』〔訳注〕明徳出版社。 |
| 62 | | 1990 | 有田和夫・大島晃編 | 『朱子学的思惟——中国思想史における伝統と革新——』〔論集〕汲古書院。 |
| 63 | ☆ | 1990 | 吉田公平 | 『陸象山と王陽明』研文出版。 |
| 64 | | 1991 | 山下龍二 | 『朱子学と反朱子学』研文社。 |
| 65 | | 1991・94・98 | 宋元文学研究会 | 『朱子絶句全訳注（1〜3）』〔訳注・継続中〕汲古書院。 |
| 66 | | 1992 | 中村璋八・古藤友子 | 『周易本義（中国古典新書）』〔訳注〕明徳出版社。 |
| 67 | | 1994 | 衣川　強 | 『朱熹（中国歴史人物選）』白帝社。 |
| 68 | | 1994 | 田中謙二 | 『朱子語類外任篇訳注（汲古選書）』〔訳注〕汲古書院。 |
| 69 | | 1994 | 庄司荘一 | 『中国哲史文学逍遙』角川書店。 |

| | | | | |
|---|---|---|---|---|
| 70 | | 1995 | 溝口雄三<br>・伊東貴之<br>・村田雄二郎 | 『中国という視座（これからの世界史）』平凡社。 |
| 71 | | 1996 | 山根三芳 | 『宋代礼説研究』渓水社。 |
| 72 | | 1996 | 小島　毅 | 『中国近世における礼の言説』東京大学出版会。 |
| 73 | | 1996 | 近藤正則 | 『程伊川の『孟子』の受容と衍義』汲古書院。 |
| 74 | | 1996 | 高畑常信 | 『宋代湖南学の研究』秋山書店。 |
| 75 | | 1996 | 佐藤　仁 | 『朱子学の基本用語――北渓字義訳解――（汲古選書）』〔訳注〕汲古書院。 |
| 76 | | 1996<br>～99 | 吹野安正<br>・石本道明 | 『詩集伝全注釈』〔訳注〕明徳出版社。 |
| 77 | ☆ | 1997 | 三浦國雄 | 『朱子と気と身体』平凡社。 |
| 78 | | 1998 | 金谷　治 | 『大学・中庸（岩波文庫）』岩波書店。 |
| 79 | ☆ | 1999 | 木下鉄矢 | 『朱熹再読――朱子学理解への一序説――』研文出版。 |
| 80 | ☆ | 1999 | 小島　毅 | 『宋学の形成と展開（中国学芸叢書）』創文社。 |
| 81 | | 2001 | 田中謙二 | 『田中謙二著作集第三巻』〔「朱門弟子師事年攷」73, 75 初出を収載〕汲古書院。 |
| 82 | | 2002 | 島田虔次 | 『中国思想史の研究』京都大学学術出版会。 |
| 83 | ☆ | 2002 | 市來津由彦 | 『朱熹門人集団形成の研究（東洋学叢書）』創文社。 |
| 84 | ☆ | 2002 | 土田健次郎 | 『道学の形成（東洋学叢書）』創文社。 |
| 85 | | 2002 | 吉原文昭 | 『南宋学研究』研文社。 |
| 86 | ☆ | 2003 | 三浦秀一 | 『中国心学の稜線――元朝の知識人と儒道仏三教――』研文出版。 |
| 87 | | 2004 | 小島　毅 | 『朱子学と陽明学（放送大学テキスト）』放送大学教育振興会。 |
| 88 | ☆ | 2004 | 吾妻重二 | 『朱子学の新研究――近世士大夫の思想史的地平――（東洋学叢書）』創文社。 |
| 89 | | 2004<br>・05 | 吹野　安 | 『正楚辞集注全注釈』〔訳注・継続中〕明徳出版社 |
| 90 | ☆ | 2005 | 垣内景子 | 『「心」と「理」をめぐる朱熹思想構造の研究』汲古書院。 |
| 91 | | 2005 | 小島　毅 | 『中国思想と宗教の奔流――宋朝（中国の歴史07）』講談社。 |
| 92 | ☆ | 2006 | 小路口聡 | 『「即今自立」の哲学――陸九淵心学再考――』研文出版。 |
| 93 | | 2006 | 宮　紀子 | 『モンゴル時代の出版文化』名古屋大学出版会。 |
| 94 | ☆ | 2007 | 木下鉄矢 | 『朱子学の位置』知泉書館。 |
| 95 | | 2007 | 垣内景子・<br>恩田裕正編 | 『『朱子語類』訳注巻1〜3』〔訳注〕汲古書院。 |
| 96 | ☆ | 2007 | 佐藤　仁 | 『宋代の春秋学――宋代士大夫の思考世界――』研文出版。 |

【増補】

| | | | | |
|---|---|---|---|---|
| 97 | | 2008 | 岡田武彦 | 『朱子の伝記と学問（岡田武彦全集16）』〔生前旧論文の新編集〕明徳出版社。 |
| 98 | | 2008 | 三浦國雄 | 『『朱子語類』抄（学術文庫）』〔訳注・No.43 の修訂版〕講談社。 |
| 99 | | 2009 | 木下鉄矢 | 『朱子――〈はたらき〉と〈つとめ〉の哲学（書物誕生――あたらしい古典入門）』岩波書店 |
| 100 | | 2009 | 吾妻重二 | 『宋代思想の研究――儒教・道教・仏教をめぐる考察――』関西大学出版部。 |
| 101 | | 2009 | 興膳　宏<br>・木津祐子<br>・斎藤希史 | 『『朱子語類』訳注巻10〜11』〔訳注〕汲古書院。 |

【補記】　本稿は，もと中国で刊行する企画の文章の日本語稿である。そのため，日本の読者にはややくどい解説になっている部分があることをお断りしておく。内容は当初のままだが，今回の収載にあたり字句のごく僅かの修整を施した。当初の原稿締め切り時期の関係で，本文の研究書紹介は 2007 年末までで終わっている。その後の刊行作品については，紙幅の関係から「参考」のリストを増補するにとどめる。

(2009 年 8 月記)

# 仏教道教史研究

松本　浩一

## はじめに

　宋代は宗教史の上でも大きな転換期であったことは周知のこととといえよう。儒・仏・道を含む全中国的パンテオンともいうべきものが成立してくること，この時代から三教融合への歩みを進めてくること，そしてそれまでは支配者のものであった礼が，庶民層にまでその関わりを広げてきたこと，などがその例としてあげられる。さらに現在見られる道教・民間信仰そして仏教の儀礼・実践面の起源をたどっていくと，多くがこの時代にその源流をもっている。このことは道教研究者・仏教研究者が，各々の研究を通じて発見した共通の認識といってよいだろう。

## 一　道　教

　道教史に関しても，一方では道蔵が編纂されたことなどに見られるように，古代からの伝統が集大成された時代でもあるが，一方では雷法・天心法など特徴的な道教呪術が成立し，また唐代まで主流であった，化学的操作によって丹薬を完成する外丹術に代わって，精・気・神を身体内で錬成し，仙人の身体を作り出す内丹術が主流となるなど，新しい伝統が生まれていった時代でもあった。そして「はじめに」で述べたように，現在の儀礼・実践面の起源をたどると，この時代に源流をもっているものが多い。そのようなこともあって，宋代に関する道教研究では，呪術儀礼と内丹の研究がほとんどを占めている。

(1) 道教の呪術儀礼

　魏晋南北朝時代に遡る神々への祈願の儀礼である斎醮については，膨大な科儀

書がいくつも編纂されるなど集大成が行われたが、これらの中にはこの時代に成立したと見られる新たな儀礼も大幅に取り入れられていた。

　道教の呪術儀礼は元来エゾテリックなものであるから、道士の直接の教えがなければ、儀礼書を正しく読みこなすことは出来ない。実際に道士たちの調査を進めている研究者によって、その研究が進められることが多いのもそのためであろう。丸山宏は、金允中に注目し、その著書『上清霊宝大法』(以下金氏大法)に記された黄籙斎の儀礼構成を分析し、そこに現れた思想とその系譜を論じている［丸山 1994a］。また金氏大法の構成を論じて、王契真『上清霊宝大法』(以下王氏大法)のテキストとの比較を行っている［丸山 1994b］。浅野春二は、『無上黄籙大斎立成儀』(以下立成儀)を取り上げて、その黄籙斎の構成を示したあと、神々への供物と救済すべき亡魂への供物が異なった内容をもつことを指摘し、その意味について考察している［浅野 1999］。また浅野は立成儀の記事から、南宋期の道士と依頼者である斎主の儀礼への関わり方、救済の対象となる死者の主薦・普薦の区別などについて考察し、現在の台南と同じような斎の実施形態が、この時期に現れていたとしている［浅野 2005］。「混元玉札」によって死者の霊魂を呼び寄せる「神虎法」と呼ばれる儀礼が、宋代以降の黄籙斎の儀礼書に見られるようになるが、浅野は王氏大法を中心にこの儀礼を考察し、そこには楚辞「招魂」の招魂儀礼に繋がる要素も見いだされるとする［浅野 2008］。松本浩一は、宋代に新しく黄籙斎に登場した、亡魂を招いて仙人の身体に鍛え上げ仙界に送り込むために行う、召霊から始まり沐浴・呪食を経て錬度・昇度に至る一連の儀礼を、立成儀・王氏大法の記述によって分析し、それらの儀礼が民間に受容され、儒教の葬礼と併存していった状況を考察している［松本 2001a］。彼はまた金氏大法と王氏大法それぞれにおいて、霊宝派の修行法を扱った部分のテキストの比較を行い、両者の関係について考察を加えている［松本 1999a］。三人の以上の成果は、それぞれの著作に収録されている（［丸山 2004］、［浅野 2005］、［松本 2006］）。砂山稔は、欧陽脩が斎醮のために書いた青詞について、青詞の中に登場する道教の神、「仙」という語、道・老子の語などに注目して、それらの言葉に対する捉え方を分析し、彼の道教に対する考え方を探っている［砂山 1993］。

道教呪術に関しては，松本は雷法が内丹の理論に理論的基礎を置いていること，またその雷法を組織化し，配下に収めることに成功した張天師の正一派が，江南道教における覇権を確立したことを指摘した［松本1982］。白玉蟾は内丹説と雷法の両者において傑出した位置を占めているが，横手裕は白玉蟾の著作集の中に現れる道教呪術の系譜を明らかにし，さらに彼の雷法理論について考察を加えている［横手1996］。内丹の理論が雷法の教理的裏付けとなっていることは，松本によってすでに指摘されていたが，鈴木健郎は雷法を構成する要素と，雷法が成立する理論について詳しく分析し，白玉蟾の「玄珠歌」を基に，内丹と雷法を結ぶ基本原理となっている大宇宙と小宇宙の感応について検討している［鈴木2003a］。またそれ以前は万物・気から道への上昇・遡源という方向だけで考えられていた内丹説に対し，道の本質は万物・気への造化にあり，道から気への造化の方向こそ内丹の結成であるという主張を行ったことに，白玉蟾の教説の独自性があるとする［鈴木2004］。二階堂善弘は，南宋から元のころの雷法を収録した『法海遺珠』に見える元帥神について，『道法会元』に見える元帥神と比較しながら考察し，雷部の主要な天君や四大元帥などが中心になっているとしている［二階堂2006］。また天心法も正一派と深い関係を持っているが，松本は『太上助国救民総真秘要』に基づいて，目的ごとに異なる呪術の手続きについて考察し，特に考召法の構成について分析して，その構成は役人が罪人を取り調べる課程を模していることを指摘する［松本2002］。

(2) 内丹術

内丹術の研究は，現在日本の宋代道教研究において，最も注目すべき分野であるといってよい。中でも内丹の理論を支える思想についての分析が焦点となっており，特に張伯端に始まるとされるいわゆる全真教南宗の流れが重視されている。その張伯端の著作『悟真篇』は，この派の中心経典であるが，福井文雅はいくつかの版本を比較考察した上で，この著作が禅宗と深い関係を有していたことを指摘する［福井1987］。吾妻重二は『悟真篇』の研究史をたどった論文において，その基礎理論と研究上の問題点を簡略に示している［吾妻1988］。また版本ごと

の構成を比較して，ここには比較的簡単な内丹技法が，様々な比喩や外丹用語によって表現されており，それを読み解いていく作業が，この時代の知識人の興味に投じたと論じている［吾妻1994］。

　この派に属すると考えられている道士たちの継承関係をどのように捉えるかということは，研究者に課せられた重要な問題である。松下道信は，『悟真篇』によって提出された，内丹の修行における命＝内丹から性＝禅宗という図式と，それらの相互補完的な関係を提唱し，彼の後継者がその図式をどのように克服しようとしたかを論じている。たとえば白玉蟾は「心」を強調することによって性を内丹に取り込もうとしたとする。そして性を取り込む際に，内丹の最終的目標である陽神の位置づけが，どのように変化したかという問題を通じ，翁葆光や鍾呂派などの考え方との比較を行っている［松下2000］。この翁葆光の思想について，野村英登はその『悟真篇』への注を通じ，やはり命の修行から性の修行へ向かう階梯を継承しながら，彼は仏教自体を錬金術と位置づけて理解しており，これが当時の内丹家にとって普遍的な理解であったとする［野村2002］。また『度人経』に内丹説による注釈を施した蕭応叟の『元始無量度人上品妙経内義』について，元始天尊の宇宙創造の過程を身体内に移したものとして内丹修行を解釈し，従来の誦経による救済という方法との両立を目指していたと説く［野村2004］。鈴木は，鍾呂派の著作，『悟真篇』，白玉蟾の著作に見られる内丹の論理を図式化して示し，陳楠・白玉蟾では，現象界から離れて空へ向かう方向ばかりでなく，空・無から現象界への造化のプロセスにも価値を認め，自在に往還する能力の獲得を最高の境地とするとしている［鈴木2003b］。これは雷法の行使との関連においても重要な主張といえる。西洋の錬金術においても，その探求によって手にした造化の原理を，魔術という形で外に表現するという関連が見られる。松下は白玉蟾が自己の著作について出版を積極的に進めた背景に，口伝を誰でも利用でき，どんな人にでも成仙の可能性を開くという思いが存在し，これによって師授意識を克服しようとしたのだとしている［松下2004］。

　内丹の重要文献である『霊宝畢法』，『鍾呂伝道集』，『西山群仙会真記』は，密接に関係した著作である。これらの文献に表れた思想はしばしば鍾呂派の名前で

言及される。しかしこれらが一つの流派によって生み出されたかどうかは明らかではない。坂内榮夫は，『鍾呂伝道集』は11世紀後半ごろ，『西山群仙会真記』は北宋後半の成立と推定し，その内丹思想の龍虎交合について，行気の実践の発展をたどった上で，内気循環理論にその源流を求める［坂内 1985］。『霊宝畢法』については，石田がその内丹の技法を極めて具体的に解説しており，この石田の著作が内丹研究に与えた影響は大きい［石田 1987］。石田の著作では，内丹の行が気功の技法という点から考察されており，思想面からの考察が多い内丹研究では異彩を放っている［石田 1997］。横手は，全真教と南宋の内丹道が結びついていく上で重要な役割を果たした李道純の思想に注目し，その思想を「道」の捉え方，「道」より万物への造化の過程，修行論などから論じ，さらにその思想形成における全真教と内丹道からの影響について論じたあと，二つの道統が結合していく過程をたどっている［横手 1990］。さらに彼が内丹思想に看話禅を積極的に取り込んだことについても論じている［横手 1992］。また横手は宋代以降の内丹道に見られる性説は，五代以前の道教思想を継承するより，禅から受けた影響のほうが大きいという立場から，金の侯善淵が『常清静経』に付けた注の中に，杜光庭の注には見られなかった，性宗＝禅という捉え方が現れていることを探っている［横手 2006］。

　内丹の研究は，現在中国においても，内丹思想の変遷や行法の構造などについて多くの成果が問われている。そして内丹は当時の知識人をはじめとして，広く人々に支持されていたことが指摘されているが，彼らのすべてが内丹の行法と結果としての永生の獲得に，心を奪われたわけではないように思われる。道士たち以外の人々にとっても内丹がアピールしたのは，どのような点であったのかという問題についても，今後は問われる必要があるのではなかろうか。また外丹においても精神的な鍛錬が重んぜられていたことも指摘されている。それら先行の行法との関係については，行気などの行法については論じられてはいるものの，外丹との関係は今後の課題であるといえよう。

　道教経典の研究では，宮澤正順は道枢について，その書誌学的研究や，全体の構成，特徴的な思想など一連の研究を発表している［宮澤 2002］。山田俊は道教

経典への注釈者として有名な陳景元の思想について論じている［山田1991］。水越知は，『太上感応篇』とほぼ同時期に作られた善書『楽善録』を取り上げて，その版本・編者・引用文献・『太上感応篇』との関係などについて考察を加えている［水越2009］。

吾妻は宋代の景霊宮を論じた論文において，景霊宮の構成と性格そしてその変遷について論じ，もともと聖祖を祀る道教的性格の濃い建築物であったものが，次第に祖廟としての性格を強め，規模も拡大していったとする［吾妻2006］。彼は道観と祖廟としての二つの性格をもつ景霊宮は，皇帝の祖霊祭祀に道教と儒教の儀礼が交差したユニークな事例としているが，宋の朝廷がどのようにこの二つの教えを位置づけていたかを考察する一つの手がかりとなろう。

## 二　民間信仰

この時代から民間信仰の実情について記した史料は，前代に比べてたいへんに多くなっている。しかしそれらの史料は，極めて断片的なものが多く，また知識人たちの建前論に偏向を受けた記述が多いため，宋代の史料を適切に解釈していくには，人類学者・社会学者の報告している民間信仰の現状をふまえる必要がある。

宋代の民間信仰史において，特に注目されているのは祠廟をめぐる問題である。この時代から祠廟に関する記述は多くなっていること，また現在見いだされる主要な廟神においても，祠廟の信仰形態においても，この時代に源流をたどれるものが多いことなどが主要な要因と思われる。

現在の祠廟の組織を見ても，そこには地域の社会関係が反映されている。須江隆の一連の研究の焦点は，祠廟と地域社会の権力構造との関係，知識人階級にとって祠廟がもっていた意味を明らかにし，それらを通して地域社会と国家権力との関連性を捉えようとすることにある。このような祠廟に対する社会史的アプローチは，須江の独壇場といえる。彼は特に廟額・封号の下賜の制度に注意を払い，申請から下賜に至る具体的手続きを分析している。この制度は北宋末から南宋に

至って整備完成されたが,申請の中心となったのは在地の有力者であり,現地の官員が主であった唐代とは異なることを指摘する［須江 1994］。この制度については,松本は宋朝の祠廟統制の意味があったことを指摘し［松本 1985］,金井德幸は,公的に整序された祠廟や寺院は,保正をはじめとする在地の宿老など,在地の有力者の支持を受けて申請した場合には,一定の条件を満たしていれば賜額の対象となったと論ずる［金井 1989a］。須江は福建・甫田県の方氏一族が,「祥応廟」の廟神の霊験を宣伝し,廟に対する一族の貢献度の高さをアピールすることを通して,地域社会における指導層としてのステイタスを維持しようとした行動を描き出す［須江 1998］。彼はまた方臘の乱についての祠廟の記録を分析し,それらは反乱の実態に即したフィクションとして構築され,反乱が波及した周辺の地域で主として形成されたことを指摘し,「廟記」では現地の利害が反映された一方で,「廟牒」には宋朝の地域観がストレートに表現されていることを指摘する［須江 2000］。さらに南尋鎮の嘉応廟が賜額を申請した際の「廟牒」を詳しく分析し,ここには父老たちの地域観が表現されているというより,宋朝の統治理念としての地域観が現れているとする［須江 2001］。そして祠廟制度の推移から社会構造の変質過程を,①唐中期から慶暦・熙寧年間まで,②慶暦・熙寧から宣和まで,③宣和から南宋末までの三つの時期に分けてとらえ,特に徽宗朝の時期の重要性を指摘している［須江 2003］。これを受けた論文では,宗族がその地域の祠廟に積極的に介入することによって,地域社会における地位を向上・保持し,祠廟を中心とした地域社会が有力な一族によって形成・再編されたことを述べ,このような動向は北宋末期以降に顕著に表れてきたことを強調している［須江 2005］。これらの分析は,「廟記」,「廟牒」などの史料の読み込み方についても示唆を与えているといえよう。

　水越の主要な問題意識は,地域社会における祠廟の役割,祠廟の建設に中心的役割を果たした層,国家の祠廟統制政策などにある。宋代全期にわたる国家の祠廟政策の変遷をたどり,祠廟の地域社会における位置づけを論じた論文では,祠廟を正式に祀典において承認された正祠とする主体が地方に移行し,賜額・賜号も事実上それを追認するようになってくる動きを指摘する［水越 2002］。また国

家祭祀の中枢にあったものから民間へと広まった信仰として、東嶽廟の信仰を取り上げ、江南の市鎮に有力な東嶽廟が現れたのは、行政中心地における城隍廟のような求心力が東嶽廟に求められたためだとしている［水越 2003］。伍子胥信仰を取り上げた論文では、伍子胥伝説とその信仰の行われた範囲すなわち信仰圏について、その方言域あるいは水上交通路との関連から論じているが、ここではさらに信仰圏の問題を、「行政機構・経済圏・方言地域といった分野を包括した「文化圏」」の問題としてとらえる視点と、それらを宋代の歴史的変化に即して論ずる際の問題についても議論しており、今後宋代の祠廟信仰を論ずる際の重要な提案を含んでいるといえよう［水越 2006］。祠廟信仰に関する研究は、社会史的なアプローチに比べ、問題点が拡散しがちであることは否めない。それには人類学などの祠廟信仰の現状の研究をふまえて、祭祀組織、信者の範囲、祠廟相互の関係、祭神の性格など、中国における祠廟信仰のイメージと問題点を整理することが必要であると思われるが、水越の研究はこのような方向にも示唆を与えよう。同じく伍子胥や防風・銭鏐など浙東地方の水神信仰を中心に、地域文化と地方神信仰との関係を論じた鈴木陽一は、神々や歴史人物をめぐって歴史と物語が交錯する状況に注目し、さらに伝承資料の利用について問題提起を行っている［鈴木 2001］。

　金井も祠廟に関わる事柄に関し主要な役割を果たした層が、村落内でどのような位置を占め、どのような理由で祠廟を支持していたかという問題を議論し、影響力のある一族は廟祝などと結託して、郷村を彼らの支配下に置くために、祠廟を利用しようとしていたと指摘している［金井 1988］。また宋代には社神として人格神が登場し、これらの里社廟は城隍廟の下位に位置づけられ、国家的秩序を維持するものとして、同質の寺院と合体することもあったが、廟の建立に力のあったのは、宗族を構成していた里の有力者であったとしている［金井 1989b］。このように祠廟の建立にあたって中心的な役割を果たした耆老・執事という人たちは、一方で郷村においてその祠廟を利用し、郷村支配を企てようとしていた。特に問題があったところには県尉が派遣されることもあったが、形式的対処しかできないことが多く、彼らも不正を起こした側につくことが多かったとする［金

井 1990］。論証は不十分であるが，その視点はたいへんに興味深い。田仲一成の宋代における祠廟の祭典の研究は，祠廟を取り巻く社会の変化によって，プロの演劇集団が一般の参加者から分離していったことを明らかにしている。彼の主要な関心は，それによって，この演劇集団が元曲を担うようになっていくことを証明することにあるが，その過程で，陳淳の記述をもとに，福建の祠廟の祭祀組織と祭典の具体的様相を描き出し，その背景に存在した祭礼を挙行する人々の社会的変化を指摘しており，宋代の祠廟研究に与えた影響は大きい［田仲 1981］。

しかし祠廟は人々にとっては第一に信仰の場であり，超自然的存在（神々や鬼など）と接触する場である。祠廟の重要な行事は支持者のそのような要求をめぐって組織される。その機能は宋代から現在に至るまで全く変わっていない。松本は，宋代の祭典の実態とその組織，祭典における道教の斎醮の進出と，それに対する知識人の捉え方などを論じ，もともと厲鬼であった神々が祠廟に祀られており，それには巫者が関与していることなどを指摘している［松本 2001b］。また古代の社の信仰から祠廟の信仰への変化の捉え方について，従来の捉え方とその問題点について論じている［松本 1999b］。そのような祠廟信仰における宋代の傾向と，その社会的背景に関する研究については，金井は様々な角度から問題点を発掘してきた。古代の社の祭祀から祠廟の祭祀への変遷，民間信仰レベルでの三教一致の傾向，地域の祠廟信仰をリードした人たちの階層などの問題を指摘している［金井 1983］。これらの問題にアプローチするために，彼は筆記小説や文集，石刻史料など幅広い史料を駆使している。彼の論文は後に続く研究者に多大な影響を与えた。

80 年代の中頃から，金井の研究は「土神」信仰の問題へ集中する。彼はその廟は従来の村社を統合する機能を持ち，田仲がいう市場圏の成立を背景とする，新しい祭祀組織の成立と対応するとしている［金井 1985a・b］。しかし土神をそのような神格と定義するについては，多くの研究者に受け入れられていない。須江も社神が土神と呼ばれている人格神に変容してくる傾向を論じており，土神の創出と地域社会との関連を説いた部分などは興味深いが，やはり史料に現れてくる土神の意味は，その地域に固有の地方神と捉えるべきであろう［須江 1994］。

さらに金井は城隍神信仰と厲鬼の信仰との関係，鬼や精怪の信仰に関する論文も発表している。鬼の信仰を手がかりに，廟神の問題を論じた諸論文は，テーマ自体はたいへんに興味深いものとなっているが，鬼の信仰についての基本的知識を欠き，社稷・社神・社廟・里社などの言葉の定義と，それら相互の関係についても，あいまいなまま議論を進めているため，論点が明確ではなくなっている。殺人祭鬼というテーマを手がかりに，この時代の祭鬼の問題を探って論文でも，議論されている内容には興味深い点も多いが，冤鬼孤魂を「新たに特別な人鬼が発生した」と位置づけたり（厲鬼・孤魂の祭祀は古くから重視されてきた），「人鬼である厲鬼が「妖神・魑魅魍魎」と混淆し，宋代に独特な妖神を形成した」とする（人鬼と精怪は別の存在）など，中国の鬼の概念に関して混乱が見られる［金井1994］。喫菜事魔と殺人祭鬼を論じた論文では，それらの基盤には妖神信仰が存在し，それらの妖神は為政者の捉え方から魔に位置づけられたり，鬼に位置づけられたりされたとしている［金井1995］。また金井は山魈（山の妖怪）そして瘟鬼（疫病神）が，次第に祠廟に祀られるようになってくる傾向について述べている［金井1996］。宋代における厲鬼の信仰と城隍神との関わりを論じた論文では，無祀の孤魂や，子孫に葬儀を行う力のない遺体を収容して葬礼を行う漏沢園，そして義冢の制度についても触れられている［金井2001］。しかしここでも，厲鬼が神として昇格する過程を経ずに祠廟に祀られるように述べていたり，疑問な点も少なくない。中国における鬼や神々の信仰について論ずるには，やはり中国の民間信仰に関する基本的知識を，まず押さえておく必要があるであろう。

　このような祠廟においては，巫者や様々な民間宗教者が彼らのサービスを提供しているが。中村治兵衛はこのような巫者の活動特にその入巫過程や存在形態，そして宋朝の統制などについて論じている［中村1982］。木村明史は『夷堅志』に見える巫者の治療行為と医者との関わりについて分析し，それらに対する知識人の捉え方について論じている［木村2001］。

## 三 仏 教

　仏教研究の方面では，仏教が日本人にとっては身近で親身な問題であることもあり，その成果は，道教や民間信仰の研究とは比較にならないほど豊富である。特に1192年に始まる鎌倉時代は，いわゆる鎌倉新仏教といわれる幾多の諸宗派が成立した時代である。特にこの時代の主役となった武士たちの心を捉えた禅宗では，日本の祖師あるいはそれを嗣ぐ僧侶たちは，みな多くの有名な僧侶が排出した宋代の禅師に学んだこともあり，宋代の禅宗の研究は現在でも盛んであり，毎年多くの論文が生み出されている。

### (1) 禅宗

　まず鈴木哲雄編『宋代禅宗の社会的影響』は，全体が五篇に分かれ，それぞれ代表的な研究者の概説的な論考を集めている［鈴木2002］。第一篇「宋代禅宗の総括的指標」には，「北宋前半期における禅宗僧侶と知識人たちの交流を概観し，禅宗になぜ知識人の多くが引きつけられたのか」という点などについて，方向性を見いだそうとした，鈴木哲雄「北宋期の知識人と禅宗との交流」，大慧宗杲の伝や『嘉泰普燈録』など南宋の燈史の成立や大慧の事跡の記述，公案の扱いなどを通じて南宋禅の特色を論じた，石井修道「南宋禅をどうとらえるか」，宋・元・明にわたる時期の禅宗の変容を巨視的にたどった，長谷川幽蹊「宋・元・明の間における禅宗変容の構造的解析」が収められ，第二篇「禅思想」には，大慧は一方で古則話頭の整理によって禅思想の体系化を図り，一方で公案の実践を通して開悟を体験することを必須の課題としたことを論ずる，西村惠信「宋代叢林の矛盾と超克：大慧看話禅の二重構造」，宋代を禅の整理と洗練の時期として，教団制度や語録・公案集などの文献に体系化の動きを探った，沖本克己「宋代禅思想の体系化」，看話禅と黙照禅という視点から宋代の禅宗を概観し，そこから道元禅への流れをたどった，佐藤悦成「看話・黙照の位相：宋朝禅から道元禅への展開」が収められている。第三篇「禅宗と教宗」には，天台宗山家派の諸師が，禅宗とどのような関わりをもったかを時代順に資料からたどり，教を重視する天台

が，なぜ実践第一の禅に接近しなければならなかったかを探った，大野栄人「天台宗山家派と禅宗との交渉」，『首楞厳経』の長水子璿の注釈の検討を通じて，宋代華厳学の特色を論じた，吉津宜英「華厳教学の与えた宋代禅宗への影響：首楞厳経信仰形成への要因」が，第四篇「社会的影響」には，藤善眞澄「安史の乱前夜の仏教界と禅宗」，宋代には真宗の葬儀以来，皇帝の葬礼に仏教の法会が加わるようになり，皇陵にも追善供養にあたる仏寺が建立されたことなどを指摘した，竺沙雅章「宋代宮廷の葬送と禅宗教団」，楊億が三歳の息子を失って書いた「殤子述」を通して，中国の知識人が仏教を「どのような形で自己の思想に中に取り入れていったか」を探った，西脇常記「楊億研究：「殤子述」を読む」，黄庭堅の書画への禅の影響を論じた，長谷川昌弘「黄庭堅の芸術と禅」，烏瑟沙摩明王に関しての禅宗寺院内の信仰と，民間における穢跡呪の信仰を探った，永井政之「烏瑟沙摩明王信仰研究試論：中国民衆のとらえた仏教」，『悟真篇』の巻末に収められ禅の悟りの境地を歌った詩・詞を通して，命功と性功の関係を探った，三浦國雄「身と性：『悟真篇』禅宗歌頌小論」が，第五篇「日中交流と禅籍」には，佐藤秀孝「禅者の日中交流：宋代禅宗と日本禅林」，椎名宏雄「唐代禅籍の宋代刊行について」が収められている。日本における禅宗研究を概観するには便利な図書といえよう。

　石井修道『宋代禅宗史の研究』は，「『景徳伝燈録』の歴史的性格」，「中国初期曹洞宗教団の成立」，「北宋代の曹洞宗の展開」，「宏智正覚と黙照禅」の四章から成り，彼が研究の課題とした，唐代禅との比較を通じて宋代禅を明らかにするという視点から，『景徳伝燈録』に収録された禅者の禅を唐代型の禅として，この書を考察することによって，地方分権型の唐代禅から中央集権型の宋代禅への移行をたどることも重視している［石井1987］。第四章の宏智正覚の禅を論じたところでは，彼の伝記資料を詳しく分析したあと，大慧の看話禅と比較しながら彼の確立した黙照禅の特徴を論じて，従来看話禅は南宗禅の傾向を引き黙照禅は北宗禅の傾向をもつとされてきたことに異を唱え，「黙照禅こそ南宗禅の正統であり，看話禅は悟を目的として定に作為をともなう手段を弄して南宗禅の異端として成立した」とする。そして，宏智の禅との比較によって道元の禅の特徴を明ら

かにすることにも力を入れている。

　同じく石井修道『道元禅の成立史的研究』には，道元禅についての論考を収めているが，「中国禅と道元禅との相違を究明」するという著者の問題意識から，中国禅の思想や特色について論じた論考も含まれている［石井 1991］。「宏智正覚と天童如浄」では，やはり道元禅への影響という問題点から始まり，「従来あたかも同一の禅と考えられて来た宏智と如浄の禅が，きわめて異なるものであることを」，「臨済禅の摂取」など四つの点から論じている。著者はここで「中国における宗派とは，日本のそれとは大いに異なるものであり，この事を十分に踏まえて問題を考えなければならない」と強調し，「中国と日本の社会体制，政治機構の違いを考慮しなければならない」ことも指摘している。日本における中国仏教の受容の問題を考察するにあたって，このことは重要な点であると思われるが，最近の中国仏教研究においては，社会史的アプローチを行う研究者ばかりでなく，教理史を専門に探求する研究者においても，この点を重視する態度が顕著に見られる。「大慧禅における禅と念仏の問題」は，大慧禅においては，禅と浄土が融合したというのではなく，念仏を認める場合でも対機説法の性格が強く，しかもそれは妥協というのではなく，一念を強調する徹底したものであったことを考察している。この他に石井には，道元の解釈の特徴を明らかにするために，「磨塼作鏡」の話への大慧の解釈を検討した論文［石井 1998］や，大洪守遂の『潙山警策』への注釈に注目して，本文と注の思想の共通点と相違点を論じ，注には教禅一致・頓悟漸修など，宋代禅宗に特徴的な説が強く現れているとする論文［石井 2005］などがある。

　椎名宏雄の著作は，氏の禅籍に関する文献学的研究の集大成というべきもので，その「緒言」によれば，禅仏教特に禅宗が成立した唐代の禅思想の研究は，宋元版の禅文献が基礎になっており，その文献学的研究は重要な分野であるにかかわらず，「その印刻や流布の実態解明」はおろか，「現存状況の把握すら未整理の状態であった」ことの反省から，「宋元版禅籍に関するテキストの伝存と所在という方面について，基礎的な整理を試みた」ものである［椎名 1993］。第一章では宋元版禅籍のうち逸書と現存書とを整理し，宋元版の覆刻である高麗版・五山版

の禅籍について検討している。逸書については書目類や語録・文集に収められた序跋を手がかりとして考察しているが、第四章では逸書を含め宋元・明・清の各書目中に見える禅籍を総合的に考察している。第二章では宋元版の大蔵経に含まれる禅籍について述べるとともに、宋代における経蔵の建立と禅者との関わりについて考察し、第三章ではそれ以降の時代および日本の大蔵経の入蔵禅籍を取り上げ、基づいたテキストについて検討している。そして付録として「宋金元版禅籍所在目録」と「宋金元版禅籍逸書目録」を収録している。また椎名の「『鐔津文集』の成立と諸本の系統」は、契嵩『鐔津文集』成立の過程と諸版本の系統を考察している［椎名1988］。

　禅僧についての研究では、やはり大慧宗杲に論文が集中している。廣田宗玄には、黙照禅批判の書である大慧の「弁邪正説」は、『正法眼蔵』に付された示衆に他ならないことを指摘し、その根拠を示した論文や［廣田2000］、大慧が黄龍派の禅を学んだ湛堂文準の思想と、その大慧への影響をたどり、さらに大慧の楊岐派への転向を論じた論文［廣田2002］、大慧が『碧巌録』を消却したという説の意味と、その時代背景とを探った論文などがある［廣田2004］。

　佐藤秀孝は禅宗僧侶に関する一連の論考で、基礎的な研究を網羅的に続けている。まず曹洞宗の真歇清了と宏智正覚および慧照慶預の系統を嗣ぐ、あまり伝記の明らかにされていない僧侶たちの、「埋もれた足跡」たどることを目的とした論文では、広くその伝記資料を収集し校訂も行った上で、彼らの事跡をたどっている［佐藤1991・1992］。最近のものでは直翁可挙をはじめ［佐藤2004］、曹洞宗の宏智正覚の系統を嗣ぐ嗣法門人の事跡について論じたものや［佐藤2005a］、あるいは霊石如芝［佐藤2005b］や宝葉妙源［佐藤2006a］など、臨済宗の虚堂智愚の系統を嗣ぐ僧侶［佐藤2006b］の事跡について論じた研究を次々と発表している。これらにおいても禅宗の燈史のほか、墓碑銘など様々な史料を収集し、その人間関係や開悟の状況・住持の遍歴、そして弟子たちの状況あるいは当時の知識人の評価などに及んでいる。

(2) 禅宗以外の宗派

禅宗以外については，まず復興の兆しを見せた華厳については，吉田剛の論考がある。まず吉津も取り上げていた長水子璿に関して，華厳復興の先駆けとしての位置づけを論じ［吉田 1998］，続いて失われていた華厳の典籍を高麗から収集し，華厳の系譜を樹立し，また澄観・宗密の教学に基づいて華厳の教団を確立した，晋水浄源の事跡をたどって，彼による華厳復興の意義を論じ［吉田 1999］，また本崇『法界観門通玄記』を通して，この時代の華厳教学の状況とその位置づけを論じている［吉田 2001］。

天台に関しては，林鳴宇の著書は彼の博士論文を基にしており，『金光明経』に関する論争に焦点を当て，宋代全期にわたる天台宗の山家山外の論争史を明らかにすることを目的としている。第一篇では知礼・遵式をはじめ論争に関わる僧侶たちの伝記を明らかにし，第二編では，智顗『金光明経玄義』をめぐる教理論争の歴史的背景と主要な論点について述べている。そして第三篇では，『金光明経』に基づく懺法である金光明懺法の，各時代における受容と研究の状況について論じているが，著者によれば現在中国各地で見られる「斎天」，「供天」，「施食会」，「放生会」などは，ほとんど宋代に完備されたが，近年では行法など儀礼面の系統的な研究はほとんどなされていないという。儀礼面の研究は一つには著者のいうように，現在見られるものの淵源をたどると宋代に行き着くものが多いことや，道教の儀礼の成立とも関係が深く，相互に影響しあって中国的な儀礼を形成していったという面が強く見られる。その点でも第三篇に見られる諸論考は注目される［林 2003］。

福島光哉『宋代天台浄土教の研究』も，同じく著者の学位請求論文を基にしている。「まえがき」では，宋代の浄土教は「独立した教理としてではなく，天台や禅などの諸宗教学の伝統の中に位置づけられるところに一つの特色がある」として，曇鸞・道綽・善導を継承する浄土教を強調する傾向の強い，日本の浄土教との違いを指摘している。そして智顗の著作とされてきた『観無量寿仏経疏』と『浄土十疑論』の研究を通して，止観に基盤を置き『観無量寿仏経』の念仏三昧を強調して天台浄土教の独自性を主張する方向と，罪業の自覚から弥陀の本願の

力と称名念仏を強調する方向との間を揺れ動いた宋代天台の思想を，知礼・遵式を始めとする宋代の天台僧侶，および禅宗僧侶や在俗の信者たちの所説を通じてたどっていく。

同じく浄土教について，佐藤成順は北宋期に杭州の浄土教を担ったのは天台宗の僧侶が中心であり，特に大きな役割を果たした広慈慧才と神悟処謙の自責を考察した［佐藤1988］。浄土思想に大きな影響を与えた書である，王日休『龍舒浄土文』の内容と出版をめぐる動きの検討を通じて，宋代の知識の通俗化と広範な流通が，三教融合という宗教界の変化にも影響を与えたことを指摘した金文京の論文［金 2005］は，今までとは別の視点からの研究を示唆したものとして興味深い。

(3) 仏教社会史

永井政之の一連の研究は，仏教に関わる民間信仰や行事・儀礼を通して，仏教が一般民衆に受け入れられ，民俗化していく過程に焦点を当てたもので，教学的な研究が多い中にあって異彩を放っており，興味深い視点を提供している。これらは必ずしも宋代に焦点を絞った研究ではないが，仏教の中国化・民衆化において宋代が画期になっていることを，結果として示しており，その点からも注目すべき研究といえる。永井はその著書の「序論」において，従来の日本の研究が主として，「教団の成立と密接な関係にある，特定の祖師が生きた時代に」注目し，「護教学」という性格を持ってきたことを指摘し，現世利益や来世における安穏な生活を求めて仏教を信奉し，擁護した人たちに焦点を当てて，禅宗が中国史の中で生きた人々にどのような意味を持ち得たかに注目していく，と自らの研究の目的について明確に述べている［永井2000］。火葬とミイラをめぐる論文では，仏教における火葬の方法と，中国に伝統的な土葬の考え方との対立や，火葬の受け入れ，そして遺体保存の方法としてのミイラ化とその信仰などを議論する［永井1990］。『景徳伝燈録』巻二七に伝の収められた万廻の信仰について論じた論文では，宋代には欧陽脩などの知識人が問題とせざるを得ないほど，万廻信仰が庶民の間に流布していたこと，それは娼妓などによっても祀られる和合神としての性格ももっていたこと，そして明代になると衰え，清代になると寒山拾得の信仰

に取って代わられたことなどを指摘する［永井1991］。三仏忌についての論文では，釈迦の生涯に関わる降誕会，成道会，涅槃会という三つの法会が，民間に受け入れられていく過程を論じ，降誕会については早くから民間に受け入れられていたが，降誕会の上堂が定例化したのは北宋の時代であること，成道会については，それが十二月八日のこととされ，浴仏などの行事も行われるようになったのは北宋の時代であること，そして涅槃会についても，六朝期には行われていたと推定されているにもかかわらず，本格的に行われるようになったのは北宋以降のことであり，涅槃会の上堂が定着したのも南宋になってからとしている［永井1994］。禅宗と葬送儀礼の関わりを論じたものでは，インドでの仏教と葬礼との関わりから説き始めて，中国の伝統的な霊魂観や儒教の葬礼と仏教の葬礼との関係から，禅宗僧侶の葬礼に及び，さらに「臨終方訣」と『禅苑清規』亡僧の葬礼を紹介し，禅僧が信者の葬儀に本格的に関わるようになったのは北宋になってからと指摘する［永井1995］。中国民衆レベルでの定光仏（燃灯仏）信仰の展開について論じた論文では，定光仏の化身とされた行瑜と自厳の伝記とその後の信仰についてたどり，さらに定光仏信仰の背景にマニ教の影響の存在があったことを論じ，教団内部の捉え方とは異なる定光仏の信仰を中国民衆は発展させていたことを指摘している［永井1997］。この他にも著書には，歳旦（元日）や上元（一月十五日）などの年中行事に際して行われた上堂の例を，如浄の『如浄録』と虚堂の『虚堂録』を中心に考察し，やはり中国民衆の生活習慣の中にどのように仏教が溶け込んでいったかを主要テーマとし，さらに道元のそれらに対する態度に及んでいる論文（第二章第一節），済公として有名な済顛の信仰について，彼の伝記資料を考察した上で，国家体制に強力に組み込まれていった宋代の禅者たちが，本来の方外のあり方を彼の型破りな生き様の中に見いだしていったとする論文（第一章第七節），やはり民間信仰に登場する普庵に関して，彼の語録にみる禅を考察し，その淵源を求めている論文（同第六節），上天竺寺，法慧寺，明慶寺の場合を取り上げ，祈雨や聖節における祈祷など，朝廷に対して果たしていた役割について考察した論文（第四章第三節）などが含まれている。

　竺沙雅章の一連の業績は『宋元仏教文化史研究』に収録されている［竺沙

2000]。この本は「宋元仏教の北流とその影響」、「宋元版大蔵経の系譜」、「宋代の社会と宗教」の三部に分けられ、二十あまりの論考が収められている。そのうち総括的な性格をもつ論文では、「仏教社会史となると、仏教教理史でもなく、社会史一般でもない、いわば学際的な分野なので、どちらからもまともには扱ってもらえない」、研究者にとって肩身の狭い分野であったと述べている。また度牒と賜額の制度を中心に、中央・地方の行財政と仏教教団との関係を概括しており、仏教・道教とも「国家の財・税制体系の中にしっかり組みこまれた」とする。そして「死者の喪葬と追薦こそが仏教にとって最も重要な宗教活動であった」が、「このことが社会史の問題として重視されていなかった」と指摘する。また大蔵経の社会文化史的意義を述べた部分は、第二部の論に通じ、宋元時代に出版された遼・金・高麗を含め十餘種の大蔵経を、『開宝蔵』系統（『高麗蔵』『金蔵』を含む）、『契丹蔵』、江南で出版された諸蔵に分けて説明する［竺沙1996］。宋代の庵堂について論じた論文では、仏教史料や地方志、大蔵経の刊記などの史料から、宋代における庵堂の増加には、豪民と仏教教団の結びつきが背景となっていたとし、白雲宗・白蓮宗など新興教団の伝道の拠点として、僧と在俗の信者ともに居住していたことなどについて論ずる［竺沙1987a］。その白蓮教について論じたものでは、中国で出版された『元代白蓮教資料彙編』に見える資料、および著者自身の補足した資料により、開祖茅子元の伝記の検討をはじめ、宋元の白蓮宗・白蓮結社の状況について論じて、宋代では白蓮宗は当時盛行していた白蓮社の活動の一つであったとしている［竺沙1991］。宋代の東アジア仏教の交流を論じた論文では、佚書を日本や高麗に求めたという事実や教理上の問題ばかりでなく、その交流の性格にも言及し、宋代の諸宗の復興は高麗に負うところが大きく、高麗は東アジア間の仏教をつなぐ要の位置にあったとしている［竺沙1987b］。また従来注目されなかった慈恩宗（法相宗）について取り上げた論文では、その教えを江南へ伝えた法道の事跡や、南渡後の杭州寺院の状況とともに、仙林寺・開化寺が市民生活と深い関わりを持っていたことを論じた［竺沙1984］。竺沙の論文は、その視野の広さあるいは史料の使い方など、その後の世代が、中国社会における仏教・道教の問題を取り上げる際に、大きな影響を与えたといえる。

## おわりに

　日本の道教・民間信仰の研究において，宋代は今日に通ずる新しい伝統が生まれた時代として注目を集めている。特に内丹の分野は最も注目を集めている分野の一つといえる。その研究はほとんどが思想面からのものが多いが，雷法との関連も注目されている。呪術儀礼の研究は，現在見られる儀礼の淵源がこの時代にたどれることから，現代の道士の儀礼を研究する人たちの論考が多いのが特徴といえる。しかしいずれの分野においても，体系的なアプローチがなされているとは言い難い。また道教の内丹や呪術儀礼に関しては，手が付けられ始めたばかりの大量の文献が残されている。

　また民間信仰に関して記された史料は少なく，断片的であるが，まだ充分に利用されているとはいえない。最近では特に祠廟の研究が一つの焦点となっている。中国社会に祠廟が果たした役割は広範囲にわたっているため，様々な面からアプローチが試みられており，地域の有力者や宗族との関係を考察する社会史的な研究，あるいは鬼の信仰や巫者との関係，祭祀・祭典のあり方をめぐる信仰面からの研究などがなされている。そして神々の信仰と地域社会との関係も注目され，方言域と信仰圏の問題など新しい視点も現れている。今後は宋代の宗教に関して，研究者の間で明らかにされた点と問題点とを共有し，問題の解決のために，研究者たちが協力して行くことが求められているといえよう。また民間信仰に関しては，日本の民間信仰との関係・比較ということも，大きな問題となろう。祠廟をめぐっての問題に絞っても，霊魂観・神観念の問題，祠廟の支持基盤・信仰圏の問題，祠廟のネットワークの問題などがある。そして比較のためには歴史的な視点は不可欠である。そのような広い視野での問題への取り組みも，今後検討が待たれているといえよう。仏教の研究は数の上からは道教や民間信仰より圧倒的に多い。そのためもともと道教研究者である筆者にとって，仏教研究全体に目を通すことは能力を超えており，あるいは紹介が十分でなかったところが多々あるかもしれない。予めご寛恕を請う次第である。しかしほとんど日本人の生活と関係

をもたない道教の研究とは異なり，日本人にとっても身近な問題である仏教の研究が盛んなのは，当然といえば当然かもしれない。従来はそのこともあって，日本の中国仏教の研究といえば，日本の祖師の教えの源流を探るという問題意識が強かったが，最近では，中国社会の中での仏教の位置・意味を探るという問題意識も強くなっており，宋代の中国社会の中における仏教の状況を議論する傾向も現れてきている。

　筆者が，このレビューを書いていて特に感じたのは，仏教研究と道教（もちろん民間信仰を含む）研究との協力が必要であるということである。それはこの時代は三教融合へと大きく踏み出した時代であるというに留まらない。特に研究が専門化・細分化している現代では，道教・仏教の研究者がそれぞれの追求する問題に集中して，いずれの宗教者たちも同じ時代の共通する問題に対処するために，奮闘していたことを忘れがちになっているのではなかろうか。やはり中国宗教史全体の中において，宋代道教・宋代仏教が占める位置を検討することも必要とされるであろう。このことは自分たちの取り組んでいる問題の歴史的変化をたどることとともに，横断的に同時代的な問題を共有し検討することが必要であることを示していると思われる。

　そして諸業績の紹介の部分では触れられなかったが，最近の研究においては，道教・民間信仰の分野ばかりでなく，仏教研究においても，中国人研究者の引用がかなり多くなってきている。今後この傾向はますます強くなっていくと思われるが，それは当然に日中の研究者の相互交流が盛んになることに導かれるであろう。そのためにも，日中の研究者の問題意識について話し合う機会が必要になってくるのではなかろうか。


［参考文献目録］

浅野春二［1999］「『無上黄籙大斎立成儀』における幽魂・正薦亡位への供物」『国学院中国学会報』第45輯。

浅野春二［2005］「黄籙斎における道士と斎主：『無上黄籙大斎立成儀』を例として」『アジア文化の思想と儀礼』春秋社。

浅野春二［2005］『台湾における道教儀礼の研究』笠間書院。

浅野春二 [2006]「神虎法による召魂儀礼の性格：魂覓ぎ・嘯・招魂歌の観点から」『国学院中国学会報』第 54 輯。
吾妻重二 [1988]「「悟真篇」の内丹思想」『中国古代養生思想の総合的研究』平河出版社。
吾妻重二 [1994]「張伯端「悟真篇」の研究史と考証」『東洋の思想と宗教』第 11 号。
吾妻重二 [2006]「宋代の景霊宮について：道教祭祀と儒教祭祀の交差」『道教の斎法儀礼の思想史的研究』知泉書館。
石井修道 [1987]『宋代禅宗史の研究』大東出版社。
石井修道 [1991]『道元禅の成立史的研究』大蔵出版。
石井修道 [1998]「大慧宗杲の看話禅と「磨塼作鏡」の話」『駒沢大学禅研究所年報』第 9 号。
石井修道 [2005]「大洪守遂の『仏祖三経註』の成立をめぐって」『アジア文化の思想と儀礼』春秋社。
石田秀美 [1987]『気・流れる身体』平河出版社。
石田秀美 [1997]『からだのなかのタオ』平河出版社。
金井徳幸 [1983]「社神と道教」『道教』第 2 巻，平河出版社。
金井徳幸 [1985a]「宋代浙西地方における土神信仰の成立」『宗教社会史研究』第 2 巻。
金井徳幸 [1985b]「宋代浙西の村社と土神」『宋代の宗教と社会』汲古書院。
金井徳幸 [1988]「南宋福建の祭祀社会と郷約」『立正大学東洋史論集』第 1 号。
金井徳幸 [1989a]「宋代小祠廟の賜額について」『汲古』第 15 号。
金井徳幸 [1989b]「南宋「里社廟」の祭祀基盤」『立正大学東洋史論集』第 2 号。
金井徳幸 [1990]「南宋における県尉と立廟」『立正史学』第 68 号。
金井徳幸 [1994]「宋代荊湖南北路における鬼の信仰について：殺人祭鬼の周辺」『駒沢大学禅研究所年報』第 5 号。
金井徳幸 [1995]「宋代における妖神信仰と「喫菜事魔」・「殺人祭鬼」再考」『立正大学東洋史論集』第 8 号。
金井徳幸 [1996]「南宋妖神信仰素描：山魈と瘟鬼と社祠」『駒沢大学禅研究所年報』第 7 号。
金井徳幸 [2001]「宋代の厲鬼と城隍神：明初「祭厲壇」の源流を求めて」『立正大学東洋史論集』第 13 号。
木村明史 [2001]「宋代の民間醫療と巫覡觀：地方官による巫覡取締の一側面」（『東方学』第 101 輯。
金 文京 [2005]「南宋における儒仏道三教合一思想と出版：王日休「龍舒浄土文」と「速成法」を例として」『三教交渉論叢』京都大学人文科学研究所。
坂内榮夫 [1985]「「鍾呂伝道集」と内丹思想」『中国思想研究』第 7 号。
佐藤成順 [1988]「北宋時代の杭州の浄土教者」『中国の仏教と文化』大蔵出版。
佐藤秀孝 [1991・1992]「南宋末曹洞禅僧列伝（上・下）」『駒沢大学仏教学部論集』第 22 号，『駒沢大学仏教学部研究紀要』第 50 号。
佐藤秀孝 [2004]「明州天寧寺の直翁可挙について」『駒沢大学仏教学部研究紀要』第 62 号。
佐藤秀孝 [2005a]「宏智正覚の嗣法門人について」『駒沢大学仏教学部研究紀要』第 63 号。
佐藤秀孝 [2005b]「霊石如芝の活動とその功績」『駒沢大学仏教学部論集』第 36 号。
佐藤秀孝 [2006a]「宝葉妙源と『虚堂和尚語録』」『駒沢大学仏教学部論集』第 37 号。
佐藤秀孝 [2006b]「虚堂智愚の嗣法門人について」『駒沢大学仏教学部研究紀要』第 64 号。

椎名宏雄　[1993]『宋元版禅籍の研究』大東出版社。
椎名宏雄　[1988]「『鐔津文集』の成立と諸本の系統」『中国の仏教と文化』大蔵出版。
鈴木健郎　[2003a]「白玉蟾における内丹と雷法：中国的"神秘主義"と"呪術"の論理」（博士論文）。
鈴木健郎　[2003b]「白玉蟾の内丹説」『東方宗教』第102号。
鈴木健郎　[2004]「白玉蟾の内丹説」『東方宗教』第103号。
鈴木哲雄編　[2002]『宋代禅宗の社会的影響』山喜房仏書林。
鈴木陽一　[2001]「浙東の神々と地域文化：伍子胥，防風，銭鏐を素材として」『宋代人の認識：相互性と日常空間』汲古書院。
須江　隆　[1994a]「唐宋期における祠廟の廟額・封号の下賜について」『中国――社会と文化』第9号。
須江　隆　[1994b]「社神の変容：宋代における土神信仰をめぐって」『宋代の宗教と社会』汲古書院。
須江　隆　[1998]「福建甫田の方氏と祥応廟」『宋代社会のネットワーク』汲古書院。
須江　隆　[2000]「宋代における祠廟の記録：「方臘の乱」に関する言説を中心に」『歴史』第95輯。
須江　隆　[2001]「祠廟の記録が語る「地域」観」『宋代人の認識：相互性と日常空間』汲古書院。
須江　隆　[2003] 'The shock of the year Hsuan-ho 2 : the abrupt change in the granting of plaques and titles during Hui-tsung's reign', ACTA ASIATICA, vol. 84.
須江　隆　[2005]「祠廟と「地域社会」」『宋―明宗族の研究』汲古書院。
砂山　稔　[1993]「欧陽脩の青詞について：欧陽脩と道教思想」『東方宗教』第81号。
田仲一成　[1981]『中国祭祀演劇研究』第1篇第1章，東京大学出版会。
竺沙雅章　[1984]「宋元時代の杭州寺院と慈恩宗」『中国近世の都市と文化』京都大学人文科学研究所。
竺沙雅章　[1987a]「宋元仏教における庵堂」『東洋史研究』第46巻第1号。
竺沙雅章　[1987b]「宋代における東アジア仏教の交流」『仏教史学研究』第31巻1号。
竺沙雅章　[1991]「白蓮宗について」『中国史と西洋世界の展開』みしま書房。
竺沙雅章　[1996]「宋代仏教社会史について」『宋元時代史の基本問題』汲古書院。
竺沙雅章　[2000]『宋元仏教文化史研究』汲古書院。
竺沙雅章　[2002]「宋代宮廷の葬送と禅宗教団」『宋代禅宗の社会的影響』山喜房仏書林。
永井政之　[1990]「中国仏教成立の一側面：荼毘と木乃伊をめぐっての試論」『駒沢大学仏教学部論集』第21号。
永井政之　[1991]「中国仏教成立の一側面：万廻信仰をめぐって」『駒沢大学仏教学部論集』第22号。
永井政之　[1994]「中国仏教成立の一側面：三仏忌の成立と展開」『駒沢大学仏教学部論集』第25号。
永井政之　[1995]「中国仏教成立の一側面：中国禅宗における葬送儀礼の成立と展開」『駒沢大学仏教学部論集』第26号。
永井政之　[1997]「中国仏教成立の一側面：定光仏信仰の成立と展開」『駒沢大学仏教学部論集』第29号。

永井政之［2000］『中国禅宗教団と民衆』内山書店。
中村治兵衛［1982］「宋代の巫の特徴：入巫過程の解明も含めて」『中央大学文学部紀要』第104号。
二階堂善弘［2006］「『法海遺珠』の元帥神について：道教の醮・民間信仰の儀礼と元帥」『道教の斎法儀礼の思想史的研究』知泉書館。
野村英登［2002］「全真教南宗の仏教受容に関する一考察」『東洋大学中国哲学文学科紀要』第10号。
永井政之［2004］「天尊受肉：宋代における『度人経』の秘教的解釈について」『東洋大学中国学会報』第10号。
廣田宗玄［2000］「大慧宗杲の「弁邪正説」について」『禅学研究』第78号。
廣田宗玄［2002］「湛堂文準と大慧宗杲」『禅学研究』第81号。
廣田宗玄［2004］「大慧宗杲の『碧巌録』焼却の問題」『禅学研究』第82号。
福井文雅［1987］「『悟真篇』の構成について」『東方宗教』第70号。
福島光哉［1995］『宋代天台浄土教の研究』文栄堂出版。
松下道信［2000］「全真教南宗における性命説の展開」『中国哲学研究』第15号。
松下道信［2004］「白玉蟾とその出版活動：全真教南宗における師授意識の克服」『東方宗教』第104号。
松本浩一［1982］「張天師と南宋の道教」『酒井忠夫先生古稀記念論集』国書刊行会。
松本浩一［1985］「宋代の賜額・賜号について：主として宋会要輯稿に見える史料から」『60年度文部省科学研究費成果報告』。
松本浩一［1999a］「『上清霊宝大法』の文献学的研究：霊宝派の修行法をめぐって」『図書館情報大学研究報告』第17巻第2号。
松本浩一［1999b］「宋代の社と祠廟」『史境』38・39合併号。
松本浩一［2001a］「宋代の葬儀：黄籙斎と儒教の葬礼」『図書館情報大学研究報告』第20巻第1号。
松本浩一［2001b］「宋代の祠廟と祭祀」『図書館情報大学研究報告』第20巻第1号。
松本浩一［2002］「天心法の起源と性格：特に雷法との比較を通じて」『図書館情報大学研究報告』第20巻第2号。
松本浩一［2006］『宋代の道教と民間信仰』汲古書院。
丸山　宏［1994a］「金允中の道教儀礼学」『道教文化への展望』平河出版社。
丸山　宏［1994b］「台湾南部の功徳について」『中国史における教と国家』雄山閣出版。
丸山　宏［2004］『道教儀礼文書の歴史的研究』汲古書院。
水越　知［2002］「宋代社会と祠廟信仰の展開：地域核としての祠廟の出現」『東洋史研究』第60巻第4号。
水越　知［2003］「宋元時代の東嶽廟」『史林』第86巻第5号。
水越　知［2006］「伍子胥信仰と江南地域社会：信仰圏の構造分析」『宋代社会の空間とコミュニケーション』汲古書院。
水越　知［2009］「李昌齢『楽善録』について：南宋期の善書に関する一考察」『東方宗教』第113号。
宮澤正順［2002］『曾慥の書誌学的研究』汲古書院。

山田　俊［1991］「碧虛子陳景元の思想」『集刊東洋学』第 65 号
横手　裕［1990］「全真教の変容」『中国哲学研究』第 2 号
横手　裕［1992］「看話と内丹：宋元時代における仏教・道教交渉の一側面」『思想』1992 年 4 月号（通号 814）。
横手　裕［1996］「白玉蟾と南宋江南道教」『東方学報』第 68 号。
横手　裕［2006］「道教における性説の諸相：唐から宋へ」『道教研究の最先端』大河書房。
吉田　剛［1998］「北宋代に於ける華厳興隆の経緯：華厳教学史に於ける長水子璿の位置づけ」『駒沢大学禅研究所年報』第 9 号。
吉田　剛［1999］「晋水浄源と宋代華厳」『禅学研究』第 77 号。
吉田　剛［2001］「本嵩『法界観門通玄記』について：華厳復興期の教観并修論を中心にして」『禅学研究』第 80 号。
林　鳴宇［2003］『宋代天台教学の研究：『金光明経』の研究史を中心として』山喜房仏書林。

# 文学研究
—— 詞学および詩文を中心に ——

内山　精也

## 一　80年代以前の研究成果

　1980年以降の研究概況を述べる前に，それ以前の成果で特筆すべきものを幾つか挙げておく。

(1) 啓蒙的選訳書　まず，戦後30年間に，中国古典詩歌関連の比較的大規模な啓蒙的選本が幾種類か刊行され，その中に宋代詩歌も収録されている。その代表的なものを挙げると，吉川幸次郎・小川環樹の監修になる，①『中国詩人選集』がある（岩波書店，第一集は16巻別冊1巻，1958～59年。第二集は15巻附録1巻，1962～63年）。その第二集に，『梅堯臣』（筧文生），『王安石』（清水茂），『蘇軾』二巻（小川環樹），『黄庭堅』（荒井健），『陸游』（一海知義）の五家が含まれ，さらに『宋詩概説』（吉川幸次郎）が収められた（『宋詩概説』は2006年に文庫本として単独に再刊された）。

　また，24巻からなる②『漢詩大系』という叢書も刊行された（集英社，1964～68年）。これには，『蘇東坡』（近藤光男），『黄山谷』（倉田淳之助），『陸游』（前野直彬）の三家と『宋詩選』（今関天彭・辛島驍），『歴代詞選』（中田勇次郎）という二種の選集が収められた。

　その他，③『新訂中国古典選』20巻別巻1冊（朝日新聞社，1966～69年。のち，38巻の文庫本として，1978～79年に再刊），④『中国文明選』15巻（朝日新聞社，1971～76年），⑤『中国詩文選』23巻（筑摩書房，1973～84年），⑥『中国の名詩鑑賞』10巻（明治書院，1975～78年。第3巻のみ1993年）が相ついで刊行された。③には『宋詩選』（入谷仙介），『唐宋八家文』（清水茂）が，④には『蘇東坡集』（小川環樹・山本和義），『朱子集』（吉川幸次郎・三浦國雄）が，⑤には『蘇軾』（山本和義），『陸游』（小川環樹），『宋詞』（村上哲見）が，⑥には『宋詩，附金』（佐藤保）が収

められている。

　このように，1950年代の末から約20年の間に，数種類の叢書が陸続と刊行されたことにより，宋代文学の紹介は一気に進んだといってよい。単行の選訳書としては，小川環樹『宋詩選』（筑摩書房，1967年），前野直彬編『宋詩鑑賞辞典』（東京堂出版，1977年）等もあり，宋詩の普及に一役買っている。

(2) 日本独自の研究資料　周知の通り，中国においてすでに散逸した資料が日本には豊富に残存している。この独自の条件を背景に生み出された成果が，80年代以前にも刊行されている。

　その中で，もっとも特筆すべきは，小川環樹・倉田淳之助編『蘇詩佚注』上下二冊（同朋舎，1968年）である。この書は，15世紀，室町時代中期の京都五山僧による講義録を集大成した，笑雲清三の編『四河入海』100巻の中から生まれた。
『四河入海』は，大岳周崇（1345-1423）の『翰苑遺芳』，瑞渓周鳳（1392-1473）の『坡詩脞説』，万里集九（1428-?）の『天下白』，桃源瑞仙（1430-1489）述，一韓智翃（?-?）抄録の『蕉雨余滴』という四種の講義録を，笑雲清三が王状元集百家注分類本の体例に合わせて整理し，その他諸家の説をも併せ，一書とした（1534年成書）もので，江戸時代初期に刊刻され，その影印本も二種類出版されている（①中田祝夫編，抄物大系別巻12冊，勉誠社，1970～72年，②岡見正雄，大塚光信編，抄物資料集成第2-5巻，清文堂出版，1971年）。

　この『四河入海』の中に，現存の蘇軾詩注に見られない，宋人の佚注が引用されており，それを摘出し整理したものが，『蘇詩佚注』に他ならない。すでに失われた宋人注とは，第一に施元之・顧禧の『注東坡先生詩』42巻中の10巻分である。この施顧注本は，清朝の考証学者に重視されたが，清初の時点ですでに稀覯本となっており，現在では完本が一つも存在しない。世界各地の図書館や蔵書家所蔵のものをつなぎ合わせると計32巻分の残本が辛うじて出来上がるが，残る10巻分は天壌の間に存在しない。この10巻分の注を，『四河入海』から摘出したのが，「佚注」のその一である。第二は趙次公の注である。現存の趙次公注は，王状元分類集注本に収められたものを除くと，北京国家図書館所蔵の五注本，十注本の残巻に収録されたものしか見ることはできないが，五山僧はおそらく趙次

公の単注本を利用しており、そのため今日見ることのできない佚注が『四河入海』に少なからず含まれている。王状元分類集注本には見られない、趙次公注を摘出整理したのが、「佚注」のその二である。この他、施宿編『東坡先生年譜』二冊も影印され同書に収められている（この年譜の影印は、のち王水照氏によって『宋人所撰三蘇年譜彙刊』に収められた。上海古籍出版社、1989年）。

　もう一つ特筆すべきは、長澤規矩也編『和刻本漢詩集成』が編纂刊行されたことである（汲古書院、1975～76年）。全20輯のうち、第11輯から第16輯までの6冊が宋詩篇である。ここに計19名の詩人の別集30種が収録されている。19名の詩人は、林逋、王安石、蘇軾（3種）、秦観（2種）、陳師道、黄庭堅（2種）、陳与義、曽幾、范成大（4種）、楊万里（2種）、劉応時、陸游（3種）、高翥、厳羽、劉克荘、方岳、真山民、文天祥（2種）、鄭思肖。影印されたのはすべて江戸時代（1603-1867）の善本で、江戸時代における宋詩受容の様子を窺い知ることのできる貴重な一次資料である。江戸時代における宋詩の受容は、五山文化の影響を強く受けた初期の70年間と、末期の70年間において盛んであったが、これら和刻本の刊行時期に着目すると、それを十分に窺い知ることができる。主として北宋詩人の別集は17世紀の刊刻が多く、南宋詩人のそれは19世紀のものが多い。江戸前期の漢詩人たちは、禅味豊かで、学識と機知に富む北宋詩人を愛好し、末期の漢詩人たちは日常の生活空間や田園風景の描写にすぐれる南宋詩人の短篇の佳作を愛好し祖述したようである。

　なお、『和刻本漢詩集成』は、のちに総集篇10巻も刊行され（1978～79年）、計70種の選集・総集が収められたが、その中には、南宋の総集・選本（『分門纂類唐宋時賢千家詩選』、『唐宋千家聯珠詩格』、『月泉吟社』等）や明清の宋詩選本（『四霊詩鈔』〔呉之振等編『宋詩鈔』からの抜粋〕、『宋僧詩選』〔曹学佺編〕、『今体宋詩選』〔陸志玉編〕、『宋詩鈔』〔＝『宋詩百一鈔（宋詩別裁）』〕）が多く含まれるが、江戸の漢詩人による選本も存在する。大窪行（詩仏）の編二種（『宋三大家絶句』、『広三大家絶句』）と菅原琴（老山）・梁川卯（星巌）の編『宋三大家律詩』がそれである。いずれも江戸末期の宋詩愛好を背景にした選本であるが、彼らの中で「宋三大家」が范成大、楊万里、陸游を指していることは注意されてよい。

## 二　80年代以後の選訳書と影印資料

　80年代以降になると，大規模な啓蒙叢書の出版件数は減少したが，それでも二三の叢書が出版されている。まず，①藤堂明保監修『中国の古典』叢書計33巻が学習研究社より刊行された（1981〜86年）。この中に，『唐宋八家文』（横山伊勢雄）と『宋代詞集』（佐藤保）が収められている。また，②『鑑賞中国の古典』という叢書も角川書店から刊行された（1987〜91年）。この叢書には，『唐宋八家文』（筧文生），『宋代詩詞』（山本和義，大野修作，中原健二），『蘇軾・陸游』（村上哲見・浅見洋二）が収められている。さらに，人物評伝の叢書として，集英社から③『中国の詩人』（1982〜83年），④『中国の人と思想』（1984〜85年）各計12冊が相次いで刊行され，前者には『蘇東坡―天才詩人―』（横田輝俊）と『陸游―円熟詩人―』（村上哲見）の二家が，後者には『王安石―濁流に立つ―』（三浦國雄）と『朱子―老い易く学成り難し―』（佐藤仁）の二家が収められている。その他，明治書院の全訳叢書，新釈漢文大系に，『唐宋八大家文読本』の3（欧陽脩の巻／遠藤哲夫，1997年），4（蘇洵の巻／田森襄，1989年），5（蘇軾の巻／向嶋成美・高橋明郎，2004年）の3冊が加わった。

　影印資料としては，日本所蔵の宋本二種と，16世紀末の禅僧の注釈書一種の刊行が挙げられる。前者は司馬光と蘇軾の別集，後者は嘯岳鼎虎の自筆本黄庭堅詩注の影印である。

　まず，司馬光のそれは，国立公文書館内閣文庫所蔵の南宋初期刊本『増広司馬温公全集』不全本の影印である（汲古書院，李裕民・佐竹靖彦解題，1993年）。もと116巻のうち，21巻分を欠いているが，この版本は天下の孤本であり，資料価値はきわめて高い。とくに，『手録』と『日録』は，司馬光の研究に益するばかりでなく，新法旧法の党争史料としての価値も高い。一方，蘇軾のそれは，南宋孝宗朝刊刻の『東坡集』40巻の影印である（汲古書院，古典研究会叢書漢籍之部16，竺沙雅章解題，1991年）。内閣文庫の蔵本を主とし，欠巻部分を宮内庁書陵部の蔵本によって補配し，巻36の一巻は欠く。なお，宮内庁書陵部所蔵の宋本については，前掲『蘇詩佚注』に，『東坡集』『東坡後集』ともに詩の部分だけが影

印掲載されている。また，近年，中国古籍委員会によって影印刊行された『日本宮内庁書陵部蔵宋元版漢籍影印叢書』(線装書局，2002年)の中にも収められている。

　嘯岳鼎虎 (1528-99) は，二度にわたり明に渡り，京都五山の建仁寺や南禅寺の住持を勤めた経歴を持つ五山末期の僧で，還暦を超えた後，長州の武将毛利輝元に請われて山口に赴き洞春寺を開いた。その自筆本を影印刊行したのが，『山谷詩抄』である (山口洞春寺刊，岩城秀夫・根ヶ山徹解題，2006年)。蘇軾と黄庭堅は，五山の禅僧に愛読され，ともに数多くの講義録や注釈が現存するが，『四河入海』の影印刊行によって，蘇軾詩の講義については比較的たやすく見られるようになったのに対し，黄庭堅は一般の目に触れやすい形で刊行されたものが少なかった。大塚光信編『続抄物資料集成』(清文堂出版，1992年) に収められた建仁寺両足院本『山谷抄』(大塚氏の推定によれば，一韓智翃の撰) がほとんど唯一の影印資料であったといってよい (稀覯書ではあるが，高羽五郎『抄物小系』にも一韓智翃の『山谷詩集鈔』が収められている。謄写版，1976～80年)。よって，本書はその第二弾ともいうべき貴重な出版物である。後は万里集九の『帳中香』がいちはやく影印刊行されることを願ってやまない。

## 三　詞　学

　神田喜一郎 (1898-1984) の『日本填詞史話』(『日本における中国文学Ⅰ・Ⅱ』，二玄社，1965・67年。中訳本が北京大学出版社より2000年に刊行されている) を繙くと，平安時代初期の9世紀から大正時代の20世紀に至るまで，多くの日本人が填詞に手を染めていたことがわかるが，江戸時代における野村篁園 (1775-1843) と田能村竹田 (1777-1835)，明治時代における森槐南 (1863-1911) と森川竹磎 (1869-1917) のように詞学に専心した文人はきわめて少ない。日本における填詞は総じて，古今体詩の製作にあきたらない少数の好事家が，一時的に手を染めただけ，という印象を拭い得ない。おそらく，詞楽の伝承が困難であったことや，詞牌ごとに異なる格律の複雑さが，大方の接近を阻むマイナス要因として働いたのだと思われる。享受実作の歴史に乏しいがゆえに，詞に対する一般の関心も古今体詩

と比べるとはるかに低かった。

20世紀の中国における宋代文学研究は、詞学を中心に進められ、1920〜30年代に一つのピークを迎えたが、日本においては、上記のような理由から、近代的な詞学研究はずっと遅れ、戦後二十年を過ぎた60年代前後から、ようやく体系的な研究が始まった。

(1) 単行の研究書

まず、筆頭に挙げるべきは、村上哲見（1930－ 東北大学名誉教授）の『宋詞研究 唐五代北宋篇』（創文社、東洋学叢書、1976年）と新刊の『宋詞研究 南宋篇』（創文社、東洋学叢書、2006年）であろう。前者は中訳本がすでに出版されており（楊鉄嬰訳、『唐五代北宋詞研究』、陝西人民出版社、1987年）、しかも中国の学術論文に引用されることも多いので、細かな紹介は割愛するが、所収の各論文では、いずれも精確な考証を基礎に精緻な論が展開されており、ひとり日本国内において卓然としているのみならず、厚い伝統を誇る中国の同時期の研究と比較してもなお傑出して新しい知見に満ちている。本書は次世代詞学研究の規範となり、新たなる研究を強力に牽引した。南宋篇は北宋篇を補完するものであり、辛棄疾、姜夔、呉文英、周密の四大家を中心とする南宋詞論である。清代に浙西、常州の二大詞派がともに詞の究極と高く評価したように、南宋詞は中国近世・近代の詞学においてずっと重要な研究対象であった。しかし、日本においては、目立った研究成果を生んでおらず、わずかに中田勇次郎（1905-98）の「南宋詞の特質」と姜夔の散論が目につく程度である（いずれも中田勇次郎『読詞叢考』所収。創文社、東洋学叢書、1998年）。したがって本書は本邦初の本格的かつ系統的な南宋詞の専著であり、研究の空白を埋める先駆的研究といってよい。

つづいて、青山宏（1931－ 元日本大学教授）の『唐宋詞研究』（汲古書院、1991年）が挙げられる。本書も同じ書名の中訳本がすでに刊行されている（程郁綴訳、北京大学出版社、1995年）。自序のなかに明記されているが、本書が重点を置く対象は主に、前掲、村上氏の『宋詞研究 唐五代北宋篇』において専論として採り上げられなかった詞人や詞集である。とくに『花間集』の諸論が圧巻である。青山

氏はコンピューターの普及する以前に手作業で『花間集』の一字索引（『花間集索引』，汲古書院，1979年）を完成させており，おそらくその成果を活用してのことであろう，用例を徹底的に精査し，統計データも折々に交えながら，精緻な論を展開している。その他，秦観詞の詳論や北宋一代の詞論演変史が収められ，さらに附論として，落花と惜春をテーマとする詞の淵源を求める論と，寒食清明を描く宋詞の系譜と展開を描き出す論が収められている。

宇野直人（1954- 共立女子大学教授）は，慢詞を確立した柳永を研究し，その確立を可能にさせた要因を，主として彼の伝統意識と詞作環境の二面から分析している。「浅近卑俗」と評される彼の詞風は，酒楼に入り浸り妓女と昵懇であったという彼の行状と関係づけられ，しばしば批判的に論じられることが多いが，彼の詞には夥しい古典的詩語や伝統的句法が用いられており，そこから詞作に対する柳永の真摯な姿勢や士大夫意識を読みとることができる，とする。その上で，柳永慢詞の表現特徴として，叙事性と対偶表現を採り上げ，前者については宋玉を始めとする辞賦との連関を論じ，後者については，慢詞の要所に対句が効果的に用いられている事実をとらえ，これらが詞の長編化に重要な役割を果たした，とする。詞作環境については，北宋中期の都市における通俗芸能，とくに講唱文芸の影響を指摘する。また，彼の物語性豊かな慢詞に小説的叙述手法を見出し，それが都市の講唱文芸の手法を取り入れた柳永の「説話人」的個性に由来する，とも指摘する。これら一連の柳永論は，宇野直人『中国古典詩歌の手法と言語』（研文出版，1991年）の中に収められ，その中訳本もすでに刊行されている（張海鴎・羊昭紅訳，『柳永論稿』，上海古籍出版社，1998年）。

村越貴代美（1962- 慶應義塾大学教授）の『北宋末の詞と雅楽』（慶應義塾大学出版会，2004年）は，「大晟府」と「周邦彦」という二つのキイ・ワードを中心に，詞と音楽の関係を探求したものである。本書は二つの部分から構成され，前半は北宋末徽宗の時代に古代の雅楽の復興を目的に設立された大晟府の実態とそこで製作された大晟楽という雅楽について詳述し，後半は周邦彦の生平と詞学について論じている。従来，大晟府の官に就いた周邦彦の経歴と彼による詞の典雅化・規範化とが短絡的に結びつけられることが多かったが，本書では，個人的な宴の

席で披露される詞と国家祭祀のために雅楽を追求した大晟府における歌辞製作とは直接的には結びつかない、と通説を否定する。むしろ、雅楽製作の府の長官となったという経歴が、現実の職務内容の如何を離れ、詞人としての彼に絶大なる権威を与え、その権威ゆえに、南宋以来、彼の詞が雅詞の典型としての、不動の地位を獲得したのではないか、と推論する。

　宋以後の詞学における教本となった張炎の詞論書『詞源』について総合的に研究した専著に、松尾肇子（1959－ 東海学園大学准教授）の『詞論の成立と発展―張炎を中心として―』（東方書店、2008 年）がある。『詞源』の歴代主要版本を隈無く調査した上で、その系譜を明らかにし、それを基礎として着実な考察をめぐらせた書である。『詞源』のキイ・ワード「清空」の含意を用例に即して丹念に分析するほか、張炎の理論が当時の作品とどのように結びついているかについても、用例分析を主軸に細やかに論じている。本書は、『詞源』巻下の表現論を主たる対象とするが、巻上の音楽論についても、一章を設け姜夔の論をどのように継承したかという視点から推論している。さらに、詞の評論がいつ頃から始まり、どのように展開して『詞源』に至ったのか、あるいは張炎の理論が後世どの様に受け入れられたのかという、『詞源』の文学史的位置を探る章も用意されている。音楽論については今後の研究が俟たれるが、日本における『詞源』の研究としては現今でもっとも総合的で充実したものとなっている。

　また、論著ではないが、詞源研究会による張炎『詞源』の訳注書がある（『宋代の詞論』、中国書店、2004 年）。秦恩復『詞学叢書』所収の二巻本を底本として用い、38 種のテキストを参照し、うち 20 種を校本として用いている。さらに先行の訳注書をも参照しつつ、詳細かつ精緻な訳注が施されている。また、末尾に語彙索引や諸本の異同表等の関連資料が附録されている。本書が対象とするのは、二巻のうち、中国の歴代詞学に与えた影響のもっとも大きい巻下の一巻分で、曲律・音譜を論じた巻上は含まれないが、中国近世・近代詞学のバイブルといってよい『詞源』が、このように至れり尽くせりの形で公刊されたことは、今後の我が国の詞学研究に多大な利益をもたらすであろう。なお、詞源研究会は、明木茂夫、玄幸子、澤崎久和、萩原正樹、保苅佳昭、松尾肇子の 6 名からなる。のち、この

研究会が基礎となって，宋詞研究会が設立された（後述）。

この他，蘆田孝昭（1928-2003）監修『清真詞・夢窓詞攷異 附索引』（夢窓詞研究会編，早稲田大学中国文学会特刊叢書，1999年）が刊行され，40種近いテキストを用いた呉文英詞の校異と，周邦彦・呉文英詞の一字索引が公表された。同書の巻頭には後藤淳一（1964- 早稲田大学非常勤講師）の「夢窓詞における〈夢飛不V〉の形成—両宋抒情詞口語措辞散論—」が冠されている。

(2) 論文
—詞と音楽— 「倚声填詞」という言い方があるように，詞は音楽と切っても切り離せない歌辞文学である。しかし，姜夔の詞集に附された楽譜を基に復元された数曲を除くと，詞の楽曲は今日には伝わらない。よって，個々の作品と音楽の具体的関係は，それを探ろうにも手だてがなく，永遠の難題として詞学研究者の前に立ちはだかっている。しかし，この関係性をわずかにでも具体化できれば，詞学がまた新たなる段階を迎えることも確かであり，そのため近年においても幾つかのアプローチから研究が進められている。

もっともストレートに詞学における音楽の諸問題を研究するのは，明木茂夫（1962- 中京大学教授）であろう。「『白石道人歌曲』の旋律と詞牌」[明木1988]，「『白石道人歌曲』に於ける双調形式—歌曲集としての白石詞—」[明木1991a]，「詞学に於ける記譜法の構造」[明木1991b]，「『詞源』犯調考—その「犯」の意味するもの—」[明木1993]，「詞牌と拍—詞牌を識別する要因とは何か—」[明木1997]，「南宋姜夔『白石道人歌曲』の旋律復元」[明木2007]等の論文がある。

村越喜代美も詞と音楽の問題に正面から取り組む一人である。前掲書に収められた各篇の他，「詞と燕楽と雅楽」[村越1996]，「南宋の詞学と琴」[村越2004]，「姜夔の楽論における琴楽」[村越2006]等の論文がある。

萩原正樹（1961- 立命館大学教授）は，主として詞譜と詞牌という観点からアプローチする。「『欽定詞譜』訂誤—僻調について—」[萩原1992]，「『歴代詩余』と『欽定詞譜』」[萩原1997]，「『欽定詞譜』詞体考」[萩原2000]等の論文，および『全金元詞』詞牌索引がある。

松尾肇子は，主として張炎『詞源』の詞学理論の方面から，この問題にアプローチし，「『詞源』と『楽府指迷』」，「姜夔の楽論と南宋末の詞楽」等の論文があり，前掲『詞論の成立と発展』のなかに収められている。

　また，通説では，元による南北統一とともに，詞が曲に取って代わられ，詞は衰微して歌われなくなったとするが，萩原正樹は「元代における詞の歌唱について」［萩原1994a］において，関連の資料を精査し，元において詞がまだ歌われていたことを証明した。中原健二（1950- 仏教大学教授）は「元代江南における詞楽の伝承」［中原2007］において，萩原氏の説をさらに他の資料で補強しつつ，とくに江南において，14世紀はもとより15世紀にいたるまで，詞楽が伝わり，詞・曲併存の状態が続いた可能性を指摘する。なお、本論をはじめ、中原氏の宋代詩詞に関わる諸論は、最近、『宋詞と言葉』という論著に整理され収められている（汲古書院，2009年9月）。

—北宋の詞—　個別の作者や作品を論じた論文では，両宋を通じて柳永の論文数がもっとも多い。宇野直人は，前掲書公刊の後も，「懐古」「七夕」「詠物」等，主題・題材に着目した作品論を発表している［宇野1994，1995，1996］。また，萩原正樹には，伝記論的考察「柳永と科挙」［萩原1987］と「柳永の後半生とその詞」［萩原1989］等がある。その他，近世の通俗文芸作品に描かれた柳永の人物形象について論じた，柴田清継（1952- 武庫川女子大学教授）の「小説戯曲における柳永の人物像」［柴田2001］がある。

　柳永に次いで本数が多いのは，蘇軾の論文である。80年代以降もっとも精力的に蘇軾の詞を研究するのは，保苅佳昭（1959- 日本大学教授）である。「狂」「雨」「夢」等の主題に即した蘇軾詞論［保苅1989，1990，1991］，雨上がりの情景描写に即した蘇軾と柳永の異同論［保苅1998］，蘇軾の詩と詞の異同論を中心にすえた，「東坡にとっての詞の意味」［保苅1987］，「蘇軾の超然台の詩詞」［保苅1999］，「蘇軾の蘇轍に関する詩詞について」［保苅2005］等々がある。なお，これら一連の論考は，近刊二種の中訳論集『蘇詞研究』（線装書局，2001年）と『新興与伝統―蘇軾詞論述―』（上海古籍出版社，日本宋学研究六人集，2005年）に収められている。その他，蘇軾における詩詞の質的接近について技巧面から論じたものに，内山精

也（1961- 早稲田大学教授）の「蘇軾次韻詞考」［内山 1992］と「蘇軾檃括詞考」［内山 1998a］，檃括詞の宋末までの展開を論じた「両宋檃括詞考」［内山 2000b］がある。

柳永，蘇軾以外では，諸田龍美（1965- 愛媛大学准教授）が，趙令畤の「蝶恋花」を，元稹「鶯鶯伝」享受史の観点から採り上げている［諸田 2005］。諸田氏は，この連作詞の創作目的が張生の薄情を非難することにあると見なす通説を否定し，別離の後，なおも鶯鶯への思いを抱きつづけた張生を「多情」なる風流才子と見なし，むしろ張生への大いなる共感をもって詠じたのがこの詞である，と結論を下している。この他，後藤淳一による秦観「調笑令」についての考察［後藤 1991］や，池田智幸（1971- 京都両洋高校講師）による賀鋳の「檃括」論，賀鋳の楽府と詞の関係を論じた考察［池田 2001，2003］がある。

中国では李清照の研究が盛んだが，日本では意外なほど少なく，80年代以降は寥々たる数である。そのなかで特異な成果は，原田憲雄（1919-）の『魅惑の詞人 李清照』（朋友書店，2001年）である。自ら詩人でもあり，しかも多くの訳詩を手がけた，戦後第一世代のこの作者は，李清照作品の口語訳をふんだんに交えながら，彼女の一生を丹念に描き出している。末尾には一字索引を附録する。その他，松尾肇子が女性学の立場から「李清照像の変遷—二度の結婚をめぐって—」を発表している（前掲『詞論の成立と発展』所収）。

—南宋の詞およびその他— 南宋詞の研究は，張炎『詞源』に連続する，南宋末の専業詞人に集中している。よって，「詞と音楽」の項で紹介したものとかなり重複するので，姜夔と『詞源』については，ここでは採り上げない。中国で盛んな辛棄疾の研究も，日本ではそう多くない。前掲，村上氏の新著『宋詞研究 南宋篇』に収められた「辛稼軒詞論」と「歴代諸選本における稼軒詞」を除くと，のこるは村越喜代美の「守られた英雄—辛棄疾—」［村越 2002］があるくらいである。その他の詞人では，森博行（1948- 大阪大谷大学教授）による，陸游の「釵頭鳳」と「清商怨」についての考察［森 1997，2000］，中原健二による陳宓についての考察［中原 2005］，萩原正樹による王沂孫の詠物詞についての考察［萩原 1984］がある。

これ以外に特筆すべきは，萩原正樹による一連の森川竹磎（1869-1917）研究

である。森川はおそらく日本においてもっとも精力的に詞学の普及・研究と創作に努めた詞人であろう。その『詞律大成』20巻は，彼が約20年の歳月を費やし完成させた森川詞学の集大成である。万樹の『詞律』の不足を補い，『欽定詞譜』の誤りを数多く正している。萩原は一連の論文の中［萩原1994b・c・d, 1995, 2004, 2005］で，森川詞学の特徴を克明に整理し，その功績を顕彰するとともに，彼の生平についても調査研究を開始して，一部の成果を発表している［萩原2005, 2007］。

なお，王水照，保苅佳昭編選『日本学者詞学論文集』（上海古籍出版社, 1991年）のなかに，80年代の宋詞関連の論文が7篇選録されている。また，本書に冠された王水照氏の「前言」は，日本の詞学を知る上で大きな助けとなろう。総体的な概括のみならず，個別の研究に即した具体的な論評が丁寧に加えられている。日本人による日本詞学の総括文には，1990年代初頭までを対象としたものであるが，松尾肇子に「日本における詞の研究の現状と課題」［松尾1993］がある。この日中の二篇は，本稿の粗略を補うものであるので，ぜひ一読されたい。また，松尾肇子編，宋詞研究会補編「日本国内詞学文献目録」［松尾2005］があり，Web上にも公開されている（宋詞研究会ホームページ URL:http://www.ritsumei.ac.jp/~hagiwara/scyjh.html）。

## 四　詩　文（一）—単行の研究書および訳注書—

宋代の詩文研究は，唐および唐以前のそれと比べると，ずっと蓄積が少ない。ただし，日本において宋代詩文が歴史的に読まれなかったわけではなく，本稿第一節において記したように，14～16世紀，鎌倉時代末期～室町時代の五山僧の間や，17世紀，江戸時代初期においては，主として北宋の詩が愛好され，19世紀，江戸時代後期には，主として南宋の詩が愛読され祖述された。文章も宋六大家の古文が標準文体として，鎌倉時代末期以来，さかんに模倣学習されている。したがって，享受史の観点から見ると，宋代詩文も，唐および唐以前の詩文と同様，日本漢詩文史において重要な役割を果たしている。しかし，江戸時代の直後，

明治時代（1868-1912）に入ると，急速な西欧化により，漢学と洋学の地位は完全に逆転し，漢詩文を書くことが知識人の必須の教養ではなくなった。学校教育においても，時代が下るにつれ，全教科における漢文のウエイトは徐々に低下した。戦後（1945-）になると，さらに漢文の授業時間数が大幅に削減され，教材の量も縮小されるようになり，その結果，詩では宋詩よりも唐詩が，文では宋文よりも論孟，諸子百家や史記が教材として選ばれ，戦後の日本人にとって，宋代詩文は縁遠い存在と化した。

これと似たような変化は，中国においても起きている。清末に一世を風靡した同光体は宋詩鼓吹派であったし，宋文も科挙が実施されている間は規範文としてしきりに学習されていたが，近代化とともに宋代詩文の地位は一気に低下した。とくに五四運動（1919）以降，その低下が著しい。白話と古文の社会的地位が逆転したことにより，宋文の規範的地位は低下した。また，西欧起源の進歩史観に基づく文学史が大量に書かれるようになり，それらでは「唐詩宋詞元曲」説が主流になったため，宋を代表する詩歌が詩から詞へと移って，宋詩はもはや宋代第一の研究対象ではなくなった。

しかし，そうはいっても中国のばあいは，詞学の興隆があったことにより，宋代文学研究全体が零落したわけではなかった。日本においては，前述のとおり，詞学の伝統がそもそも希薄であったがゆえに，中国と同様の「革命」は起こらず，一方，詩文の研究も，宋代詩文が漢文教材にほとんど採られなくなったのに呼応するように，漢魏六朝や唐のそれと比較すると，質量ともにはるかに寂しい状況となった。しかし，総じていえば，詩文の論文件数は詞学のそれを上回っている。それは結局のところ，日本の享受史に遠く由来しているであろう。

(1) 単行の研究書

まず，吉川幸次郎（1904-80）とともに，戦後の唐宋詩文研究を牽引した小川環樹（1910-93）の『小川環樹著作集』がその没後に編纂刊行された（筑摩書房，1997年）。全5巻のうち，第3巻が「宋代詩文」の巻で，計28篇の論文，解説，随筆と，6篇の書評，および陸游の評伝が収められた。陸游の評伝は，筑摩書房

の『中国詩文選』(本稿第二節所掲⑤)の一冊を再録したものである。28篇の内訳は，「自然は人間に好意をもつか—宋詩の擬人法—」を含む総論4篇のほかは，主として蘇軾と陸游，范成大に関わる文である。氏の深い学識に裏打ちされた論文や解説の各篇に創見が多く含まれることはいうまでもないが，林語堂の蘇東坡伝に触発されて記された蘇軾の「初恋のこと」，陸游の七律と氏の中国体験とをからめて語る「物売りの声」等の小品のエッセイも実に味わい深い。書評は6篇のうち5篇が中国の研究に対するもので，いずれも日中の学術交流が事実上不可能であった時代(1957～1962年)に書かれたものである。採り上げられたのは，夏承燾，呉熊和『読詞常識』，銭鍾書『宋詩選注』，朱東潤『陸游伝』と『陸游研究』，于北山『陸游年譜』の計5種，いずれも今日の中国においてすでに経典的地位を得たものばかりである。これらは，あたかも書評という媒体を借りた小川氏と著者の学問的対話録という観があり，まことに読み応えがある。書評がきっかけとなり，のちに銭鍾書と交流が生まれたことは，知る人ぞ知る事実であろう。本書所収の数篇は，中訳本『風与雲—中国詩文論集—』(中華書局，日本学文萃，周先民訳，2005年)にも収められている。

　小川氏と同世代の成果には，船津富彦(1915- 元東洋大学教授)の『唐宋文学論』(汲古書院，1986年)がある。この書は，唐と宋の二部からなり，第二部に，「欧陽脩の文学論」，「蘇東坡の文学論」，「滄浪詩話源流考」，「北宋時代の詩話にあらわれた典故の運用論」，「苕渓漁隠叢話覚書」等の論文が収められている。船津氏は，詩話をはじめとする文学理論を系統的に研究し，他に『中国詩話の研究』(八雲書房，1977年)という専著もある。これらは，おおむね中国における詩話学が本格的に開始される以前の論文であり，日中両国を通じ先駆的意味をもつ研究である。

　小川・船津両氏の下の世代では，山本和義(1936- 南山大学名誉教授)の『詩人と造物—蘇軾論考—』(研文出版，2002年)がある。山本氏は，小川氏とともに，戦後，蘇軾詩文の普及と啓蒙にもっとも功績のあった一人である。本稿第二節で紹介したものの他にも，岩波文庫『蘇東坡詩選』(小川環樹と共著。岩波書店，1975年)がある。本書は三部からなり，うち第一部が蘇軾の詩に関する論文とエッセイ，

第二部が「赤壁賦」についての論文，第三部は宋代文学全般に関わる論文とその他，という構成になっている。このうち，第一部に収められた蘇軾の詩歌論の価値がとりわけ高い。長年にわたって蘇軾作品の翻訳に従事してきたがゆえの精確な読みに支えられた，細やかな視点による蘇軾論が展開されている。なかでも圧巻は「蘇軾詩論稿」であろう。蘇詩にしばしば表れる「吾生如寄耳」という表現に着目し，蘇軾の用法が，伝統的なそれ，すなわち人生の短さを悲嘆するものとは異なり，人生の不如意をむしろ積極的に甘受し，悲哀を止揚しようとする時に用いられると指摘する。そして，それを可能にしたのが，順逆すべての境遇を相対化し，天から与えられた境遇を進んで受け入れようとする「委順」の哲学にある，とする。この他，書名にあるように，「詩人と造物」という観点から，蘇軾の一生の詩を読み解いた2篇も収められ，これらが山本蘇軾学の根幹をなしている。

　筧文生（1934- 立命館大学名誉教授）の『唐宋文学論考』（創文社，東洋学叢書，2002年）のなかにも，「宋代散文論」，「梅堯臣略説」，「梅堯臣詩論」等の文章が収められている。また，筧氏には，野村鮎子（1959- 奈良女子大学教授）との共著による，『四庫提要北宋五十家研究』（汲古書院，2000年）と『四庫提要南宋五十家研究』（汲古書院，2006年）がある。前者は，『四庫全書総目提要』集部別集類に著録される北宋105家122種の別集のなかから，文学史的に重要性のより高い50家56種を厳選し，詳細な訳注を加えたものである。いわゆる『四庫提要』は，『四庫全書』所収の全書籍についての解題集として単独に編集されたものと，それぞれの書籍の巻頭に掲げられたものの二種類あり，内容に異同のある場合が多いが，本訳注ではその点にも留意し，大きな異同については逐一注記している。また，現存の主要テキストについての簡明な補説，近年の校点本，校注本についての情報，年譜等の伝記資料の紹介が，各家の末尾に「附記」として附録されている。後者は，同様に南宋267家274種のなかから，53家57種を厳選し訳注を加えたものである。体例は前著を踏襲しているが，「附記」において紹介される現存版本関連の情報は前著よりずっと充実し，日本，中国，台湾等の主要図書館における版本調査の成果がここに凝縮して反映されている。巻頭には，野村鮎子「『四庫提要』はいかに南宋文学を評したか」という論文が冠され，『四庫提要』に潜

在する四庫全書館員の文学史観が抽出され，彼らの批評の特徴と問題点があぶり出されている。

さらに下の世代の専著には，大野修作（1951- 元京都女子大学教授）の『書論と中国文学』（研文出版，2001年）がある。本書は書論と書法研究を中心とする論文集であるが，「黄庭堅詩における"もの"による思考―格物と題画詩―」や「慧洪『石門文字禅』の文学世界」等の文学関連の論文も収められている。なお，大野氏は日本における書論研究の学問的確立をめざし，自ら発起人となって，最近『書論漢学研究』という学術雑誌を創刊した（アートライフ社，創刊2007年7月）。

その他，東英寿（1960- 九州大学教授）の『欧陽脩古文研究』（汲古書院，2003年）は，標題の通り，欧陽脩の古文に関する周到かつ全面的な研究である。本篇と外篇とに分かれ，本篇は，先行研究を紹介しつつ問題の所在を明記する「序説」，欧陽脩に至るまでの北宋初期の古文復興について論じた上篇「行巻より見た北宋の古文復興」，欧陽脩の古文について，経歴・思想・表現技巧等の観点から全面的に論究した中篇「欧陽脩の古文」，欧陽脩の古文復興によってもたらされた同時代的影響について論じた下篇「欧陽脩の古文復興の展開」という四部構成からなる。外篇には，欧陽脩別集に関わる論文と日本の江戸時代における欧陽脩評価についての論文が収められている。なお，本書所収の諸論は中訳され，上海古籍出版社より「日本宋学研究六人集」の一冊として出版されている（『復古与創新―欧陽脩散文与古文復興―』，王振宇・李莉等訳，2005年）。

また，浅見洋二（1960- 大阪大学教授）の『中国の詩学認識―中世から近世への転換―』（創文社，2008年）は，六朝から南宋までを視野に納め，この間の詩人に見られる詩学認識の変遷について論じた書であるが，その過半が宋詩を採り上げた章からなる。「詩における風景と絵画」，「詩と絵画」，「詩と現実」，「詩と歴史，詩と作者」，「詩における〈内部〉と〈外部〉，〈自己〉と〈他者〉」という五部により構成され，斬新な切り口により，従来，あまり注意の払われてこなかった諸現象の意味を問い直している。

新世代の研究専著もすでに刊行され始めている。会谷佳光（1972- 財団法人東洋文庫研究員）の『宋代書籍聚散考―新唐書藝文志釈氏類の研究―』（汲古書院，

2004年)は,宋代の目録学に関わる研究成果である。『新唐書藝文志』は『旧唐書藝文志』の不備を補い完成され,正史で四番目の藝文志であるにもかかわらず,後世の考証や補注がまったくなく,新志がいかなる資料を用いて旧志を補足し,どのように編纂されたのか,という基本的問題に,不明の箇所が多い。会谷氏は仏典類の記載を対象として,この不明部分にメスを入れ,多くの具体的な糸口を解明している。また,『崇文書目』と『秘書続編』という官修目録を取り上げ,その輯佚本の問題点と価値について詳論している。釈氏類の目録学的研究であるので,本書で取り上げられた書籍は文学と直接関わるものではないが,本書によって示された『新唐書藝文志』の編纂過程および官蔵目録や闕書目録が伝える書籍流通の問題は,今後,文学研究においても大いに研究すべき視点である。よって,本書のもつ規範的意義は大きい。

(2) 訳注書

まず特筆すべきは,小川環樹・山本和義編『蘇東坡詩集』(筑摩書房)である。これは,馮応榴『蘇文忠公詩合注』の作品配列にしたがって,蘇軾のすべての古今体詩に訳注を加えようとしたものである。蘇軾の全詩を対象とする訳注書は,戦前に岩垂憲徳・釈清潭・久保天隨による『国訳蘇東坡詩集』6冊(国民文庫刊行会,『続国訳漢文大成』文学部,1928～31年)が刊行されているが,該書の注釈は馮応榴注を部分的に訓読しただけであり,現代口語による通釈も附されておらず,戦後の読者からすると,はなはだ不親切な訳業であった。本書は,蘇詩の主要な歴代テキストならびに孔凡礼の校記(中華書局本『蘇軾詩集』)を用いて本文を校勘し,『四河入海』等の日本の注釈をも参考にしながら,現時点におけるもっとも精確な校訂と適正な訳注を企図したもので,戦前の水準をはるかに超えた学術的価値の高い訳注である。1983年2月に第一冊が筑摩書房より刊行され,1990年9月に第四冊(巻15まで)が刊行されたが,その後,小川氏の逝去や出版事情の悪化等の理由によって刊行が中断され今日に至っている。諸般の事情が好転して,続刊が決定されることを希望してやまない。なお,山本氏は南山大学を定年退職後,「南山読蘇会」を組織され,未刊分の訳注製作に着手されている。2007年以

来,南山大学の紀要(『アカデミア』文学・語学編第82号～)に,「蘇軾詩注解」のタイトルにより年二回の頻度で連載されており,すでに49首が公表されている。また,小川環樹氏が生前整理し,未刊のままであった35首分の訳注遺稿が,近年,山本氏の手で再整理され,宋代詩文研究会の会誌『橄欖』(第16号～,2009年～)に連載されている。

第二に,宋元文学研究会『朱子絶句全訳注』(汲古書院)がある。これは四部叢刊本『晦菴先生朱文公文集』巻一から巻十に収める五百余首の絶句を対象とする訳注で,現在4冊が刊行され(1991,94,98,2008年),計200首余の訳注が完成している。本書の特徴は,作品そのものの訳解と解題の他に,多様かつ豊富な補説が加えられている点である。小は詩語のイメージ解析や題材の特徴分析から,大は朱熹絶句に見られる先人の影響や交遊関係等々に至るまでが採り上げられ,朱熹の絶句を立体的に味読できるように配慮されている。細部を忽せにせず,しかも全体によく目配りを利かせており,日本研究の伝統的長所が結実した訳注書といってよいであろう。

第三に,宋代詩文研究会による銭鍾書『宋詩選注』の全訳がある(計4冊。平凡社,東洋文庫,2004～05年)。宋代詩文研究会(後述)の読書会における成果を基礎として,同研究会の五名の代表者(内山精也,種村和史,保苅佳昭,三野豊浩,矢田博士)によって,完成された。銭鍾書の業績は,日本においてはまだよく知られていない。本訳書の完成によって,銭氏ひいては近現代中国における宋代文学研究への関心の高まることが大いに期待される。本書は近現代中国の学問的成果の翻訳であるから,訳書そのものが日中学術交流の所産といえるが,出版に際して,作家としても著名な楊絳夫人や,銭氏の高弟で現在,中国宋代文学学会会長の王水照教授の多大なる支援を受けたことを関係者の一人としてここに紹介しておきたい。

この他,蘇軾関連で三種の訳書が出版された。まず,合山究(1942- 九州大学名誉教授)によって,林語堂の英文蘇軾評伝(*THE GAY GENIUS: The Life and Times of Su Tungpo*)が翻訳された。初版は『蘇東坡』という書名で明徳出版社から1978年に刊行されたが,1986年に文庫本となり,書名もそのまま講談社学術文

庫に収められた（上下二冊，下冊は 1987 年の刊行）。この翻訳の価値は，原書に明示されていない引用の出典をすべて訳者注として補足していることである。この訳者注によって，本書がたんなる読み物としてだけでなく，蘇軾の伝記研究資料としても活用可能な形になった。他の二種は，豊福健二（1943- 武庫川女子大学教授）による蘇軾の題跋文の翻訳『蘇東坡文芸評論集』（木耳社，1989 年）と『蘇東坡詩話集』（朋友書店，1993 年）である。前者は，中華書局『蘇軾文集』巻 66 ～ 71 に収められる題跋文のうち，初めの二巻分 86 篇の訳注で，後者は巻 68 に収める 102 篇の訳注である。なお，のこりの三巻は書画芸術や文人の清供関連の内容が多いが，これについても，すでに過半の訳注が高畑常信（1941- 徳島文理大学教授）によって公表されている（『東坡題跋 書芸篇』木耳社，1989 年）。

　南宋では，一海知義（1929- 神戸大学名誉教授）の『陸游詩選』が新たに岩波文庫に加わり（2007 年），160 首余が選録された。

## 五　詩　文（二）—総論—

　特定の詩人や流派を対象としたものではない，包括的テーマの論文をこの節で採り上げる。総じて近年の研究では，唐宋変革にともなう士大夫層の質的変化を背景として宋代詩文の特徴を論じるものが多い。

　80 年代以降，詩学関連でもっとも系統的な業績をのこすのは，浅見洋二である。浅見氏の研究は，宋代詩人の創作特徴を色濃く反映する詩句や現象を採り上げ，そこに潜在する宋人に特徴的な詩学認識を抽出し，時に六朝以来の詩歌演変史のなかで跡づけ論じ，時に欧米の美学理論を参照または対比しつつ論じる。たとえば，「詩中有画」という評語に潜む「詩画同質」論的認識の系譜を，六朝にまで遡って跡づけ，六朝から宋への演変を浮き彫りにした一連の論考［浅見 1997a・2, 1998］，「着題」という語に着目し，宋に至る歴代の詩人が詩の標題とテキストの関係をどのように認識してきたかについて分析した研究［浅見 2000］，「詩史」という認識や年譜・編年詩集の編纂に潜在する，詩歌と歴史の接近を伺わせる現象を論じた研究［浅見 2002a］，南宋詩人の詩に散見する，詩の素材を「拾得」した，

という表現に着目し，詩が詩人の内部と外部の何れから生じるのかについて分析した研究［浅見 2001, 2002b・c］等々がある。これら諸問題を主として受容論，メディア論的観点から論じるところに，浅見氏の大きな特徴がある。これら一連の論考は中訳本『距離与想像―中国詩学的唐宋変型―』（金程宇・岡田千穂訳，上海古籍出版社，日本宋学研究六人集，2005年）に収められ，さらに近年，日本語版の前掲論著（『中国の詩学認識』）のなかに収められた。

　宋代は士大夫の時代と呼ばれ，科挙出身の高級官僚が政権を掌握するとともに，詩壇を構成し，また新しい学問を創出した。「官僚＝学者＝詩人」という三位一体型の知識人が，時代をリードしたわけである。この複合性に着目し，宋代士大夫の詩歌観を論じたのが，内山精也「宋代士大夫の詩歌観―蘇軾「白俗」評の意味するもの―」［内山 2006］とその続編「宋代士大夫の詩歌観―蘇黄から江湖派まで―」［内山 2005］である。いくつかのモデル図を運用しつつ，宋代士大夫が理想とする詩人の理念型を解説した上で，宋代詩歌史上，重要な詩風の変遷がなぜ発生したのかについて，理念と実態のずれに着目して分析を加えたものである。

　宋代士大夫が共有した新たな社会的条件の一つに，印刷および出版文化がある。清水茂（1925-2008）「印刷術の普及と宋代の学問」［清水 1997］は，文学ではなく儒学を主な対象とするが，宋代に急速に普及発展した雕版印刷術と出版業が宋代士大夫の学問形成に与えた多大な影響について論じている。雕版印刷によって書物が大量に流通し始めたことで，書物の所有が一部の特権階級のみならず一介の士にも可能となり，それが学問・教育の普及を促したこと，さらに巻子本から冊子本へと書物形態が変化したことで，書籍の参照が格段に便利になり，それが経書のより合理的な新注を産出する契機ともなったこと，さらには朱子学の生成と発展に，印刷の普及，とくに福建の出版業の隆盛が不可欠な要素として関係していること等々が指摘されている。清水氏の指摘した福建等地域の出版文化を中心の課題にすえ，「○×前集，後集，続集，拾遺……」といった「分集本」形式の出版について研究したものに，土肥克己（1967-鹿児島県立短期大学准教授）「宋元時代の建陽と廬陵における分集本出版」［土肥 2005］がある。南宋～元において科挙及第者をもっとも多く出した福建とそれに次ぐ江西に，それぞれ建陽と廬

陵という出版の拠点があり，この両地が互いに提携し補完し合って儒学・文学関連の書籍を分集形式で大量に出版していた実態を，詳細な書誌資料とともに紹介し，併せてその文化背景に論及している。多くの新しい事実がこの研究によって発掘され，宋元出版史研究はまた大きく前進した，といってよい。

宋代士大夫の私的空間についても，近年の研究対象となっている。たとえば，宋代士大夫が女性をどのように描いたかという問題について，佐藤保（1934－ 二松学舎大学教授）は「宋詩における女性像および女性観」[佐藤1982]のなかで，まず銭鍾書や小川環樹の説を引用し，宋詩において女性への関心は乏しかった，という通説を紹介し，それを追認する一方で，宋代とくに北宋における女性描写に，従来にない顕著な変化が生じていることに着目する。すなわち，宋代においては，性愛や審美の対象としてよりも，現実生活の中でともに生活するパートナーとしての女性に強い関心が向けられていることを指摘している。中原健二は「夫と妻のあいだ—宋代文人の場合—」[中原1994]において，佐藤氏の説をさらに一歩進め，少なくとも妻に対する思いは，かつてなく豊かにしかも積極的に詩文に表現されていると，旧来の見方を否定した。中原氏は，女性を題材とする様式が古今体詩から詞へと移ったとする銭氏の見方にも反対し，また朱子学の普及が女性詩をいっそう減少に導いたという通説にも反対する。その上で，宋代士大夫の妻は，夫の日常的な助言者であり，夫と対等な人格として存在し，宦遊の労苦を分かち合っていたことが，数多くの詩文に包み隠さず表現されている，と従来の常識を覆している。

高橋忠彦（1952－ 東京学藝大学教授）「宋詩より見た宋代の茶文化」[高橋忠彦1991]は，宋代士大夫と茶の具体的な関わりを，詩の中から探り出す。蔡襄の『茶録』をはじめ，宋代の茶書には福建の団茶（固形茶）を「点茶」によって味わう飲茶法ばかりが記されるが，その他にも葉茶（散茶）を「煎茶」によって味わう飲茶法が存在する。高橋氏は，北宋では梅堯臣，欧陽脩，蘇軾，黄庭堅，南宋では楊万里と陸游の，計6名の茶詩を詳細に分析し，時代とともに士大夫の好む飲茶法に変化が認められることを記している。総じて，北宋は点茶が尊ばれるが，南宋になると煎茶が好まれる傾向に転じる，という。

飲茶愛好のほかに，宋代士大夫の審美意識をよく表すものに花の観賞法がある。宋人がとりわけ梅花を好んだことはよく知られているが，花瓶に生けて，室内で鑑賞する風が盛んになったことをテーマに論じたのは，岩城秀夫（1923- 山口大学名誉教授）の「瓶中梅の詩」［岩城1985］である。屋外に出て，または窓越しに屋外の花を賞でるのではなく，花瓶に挿して屋内で鑑賞することが，花弁そのものに対する細やかな観察を可能にし，それが宋詩の詠梅詩の微細な描写にも表れ出ている，とする。この鑑賞法の普及とともに，花瓶そのものも金属製から磁器への変化が促された，という指摘もあり，示唆に富む。

　文についての専論では，高津孝（1958- 鹿児島大学教授）の「北宋文学史の展開と太学体」［高津1989］と副島一郎（1964- 同志社大学准教授）の「唐宋古文における「気」の説と「雄健」の風」［副島2002］がある。高津氏の論は，東英寿「太学体考」［東1988］を踏まえ，それに一部修正を加えつつ北宋全体の文学史の潮流の中で「太学体」をとらえ直した論文である。東氏の論は，欧陽脩が嘉祐二年の科挙で排斥した「太学体」を駢文と見なす誤解を正したもので，それが韓愈の特徴を模倣した険怪奇渋な「古文」であり，石介・孫復の果たした役割が大きいと指摘する。高津氏は，「太学体」がたんに古文（散文）を指すばかりではなく，科挙の試験科目を考慮すれば，賦をも内に含むものだと主張する。その上で，「西崑体」も詩のみに限定されず，賦と文をも包含するとし，文・賦・詩のいずれもが駢体を尊ぶ「西崑体」から，そのいずれもを散体を中心に構成することを求める欧陽脩体へと移行したのが北宋文学史であり，その転換点にあるのが「太学体」である，と結論する。副島氏の論は，盛唐まで詩文の評価が「風骨」を基軸になされていたのに，中唐〜宋においてそれが影を潜め，代わって「雄（健）」という評語が頻出することに着目し，その転換に，道教の「元気論」の普及が与っている可能性を指摘する。新しい文学を志す，中唐以降の士大夫たちは，詩文の躍動感をとりわけ重視し，それを「気」の概念によって表現し，気が横溢し生動する詩文を「雄」と称して，そういう詩文を目指すようになった，とする。そして，「健」は力強く明晰な風格をいい，「雄」にして「健」なる境地が唐宋古文の目指したものだ，と説く。なお，副島氏の諸論は中訳本『気与士風―唐宋古文的

進程与背景―』（王宜瑗訳，上海古籍出版社，日本宋学研究六人集，2005 年）に，高津氏の諸論は『科挙与詩藝―宋代文学与士人社会―』（潘世聖等訳，上海古籍出版社，日本宋学研究六人集，2005 年）に収められている。

　石本道明（1959- 国学院大学教授）「神々の官僚化―宋代祝文にみえる文学的発想について―」［石本 1999］は，欧陽脩，蘇軾，朱熹三者の祝文の実例を検討しつつ，三者，とりわけ蘇・朱両者の祝文のなかに，宋代士大夫独特の神々に対する認識を読みとる。すなわち，彼らは神々と天帝との関係を地方官と皇帝の関係と同一視し，神々は人界の地方長官同様，それぞれの任官地域の良民の幸福に対し職責があるという理屈でもって，神々を説得し，降雨や快晴を請願する。その威迫や説得のレトリックの中に，神々を官たる自己と同列のものとしてとらえようとする宋代士大夫の特徴を見出している。

## 六　詩　文（三）―北宋各論―

―北宋初期―　北宋初期の研究は，詩が西崑体を中心とする研究，文は古文復興の先駆に関わる研究に大別される。

　まず，西崑体関連では，高田和彦（1961- 大阪府立長吉高校）が西崑派の領袖，楊億を研究し，「楊億詩論―「武夷新集」と「西崑酬唱集」―」［高田 1988］，「楊億『武夷新集』所収の詩について―製作時期と作品の性格―」［高田 2003］等の論文を発表し，『西崑酬唱集』中の楊億詩と『武夷新集』のそれを比較し，その異同について整理し詳論している。池澤滋子（1964- 中央大学教授）は，「丁謂と『西崑酬唱集』」［池澤 1998］を発表し，『西崑酬唱集』以外の作品と同時代評を検討し，丁謂を西崑派詩人と見なす通説に疑義を呈している。なお，池澤氏は日本よりも中国においてより多くの研究成果を発表しており，中文の専著に，『丁謂研究』（巴蜀書社，1998 年）と，西崑派の一人でもある銭惟演およびその一族の文学について論究した『呉越銭氏文人群体研究』（上海人民出版社，2006 年）とがある。前者には丁謂年譜が，後者には銭惟演と銭易の年譜が収められている。また，高橋明郎（1958- 香川大学教授）は，「西崑体の余派について」［高橋 1984a］において，晏殊，

宋庠，宋祁，文彦博，趙抃，胡宿の六家を採り上げ，時の経過とともに彼らの中で，西崑体の特徴が，胡宿を唯一の例外として，希薄化してゆく傾向を指摘し，あわせて文学史的意味について論じている。

宋初の古文復興に関わるものでは，科挙の糊名法や謄録法が実施される以前に，唐と同じく行われていた行巻について論じたものに，高津孝「宋初行巻考」［高津 1992］がある。高津氏は柳開のケースを例として宋初における行巻の実態を細かに紹介している。東英寿は王禹偁を例として「行巻よりみた北宋初期古文運動について」［東 1993］を発表した後，さらに柳開の例も加えて包括的にこの問題を論じた「北宋初期における古文家と行巻—科挙の事前運動より見た古文復興の展開について—」［東 1999］を発表している。

その他，副島一郎は「宋初の古文と士風—張詠を中心として—」［副島 2004］，「宋代古文史上における晏殊」［副島 2007］を発表し，古文家としては従来注目されてこなかった張・晏二人の果たした役割を論じている。

—欧陽脩と梅堯臣— 前述のとおり，欧陽脩の研究については，東英寿に彼の古文復興を主たる対象とする専著があり，総論各論を含め，そこに体系的な研究成果がまとめられている。ここでは，他の研究者の成果をより多く紹介する。高橋明郎は「欧陽脩の散文の文体（一）—助字及び反復の二点について—」［高橋 1984b］，「欧陽脩散文文体の特色—韓愈の散文との差の成因—」［高橋 1986］を発表し，欧陽脩古文のレトリックにおける特徴を，統計データを駆使しながら論じている。前者では，「記」類の作品につき，助字の使用頻度を調べ，韓愈から尹洙まで主要な古文家のそれと比較して，大きな異同が認められないことを確認した上で，同一語彙の反復に欧陽脩の特徴があるとする。後者では，欧陽脩と韓愈の文体的相違は「陰柔」と「陽剛」という評に現れ出ているが，その要因を「判別分析」や「スピアマン（Charles Edward Spearman）順位相関係数」等の統計学の手法を用いて導き出している。韓文が読者になるべく明瞭で迷いのない情報を与え，読者の判断の介入を許さない文体であるのに対し，欧陽脩の文は読者に様々な判断を要求し，何度も読み直しを必要とする文体であり，それが対照的な評を生んだ最大の要因と結論する。なお，東英寿も，高橋氏が用いた統計学の手

法を運用して，欧陽脩の『五代史記』と『旧五代史』，『帰田録』と『六一詩話』の文体比較［東 2003］や，曾鞏の文体的特徴［東 2007］を考察している。

欧陽脩の別集テキストについては，東氏に天理図書館所蔵『欧陽文忠公全集』についての考証［東 2001a］や中華書局が用いた欧陽衡本の問題点を論じた論文［東 2001b］があるが，森山秀二（1954- 立正大学准教授）にも「欧陽脩のテキストについて」［森山 1993］と「元刊本『欧陽文忠公集』を巡って」［森山 2001］がある。前者は歴代の書目や現存版本から欧陽脩の別集の系統を整理しそれぞれの問題点について考察したもので，後者は四部叢刊本『欧陽文忠公集』の諸問題について考察したものである。

また，森山氏には「欧陽脩と西崑派―楊億評価を巡る問題―」［森山 1990］という論文もある。西崑体に反対した欧陽脩が，その領袖である楊億に対しては相当の敬意を抱いていたことを，激烈な楊億批判を展開した石介の言動と対比しながら論じ，欧陽脩の平衡感覚を指摘する。「欧陽脩の悼亡詩―悼亡を巡る問題―」［森山 1991］は，親友梅堯臣が悼亡詩を多数のこしたのと比較し，欧陽脩のそれが質量ともに乏しいことを記す。とくに梅堯臣が亡き妻の墓誌銘を依頼した時の対応と，墓誌銘の余り熱心とはいえない書きぶりを採り上げ，当時の欧陽脩の心理を分析した条は，欧陽脩の人となりを巧みに描き出していて妙である。この他，欧陽脩単独の詩論として，佐藤保「欧陽脩の詩」［佐藤 1985］とその続篇［佐藤 1986］，東英寿「欧陽脩の詩について―「以文為詩」の特色に着目して―」［東 1997］もある。

緑川英樹（1970- 神戸市外国語大学准教授）は，「成熟と老いの詩学認識―杜甫から欧・梅まで―」［緑川 2001］のなかで，老いが詩人を成熟させる，という詩学認識の系譜を追い，杜甫によって確立するこの認識がどういう背景で生まれ定着したのかを論じる。その上で，それが欧陽脩と梅堯臣の間でいっそう深化し，「老」にして「清新」なる風格が彼らの理想となり，ひいては以後の詩壇をリードしていった，と指摘する。また，「文字之楽―梅堯臣晩年の唱和活動と「楽」の共同体―」［緑川 2002］では，梅堯臣の晩年五年間における唱和次韻の詩が急増する事実に着目し，彼が詩の唱和によって技術をいっそう高めただけでなく，

価値意識を共有するグループのなかで，文学の楽しみをとことん享受していたとし，蘇門による元祐唱和の先蹤と位置づけている。

　梅堯臣の詩を題材論的に研究するのは，坂井多穂子（1971- 東洋大学）である。梅堯臣は日常卑近な素材を詠じたことで知られるが，坂井氏の「寵物を悼む文学―皮日休から梅堯臣へ―」［坂井 2000］は，小動物やペットを詠じた梅堯臣の詩に着目する。とくに妻亡き後の寂寞を慰めてくれた猫の死を，妻の死と変わらぬほどに悲しむ梅堯臣の詩を採り上げ，中国詩史における彼の貢献を述べる。「梅堯臣の贈受品詩について」［坂井 2001］では，他者から贈られた物品に感謝した梅詩の諸相を論じ，「送別と食―梅堯臣「送蘇子美」を中心に―」［坂井 2002］では，蘇舜欽を送別した詩における食物描写を採り上げ，梅堯臣詩の特徴を論じている。この他，森山秀二に「梅堯臣の悼亡詩」［森山 1988］がある。

―王安石と蘇軾―　王安石詩文の研究は，日本ではそれほど多くない。内山精也の「王安石「明妃曲」考―北宋中期士大夫の意識形態をめぐって―（上・下）」［内山 1993, 95］，木村直子（1971- 初芝富田林高校）「王安石の詠史詩について―人物評価の視点から―」［木村 1998］，湯浅陽子（1968- 三重大学准教授）の「鍾山のある情景―王安石詩考―」［湯浅 2002］，「王安石の詩における唐詩の受容について」［湯浅 2003］が目につく程度である。内山論文は，王安石の「明妃曲」二首の翻案句に着目し，歴代王昭君詩における文学史的意味を抽出した上で，後世の痛烈な批判を招いた翻案句に託された王安石の真意を探り，同時代の唱和を生んだ北宋中期の言論環境に論及したものである。木村論文は，王安石の詩歌を特徴づける詠史詩を採り上げ，彼の論評内容から，仁義よりは実利性を重視した王安石独特の人物観を抽出している。湯浅論文の前者は，王安石が折々に詠じた南京鍾山を採り上げ，彼の詩の特徴を考察する。後者は，王安石詩における唐詩，とくに杜甫詩の受容形態を分析したものである。この他，特筆すべきものでは，高津孝「蓬左文庫本『王荊公詩箋註』について」［高津 1985］が挙げられる。名古屋の蓬左文庫所蔵の朝鮮古活字本『王荊公詩箋註』が，中国において通行する元大徳本系テキストにおいて削略された李壁注を留める宋本系のテキストであることを指摘した論文であるが，この論文が契機となって，その影印本が上海古籍出版社か

ら刊行された（王水照解題『王荊公詩李壁注』，上海古籍出版社，1998年）。

蘇軾については，両宋詩人のなかで，もっとも多くの論文が書かれている。

前に紹介した山本和義の他，横山伊勢雄（1936-1997）も，戦後日本の蘇軾研究を牽引した一人である。横山氏の論文は主として60～70年代に発表されたが，80年代にも「宋代の詩と詩論における「意」について—蘇軾を中心として—」［横山1992］を発表している。この論は，宋代詩学において「意」というタームがもっとも重要なキイ・ワードであることを，蘇軾の用例を中心に検討を加えつつ述べる。その上で，「詩は本来，「情」を源泉とし，「意」が方向性を与え，「知」によって表現化がなされる」と規定し，「意」が「情」を抑制するのが宋詩の特徴，ととらえる。なお，横山氏の宋代文学関連の論文ならびに随筆は，最近，『宋代文人の詩と詩論』という論著にまとめられた（創文社，東洋学叢書，2009年6月）。

西野貞治（1921- 大阪市立大学名誉教授）も，60～70年代に，蘇軾の王状元分類集注本や蘇軾周辺の文人に関する研究を多く残している。80年代以降では，「蘇軾の註と年譜について」［西野1986］において，かつて『東坡佚注』（本稿第一節(2)参照）の整理に加わった体験をふまえ，王状元分類集注本，施顧注本および年譜について，今日においてもっとも精確な総括をしている。西野氏には，王詵［西野1985］と参寥［西野1994］についての考察もある。吉井和夫（1950- 京都西山短期大学）は，京都五山の一，建仁寺の塔頭，両足院所蔵の宋本『東坡集』（残本。存53巻）を調査し，このテキストが，通行する分集本（七集本）系ではなく，現存する唯一の全集系宋本であるとし，その特徴を詳細に論じている［吉井1986b］。また，このテキストに含まれる「和陶詩」についての校勘記を発表している［吉井1986a，1989，1992］。

蘇軾および同時代の士大夫に，大きな衝撃を与えた筆禍事件「烏台詩案」についての専論には，石本道明「「烏台詩案」前後の蘇軾の詩境—『楚辞』意識について—」［石本1989］，「御史台下獄中の蘇軾—精神的動揺と黄州と—」［石本1990a］や，内山精也「東坡烏台詩案流伝考」［内山1996b］「東坡烏台詩案考—北宋後期士大夫社会における文学とメディア—（上・下）」［内山1998b, 2000a］がある。石本論文は主として作家論的な立場でこの事件が蘇軾に与えた影響について論じ

る。内山論文は，前者が『烏台詩案』のテキストが今日に伝わる理由を，蘇軾の死後，南宋初期に至るまでの，蘇軾文藝作品をめぐる熱狂を手がかりに論じ，後者は審議過程において民間で印刷された詩集が証拠物件となった事実に着目し，当時の政治とメディア，文学の関係について論じている。内山精也にはその他,「蘇軾次韻詩考」［内山 1988］,「蘇軾「廬山真面目」考」［内山 1996a］等の論文もあり，それらは中訳本『伝媒与真相—蘇軾及其周囲士大夫的文学—』（朱剛・益西拉姆等訳，上海古籍出版社，日本宋学研究六人集，2005 年）に収められている。

　思想や精神世界の方面から蘇軾の文学にアプローチする論文もある。滝本正史（埼玉県立春日部高校）の「蘇軾の水と世界観」［滝本 1984］は，小川環樹「東坡の散文」（本稿第四節(1)所掲『小川環樹著作集』第三巻所収）において指摘された，蘇軾独特の「水の哲学」について，小川氏の説をさらに敷衍し掘り下げた論である。滝本氏は，蘇軾の楽天的思想を可能にした要因として，地下に水脈が走り繋がっていて，人間は常にその上にあって，どんな僻遠にあっても故郷や都と繋がっているとする，中国の土俗的哲学の存在を指摘する。

　湯浅陽子は，蘇軾の士大夫としての生活哲学に着眼する。「蘇軾の吏隠—密州知事時代を中心に—」［湯浅 1994］では，官界に留まりながら隠逸的境地をも実現する「吏隠」という，白居易をはじめ中唐以来の文人が追求した生活スタイルを指標として，密州知事時代の蘇軾の深層心理を探り，当時の彼が「吏隠」型の人生に共感しえず，陶淵明的「帰田」型へと大きく傾いていたことを指摘する。「蘇軾の帰田と買田」［湯浅 1997］では，竺沙雅章「北宋士大夫の徙居と買田—主に東坡尺牘を資料として—」（京都大学史学研究会『史林』第 54 巻第 2 号，1971 年）を踏まえながら，黄州謫居以後の蘇軾が繰り返し詠じる「帰田」の夢と，常州における「買田」の関係を，他の同時代士大夫の例と比較しつつ論じる。「蘇軾の詩における仏典受容について—『維摩経』『楞厳経』を中心に—」［湯浅 1999］は，蘇軾の前半生の詩文において『維摩経』の引用が多かったのが，黄州謫居期を境として，南宗禅が重視する『楞厳経』の引用が増加する傾向を指摘し，そこに彼の仏教理解の深化の跡を見出している。

　個別の作品論としては，「赤壁賦」に関する論文が散見する。山本和義「蘇軾

赤壁賦初探」［山本1977］は、70年代の成果ではあるが、蘇軾が黄州赤壁を三国の古戦場に比擬し、「蘇子」としてそこに登場する構造について論じている。正木佐枝子（元九州大学非常勤講師）は「日付から考察した前後「赤壁賦」の主題について―特に「後赤壁賦」に焦点をあてて―」［正木1998］において、前賦「七月既望」、後賦「十月望」という月日に着目し、赤壁の遊びがこの日に行われた風俗的意味について述べている。

書画関連の文章は多く書かれているが、なかでも高津孝の「東坡の芸術論と場の性格」［高津1998］は、フランスの社会学者ブルデュー（Pierre Bourdieu）の「文化資本」概念を用い、新たな視点を提供している。当時の絵画が、宮廷や名士のみが享受しうる「客体化された文化資本」であることに着目し、蘇軾の独特な絵画論を生んだ背景として、そうした名士との芸術サークルの存在を指摘する。そして、高士、逸才、士人という「身体化された文化資本」を所有するものだけが、真の芸術を享受創作できる、という思想を蘇軾が持っていた、と結論する。

書画関連では、日本の書法関連の雑誌がしばしば蘇軾特集を組んでいるが、なかでも、書論研究会が『書論』第20号で、「昭和壬戌赤壁記念 蘇東坡に関する書画資料展」と題して組んだ特集（1982年）は、墨跡・拓本資料を多数写真掲載するのみならず、日本における蘇軾文藝の愛好を示す資料も含まれ、きわめて貴重である。さらに、吉井和夫「蘇軾研究文献目録」も収められ、70年代までの研究文献名が網羅的に編年されている。

日本における蘇軾文学の受容に関するものでは、池澤滋子の新刊書『日本的赤壁会和寿蘇会』（上海人民出版社、2006年）が特筆に値する。該書は、江戸時代以後、蘇軾への敬慕から壬戌の年の七月既望や十月望に赤壁遊に擬して日本各地で行われた文人の雅会や明治時代以後、蘇軾の生日に開かれた寿蘇会の詩文を影印して一書としたものである。この一書によって、日本においてどれほど蘇軾が愛好されたかを具体的に知ることができる。なお、池澤氏は、曽棗荘編『蘇軾研究史』（江蘇教育出版社、2001年）の、日本研究の部分も執筆しており、そこには鎌倉時代から現在に至るまでの研究が要領よく概説されているので、参照されたい。

―黄庭堅と江西派― 室町時代、五山僧から蘇軾とともに愛好された黄庭堅であ

るが,戦後の研究は蘇軾と比べるとずっと少ない。おそらくは,蘇軾と比べると典故の用い方がずっと暗示的で,屈折や飛躍の多い難解な表現が,戦後日本人の読者を遠ざけた大きな理由であろう。大野修作は,「黄庭堅の詩にあらわれた"名人"について―換骨奪胎弁―」[大野 1995]のなかで,そういう黄庭堅詩の晦渋な表現特徴の主因を探求する。大野氏によれば,それは黄庭堅の名人的職人藝への肯定に由来し,詩の造形美への傾倒がもたらしたものとする。内山精也は「宋代士大夫の詩歌観―蘇黄より江湖派へ―」[内山 2005]のなかで,その原因を黄庭堅の時代の言論環境に求める。また,内山は「黄庭堅と王安石―黄庭堅の心の軌跡―」[内山 2001]において,従来「蘇黄」の並称により,蘇軾との関係で論じられることが多かった黄庭堅の詩文のなかに,王安石の痕跡を見出し,北宋後期のより重要な継承関係は,「蘇黄」よりむしろ「王黄」であった,と指摘する。

　この他,大橋靖(仏教大学非常勤講師)は題材論的考察「蠟梅の詩について―黄山谷を中心として―」[大橋 1989]や伝記論的考察「黄山谷の黔州流謫時代について」[大橋 1991]を発表している。また,高橋幸吉(1976- 慶應義塾大学講師)は,金朝における受容という観点で,「金末における黄庭堅批判―李純甫,王若虚,元好問を例として―」[高橋幸吉 2001]を発表している。

　江西派の研究は,黄庭堅以上に少ないが,陳与義に関するものは,一,二存在する。横山伊勢雄「陳与義の詩と詩法について」[横山 1989]は,陳与義の詩業と詩論の特徴をトータルに論じたものである。中尾弥継(1973- 仏教大学非常勤講師)の「陳与義の南渡」[中尾 2005]は,南渡途中の詩を丹念に読み,陳与義の逃避行がどのようなものであったかを具体的に紹介している。なお,中尾氏には,「蠟梅詩について」[中尾 2002],「宋代における酴醾詩について」[中尾 2007]という詠花詩の系譜をたどった論文もある。「蠟梅」や「酴醾」は,江西派の詩人が好んで詠じた対象であるので,これらを江西派の題材論と見なすこともできる。

## 七 詩 文（四）—南宋各論および詩話研究—

　日本の南宋詩文の研究は，范成大，楊万里，陸游の三大家に集中している。これも日本の読書史と無縁ではない。すでに述べたように，19世紀，江戸後期の漢詩人たちは，彼ら三人の絶句や律詩を愛好した。明治維新以後も彼らを愛読した日本人が少なくない。

—南宋三大家—　日本の陸游愛好を具体的に紹介するものに，一海知義（1929-　神戸大学名誉教授）の「市河寛斎の「陸放翁年譜」」［一海1998］がある。市河寛斎（世寧）は，江戸後期の漢詩人で『全唐詩逸』の編者としても知られ，『陸詩考実』という専著もある。その「陸放翁年譜」を紹介し，その価値を論じたものである。一海氏は，その他に，マルクス経済学者河上肇（1879-1946）の『陸放翁鑑賞』を校訂し再刊している（岩波書店，2004年）。

　村上哲見「陸游『剣南詩稿』の構成とその成立過程」［村上1983］と「ふたたび陸游『剣南詩稿』について—附『渭南文集』雑記—」［村上1986］の二篇は，陸游の別集についての考証である。前者は現行『剣南詩稿』85巻において，厳州の初刊本20巻，子虚の続稿40巻，子遹の続稿48巻がどのように反映されているかについて詳論したもので，村上氏は巻19までが厳州本，巻59までが子虚の続稿，巻68までが子遹の続稿，その後は遺稿と結論する。後者は北京図書館所蔵宋本の調査にもとづき前者を補足したものである。

　西岡淳（1963-　南山大学教授）は，三大家の研究をもっとも精力的に進める一人である。陸游に関しては，「『剣南詩稿』に於ける詩人像—「狂」の詩人　陸放翁—」［西岡1989］，「陸游の詩論」［西岡1999］等の論文がある。前者は，後世，陸游に冠された憂国詩人と閑適詩人という二面性の間の落差を問題とし，陸詩に頻出する「狂」なる詩語が，この両極を往還する陸游の心境を読み解く指標になると説き，「狂」の諸相が詳論されている。後者は，彼の詩論が「発憤著書」的な内発的表現要求を重視する立場に貫かれていることを検証する。また，范成大については「范成大の詩風—連作を中心として—」［西岡1995］，楊万里については，「楊誠斎の詩」［西岡1990］，「楊誠斎の放翁観—酬唱詩とその周辺—」［西岡2001］

等がある。このうち,「楊誠斎の詩」は,楊万里が折々に自ら編んだ詩集ごとに詩風の変遷を概説した後で,「擬人表現の多用」から「哲学的思惟の欠如」に至る六つの特徴を抽出し詳論したもので,独立した一篇といってよいが,他はおおむね三大家の他者と比較しながら,各詩人の特徴を論じている。「楊誠斎の放翁観」のなかに紹介される詩文は,陸游と楊万里という時代を代表する二人が交わした実に濃密な文学的交流を伝えており,唐とも北宋とも異なる,すぐれて近代的な文芸評論の形が現れ出ており,興味深い。

　三野豊浩（1965- 愛知大学教授）も,陸游を中心とする三大家の研究を総合的に進めている。「成都における陸游と范成大の交流」［三野 1996］と「淳熙五年の陸游・范成大・楊万里」［三野 1999a］は,前者が淳熙二～四年,後者が同五年というように時間を区切り,伝記論的に彼らの交流の実態を詳論したものである。また,「范成大と楊万里の詩歌の応酬」［三野 1999b］,と「陸游と楊万里の詩歌の応酬」［三野 2000］は,范陸および楊陸の間で交わされた詩歌を時間軸に沿って読み解き特徴を論じたものである。

　この他,陸游関連では,石本道明「陸游酔中吟初探—蜀在任中の詩と心情—」［石本 1990b］,小田美和子（1961- 宮城教育大学准教授）「陸游詩における「愁破」」［小田 1993］,塩見邦彦（1941- 鳥取大学教授）「陸游「紀年」詩考」［塩見 1997］,森博行「陸游の詩に現れた太平の諸相—陸游晩年の一面—」［森 1999］,中村孝子（元東京学藝大学非常勤講師）「陸游の茶詩について」［中村 2005］等があり,范成大関連では,大西陽子（1962- 一橋大学非常勤講師）「范成大における紀行詩—紀行文「石湖三録」との関連を中心に—」［大西 1992］,青山宏「范成大受験期の詩」［青山 1995］,楊万里関連では,塩見邦彦「楊万里詩の口語表現」［塩見 2000］等がある。

　陸游の『入蜀記』には,明治以降,注釈が数種あるが,そのうち岩城秀夫による全訳が平凡社東洋文庫に収められた（1986年）。また,范成大の『呉船録』,『攬轡録』,『驂鸞録』についても小川環樹の訳がやはり平凡社東洋文庫に再録されており（2001年）,現代の日本人にとっても身近な存在となった。その他,范成大の「四時田園雑興六十首」の訳注が,山本和義・河野みどり両氏によって発表されている［河野 1993, 94a, 94b］。

—詩話研究— すでに記したように，詩話については，船津富彦に先駆的研究がある（本稿第四節(1)参照）が，80年代以降，その水準を凌駕する幾つかの新しい研究も生まれている。

まず，詩話の元祖である欧陽脩『六一詩話』に関する論が複数発表されている。豊福健二「「六一詩話」の成立」[豊福1983]は，「六一詩話」の特徴を，欧陽脩の他の随筆的著作「筆説」「試筆」「雑書」「帰田録」四種と比較しつつ論じた上で，「六一詩話」はもともと「帰田録」の一部であったが，熙寧年間に改訂が加えられ，別々の一書となった，と推論する。増子和男（1953- 茨城大学教授）の「欧陽脩の文学論における「理」―詩話を中心として―」[増子1983]は，『六一詩話』のなかでしばしば詩の評価基準として提示される「理」や「義理」の内実を明らかにし，それが程朱の学におけるそれと異なり，実事尊重主義の形而下的な性格のものであることを指摘し，「詩話興りて詩滅ぶ」と評された元凶をこの姿勢のなかに見て取る。一方，興膳宏（1936- 京都大学名誉教授）は，「宋代詩話における欧陽脩『六一詩話』の意義」[興膳1998]のなかで，理論性，体系性に乏しいゆえに，軽視されることが多いこの詩話を，むしろ雑駁な性格ゆえに新しい詩評のジャンルを切り開いたと論じる。

和田英信（1960- お茶の水女子大学准教授）は，「欧陽脩『詩話』の表現形式について」[和田1999]のなかで，『六一詩話』が『本事詩』や『雲渓友議』の系譜に連なる，と見なす中国学者の説に対し，その表現形式の相違を理由に異議を唱える。すなわち，語り手が物語の枠外から話柄を記述する『本事詩』や『雲渓友議』と明らかに異なり，『六一詩話』は語り手自身が物語の枠の内外を往還するスタイルをもち，このスタイルこそが，宋代詩話を隆盛に導いた新しさであり，唐と宋を分ける大きなポイントである，と説く。また，「詩話の成立と変容」[和田2000]においても，このスタイルにより，「語られる話題の内容だけではなく，いま語り進めつつある欧陽脩の姿とその語り口，語り手とそのとき「今」を共有しつつ耳を傾ける聞き手の存在が浮かび上が」り，「さらには話柄の中の世界と，語り手と聞き手に共有される現実の世界との連続性が強く喚起される」と総括し，その上で，『六一詩話』の意義は，創作と受容の場の具体的な諸相を伝える新し

い表現スタイルを確立したことにある,と評価する。詩話は北宋末の『苕渓漁隠叢話』を経て,南宋に入ると『歳寒堂詩話』や『滄浪詩話』等の高い理論性と体系性を備えた詩話を生むが,和田氏はこの変質の前提として,北宋の詩話が創り出した蘇黄を頂点とする文学史的枠組みを指摘する。その枠組みに対する批判が理論性を備える南宋詩話を生み出す要因になっているとする。そして,詩話の隆盛と詩作の普及にともなう,詩歌を取り巻く環境の変化が,融通無碍なる詩話のスタイルに助長され,詩話の変質を促した,と結論する。和田氏には,「唐宋両朝詩比較論の成立と『滄浪詩話』」[和田 1995] という論考もある。この論文は,明確に唐宋詩の優劣論が展開される『歳寒堂詩話』と『滄浪詩話』を中心に,彼らの言説の背景と意味を分析している。この他,興膳宏にも,『歳寒堂詩話』に関する専論がある [興膳 1996, 2000]。

## 八　研究組織

　現在,全国規模をもつ研究組織に,宋代詩文研究会と宋詞研究会がある。宋代詩文研究会は,1990年に設立され,『橄欖(かんらん)』という機関誌を毎年発行し,最新刊は第16号になる。宋詞研究会は,2003年に設立され,『風絮(ふうじょ)』という機関誌を毎年発行し,最新刊は第5号である。この二つの研究会は毎年五月に「宋代文学研究談話会」という年度大会を共同開催し,2009年は慶應義塾大学にて第13回が開催された。会員数はいずれも80〜90名で,相互に重複する会員も多い。

　近年の日本における宋代文学研究の特徴の一つに,海外,とりわけ中国と台湾との密接な連携関係を挙げることができる。中国では2000年に中国宋代文学学会が設立され,二年に一度所を変えて国際会議が開催されている。2009年10月に成都にて開催を迎える会議が第六回となるが,SARSのため海外の学者の多くが参加を取りやめた第三回を除けば,他は毎回10名前後の日本の研究者が参加している。宋代文学関連の刊行物も,四川大学宋代文化研究中心による『宋代文化研究』(第17輯既刊)や復旦大学王水照教授の主編『新宋学』(第2輯既刊)があり,そのいずれにも日本人研究者の論文が掲載されている。台湾にも成功大学張高評

教授の主編『宋代文学研究叢刊』(第15期既刊)があり，同様に日本の研究成果が折々に掲載されている。もちろん『橄欖』や『風絮』にも，大陸・台湾の翻訳論文が掲載されており，宋代文学研究における「東海ネットワーク」は，きわめて効果的に機能している。おそらく，中国古典文学研究各領域の中で，宋代ほど日中間の相互交流が頻繁に行われている領域は稀であろう。

その理由として三つの有利な条件が存在することを指摘できる。

第一に，宋代文学が前述のとおり後発分野であるがゆえに，国と地域の相違を超えて，共同の歩調がとりやすく，問題意識を共有しやすかった，ということである。宋代文学，とくに詩文研究は，20世紀にあって，日中いずれの国においても盛んであったとは言い難い。『全宋詩』が完成したのが1998年12月，『全宋文』にいたっては2006年8月のことであるから，宋代詩文研究の総合的研究は近年ようやく本格的に始まった，といっても過言ではない。六朝～唐代の詩文研究を例にとると，日中国交正常化以前の段階で，日本の学会はすでに厚い研究成果を蓄積しており，日本独自の伝統を形成していた。一方，宋代は日本に限らず，どの国と地域においても研究蓄積に乏しく，相互に他山の石とする条件が自然と用意されていた。

第二に，現在，日本の宋代文学研究の中核を担う世代が，おおむね中国留学の体験を有しているという点である。今日，もっとも活発に研究活動を展開している世代は，1950年代半ばから60年代半ばの生まれであり，彼らが大学院に進学した頃を境に，中国の研究教育機関への留学の道が一般化した。日中交流が閉ざされていた時代の世代と比べると，この世代は中国人研究者と交流のチャンネルとコネクションをより多く持っており，言葉のハンデも相対的に小さい。

第三に，インターネットの普及に伴う，通信技術の革命的進歩が挙げられる。郵送ならば往復で二週間近くの時間を要した相互連絡が，電子メールの普及によりほとんど瞬時に情報を交換できる時代となり，第一，第二の条件が基礎となって，「東海ネットワーク」が飛躍的に緊密になり，実質的な交流を保証するようになった。

その結果，宋代文学研究は，それぞれの国と地域特有の個性を残しつつも，相

互に刺激しあい、切磋琢磨しあう、まことに良好な国際的学術交流の姿がすでに実現している。ここ数年の間に開催された「宋代文学研究談話会」には、毎回、複数の大陸もしくは台湾の研究者が参加し、研究発表を行っている。また、海外の学者が来日した際には、それぞれの研究会が臨時の特別講演会を開催し、交流の場を設けている。

近年の緊密な相互交流を象徴する事例が、上海古籍出版社から2005年に刊行された「日本宋学研究六人集」である。これは、40代の中堅研究者6名が各自一冊ずつ論文集を編み、翻訳によって中国斯界に紹介するという企画で、全体の企画は宋代詩文研究会と縁のある中国の中堅研究者と中国宋代文学学会会長の王水照教授、さらには上海古籍出版社の編集部との間で進められ、企画から実質一年余という短時間で刊行の運びとなった。今後、二つの研究会の活動が媒介となり、このような実のある学術交流がいよいよ盛んになることを切に願っている。

(2007年9月初稿、2009年9月補訂)

※ 本稿で紹介した論文は、資料収集上の制約から、主に2006年前後までに発表されたものに限っており、ここ三、四年の成果は原則として採り上げていない。ただし、単行の著書については、その限りではない。遺漏は存するであろうが、なるべく最新刊の書にも言及するよう心がけた。

[参考文献目録]

※「三　詞学」,「五～七　詩文（二）～（四）」部分のみ。

青山　宏　[1995]「范成大受験期の詩」『漢学研究』（日本大学中国文学会）第33号。
明木茂夫　[1988]「『白石道人歌曲』の旋律と詞牌」『中国文学論集』（九州大学中国文学会）第17号。
明木茂夫　[1991a]「『白石道人歌曲』に於ける双調形式――歌曲集としての白石詞――」『九州中国学会報』（九州中国学会）第29号。
明木茂夫　[1991b]「詞学に於ける記譜法の構造」『日本中国学会報』（日本中国学会）第43集。
明木茂夫　[1993]「『詞源』犯調考――その「犯」の意味するもの――」『文学研究』（九州大学文学部）第90輯。
明木茂夫　[1997]「詞牌と拍――詞牌を識別する要因とは何か――」『九州中国学会報』（九州中国学会）第35号。

明木茂夫［2007］「南宋姜夔『白石道人歌曲』の旋律復元」明木茂夫主編『楽は楽なりⅡ 中国音楽論集 古楽の復元（中京大学文化科学叢書）』好文出版。

浅見洋二［1997a］「「詩中有画」をめぐって——中国における詩と絵画——」『集刊東洋学』（東北大学）第78号。

浅見洋二［1997b］「中国の自然認識におけるピクチュアレスク」『待兼山論叢（文学篇）』（大阪大学）第31号。

浅見洋二［1998］「距離と想像——中国における詩とメディア，メディアとしての詩——」宋代史研究会編『宋代社会のネットワーク』汲古書院。

浅見洋二［2000］「標題の詩学——沈約，王昌齢，司空図，そして宋代の「著題」論を結ぶもの——」『中国文人の思考と表現（村上哲見先生古稀記念）』汲古書院。

浅見洋二［2001］「詩はどこから来るのか？それは誰のものか？——宋代詩学における〈内部〉と〈外部〉，〈自己〉と〈他者〉，あるいは〈貨幣〉〈商品〉〈資本〉」『知識人の諸相——中国宋代を基点として』勉誠出版。

浅見洋二［2002a］「文学の歴史学——宋代における詩人年譜，編年詩文集，そして「詩史」説について——」川合康三編『中国の文学史観』創文社。

浅見洋二［2002b］「「夢中得句」をめぐって——中国詩学における〈内部〉と〈外部〉，〈自己〉と〈他者〉——」『中国読書人の政治と文学（林田慎之助博士古稀記念論集）』創文社。

浅見洋二［2002c］「詩を「拾得」するということ，ならびに「詩本」「詩材」「詩料」について——楊萬里，陸游を中心に—」『橄欖』（宋代詩文研究会）第11号。

池澤滋子［1998］「丁謂と西崑酬唱集」『日本中国学会報』（日本中国学会）第50集。

池田智幸［2001］「賀鋳「櫽括」詞に関する一考察」『立命館文学』（立命館大学人文学会）第570号。

池田智幸［2003］「賀鋳詞における楽府文学の影響——「寓声詞牌」小考——」『学林』（立命館大学中国藝文研究会）第36・37号。

石本道明［1989］「「烏台詩案」前後の蘇軾の詩境——『楚辞』意識について——」『国学院雑誌』（国学院大学）第90巻第2号。

石本道明［1990a］「御史台下獄中の蘇軾——精神的動揺と黄州と——」『漢文学会会報』（国学院大学）第36輯。

石本道明［1990b］「陸游酔中吟初探——蜀在任中の詩と心情——」『国学院雑誌』（国学院大学）第91巻第4号。

石本道明［1999］「神々の官僚化——宋代祝文に見える文学発想について——」『国学院雑誌』（国学院大学）第100巻第11号。

一海知義［1998］「市河寛斎の「陸放翁年譜」」『日本中国学会創立五十年記念論文集』汲古書院。

岩城秀夫［1985］「瓶中梅の詩——宋人の美意識——」『古田敬一教授退官記念 中国文学語学論

集』東方書店，後に岩城秀夫『中国人の美意識 詩・ことば・演劇』創文社，1992年に再録。
内山精也 [1988] 「蘇軾次韻詩考」『中国詩文論叢』（中国詩文研究会）7
内山精也 [1992] 「蘇軾次韻詞考——詩詞間に見られる次韻の異同を中心として——」『日本中国学会報』（日本中国学会）第44集。
内山精也 [1993] 「王安石「明妃曲」考（上）——北宋中期士大夫の意識形態をめぐって——」『橄欖』（宋代詩文研究会）第5号。
内山精也 [1995] 「王安石「明妃曲」考（下）——北宋中期士大夫の意識形態をめぐって——」『橄欖』（宋代詩文研究会）第6号。
内山精也 [1996a] 「蘇軾「廬山真面目」考——「題西林壁」の表現意図をめぐって——」『中国詩文論叢』（中国詩文研究会）第15集。
内山精也 [1996b] 「「東坡烏台詩案」流伝考——北宋末～南宋初の士大夫における蘇軾文芸作品蒐集熱をめぐって——」『横浜市立大学論叢（人文科学系列）』第47巻第3号。
内山精也 [1998a] 「蘇軾檃括詞考——陶淵明「帰去来兮辞」の改編をめぐって——」『中国文学研究』（早稲田大学中国文学会）第24期。
内山精也 [1998b] 「東坡烏台詩案考（上）——北宋後期士大夫社会における文学とメディア——」『橄欖』（宋代詩文研究会）第7号。
内山精也 [2000a] 「東坡烏台詩案考（下）——北宋後期士大夫社会における文学とメディア——」『橄欖』（宋代詩文研究会）第9号。
内山精也 [2000b] 「両宋檃括詞考」『村山吉広教授古稀記念 中国古典学論集』汲古書院。
内山精也 [2001] 「黄庭堅と王安石——黄庭堅の心の軌跡——」『橄欖』（宋代詩文研究会）第10号。
内山精也 [2005] 「宋代士大夫の詩歌観——蘇黄から江湖派まで——」『橄欖』（宋代詩文研究会）第13号。
内山精也 [2006] 「宋代士大夫の詩歌観——蘇軾「白俗」評の意味するもの——」『松浦友久教授追悼記念 中国古典文学論集』研文出版。
宇野直人 [1994] 「柳永の懐古詞に見える構成意識について」『中国文学研究』（早稲田大学中国文学会）第20期。
宇野直人 [1995] 「歴代七夕詩の変容と柳永の「二郎神」詞」宋代史研究会編『宋代の規範と習俗』汲古書院。
宇野直人 [1996] 「柳永の詠物詞に見える創作姿勢について」『中村璋八博士古稀記念東洋学論集』汲古書院。
大西陽子 [1992] 「范成大に於ける紀行詩——紀行文「石湖三録」との関連を中心に——」『名古屋大学中国語学文学論集』第5輯。
大野修作 [1995] 「黄庭堅の詩にあらわれた"名人"について——換骨奪胎弁——」『女子大国文』（京都女子大学国文学会）第117号。

大橋　靖［1989］「蝋梅の詩について――黄山谷を中心として――」『大谷大学大学院研究紀要』第6号。
大橋　靖［1991］「黄山谷の黔州流謫について」『文芸論叢』（大谷大学）第37号。
小田美和子［1993］「陸游詩における「愁破」」『中国中世文学研究』（広島大学）第23号。
木村直子［1998］「王安石の詠史詩について――人物評価の視点から――」『中国学研究論集』（広島中国学学会）第1号。
興膳　宏［1996］「歳寒堂詩話の詩人論――杜甫と白居易を中心に――」『東方学』（東方学会）第92輯。
興膳　宏［1998］「宋代詩話における欧陽修『六一詩話』の意義」『日本中国学会創立五十年記念論文集』汲古書院。
興膳　宏［2000］「歳寒堂詩話の杜詩評」『村山吉広教授古稀記念 中国古典学論集』汲古書院。
河野みどり［1993］「范成大「四時田園雑興」選釈（1）」『南山国文論集』（南山大学）第17号。
河野みどり［1994a］「范成大「四時田園雑興」選釈（2）」『南山国文論集』（南山大学）第18号。
河野みどり［1994b］「范成大「四時田園雑興」抄解」『アカデミア（文学・語学編）』（南山大学）第57集（山本和義と共著）。
後藤淳一［1991］「宋代詞人，秦観とその「調笑令」」『文学研究科紀要（文学・芸術編）』（早稲田大学）別冊18号。
坂井多穂子［2000］「寵物を悼む文学――皮日休から梅堯臣へ――」『中唐文学会報』（中唐文学会）第7号。
坂井多穂子［2001］「梅堯臣の贈受品詩について」『中唐文学会報』（中唐文学会）第8号。
坂井多穂子［2002］「送別と食――梅堯臣「送蘇子美」を中心に――」『橄欖』（宋代詩文研究会）第11号。
佐藤　保［1982］「宋詩における女性像および女性観――愛する女性へのうた――」『中国文学の女性像』汲古書院。
佐藤　保［1985］「欧陽脩の詩」『お茶の水女子大学中国文学会報』第4号。
佐藤　保［1986］「欧陽脩の詩（承前）」『お茶の水女子大学中国文学会報』第5号。
塩見邦彦［1997］「陸游「紀年」詩考」『名古屋大学中国語学文学論集』第10輯。
塩見邦彦［2000］「楊万里詩の口語表現」『島大言語文化』（島根大学）第9号。
柴田清継［2001］「小説戯曲における柳永の人物像」『武庫川女子大学紀要（人文社会科学編）』第49巻。
清水　茂［1997］「印刷術の普及と宋代の学問」『東方学会創立五十周年記念 東方学論集』東方学会。
副島一郎［2002］「唐宋古文における「気」の説と「雄健」の風」『中国文学報』（京都大学中国文学会）第65冊。
副島一郎［2004］「宋初の古文と士風――張詠を中心として――」『橄欖』（宋代詩文研究会）第12号。

副島一郎［2007］「宋代古文史上における晏殊」『橄欖』（宋代詩文研究会）第14号。
高田和彦［1988］「楊億詩論――『武夷新集』と『西崑酬唱集』――」『学林』（立命館大学中国藝文研究会）第11号。
高田和彦［2003］「楊億『武夷新集』所収の詩について――制作時期と作品の性格――」『学林』（立命館大学中国藝文研究会）第36・37号。
高津　孝［1985］「蓬左文庫本「五荊公詩箋註」について」『東方学』（東方学会）第69輯。
高津　孝［1989］「北宋文学史の展開と太学体」『鹿大史学』（鹿児島大学）第36号。
高津　孝［1992］「宋初行巻考」『鹿児島大学法文学部紀要 人文学科論集』36
高津　孝［1998］「東坡の芸術論と場の性格」宋代史研究会『宋代社会のネットワーク』汲古書院。
高橋明郎［1984a］「欧陽修の散文の文体（1）助字及び反復の二点について」『筑波中国文化論叢』（筑波大学）第4号。
高橋明郎［1984b］「西崑体の余派について」『漢文学会会報』（大塚漢文学会）第42号。
高橋明郎［1986］「欧陽脩の散文文体の特色――韓愈の散文との差の成因――」『日本中国学会報』（日本中国学会）第38集。
高橋幸吉［2001］「金末における黄庭堅批判――李純甫, 王若虚, 元好問を例として――」『橄欖』（宋代詩文研究会）第10号。
高橋忠彦［1991］「宋詩より見た宋代の茶文化」『紀要』（東京大学東洋文化研究所）第115冊。
滝本正史［1984］「蘇軾の水と世界観」『集刊東洋学』（東北大学）第52号。
土肥克己［2005］「宋元時代の建陽と廬陵における分集本出版」『東方学』（東方学会）第109輯。
豊福健二［1983］「「六一詩話」の成立」『小尾博士古稀記念 中国学論集』汲古書院。
中尾弥継［2002］「蠟梅詩について」『仏教大学大学院紀要』第30号。
中尾弥継［2005］「陳与義の南渡」『中国言語文化研究』（仏教大学）第5号。
中尾弥継［2007］「宋代における酴醾詩について」『橄欖』（宋代詩文研究会）第14号。
中原健二［1994］「夫と妻のあいだ――宋代文人の場合――」『中華文人の生活』平凡社。
中原健二［2005］「陳宓の詞について」『文学部論集』（仏教大学）第89号。
中原健二［2007］「元代江南における詞楽の伝承」『中国文学報』（京都大学中国文学会）第73冊。
中村孝子［2005］「陸游の茶詩について」『橄欖』（宋代詩文研究会）第13号。
西岡　淳［1989］「「剣南詩稿」に於ける詩人像――「狂」の詩人陸放翁――」『中国文学報』（京都大学中国文学会）第40冊。
西岡　淳［1990］「楊誠斎の詩」『中国文学報』（京都大学中国文学会）第42冊。
西岡　淳［1995］「范成大の詩風――連作を中心として――」『愛媛大学法文学部論集文学科篇』第29号。
西岡　淳［1999］「陸游の詩論」『南山国文論集』（南山大学）第23号。
西岡　淳［2001］「楊誠斎の放翁観――酬唱詩とその周辺――」『南山大学日本文化学科論集』

第1号。

西野貞治［1985］「王詵晋卿について」『古田敬一教授退官記念 中国文学語学論集』東方書店。

西野貞治［1986］「蘇詩の註と年譜について」『神田喜一郎博士追悼 中国学論集』二玄社。

西野貞治［1994］「詩僧參寥子について」『平野顕照教授退休特集中国文学論叢（文芸論叢第42号）』大谷大学。

萩原正樹［1984］「王沂孫の詠物詞について」『学林』（立命館大学中国藝文研究会）第4号。

萩原正樹［1987］「柳永における科挙」『学林』（立命館大学中国藝文研究会）第9号。

萩原正樹［1989］「柳永の後半生とその詞」『学林』（立命館大学中国藝文研究会）第12号。

萩原正樹［1992］「『欽定詞譜』訂誤——僻調について——」『学林』（立命館大学中国藝文研究会）第18号。

萩原正樹［1994a］「元代における詞の歌唱について」『学林』（立命館大学中国藝文研究会）第20号。

萩原正樹［1994b］「森川竹磎の『欽定詞譜』批判（上）」『小樽商科大学人文研究』第87輯。

萩原正樹［1994c］「森川竹磎の『詞律大成』について」『学林』（立命館大学中国藝文研究会）第21号。

萩原正樹［1994d］「森川竹磎の『欽定詞譜』批判（中）」『小樽商科大学人文研究』第88輯。

萩原正樹［1995］「森川竹磎の『欽定詞譜』批判（下）」『小樽商科大学人文研究』第89輯。

萩原正樹［1997］「『歴代詩余』と『欽定詞譜』」『学林』（立命館大学中国藝文研究会）第26号。

萩原正樹［2000］「『欽定詞譜』詞体考」『立命館文学』（立命館大学人文学会）第563号。

萩原正樹［2004］「森川竹磎の詞論研究について」『学林』（立命館大学中国藝文研究会）第39号。

萩原正樹［2005］「森川竹磎家世考」『学林』（立命館大学中国藝文研究会）第42号。

東　英寿［1988］「太学体考——その北宋古文運動に於ける一考察——」『日本中国学会報』（日本中国学会）第40集，後に東英寿『欧陽脩古文研究』汲古書院，2003年に再録。

東　英寿［1993］「行巻よりみた北宋初期古文運動について——王禹偁を手がかりとして——」『中国文学論集』（九州大学）第22号，後に東英寿『欧陽脩古文研究』汲古書院，2003年に再録。

東　英寿［1997］「欧陽脩の詩について——「以文為詩」の特色に着目して——」『鹿児島大学法文学部人文学科論集』第46号。

東　英寿［1999］「北宋初期における古文家と行巻——科挙の事前運動より見た古文復興の展開について——」『日本中国学会報』（日本中国学会）第51集，後に東英寿『欧陽脩古文研究』汲古書院，2003年に再録。

東　英寿［2001a］「天理本『欧陽文忠公集』について」『中国文学論集』（九州大学中国文学会）第30号，後に東英寿『欧陽脩古文研究』汲古書院，2003年に再録。

東　英寿［2001b］「欧陽脩『欧陽文忠公集』について——中華書局『欧陽脩全集』の底本選択の問題点——」『橄欖』（宋代詩文研究会）第10号，後に東英寿『欧陽脩古文

研究』汲古書院，2003 年に再録。

東　英寿［2003］「虚詞の使用より見た欧陽脩古文の特色」『人文学科論集』（鹿児島大学法文学部）第 57 号，後に東英寿『欧陽脩古文研究』汲古書院，2003 年に再録。

東　英寿［2007］「曽鞏の散文文体の特色――欧陽脩散文との類似点――」『橄欖』（宋代詩文研究会）第 14 号。

保苅佳昭［1987］「東坡にとっての詞の意味――特に詩と比較して――」『漢学研究』（日本大学中国文学会）第 25 号。

保苅佳昭［1989］「蘇東坡の詞に見られる「狂」について」『漢学研究』（日本大学中国文学会）第 27 号。

保苅佳昭［1990］「蘇東坡の詞に見られる「雨」について――特に雨上がりの風景描写を中心にして――」『漢学研究』（日本大学中国文学会）第 28 号。

保苅佳昭［1991］「蘇東坡の詞に見られる「夢」の語について――特に彼のこの世に対する認識を中心として――」『漢学研究』（日本大学中国文学会）第 29 号。

保苅佳昭［1998］「蘇軾と柳永の詞について――特に雨上がりの風景描写と蘇軾の詞の小序をめぐって――」『橄欖』（宋代詩文研究会）第 7 号。

保苅佳昭［1999］「蘇軾の超然台の詩詞――熙寧九年に起こった詩禍事件――」『日本中国学会報』（日本中国学会）第 51 集。

保苅佳昭［2005］「蘇軾の蘇轍に関する詩詞について」『橄欖』（宋代詩文研究会）第 13 号。

正木佐枝子［1998］「日付から考察した前後「赤壁賦」の主題について――特に「後赤壁賦」に焦点をあてて――」『中国文学論集』（九州大学）第 27 号。

増子和男［1983］「欧陽脩の文学論における「理」――詩話を中心として――」『中国詩文論叢』（中国詩文研究会）第 2 集。

松尾肇子［1985］「『詞源』と『楽府指迷』」『日本中国学会報』（日本中国学会）第 37 集。

松尾肇子［1993］「日本における詞の研究の現状と課題」『未名』（神戸大学中文研究会）第 11 号。

松尾肇子［2003］「李清照像の変遷――二度の結婚をめぐって――」『女性史学』（女性史総合研究会）第 13 号。

松尾肇子［2005］「姜夔の楽論と南宋末の詞楽」『楽は楽なり 中国音楽論集』中京大学文化科学研究所。

緑川英樹［2001］「成熟と老いの詩学認識――杜甫から欧・梅まで――」『中国文学報』（京都大学中国文学会）第 63 冊。

緑川英樹［2002］「文字之楽――梅堯臣晩年の唱和活動「楽」の共同体――」『中国文学報』（京都大学中国文学会）第 65 冊。

三野豊浩［1996］「成都における陸游と范成大の交流」『日本中国学会報』（日本中国学会）第 48 集。

三野豊浩［1999a］「淳熙五年の陸游・范成大・楊万里」『愛知大学文学論叢』第 118 輯。

三野豊浩［1999b］「范成大と楊万里の詩歌の応酬」『愛知大学文学論叢』第120輯。
三野豊浩［2000］「陸游と楊万里の詩歌の応酬（上）」『愛知大学文学論叢』第121輯。
村上哲見［1983］「陸游「剣南詩稿」の構成とその成立過程」『小尾博士古稀記念 中国学論集』汲古書院，後に村上哲見『中国文人論』汲古書院，1994年に再録。
村上哲見［1986］「ふたたび陸游「剣南詩稿」について——附「渭南文集」雑記——」『神田喜一郎博士追悼 中国学論集』二玄社，後に村上哲見『中国文人論』汲古書院，1994年に再録。
村越貴代美［1996］「詞と燕楽と雅楽」『お茶の水女子大学中国文学会報』第15号。
村越貴代美［2002］「守られた英雄——辛棄疾——」『ああ哀しいかな——死と向き合う中国文学』汲古書院。
村越貴代美［2004］「南宋の詞学と琴」『慶應義塾大学日吉紀要（人文科学）』第19号。
村越貴代美［2006］「姜夔の楽論における琴楽」『風絮』（宋詞研究会）第2号。
森　博行［1997］「陸游「釵頭鳳」詞をめぐって」『大谷女子大学紀要』第31号第2輯，後に森博行『詩人と涙——唐宋詩詞論——』現代図書，2002年に再録。
森　博行［1999］「陸游の詩に現れた『太平』の諸相——陸游晩年の一面——」『大谷女子大学紀要』第33号第2輯，後に森博行『詩人と涙——唐宋詩詞論——』現代図書，2002年に再録。
森　博行［2000］「陸游「清商怨」詞について」『興膳教授退官記念 中国文学論集』汲古書院，後に森博行『詩人と涙——唐宋詩詞論——』現代図書，2002年に再録。
森山秀二［1988］「梅堯臣の悼亡詩」『漢学研究』（日本大学中国文学会）第26号。
森山秀二［1990］「欧陽脩と西崑派——楊億評価を巡る問題——」『沼尻博士退休記念 中国学論集』汲古書院。
森山秀二［1991］「欧陽脩の悼亡詩——悼亡を巡る問題——」『立正大学教養部紀要（人文・社会科学篇）』第24号。
森山秀二［1993］「欧陽脩のテキストについて——その成立過程を中心に——」『立正大学教養部紀要（人文・社会科学篇）』第27号。
森山秀二［2001］「元刊本『欧陽文忠公集』を巡って」『経済学季報』（立正大学）第51巻第1号。
諸田龍美［2005］「北宋「蝶恋花詞」の主題と風流——「長恨歌」を視座として——」『東方学』（東方学会）第110輯。
山本和義［1977］「蘇軾赤壁賦初探」『南山国文論集』（南山大学国語学国文学会）第2号，後に山本和義『詩人と造物 蘇軾論考』研文出版，2002年に再録。
湯浅陽子［1994］「蘇軾の吏隠——密州知事時代を中心に——」『中国文学報』（京都大学中国文学会）第48冊。
湯浅陽子［1997］「蘇軾の帰田と買田」『中国文学報』（京都大学中国文学会）第54冊。
湯浅陽子［1999］「蘇軾の詩における仏典受容について——『維摩経』『楞厳経』を中心に——」

『中国文学報』（京都大学中国文学会）第 59 冊。
湯浅陽子［2002］「鍾山のある情景──王安石詩考──」『人文論叢』（三重大学人文学部文化学科）第 19 号。
湯浅陽子［2003］「王安石の詩における唐詩の受容について」『人文論叢』（三重大学人文学部文化学科）第 20 号。
横山伊勢雄［1989］「陳与義の詩と詩法について」『人文科学研究』（新潟大学）第 74 輯。
横山伊勢雄［1992］「宋代の詩と詩論における「意」について──蘇軾を中心として──」『中国文化──研究と教育──』（大塚漢文学会）第 50 号。
吉井和夫［1986a］「両足院本『東坡集』校勘記（一）──東坡和陶詩（上）──」『文芸論叢』（大谷大学）第 27 号。
吉井和夫［1986b］「両足院本『東坡集』初探」『神田喜一郎博士追悼 中国学論集』二玄社。
吉井和夫［1989］「両足院本『東坡集』校勘記（二）──東坡和陶詩（下）──」『文芸論叢』（大谷大学）第 30 号。
吉井和夫［1992］「両足院本『東坡集』校勘記（三）──釈教──」『文芸論叢』（大谷大学）第 39 号。
和田英信［1995］「唐宋両朝詩比較論の成立と『滄浪詩話』」『集刊東洋学』（東北大学）第 74 号。
和田英信［1999］「欧陽脩『詩話』の表現形式について」『お茶の水女子大学中国文学会報』第 18 号。
和田英信［2000］「詩話の成立とその変容」『中国文人の思考と表現（村上哲見先生古稀記念）』汲古書院。

# 古典小説研究およびその史学的研究への活用

勝山　稔

## 緒　言

　本稿では，宋代史研究において中国古典小説が活用された事例と，それら研究の果たした役割とを回顧するとともに，将来に向けた学際研究の課題や展望について紙数の許す限り卑見を述べることとしたい。

　研究分野こそ異なるものの，史学と文学との関係は，そもそも相互に隔絶された関係にあるわけではない。例えば宋代史研究の泰斗である宮崎市定氏は，幼少時代から長篇白話小説の『水滸伝』を愛読し，後に「宋代から離脱できないでいるのも，何かしか少年時代の読書の影響が働いていたのではないかと，ときどき思い当たることがある。それは小説に書かれた水滸伝と，実際に存在した宋代の史実との間に，本当はどれだけの距離が存在していたという疑問を今だに持ち続けているからである。」［宮崎 1972］と回想している。中国を舞台とする学問を志した研究者の中には，最初史学に興味を抱き後に文学を専門とした者，或いは宮崎市定氏のように中国文学を愛読して史学を専攻した者も少なくない。

　このように関連深い史学と文学であるが，単なる興味や関心のレベルではなく，実際の研究現場というフィールドに立って両者を概観すると，研究史の上で幾つかの方向性を見出すことが出来る。そしてその中でも最も大きな方向性として注目されたのが，史学研究から文学研究に向けられた「史学研究に有益な文学作品は存在するか」という視線であり，そしてその視線を更に一歩進めた「文学作品をどのように史学研究へ活用するか」という具体的模索である。言うまでもなく，この「視線」と「模索」は同じ根源から生まれたものであり，到達すべき最終的な目標は「文学作品の史学的援用」で一致するのである。

　その動きは『史学雑誌』で毎年企画される特集記事「日本歴史学界の回顧と展

望」にも反映している。本企画は史学分野の動向を扱うにもかかわらず，殆どの年で文学研究の動向が紹介され，中でも古典小説の史学的な有効性がしばしば指摘されている。

例えば，1976年には大塚秀高・岩城秀夫・中鉢雅量氏の小説や演劇の論考を紹介した上で「いずれも直接歴史分野で取り上げる内容ではないが，我々の使用する『太平広記』『夷堅志』などの史料的性格の検討に参照すべき論考であり，また講釈や演劇などは民衆レベルでの問題設定に際し貴重な手掛かりとなろう。歴史側でも大いに発掘すべきテーマであると思う。」[近藤1977]とあり，また1987年にも「『中国古典小説研究動態』[同刊行会]は，今後，歴史学の分野で社会史・文化史を究明していく際の指針となる材料を含む情報誌。史料開拓の分野で，我々歴史学徒も文学文芸史の研究成果を無視，あるいは等閑視することはすでに出来なくなっている。」[木田1988]とあるように，中国古典小説に関する研究動向について敏感な反応を示しているところからも，史学研究者の文学作品に対する熱い視線が理解出来よう。

以下本論では，文学作品の中でも特に古典小説（文言小説及び白話小説）に注目し，史学研究に果たした役割について検討する。前半では古典小説を援用した史学研究の回顧を行い，これまでの試みに関する成果と克服すべき課題を分析したい。また後半では近年の小説研究の動向も含めて将来に向けた展望についても少しく紹介することとしたい。

## 一　回顧篇

中国の古典小説には表現形態の別から二種類が存在する。一つは文言小説，もう一つを白話小説という。白話小説とは，宋代の大都市の盛り場を中心にして流行した講釈（説話）から生み出された口語体語彙をベースとした通俗小説を意味する。宋代史研究者は，まず，この白話小説の歴史史料としての価値に注目することとなった。

白話小説に注目した理由には，主に二つの背景が考えられる。それは(1)白話

小説は，都市を舞台とする一般庶民の生活諸相や庶民風俗が詳細に記述されていること，また (2) 大小あわせて百数十種類を優に超える作品数があり，史料的に極めて豊富であることである。そのため，庶民研究に際して常に史料不足がつきまとう東洋史学に於いては，白話小説の存在は貴重な史料となると考えられたからである。

そのため，例えば『中国史研究入門』［山根 1983］では，社会経済史上の価値を有するものとして「三言」「二拍」『金瓶梅詞話』が紹介されたのを初めとして，斯波義信氏の「中国庶民資料ジャンルについての覚書」［斯波 1986］の中でも，白話小説を庶民レベルの記録と紹介し，「作者も読者も知識人であろうが，内容的には庶民の生活を知る手がかりを供している。」と高い評価を下している。また，それ以外にも田中正俊氏［田中 1984］，や伊原弘氏［伊原 1994～1995］が文学作品の中にある都市史料の価値と，その援用の可能性を指摘している。

また白話小説に含まれる史料的価値については，隣接する分野でも指摘が相次いでいる。例えば法制史研究の仁井田陞氏は，中国の白話小説や戯曲を収集し，作品内にて示される事件や行為が法的にどのように認識されるのか考察を試み［仁井田 1937］，また日本中世史研究者である石母田氏は「商人の妻」［石母田 1949］を発表，短篇白話小説集『雨窓集』を当時の都市社会の現実を反映した実録であると賞賛している。

また，中国文学研究者からも同様の指摘が行われている。例えば小川陽一氏も「小説にはフィクションも混じるため，そのまま現実の現象を見なすことには危険がある。しかし，現実をかけ離れたメルヘンの世界のものだとしてすべて否定するものでもない。事実，『三言』『二拍』内部における社会的経済的現象が極めて現実的な世界を構成しており，そしてそれが，正史その他の社会経済史関係の諸資料とも矛盾しないのであれば，小説集という基本的性格を無視しないかぎり，社会経済現象の資料としての価値はある。」［小川 1973］と社会経済史的分野での有効性を強調している。

中国史全般に言えることであるが，民間──特に庶民階層は自らが文字で記録を残すことが極めて少なく，庶民に関する考察や生活史全般に関わる研究を試み

る時には、常に史料不足に陥る困難を伴っていた。そのため庶民生活のディテールを知る事のできる白話小説は、史学研究に大きな貢献をもたらすものと期待されるのである。

かかる経緯もあり、白話小説の歴史史料としての援用については、早いものは大正時代から試みられ、その後も援用の規模を問わなければ多くの先行研究が存在している。そのため、これまでの研究史を纏めることは一見相応の価値があると思われる。しかしながら、先学の業績については参考や自説補強を目的とした補助的な内容の引用が多く、かつ引用規模も単発的、若しくはごく少数の援用に過ぎないものが多数を占めており、それらを集約しても先学の研究には共通の論点は見出しにくい。また同一分野の論考であっても、過去の白話小説援用の研究を踏まえた考察が皆無に近く、研究史の体裁も為しにくいのが現状である。

そのため本節では比較的引用規模の大きいものや、効果的な引用を行った考察を中心に纏め、公刊年代順を原則としながら、便宜上おおよその分類を施すこととした。

(1) 法制史分野

研究史の筆頭に掲げた法制史分野は、白話小説援用史の上で先駆的存在と言える。その嚆矢と言えるのが前述した仁井田陞氏の一連の研究である。

仁井田氏は、かの『唐令拾遺』(1933)での唐令復原作業を終了した後に「支那近世の戯曲小説に見えたる私法」[仁井田1937]を発表、その研究成果は再考を加えた上で、後に発表された大著『支那身分法史』[仁井田1943]に受け継がれた。仁井田氏の引用の特徴は、俗文学と称される小説や戯曲を広く蒐集し、作品内にて示される事件及び行為が法的にどのようにとらえられるのかを詳細に分析した点にある。これは仁井田氏の恩師である中田薫氏の研究[1]や、「三言」及び「二拍」そして『清平山堂話本』が陸続と発見された時期と一致したこと[2]に

---

[1] 中田薫『徳川時代の文学に見えたる私法』明治堂、1925年。
[2] 「三言」発見の経緯については、拙稿「「三言」「二拍」発見者再考」『中国古典小説研究』第14号、2009年、拙稿「中国白話小説研究における一展望（Ⅰ）――明代短篇白話小説集「三言」の研究とその分析を手掛かりとして」『国際文化研究科論集』第6号、1998年参照。

も関係したものと想像される。

　仁井田氏は引用を短篇白話小説にとどめることなく以後も援用規模を拡大し，明清代『水滸伝』『浮生六記』はもとより，魯迅・老舎及び趙樹理等の近代文学作品まで範囲を広げ，明清から近代にかけての法制や法倫理に関する論考を発表している［仁井田 1964］。

　次いで法制史研究の分野で白話援用を行ったのが志田不動麿氏である。志田氏は論文「沙門島」［志田 1962］や「明代の刑法の一部——小説にあらわれた犯罪」[3]を発表し，「三言」所収各篇より刑法に関する諸事例を抽出し，法的な検討を試みているが，一時的な試みにとどまった。

　また文学研究側から「三言」「二拍」内の公案小説類に着目したものとして，村上公一氏の「『三言・二拍』の判語・判決」［村上 1989］や，公案小説については荘司格一氏［荘司 1988］もあるが，これらは公案小説の文学的解明に力点が置かれており，本節で求める所とは多少方向性が異なる。

(2) 婚姻・婚礼分野

　次の婚姻分野の援用については，古くは大正 9 年に発表された浦川源吾氏の「元曲に見えたる支那の婚俗」［浦川 1920］をはじめ，現在でもさかんに援用が試みられている。

　浦川氏の論は，元代の指腹婚と『金銭記雑劇』に見える「結彩楼」を取り上げ，これらの流行が「家の地位，富貴が己の立身栄達」を目的とした婚姻の端緒になると指摘し，前述の仁井田氏も，婚姻形態や婚姻締結の要件及び手続の実例から離婚や贅壻まで当時の戯曲小説の中から多くの事例を抽出し，史料として引用している［仁井田 1937］。

　また文学研究側の試みでは，小川陽一氏による「姦通はなぜ罪悪か——三言二

---

3) 志田不動麿「明代の刑法の一部——小説にあらわれた犯罪」『神戸大学文学会研究』第 30 号，1963 年参照。なお志田氏の論考に関する「回顧と展望」の論評には，「近時中国古典小説の翻訳が盛んであるが，訳註には此の論文に見る様な用意が必要であろう。」と指摘し，当時盛んに刊行されていた古典小説の翻訳に史学的見解の必要性を説いている。中山八郎「1963 年の歴史学界——回顧と展望——（明・清）」『史学雑誌』第 73 巻第 5 号，1964 年参照。

拍のばあい」[小川 1973] があげられる。小川氏は小説にあらわれた事象と，明律内の姦通関連史料を検証し，「明代には姦通に関する法規定が不備」である事を示し，「三言」「二拍」等の姦通事例から帰納法的に概念規定を試みたものであるが，姦通の定義のみに留まらず，明代の婚姻や妾，そして下女等の人身売買へと論を展開している。そして姦通の事例から「聘金や身価を支払わないで女を私すること」と定義付け，「聘娶婚のたてまえでありながら，実質的には売買婚と化していた当時の婚姻制度下において，姦通とは聘金・身価を支払わないで男女が結び付くことであり，これを防止するために不倫不義として道徳的に否定し，犯罪行為として律で処罰した。」と，姦通という問題の背後にある社会背景まで分析に加えている。

　婚姻分野は様々な分野の研究者が援用を試み相応の成果をあげているが，別個の視点と研究手法を用いている（史学や文学等の）異分野の研究者が，偶然同一の分野をアプローチしたにすぎない。そのため，多くの成果が見られるにもかかわらず，援用も未だ部分的な導入の段階に留まると言わざるを得ない。

(3) 社会経済・思想分野

　経済関連の研究に活用した事例については，婚姻分野に次いで古くから行われており，引用規模や研究成果について言えば婚姻研究を大きく上回っている。
　例えば佐伯有一・田中正俊両氏の「十六・十七世紀の中国農村製糸・絹織物業」[佐伯・田中 1955]では，『醒世恒言』巻18を取り上げ，主人公である施潤沢の意識構造の分析を行い，零細経営者が問屋に見せる隷属的な態度や，合理的経済観念と連帯意識の芽生えを指摘して「問屋商業資本の制圧のもと，零細小経営を維持・強制されながら，そのなかで，単純ないし小商品生産をみずからおし進めることによって，新しいちからを鍛えられ，身につけ始めていた当時の農民の歴史的事実――さらには，総じて中国人民発展の論理を表現するものといえよう」と結論付けている。一方，中国文学の日下翠氏は『金瓶梅』に見える官商について分析を試み [日下 1995]，家内労働としての奴婢については小川陽一氏の「明代小説の奴婢像」[小川 1981] がある。またミシェル・カルティエ（Michel Cartier）氏

による「明代末の商業観念に対する一考察——『徐老僕義憤成家』をめぐって」［カルティエ 1975］では，『醒世恒言』巻 35 を題材として『明史』記事との比較考察に取り組んでいる。

　また庶民を中心とした思想については，大正末年に発表した安岡秀夫氏の『小説から見た支那の民族性』[4]もあるが，やはり特筆すべきは「経済的発展に付随した民衆思想の変移」という視点から白話小説を活用した相田洋氏の論考であろう。相田氏はまず「変文の世界」［相田 1976］で，敦煌変文を民衆史料の素材として民衆思想や意識を汲み取り，因果応報思想の浸透が民衆の主体形成＝思想形成の萌芽を生み出したとして「仏教や儒教などを媒介しながら，自分たちの生活を律する規範を作り始めた」と指摘している。また次の「水滸伝の世界」［相田 1973］では，演劇を媒介とした『水滸伝』の広範な普及が社会に及ぼした作用として王利器氏の『水滸伝与農民革命』[5]に論及し，『水滸伝』が中国近代の民衆闘争に与えた影響について，（一）『水滸伝』によって民衆の武力＝暴力の行使が賛美され，心理面で民衆闘争を促進した。（二）体制イデオロギーの超越概念たる「天」を逆手にとって「不義」の体制及び権力者を撃つ視点を獲得することに成功したと分析している。

　その上で相田氏は「『三言』の世界」［相田 1978］を発表し，短篇白話小説記事を用いて民衆思想の考察を試みている。氏は「中国民衆が愛好し育んできた民衆文化の諸ジャンルをとおして，中国民衆の意識や思想にアプローチする試み」の一環として「三言」に着目し，明代民衆心理の基本的性格を，①金銭万能主義の確固たる定着を確認できること。②それに立脚して，貨幣獲得の過程に於いて各種の合理的意識の発達が促された事と認識し，その結果③「勤勉」「倹約」「正直」等の通俗的な徳目を根幹とする「民衆道徳」を形成させるに至ったと分析する。そして白話小説については，現存する民衆文化はその文字定着の過程で知識人の手を経なければならず，そこには内容的な取捨選択と歪曲の危険性を孕んでいる可能性を捨てきれないとしながらも，「支配権力が対策として書き残した官制史

---

4) 安岡秀夫『小説から見た支那の民族性』聚芳閣，1926 年。
5) 王利器「水滸伝与農民革命」『水滸研究論文集』作家出版社，1957 年。

料などよりも，これらからの方がより内在的に民衆の意識や思想に迫り得ると考えられる。」とし，従来の研究で言及されることの少ない「三言」の史料的性格や特性を分析し，その上で明代民衆レベルの意識や道徳を垣間見ようとした点は独創的で，研究史上でも特筆に値しよう。

　また特定の作品に描かれる社会を史学的に考察しようとする試みも見られる。例えば，初期のものとしては千葉熏氏による「水滸伝的社会」[千葉1960]がある。千葉氏は『水滸伝』で描写されている遊侠社会に共通する記述が南宋史料にも確認される点を指摘し，水滸伝に描かれた社会が中国社会の特質に通底するものとして史学的な価値を評価している。なお『水滸伝』については，宮崎市定氏の有名な宋江に関する論考[宮崎1967]をはじめ，佐竹靖彦氏[佐竹1992]や伊原弘氏[伊原1994]も見える。


　(4) 固有名詞に関する検討

　その他に，特定の史実と白話小説記事とを厳密に照合しようという試みも近年注目を浴びている。中でも注目すべきは森紀子氏による「新都の楊氏と小説二題」[森1989]であろう。

　森氏の論考は，白話小説の特徴の一つである「当時，人々の間で好んで話題にされ，取り沙汰されたゴシップや事件を脚色し潤色した，現代風に言えば実話のノベライズといった性格を強く持っていた。」という史料的性格を検証することを目的とした。そして「三言」「二拍」所収作品に登場する人物の中に，正史列伝や各種史料にも記録されている者が多く含まれている点に着目し，論の前半を『明史』巻301に記載されている唐貴梅に関して，楊慎『太史升菴全集』巻11「孝烈婦唐貴梅伝」の記事と白話小説集『三刻拍案驚奇』第6回の記事を照合し，後半では『二刻拍案驚奇』巻4を中心としながら，断片的な史料を含めて新都の楊氏に関する実態の復元を試み「実際のところ，当時の人々であれば，新都の楊氏と設定しただけで，その影射するところはわかったはずである。まして明末の小説の愛読者は知識人層であったとするならなおさらのことである。そこに内輪話の世界にちかいものがあったとしても不思議ではない。」と論を結ぶ。森氏は小

説記事と史実との詳細な照合作業の中で，小説が如何にルポルタージュ性の濃厚なものであるかを論証しただけではなく，白話に現出する特定の固有名詞に関する史実との照合が史学研究にも充分有用であることを示した。

　また中国文学研究者の大木康氏は「中国江南における出版文化の研究」[大木1991]で，万暦年間の董其昌家の焼き討ち事件と小説の関わりや，崇禎年間に於ける魏忠賢小説の大量発行や，東林と復社がそれぞれの主張の伝達手段や世論の形成手段として印刷物或いは演劇が用いられたことを詳述し，明末を「初期大衆伝達社会」の成立期と位置付けている。また続作となる「中国明末のメディア革命」[大木2009]では，(一)線装という書籍の形態の問題，(二)図像の問題，(三)白話小説の成立と流行を根拠に，更に踏み込んで「明末メディア革命」と称している。この小説及び小説出版界が当時の情報伝達の中枢を担った点については岸本美緒氏「崇禎一七年の江南社会と北京情報」[岸本1993]に詳しい。これらの研究の上には文学・史学双方からの研究が極めて有用であることは間違いないところであり，今後の詳細な研究が期待される。

　また，白話小説から年中行事等の風俗を探ろうとした田中克己氏「元明小説中の春の行事」[田中1961]や，今西凱夫氏「『三言』に描かれた汴京と臨安の元宵節」[今西1985]もある。


(5) 援用上の問題点

　以上が先行研究の概略であるが，前節で紹介した法制史分野や社会経済史分野では，論文中で小説史料が補足的に引用されるのが主であり，援用された程度や設定された論題もややまちまちである。また相田氏の論考は，史学に新境地を開こうとした意欲的なものであるが，それまでの史学的な期待に充分応えているかとなると，若干の疑念を抱かずにはおれない。

　それは何故かと言えば，そもそも白話小説は，史学者が常々研究に用いている所の「事物や事象の記録を目的とした」史料ではなく，如何にして白話小説という材料を史学的検討に使うかが，大きな問題として研究者の前に立ちはだかっているからである。

庶民生活の詳細なディテールを知りうる白話小説は，社会史の上で貴重な材料となるが，そもそも白話小説は当時の娯楽の対象として発展を遂げたものであり，物事の記録を目的とした「史料」とは異質な存在と考えるべきである。そのため白話小説を史学の論考を加える際には，通常の史学史料と異なる配慮が必要となろう。

　その上で最大の問題となるのが「娯楽性・芸術性の介在」である。史実そのものにも高い文学性（娯楽性や芸術性）が有する場合もあるが，白話小説では娯楽性（或いは芸術性）の追求のあまり，事実を歪め虚構を構築している危険性を常に孕んでいる[6]。しかし，それにもかかわらず先行研究にてこの危険性を検討し，対策を講じた形跡は無く，史学援用に必須と言える白話小説の史料的批判を欠いているのである。

　先行研究に関する問題点は他にも存在するが，史学援用を阻む最大の原因はこの史料批判の欠落である。先行研究が敢えて史学的な史料批判を避けた事由は，仮に本格的に史学援用に取り組むとしたならば，その段階で援用の方法論に関する本格的な専論が必要となるため，煩瑣な手続を見切って援用に踏み切ったものと想像される。

　ゆえに「実証」を旨とする史学研究者側からは，厳密な歴史的批判を経過しない白話小説記事に対する抵抗感を拭い去ることは容易にできない。ならば白話小説援用を円滑に行うための史料批判の手続きを早急に経るべきと考えられるのだが，白話小説あるいは文言を含めた小説が果たしてどのような存在であったのかは，現段階では未詳の面があまりに多いと言わざるを得ない[7]。

---

6)　以下便宜上小説は文学作品の一部であり，小説には文学的要素（ここでは芸術性や娯楽性）の追求のため，事実と異なる虚構（フィクション）を介在させているという前提で検討していることを予めお断りしたい。

7)　そもそも小説と文学との関係も未詳の面が多い。例えば橋本堯氏が「「小説家」という名の著作家のグループが存在し，『小説』と称する作品の名が残されている。そしてなお困ったことに，今日我々も『小説』という言葉，つまり古代中国において使用されたこの用語を用いて，『ロマン』や『ノベル』や『フィクション』の概念を表現している。ところが，古代中国における『小説』という言葉は，『ロマン』や『ノベル』などの世界とは何の関係もない，別の概念を表す言葉であったのだ」（橋本堯「「水滸伝」と「史記」――まことに不可解な中国小説史」『中国研究』第156号, 1984年）と説明されている通り，小説が元来四部分類上の子部に分類されている点，

史料批判上の最大の問題点をあげるとすれば，そもそも中国の於ける「小説」とは何かという問いに対して，現在の中国小説研究は，まだ明確な見解を持ち得ていないという点があげられよう。

　より具体的に問題点を整理すると，①中国小説と文学作品の関係に関する問題と，②歴代の小説概念の未解明を掲げることができる。①の中国小説と文学作品との関係というのは，例えば歴代の小説の中には随筆や筆記の如く史学研究にも頻繁に用いられるものから，極めて文学性の強い（ここでの「文学性」は虚構を含むか否かの問題を示す）作品まで種々雑多な小説が存在し，それを一括して中国小説として判断するのは困難と言わざるを得ないのである。

　そのため，1960～1990年代に数多くの研究が生み出されたものの，それらの研究の殆どは（一部の研究を除いて）期待された成果をあげることはままならなかった。

　その主な原因としては，史学研究者が自分の研究の証拠に都合の良い白話小説を単発的に引用するにとどまったこと。白話小説の成立年代を無視して使用したこと。そして白話小説という文学作品の史料的取扱いを充分に理解しないまま，恣意的に援用を繰り返したことにあったのではないかと思われるのである。

## 二　展望篇

(1) 体系的研究の模索

　その後これらの反省に立ち，近年白話小説の援用についての基礎的研究が行われるようになった。例えば1996年には早稲田大学東洋史懇話会で「中国史研究と『小説』――その可能性の模索」という公開シンポジウム[8]が開催され，史学研究者が文言小説と白話小説に含まれる史料的価値について討議がおこなわれた。また同じ年に勝山は，白話小説に於ける歴史史料的価値の援用についての方

---

中国歴代で小説の概念も変化しており一概に述べることが難しい等，これから取り組むべき問題は少なくない。

8) 公開シンポジウム「中国史研究と『小説』――その可能性の模索」『史滴』第18号, 1996年。

法と，問題点の整理を試みた論考を発表［勝山 1996b］した。

　本論文は，白話小説の史学的援用に関する過去の研究業績の紹介と，それらの研究が期待された成果をなかなかあげられなかった問題点を分析し，今後の白話小説援用の改善方法をまとめたものである。

　それによると，白話小説を史料に援用するのであれば，文学作品としての芸術性や娯楽性の追求の過程で作品の中に混在するフィクション的要素を如何にして排除するか，それが最大の課題であると指摘する。そして，様々な分析の結果，現時点においては，白話小説内の事象に含まれる事実とフィクションを方法論的・技術的に完全分離することは不可能であり，史学側が求める「白話小説をそのまま史料として無批判に引用するということ」は，慎まなければならないと指摘した。

　では今後どのように援用を試みるべきかについて，勝山は，

①白話小説の特性を理解し，フィクションを挿入させやすい箇所に傾向があることを十分に理解すること。

②物語を成立させる上で不可欠である日常的描写は，物語のリアリティーや信憑性を高める上でフィクションを介在させる余地が少ない。また「小説中に表される当時の人々の共通認識」に該当するものは，作者のフィクションを介在させにくい。

③以上の検討作業を実施し，史学史料との比較検討によって得られた分析結果を，参考資料として文学・史学双方に提供することで，現時点での最善の効果を発揮する。

と言及している。

　また勝山は，援用の理論研究だけではなく，実際にどれだけ宋元代社会史に有効であるのかを証明するために，幾つかのサンプルとなる論考を発表している。その内容は大きく二つに分かれており，(1)宋元代婚姻研究に関する一連の研究〔①宋元代における婚姻の弊害問題［勝山 1997］，②女性側による離婚事例の研究［勝山 1995］，③媒酌人の職業化によって発生した問題［勝山 1996c］，④職業化した媒酌人が使用した「草帖子」の考察［勝山 1996d］，⑤宋元代に社会問題化した聘財の高額化

問題［勝山 1998c］，⑥為政者による媒酌人の弊害対策［勝山 1998d］］。(2) 宋元代におけるコミュニティーに関する一連の研究〔①都市における近隣エリアの研究［勝山 2001］，②女性の外出の問題［勝山 2000］，③社会における知人の機能等の研究［勝山 2005］〕がそれにあたる。

全てを紹介する余裕はないので，2つの論考について内容を簡単に紹介しよう。

(2)-③で紹介した「媒酌人の職業化によって発生した問題」という論文は，宋元代における媒酌の弊害問題を，媒酌の職業化という視点から考察したものである。

宋元代における媒酌人の職業化の詳細は，歴史史料では断片的にしかその存在を知ることが出来ないものの，白話小説では多くの事例が詳細に記録されている。それによると，従来の媒酌と，「職業化した媒酌」との差異は，媒酌の実務面よりも元来媒酌の範疇より外れるか，あるいは副次的存在であった「婚姻候補の紹介」という機能に重点が置かれるか否かにあることが判明した。また，なぜ「婚姻候補の紹介」という需要が増大したのかについては，①都市に於いて，地方における地域近隣の手による婚姻仲介機能が弱小化したこと。②都市では異性と面識を得ることが困難になったことがあげられ，都市への人口集中と都市化の現象が，結婚候補を紹介する職業的媒酌人という社会的需要を生み出したのではないかと推論している。

また，(2)-①の「都市における近隣エリアの研究」の内容を紹介したい。

宋元代には職業的媒酌人の弊害が社会問題化したが，禁令を犯してまで敢えて実行された背景には，何らかの「確固とした社会的需要」が存在したと思われる。そしてその需要の一つに職業的媒酌人特有の「異性の紹介」があるのではと考え，地縁的結合の変化が婚姻周銓の環境にどのような変化をもたらしたのかについて検討を試みている。

その上で都市化に伴う「地縁の変化」について分析すると，都市に於いては近隣における面識があるエリアが僅か10戸前後に過ぎず，従来の地縁的要素による婚姻の仲介機能が弱小となり，有効に機能しなかったと指摘し，近隣の機能にも限界が見られたのは，「過度の配偶者選別」にも起因しているのではと指摘し

そのため，条件に合致する異性を紹介できる専門的な職業として媒酌人が変化してきたのではないかと推測する一方，媒酌人は，職業化したために経済的原理に則って「高い紹介料を払えば払うほど良縁を紹介する」ようになり，自ずと媒銭の高額化が進行し，宋元代より夫婦の不和や婚姻不能の貧家の出現など，一連の社会問題を発生させる元凶となったと実例を交えて指摘し，従来の史料では垣間見えない当時の社会実態の一端を紹介することに成功している。

これらの論考でも理解できるように，無為無策のまま白話小説を等閑視するのではなく，白話小説の性質を充分に理解した上で援用を試み，史学側の成果と充分に比較検討を行うことによって，従来では検討が不可能であった事例についても，白話小説の援用によって初めて詳細が判明した事例も見受けられる。そのため将来これらの地道な基礎研究が，貴重な史学研究・文学研究の財産となることが期待されるのである[9]。

(2) 文言小説における模索

一方，白話小説のほか，文言小説の分野でも小説の史料的価値に注目する研究が行われている。文言小説は単に「小説」と総称されているものの，いわゆる野史や伝奇から随筆に至るまで広範なジャンルにわたり，また大衆の娯楽の対象とした講釈を淵源とする白話小説に比べて文言小説は執筆者の多くが「読書人」に該当し，その淵源や史料的性格も白話小説とは異なる。

しかし文言小説の執筆者の多くは中下級の官僚で占められたため，一般庶民とも近い関係に位置すること，また彼等の執筆した小説の多くが執筆者自身の実際の体験や見聞をもとに書かれる傾向があるため，自ずと庶民の日常生活を見聞する記述も多く，他の史料では見えにくい農民や商人，手工業者など多くの職業に従事している庶民が数多く描出されている。また（殊に宋代史について言えば）『太

---

[9] また勝山は短篇白話小説を中心に検討を行っているが，（勝山とは研究の方法が異なるものの）長編白話小説の分野で氏岡真士氏が白話小説と史実との関係を検討している。氏岡真士「『残唐五代演義』への道――小説と講史」『中国文学報』第 52 冊，1996 年参照。

平広記』や『夷堅志』など，資料は極めて豊富にあるため，従来の史学的検討では史料不足で検討がままならなかった領域・分野に於ける考察に積極的に活用されている。

　文言小説の援用の試みについては，以前から日野開三郎氏が『太平広記』の史料的有効性に着目し，唐代における邸店の研究に積極的に活用したことはよく知られているが［日野1968］，宋代でも斯波義信氏の『宋代商業史研究』では論証や事例の紹介として『夷堅志』を積極的に活用し［斯波1968］，文学研究の岡本不二明氏も文言小説の実態を考察しているが［岡本2003］，近年では幅広い分野で文言小説を史学的見地から積極的な援用を試みる中国史研究者が現れてきている。

　例えばその中の一人である大澤正昭氏は，主に唐宋時代の家族や婚姻の問題の検討材料として多くの文言小説を援用している。例えば小説に見える農村社会や自立小農民に関する検討や［大澤1977］，家族内部における上下関係や支配・非支配関係の考察のため，史料として『太平広記』『夷堅志』が主体的に使用している［大澤1990］。また大澤氏は唐宋変革期の婚姻と家族について考察するため，婚姻を巡る当時の人々の心性を探る材料として唐代伝奇小説や『夷堅志』を活用する一方［大澤2000］，更に唐宋代の家族規模と構成の変化を『太平広記』『夷堅志』から分析し，一夫一婦制から父系制家族制度への復活や，性別構成の不均衡が社会に与えた影響まで論考を展開している［大澤2003］。大澤氏の研究は文言小説の史学的援用を主目的としたものではなく，寧ろ唐宋変革期における農民の階層構成の問題や，裁判判例集『名公書判清明集』等の考察の上で必須となる家族や社会に関する基本的な項目を把握する手がかりを求めるうちに，唐宋代の文言小説の記述内容に着目したものである。

　また塩卓悟氏は，当時の肉食習慣と社会的身分の関係について研究を試みている。塩氏は，まず南宋代における江南地方の羊肉・豚肉の普及状況を，両者の価格差や，階層別の消費状況を探る手段として小説集『夷堅志』を活用し［塩1998a・1998b］，その後も宋代にタブー視された牛肉が，実際には嗜好・供応・祭祀後の共食・飢餓の際の非常食など，官僚から下層民に至るまで水面下で食さ

れていた実態を小説史料から指摘している［塩2001b］。またその後も文言小説集である『夷堅志』の史料的性格を検討［塩2002］し，またその後も『太平広記』や『夷堅志』を駆使して，禁忌とされた牛肉・狗肉食について地域差・階層差の問題も踏まえて考察を行ったほか［塩2005a］，北宋から南宋への交替期が中国江南の食文化に及ぼした影響を検討［塩2005b］するとともに，唐宋代における肉食や屠殺に対する社会意識についての研究［塩2007］を行うなど，精力的な研究を展開している。

また塩氏は文言小説の史料的性格についても多大な関心を抱き，『太平広記』の成立過程を考察したのを手始めに［塩2003］，それまで整備されていなかった『続夷堅志』の索引作成［塩2001a］や，『太平広記』「婦人」部の日本語訳を出版するなど［塩・河村2004］，従来見過ごされていた基礎研究にも積極的に取り組み，少なからぬ成果をあげている点も注目に値する。

また，その他の注目される動向として，政治史や地域社会史に関する考察でも援用が試みられる。例えば平田茂樹氏は士大夫・官僚間の政治的ネットワークの形成の分析に『夷堅志』を活用する一方［平田1998］，穴澤彰子氏も『太平広記』を駆使し，在地社会のありかたや民衆の行動や思想の考察に活用している［穴澤1999］。また遠藤隆俊氏も南宋の『過庭録』を駆使して宋代の宗族と地域社会の関係を分析しているなど［遠藤2006］，文言小説は，宋代史研究においても必要不可欠な検討存在として認識されつつある。

なお，文言小説については宋代以前にも作品が残されているため，唐代でも小説を活用した史学的研究[10]が活発に行われており，少なからぬ成果をあげていることも付言しておきたい。

---

10) 例えば妹尾達彦氏は氏の研究する長安城内の地域的分化という観点から「李娃傳」の再分析を試みた「唐代後半期の長安と伝奇小説――『李娃伝』の分析を中心として」『論集 中国社会・制度・文化史の諸問題』日野開三郎博士頌寿記念論集刊行会編，1987年や，「唐代長安の店舗立地と街西の致富譚」『布目潮渢博士古稀記念論集 東アジアの法と社会』汲古書院，1990年があり，妹尾氏の都市研究との照合の中で効果的な活用が行われているほか，それ以外にも竹田晃氏の「唐代伝奇における金銭感覚」『日本中国学会創立五十年記念論文集』汲古書院，1998年や，高西成介氏にも「唐代小説に見られる致富譚について」『中国中世文学研究』第45・46号，2004年の論考がある。

### (3) 今後の課題

　紙幅の制約もあり略述にとどめた所もあるが，上記の研究内容を一見しても明らかな通り，白話小説及び文言小説に於いて史学的な価値として注目されている点は，史料的制約の問題により研究に支障を来していた領域への活用の可能性にあった。そして活用が期待される分野は，法制や婚姻，経済や思想，地域社会など多岐にわたるが，その多くが庶民や社会生活など社会史に関わる考察である点で共通している。

　殊に東洋史学について言えば，史学研究に扱われていた正史等の史料は，専ら皇帝や官僚の事跡，国政の案件，事件の経緯，制度の沿革など為政者に資する内容が語られ，一般庶民の日常や各種社会の様態については殆ど関心が向けられていない。そのため西洋史学を中心とした社会科学的考察やアナール学派に代表される「事件史から民衆史へ」という学問的潮流が，果たして東洋史学へも導入が可能なのかという模索の中において，庶民生活の細部を知る事のできる小説は，宋代史を含めた東洋史学研究に大きな貢献を果たすことができる可能性に満ちているのである。

　そもそもアナール学派（Ecole des Annales）は，西洋史学で発生した歴史研究の潮流の一つで，従来の史料解釈に立脚した実証を旨とする史学に対し，社会学や心理学などの他分野からの方法論を応用し，心性や感性の歴史と言った人々の思考様式や感覚といった日常的なものを重視して歴史の深層構造の理解やマクロ的な把握を目指している。

　この社会史の潮流に対する宋代史からの取り組みの可能性として，菊池英夫氏は「「アナール派」の影響下，一時代の都市生活の様相を全体的に捉えようとする試みは，モンゴル侵攻前夜の南宋首都杭州臨安府に焦点を絞ったJ・ジェルネ氏の研究によって先鞭がつけられた。（中略）こうしたテーマに対しては文芸作品を素材として活用するのが有効であることは言を俟たない。伝統的手法の研究であっても期せずして自から「社会史」的内容を備えることともなる。」と言及し，社会史研究に於ける小説をはじめとした文芸作品の活用の重要性を指摘している［菊池1992］。以上を纏めると小説の活用は，①史料的制約の克服や②アナール学

派的考察の視点から注目され,宋代の社会史や庶民史の発展に多大な貢献をもたらすものと思われるのである。

ただ,白話小説や文言小説は当時の社会の在り方を忠実に描写していることは否定しないものの,文学性や娯楽性の追求のあまり,作品には常に虚構性が介在する危険性を孕んでいることも否定できない事実である。そのため小説の利用に際しては,その史料的性格や特性を十分に留意し,慎重な援用が必要となるであろう。

例えば白話小説では,娯楽性(或いは芸術性)の追求のために,事実を歪めディフォルメや虚構性が介在しやすいという危険性を含んでいる。例えば①短篇白話小説の篇目にも「売油郎独占花魁(油売り花魁を独占すること)」「滕大尹鬼断家私(滕大尹鬼により家私を取り裁くこと)」「沈小官一鳥害七命(沈小官一鳥により七命を害すること)」とある所からも理解できるように,内容が日常の生活を描きながらも「平凡な事態からあまりに奇妙な結果を導き出そうとしている」[11]という傾向が確認されている。そのため史学的論証に白話小説を使用する際には,結末部分の展開を引用することは極力避けるべきである。また②物語全体のプロットは舞台背景や場所が置き換えられて再生産される可能性があり,これも注意を要する。

都市と小説の関係については,鈴木陽一氏の論考[12]に詳しいが,鈴木氏によると,都市の発展に伴う人口の流入は各地方で生成した物語の流入を助長し,地方出身の話柄が舞台を都市に代えて再構築される可能性を指摘している。そのため史学的援用を試みる際に物語の本筋を丸ごと援用して,特定の都市の話柄と断定することは危険と言わざるを得ない。

一方の文言小説については,虚構性の介在以外にも,小説援用上の留意点を大澤氏が指摘している。大澤氏によれば,①執筆者の思想的立場は基本的に官僚の立場からであり,その価値観を越えるものではないこと。そのため②小説の題材

---

11) 吉川幸次郎「中国小説論」『思想』1941年2月号,のち「中国小説に於ける論証の興味」『吉川幸次郎全集(第一巻)』筑摩書房,1968年。
12) 鈴木陽一「農村の神話から都市の物語へ――再び小説研究の方法について」『中国古典小説研究動態』第3号,1989年。

となるものは支配者の立場に反映し，名裁判や国家の救済事業，或いは当時の道徳規準に合致し，それをより昂揚させるものが意図的に選択されていること。③反社会的な存在は阻害され，支配体制の枠を越えるものは題材になりにくいという点が指摘されている［大澤1977］。

　また，小説の本格的援用に向けた基礎研究の必要性も無視することはできない。

　例えば宋代では，「小説」に対する認識の変化という現象が指摘されている。元来六朝や唐代小説では「志人」や「志怪」，「伝奇」が流行する一方，宋代では「随筆」「筆記」と呼ばれる分野が活発となり，小説の内容も変化・拡大している。また宋代における小説の概念も，それ以前の時代に比べて変化している。例えば『漢書』芸文志では「街頭巷語」「道聴塗説者之所造也」「蒭蕘狂夫之議」と，小説は信憑性のない噂話に過ぎないと指摘されていたが，宋代に編纂された『新唐書』巻57芸文志総序では「至於上古三皇五帝以来世次,国家興滅終始,僭窃偽乱,史官備矣。而伝記,小説,外暨方言,地理,職官,氏族,皆出於史官之流也。」と，伝記や小説等は「史官の流れより出ている」とまで指摘されるようになる。挙例は一つにとどめるが，このように宋代は，小説の内容も小説の概念も，ともに大きな変化を見せている。しかし，その詳細は現在に至るまで殆ど考察されていないのが現状である。

　以上，小説を史学的に援用することを試みた近年の概況と課題を述べてきた。白話小説や文言小説は史学側から見れば，史実の他に文学的な虚構が入り混じる可能性があるといういわば「玉石混交」の史料であり，如何に史学的価値のある個所を効果的に援用するか，という客観的な基準のあり方に今後の関心が移ってゆくことは間違いない所であろう。現在では模索の段階にとどまるが，大きな可能性を秘めた分野であることは間違いない。今後いかなる展開を見せるのか大いに注目されよう。

(4) 白話小説研究における昨今の動向

　また近年の研究には，小説の史学的考察にも関連し，従来の概念の再検討も促す指摘が行われているので，ここで二例を紹介したい。一つは勝山の「話本」概

念の研究と,もう一つは材木谷氏の「白話小説の通俗性に関する」再検討である。
　まず「話本」概念の再検討を試みた研究［勝山1999］を紹介する。「話本」は白話小説研究の上で重要タームであり,魯迅の『中国小説史略』以来,小説研究には欠かせない基本用語であるが,その語義が各研究者の間で一定していなかった。
　例えば,主要な論考や工具書から「話本」の説明を引用すると,次の通りとなる。
　(A) 宋代,説話人が「勾欄」で民衆に語って聞かせた物語の種本・台本（底本）をいう[13]。
　(B)「説話人」の講釈の筆録[14]、或いは現存テキスト。
　(C)「小説」あるいは「話文」と同義語で,「story」の意味の抽象語[15]。
以上の通り三つの概念が並立しているが,これらの概念は一致せず,矛盾する三つの概念が一つのタームに同居しているという事態に至っている。元来一致した共通の概念でとらえるべきであるにも拘わらず,「話本」の語義はこのように混乱・錯綜を起こしたまま放置されており,今も各々の研究者が右記のA・B・Cの三説から任意の解釈を（意識的に或いは無意識的に）選んで使用し続けられているのが現状である。
　そこで歴代の「話本」に関する主要な学説を再検討すると,その結果,話本の定義に関わる説は,基本的に(1)話本を「説話の台本（底本）」と考える魯迅説[16]（1923）。(2)話本を魯迅説＋「口演の筆録・現存テキスト」と考える吉川幸次郎・入矢義高説[17]（1940）。(3)話本を「故事・ストーリー」と考える増田説（1965）。の三種類があり,種々の検討の結果,①『中国小説史略』にある話本説は,魯迅の発案ではなく,既存の概念を襲用したに過ぎないこと。また②周到な検討作業を踏まえて実証した増田説が客観的に見て妥当と考えられ,(「説話の台本（底本）」

---

13) 近藤春雄『中国学芸大事典』大修館書店,1978年。
14) 藤堂明保・伊藤漱平「近世小説の文学・言語とその時代」大阪市立大学中国文学研究室『中国の八大小説』平凡社,1965年。
15) 増田渉「「話本」ということについて——通説（あるいは定説）への疑問」『人文研究』（大阪市立大学）第16巻第5号,1965年。
16) 魯迅『中国小説史略』北京・新潮社,1923〜24年。
17) 入矢義高『洛陽三怪記』弘文堂,1948年。

や「口演の筆録・現存テキスト」の存在を否定するものではないが）「話本」の用例の多くが，「物語」を意味する語彙として使用されることが明らかになり，白話小説の形成過程にどれだけ「話本」が関係を持っていたのかは，従来よりも慎重に考えなければならないと指摘した。

また材木谷敦氏の「子供と文字と小説と――『警世通言』序における「通俗性」をめぐって」［材木谷2001］は，従来周知の事実として考えられていた「白話小説は文言小説よりも読みやすいもの」という既成概念に疑念を抱いて，白話小説の読みやすさについて検討したユニークな考察である。

材木谷氏は白話小説集『警世通言』の序文で「児童が通俗小説を読むことによって道徳的な教育効果が認められる」と指摘された通俗の効果が，果たして実際に本当であるのかに興味を抱き，当時の代表的な初等教育教科書である『三字経』『百家姓』『千字文』を習得した知識レベルと，そして『千家詩』を習得した知識レベルを「三百千千」とを設定し，これらのレベルの知識を習得した児童が白話小説を読んだ場合，どれだけ白話小説を理解出来るのかを科学的に分析したものである。

氏の研究によると，例えば『論語』『二十四孝』を読む場合，『千字文』や「三百千千」の初等教育を受けていれば読解には支障がないが，『警世通言』序文で「児童が理解した」と指摘した『三国志通俗演義』「関雲長刮骨療毒」の本文は，『三字経』や『千字文』のみの学習では読解は不可能で，この部分を正確に読解するには，「三百千千」まで学習することが必要であったという。また『警世通言』巻32「杜十娘怒沈百宝箱」の場合「三百千千」まで習得した児童でも，これらの白話小説を充分に読んで理解することは出来ないという。

そして彼は「判断は慎重にしなければならない」と前置きしながらも，当時の初等教育では白話文は理解しづらいのではないかという結論を出している。

ただ，材木谷氏の論文にも克服すべき課題が多い。例えば『三字経』や『千字文』は，あくまで文言を主体とした学習教科書であり，この教科書を基準にしてどこまで白話文理解を正確に測ることができるのかは疑問が残る。また当時の口語に近い白話文であれば日常会話の中でも学習の機会が得られることも推測され

ることから，以後異なる手法により，この論題について再度検討を行う必要も認められるであろう。しかしこのような課題を持ちながらも材木谷論文の「研究の視点」や「通説への疑問」は，体系的研究の見地からみて相応の価値が認められるのではないかと思われる。その理由を端的に示せば，個別分散化が加速する小説研究において，共通する論題の提示し，議論の活発化に寄与するものではないかと筆者が推断しているからである。

　以前から（宋代史を含めた）中国史学研究の傾向として指摘されている問題として「研究テーマの個別分散化」があるが，小説研究でも作品毎の専門化やテーマの個別分散化の傾向が見られるようになり，場合によっては小説研究者相互の議論でも共通論題が見出しにくい場面も見られるようになった。

　かかる学界の状況下において材木谷論文は，通俗小説研究の根源的な課題とも言える「白話」の根本を問い直す機会を提供することとなり，それが白話小説の史料的性格の解明に必須の存在でありながら，近年注目されることが少なくなった「白話小説の成立」という問題への取り組みにも一石を投じるものになる可能性を含んでいると思われるのである。

　白話小説研究分野では史学分野とは異なり，共通する論題を舞台として活発な議論が行われることは稀であるが，従来にはこのような事例も見られる。それが磯部彰氏による『西遊記』の主体的受容層に関する研究［磯部 1980］である。磯部氏は『西遊記』の読者の記録や白話小説の価格等の実例を検討し「通説的に言われる見解とは全く相反して，その中心的読者層は，経済力や時間などの余裕のある階層，特に官僚読書人層に集中していた」と結論づけ，中心的な読者として庶民層を設定している従来の見解に疑問を提示し，斯界に大きな反響を及ぼした。この白話小説の受容層の問題は，その後，大木康氏も検討に加わり，白話小説の読者層であり作者として主要な担い手として寧ろ生員層が注目されるべきではないかと指摘し［大木 1984］，これらの議論は，両氏によって後に大きな研究成果を生み出すこととなった[18]。

---

18)　主要なものとして磯部彰『『西遊記』形成史の研究』創文社，1993 年，同氏『『西遊記』受容史の研究』多賀出版，1995 年，及び［大木 1991］，［大木 2009］参照。

そのため材木谷氏の考察が一つの波紋となり，学界に於ける議論を活性化させ，本論で提示した一連の課題の幾つかに，何らかの風穴を開ける存在にならないかと願っている。なぜなら，史学研究側から見た小説の本格的援用に向けた基礎研究の多くが，小説研究の進捗を待たなければならないからである。現在の史学研究では「文学作品の史学的援用」の関心は高いが，史料的性格の検討がままならない。言わば文学側の基礎研究の整備を史学側が待たされているという状態であり，そのジレンマが史料検討を飛び越えた多くの「小説を援用した史学研究」を生み出したに違いないのである。

昨今の学問領域の学際化という流れの中で，中国小説研究は，単に小説研究という狭い領域の中で論じられ，かつ狭い領域に於いて論題が設定されるものではなく，今後は学際的かつ多角的な視点論点から語られ，論じられる必要性が高まるに違いない。

中国文学と中国史学は相近しい存在でありながら，その研究の手法やこれまでの研究の歴史や土壌は大きく異なっていた。しかし，今後は両者が垣根を越え学際的な相互交流や共通論題からの複合的なアプローチを試みることにより，従来には見られない多大な成果をもたらす可能性を秘めているのである。

## 結　語

以上が小説に関わりをもつ宋代史研究の現況と展望である。そもそも中国古典小説研究は研究の歴史が浅く，嚆矢となった魯迅『中国小説史略』でも，いまだ一世紀も経過していない若い研究分野である。そのため，各小説作品の成立年代や作品集の書誌学的考察という基礎研究に多くの時間を費やさなければならなかった。それゆえ現在も様々な未解明の問題が残されているが，中国古典小説の史料的性格は徐々に解明されつつあるものと考えている。

そして今までは小説のディテールが分からず無批判に利用を試みてきたが，これからは小説の特性を理解した，秩序的な，そして本格的な活用が開始されることになるのではないか。

このように小説分野は，史学研究にとって学際研究の対象として大きな研究成果が期待出来る有望な研究分野である。しかし，開かれつつある大きなブラックボックスは，まだほんの少し扉が開いただけである。

[参考文献目録]

穴澤彰子［1999］「唐宋変革期における社会的結合に関する一試論——自衛と賑恤の「場」を手掛かりとして」『中国——社会と文化』第 14 号。
石母田正［1949］「商人の妻——中国中世の民衆文学を読んで」『文学』第 17 巻第 10 号。
磯部　彰［1980］「明末における『西遊記』の主体的受容層に関する研究——明代「古典的白話小説」の読者層をめぐる問題について」『集刊東洋学』第 44 号。
伊原　弘［1994］『『水滸伝』を読む——梁山泊の好漢たち』講談社現代新書。
伊原　弘［1994〜1995］「中国史のなかの庶民」『しにか』（大修館書店）1994 年 4 月号〜1995 年 3 月号。
今西凱夫［1985］「『三言』に描かれた汴京と臨安の元宵節」『研究紀要』（日本大学人文科学研究所）第 30 号。
浦川源吾［1920］「元曲に見えたる支那の婚俗」『哲学研究』第 5 巻第 6 冊。
遠藤隆俊［2006］『族譜および書簡・筆記史料から見た宋代の宗族と地域社会に関する動態的研究』平成 15 年度〜平成 17 年度科学研究費補助金（基盤研究（C））研究成果報告書。
大木　康［1984］「明末における白話小説の作者と読者について——磯部彰氏の所説に寄せて」『明代史研究』第 12 号。
大木　康［1991］「中国江南における出版文化の研究」『広島大学文学部紀要』第 50 巻特輯号 1。
大木　康［2009］『中国明末のメディア革命——庶民が本を読む』刀水書房。
大澤正昭［1977］「唐代後半期の農民諸階層と土地所有——小説史料を中心に」『東洋史研究』第 36 巻第 2 号。
大澤正昭［1990］「『笞』『僕』『家族関係』——『太平広記』『夷堅志』に見る唐宋代変革期の人間関係」『中国専制国家と社会統合』文理閣。
大澤正昭［2000］「唐宋変革時期的婚姻与家族」『中華民国史専題論文集』第 5 届討論会（台湾・国史館）。
大澤正昭［2003］「唐宋変革期の家族規模と構成」『唐代史研究』第 6 号。
岡本不二明［2003］『唐宋の小説と社会』汲古書院。
小川陽一［1973］「姦通はなぜ罪悪か」『集刊東洋学』第 29 号。
小川陽一［1981］「明代小説の奴婢像」『東北大学教養部紀要』第 35 号。
勝山　稔［1995］「宋元明代の文芸作品に見える女家主導の離婚事例について」『大学院研究年報』（中央大学）第 24 号。

勝山　稔［1996a］「中国史研究と『小説』——その可能性の模索」『史滴』第 18 号。
勝山　稔［1996b］「中国白話小説に於ける歴史史料的価値の援用について——その方法と問題点の整理を中心として」『史境』第 33 号。
勝山　稔［1996c］「白話小説記事に現れる媒酌人の史学的考察——特に媒酌の専門化と牙人との関係を中心として」『中国——社会と文化』第 11 号。
勝山　稔［1996d］「歴史学的視点による白話小説記事の検討——宋〜明代における婚姻上の草帖子について」『中国古典小説研究』第 2 号。
勝山　稔［1997］「白話小説記事の歴史史料的有効性——媒酌人の虚偽の弊害と原因」『史滴』第 18 号。
勝山　稔［1998a］「宋元代における聘財に関する一考察——高額聘財の推移から見る婚姻をめぐる社会」『アジア史研究』第 22 号。
勝山　稔［1998b］「官による媒酌行為について——白話小説を援用した『官媒』の考察」『中国古典小説研究』第 3 号。
勝山　稔［1999］「白話小説研究における「話本」の定義について」『国際文化研究科論集』（東北大学）第 7 号。
勝山　稔［2000］「中国短篇白話小説に見る都市生活の一考察——宋元代及び明代に於ける女性の外界との接触について」『国際文化研究科論集』（東北大学）第 8 号。
勝山　稔［2001］「白話小説に現れた近隣概念について——都市における婚姻環境の変化を手掛かりとして」『宋代人の認識——相互性と日常空間』汲古書院。
勝山　稔［2005］「明代短篇白話小説に見える「相識」について——縁故機能に関する覚書」『中国古典小説研究』第 10 号。
カルティエ，ミシェル［1975］「明代末の商業観念に対する一考察」『故村松裕次教授追悼論文集　中国の政治と経済』東洋経済新報社。
菊池英夫［1992］「中国都市・聚落史研究の動向と「城郷（都鄙）関係」についての私的展望」『中国の都市と農村』汲古書院。
岸本美緒［1993］「崇禎一七年の江南社会と北京情報」『和田博徳教授古稀記念　明清代の法と社会』汲古書院。
木田知生［1988］「1987 年の歴史学界——回顧と展望——（五代・宋・元）」『史学雑誌』第 97 編第 5 号。
日下　翠［1995］「官商としての西門慶」『比較社会文化（九州大学大学院比較社会文化研究科紀要）』第 1 巻。
近藤一成［1977］「1976 年の歴史学界——回顧と展望——（五代・宋・元）」『史学雑誌』第 86 編第 5 号。
材木谷敦［2001］「子供と文字と小説と——『警世通言』序における「通俗性」をめぐって」『中央大学文学部紀要』第 184 号。
佐伯有一・田中正俊［1955］「十六・十七世紀の中国農村製糸・絹織物業」『世界史講座 I・東

アジア世界の形成』東洋経済新報社。
佐竹靖彦［1992］『梁山泊──水滸伝・108人の豪傑たち』中公新書。
佐竹靖彦［1993］「水滸伝における伝統」『柳田節子先生古稀記念 中国の伝統社会と家族』汲古書院。
塩　卓悟［1998a］「南宋代における蘇州の経済的性格と商品流通構造」『千里山文学論集』第59号。
塩　卓悟［1998b］「宋代における肉食の普及状況──南宋期・江南の事例を中心に」『集刊東洋学』第79号。
塩　卓悟［2001a］「『続夷堅志』索引」『千里山文学論集』第66号。
塩　卓悟［2001b］「宋代牛肉食考」『中国──社会と文化』第16号。
塩　卓悟［2002］「歴史史料としての『夷堅志』──その虚構と史実」『中国筆記小説研究』第6号。
塩　卓悟［2003］「宋太宗の文化事業──『太平広記』を中心に」『比較文化史研究』第5号。
塩　卓悟［2005a］「唐宋代における食タブーの研究」『三島海雲記念財団研究報告書』第42号。
塩　卓悟［2005b］「宋代の食文化──北宋から南宋への展開」『大阪市立大学東洋史論叢』別冊特集号。
塩　卓悟［2007］「唐宋代の屠殺・食肉観──『太平広記』『夷堅志』を手掛かりに」『史泉』第105号。
塩　卓悟・河村晃太郎［2004］『訳注太平廣記婦人部』汲古書院。
斯波義信［1968］『宋代商業史研究』風間書房。
斯波義信［1986］「中国庶民資料ジャンルについての覚書」『実学史研究Ⅲ』（実学資料研究会）思文閣出版。
志田不動麿［1962］「沙門島」『東方学』第24輯。
妹尾達彦［1987］「唐代後半期の長安と伝奇小説──『李娃伝』の分析を中心として」『論集 中国社会・制度・文化史の諸問題』日野開三郎博士頌寿記念論集刊行会編。
妹尾達彦［1990］「唐代長安の店舗立地と街西の致富譚」『布目潮渢博士古稀記念論集 東アジアの法と社会』汲古書院。
相田　洋［1973］「水滸伝の世界」『歴史学研究』第394号。
相田　洋［1977］「変文の世界」『福岡教育大学紀要』第26号第2分冊。
相田　洋［1978］「『三言』の世界」『福岡教育大学紀要』第28号第2分冊。
ジェルネ，ジャック［1990］『中国近世の百万都市──モンゴル襲来前夜の杭州』（栗原一男訳）平凡社。
荘司格一［1991］『中国公案小説の研究』研文出版。
田中克己［1961］「元明小説中の春の行事」『成城文芸』第28号。
田中正俊［1984］「文学の思想性と歴史を視る眼と」『歴史評論』第409号。
千葉　炅［1960］「水滸伝的社会」『歴史教育』第818号。

仁井田陞［1937］「支那近世の戯曲小説に見えたる私法」『中田先生還暦祝賀法制史論集』岩波書店。
仁井田陞［1943］『支那身分法史』座右宝刊行会，後に『中国身分法史』。
仁井田陞［1964］「人格の外面尊重と罵言」同氏著『中国法制史研究（法と慣習・法と道徳）』東京大学出版会。
日野開三郎［1968・70］『唐代邸店の研究（正）（続）』自家版。
平田茂樹［1998］「宋代朋党形成の契機について」『宋代社会のネットワーク』汲古書院。
宮崎市定［1967］「宋江は二人いたか」『東方学』第34輯。
宮崎市定［1972］『水滸伝——虚構の中の史実』「まえがき」中公新書。
村上公一［1989］「『三言・二拍』の判語・判決」『名古屋大学文学部研究論集』第103号。
森　紀子［1989］「新都の楊氏と小説二題」『明末清初期の研究』京都大学人文科学研究所。
山根幸夫編［1983］『中国史研究入門（下）』山川出版社。

# 絵画史研究

板倉　聖哲

　1980年以降，中国絵画研究を取り巻く状況は世界的に変わったといっていい。中国絵画は世界的な広がりで分蔵されているにもかかわらず，その全容を把握することは困難だったが，1982年の『中国絵画総合図録』正編（全5巻）の刊行開始以来，『中国古代書画図目』全21巻・『故宮書画図録』（現在27巻，刊行継続中），さらに『中国絵画総合図録　続編』全4巻の出版によって，現存作品の概要が判明しつつある。『中国古代書画図目』は中国大陸の諸機関・個人，『故宮書画図録』は台北故宮博物院にそれぞれ所蔵される書画を，『中国絵画総合図録』はそれ以外の全ての地域に存する伝統絵画を対象としている。方針に多少の差異はあるものの，ここにいたって初めてどのような中国絵画が現在世界の何処にどのくらいあるか，が見えつつあるというのが実態である。それは，すなわち，美術史学に必要な学問の土台がやっとできたとも見なせよう。事実，それまでの中国絵画史研究はそれぞれの国の収蔵状況が如実に反映されてきたことは否めない。日本では60年代及び70年代に『東洋美術』（朝日新聞社），『中国美術』（講談社），『水墨美術大系』（講談社），『宋画精華』（学習研究社），『文人画粋編』（中央公論社）などの出版によって重要な作品が確定されていった。1981年に刊行を開始した鈴木敬の『中国絵画史（上・中之一・中之二・下）』は専門家に向けた中国絵画通史であるのみならず，そうした状況に終止符を打つ，研究の集大成と見なすことができる。最近では台北故宮博物院と日本の五代・北宋絵画の名品を合わせ特集とした『国華』1329号「特輯 五代・北宋の絵画」も出版された。

　中国ではやや遅れ，80年代以降，『中国美術全集 絵画篇』全21巻（上海人民美術出版社・文物出版社），それを受けた分類全集である『中国絵画全集』全30巻（文物出版社・浙江人民美術出版社），『海外蔵中国歴代名画』全8巻（湖南美術出版社）などが刊行され，さらに，中国美術史全体の概説として，21世紀に入って2001年，

『中国美術史』全12巻（文物出版社）が登場した。現在，浙江大学中国古代書画研究中心によって刊行中の『宋画全集』全8巻22冊，引き続き刊行予定の『元画全集』は，収蔵の分散による限界を超えていく上で十分な役割を果たすことになるであろう。

　美術史学全体からすれば，造形のみの展開を歴史として語る限界が夙に指摘されてきたが，この時期は特にニュー・アート・ヒストリー（New Art History）の登場に象徴されるように「終焉？」といった危機意識が生じる中，隣接する学問領域からの刺激を受け，新たな方法が様々に試みられてきた。さらに美術史学自体の歴史が再検討され，そのフレーム自体の曖昧さも見つめ直された。中国絵画史研究もその例外ではなかったので，学的基盤の形成と方法論的な懐疑・新たな模索も一時になさざるを得ない状況となった。鈴木敬の学生たちによる『鈴木敬先生還暦記念 中国絵画史論集』を見ればわかるように議論は絵画の様式・材質から機能・背景まで内外に及んでおり，そうした状況こそが結果的に多様な方法論による豊かな研究成果を導くことになったと見なすことが出来よう。

　日本の宋代史研究は内藤湖南が提唱した「唐宋変革」論の理解概念に拠っており，絵画史分野においても政治・経済・社会などと共に変化する時代性の中で捉えてきた。戦後まもなく発表された島田修二郎「逸品画風について」は，中唐の溌墨が水墨画を主流とする画壇の成立に大きな役割を果たしたことを指摘したものだが，この論文の意義をいち早く認めたジェームス・ケーヒル（James Cahill）によって翻訳され，現在では日本のみならず欧米においても研究の前提となっているといっても過言ではない。この研究を承け，戸田禎佑は「中国絵画における形態の伝承(1)——模写の特殊性について」に引き続き「模写性——南宋及び元の絵画を中心として」を発表，中国絵画における模写という行為に注目し，模写性と時代性を結び付け，宋末元初における再現から表現への展開を明確にする。小川裕充「唐宋山水画史におけるイマジネーション——溌墨から早春図，瀟湘臥遊図巻まで（上・中・下）」は，中唐時代の溌墨から北宋・郭熙「早春図」（台北故宮博物院），さらに南宋・李氏「瀟湘臥遊図巻」（東京国立博物館）に至るまでの

水墨画の展開を跡付けており,「院中の名画——董羽・巨然・燕粛から郭煕まで」・「江南山水画の空間表現について——董源・巨然・米友仁」と合わせ宋代山水画の展開を理解する上で島田論文以後最も重要な論考の一といえよう。その後,出版された『臥遊 中国山水画——その世界』において,中国山水画史を透視遠近法・基本構図法・構成原理・造形原理の２手法,２原理を徹底的に追究した展開として提示する。又,板倉聖哲「唐宋絵画における夕・夜景表現」は,唐宋時代における着色画・水墨画をめぐる造形語彙のコード化の展開を日本絵画も援用しつつ論じている。

　小川裕充は「宋元山水画における構成の伝承」・「雲山図続稿——米友仁『雲山図巻』(クリーヴランド美術館)とその系譜(上・下)」において山水画の空間,「泉涌寺蔵俊芿律師・南山大師・大智律師像(三幅)」において人物(肖像)画の構成,「黄筌六鶴図壁画とその系譜(上・下)」において花鳥画の典型の継承・展開を明らかにし,伝統中国の美術に通底する「規範」の存在と展開を指摘する。宮崎法子「中国花鳥画の意味——藻魚図・蓮池水禽図・草虫図の寓意と受容について(上・下)」,それに基づく『花鳥・山水画を読み解く』は,山水画・花鳥画の意味世界を広い視野から探るもので,人々が希求した吉祥や隠逸への憧憬が通底していることを明らかにしている。古田真一は「宋代における仕女図の表現形成について」において宋時代に多く描かれた唐時代の女性表現が単なる唐時代絵画の模倣ではなく,宋時代に流行した唐代風の仕女イメージであることを論じている。

　北宋時代は,圧倒的な唐代文化の伝統を継承しつつも,独自の文化的なアイデンティティーを模索した時代でもある。塚本麿充「『海外書』小論——北宋三館秘閣の文物収集の史的意義と美術外交についての一考察」・「崇高なる山水・郭煕山水の成立とその意義—北宋三館秘閣の文化的機能を中心として」(『崇高なる山水——中国・朝鮮,李郭系山水画の系譜』展図録所収)は,三館秘閣という文物機関の消長に象徴される,北宋時代の国内外に対する文化政策のあり方を確認する。唐時代が道釈・人物画であるのに対して,北宋時代が山水・花鳥画の時代であるという認識は蘇軾ら同時代の著述にも認められる。山水・花鳥画については華北と江南の図式の中,個別の画家・作品に沿った研究が発表されている。竹浪遠「(伝)

董源「寒林重汀図」の観察と基礎的考察（上・下）」では，(伝)董源「寒林重汀図」（黒川古文化研究所）に対する仔細な観察から雪が降り出した冬の夕暮れの景とし，南宋後期における董源画の理解を示すものと位置付ける。竹浪遠「(伝)李成「喬松平遠図」（澄懐堂美術館）について——唐代樹石画との関係を中心に」は，いまだ見解に大きな開きがある（伝）李成「喬松平遠図」（澄懐堂美術館）について，改めて表現を分析し，唐代樹石画からの展開を想定して唐宋山水画史の位置付けを試みる。曽布川寛「許道寧の伝記と山水様式に関する考察」では，在野の山水画家，許道寧の伝記を整理し，伝称作品である「秋山蕭寺図巻」（藤井有鄰館）の再評価を行う。鈴木敬「『林泉高致集』の「画記」と郭熙について」は，新たに見出された『林泉高致集』「画記」部分を紹介し，その位置付けを論じている。又，古原宏伸は北宋末を代表する文人の一人，米芾の著述，難解で知られる『画史』の注釈で大きな成果をあげている（『中国画論の研究』及び『米芾『画史』註解（上・下）』）。

近年相次いで出版された『故宮博物院』（NHK出版）・『世界美術大全集 東洋編』（小学館）に見られるように，日本で出版された美術全集では北宋と南宋を分けて巻を立てている。これは伝統的に南宋絵画を重視してきた日本人の発想であると同時に，米国の研究者が中心になって主張し広く受け入れられつつある「両宋画期論」とも合致している。両者の分岐点かつ結節点として注目される徽宗朝は欧米・日本双方で近年歴史の分野を中心に再評価の動きが活発である。

徽宗の芸術愛好については日本でも以前から検討されており，80年代以降も多くの研究が発表されている。嶋田英誠「徽宗朝の画学について」は画院改革をめぐる制度の詳細な検討である。古田真一「伝徽宗模張萱筆『搗練図』（ボストン美術館）に関する考察——唐風女性像の典型化をめぐる問題を中心として」は，唐宋時代仕女画における（伝）徽宗「搗練図巻」（ボストン美術館）の位置を論じている。又，徽宗に影響を与えた画家たちの研究として，西上実「北宋花鳥画の展開——崔白の変格について」，河野道房「王詵について——二画風併存の問題」，竹浪遠「王詵『煙江畳嶂図』について——上海博物館所蔵・着色本，水墨本を中

心に」，板倉聖哲「伝趙令穣『秋塘図』（大和文華館）の史的位置」などが挙げられる。

　徽宗朝に活躍した画家としてはやはり画院画家，李唐をめぐる議論が盛んである。島田修二郎が「山水図」双幅（高桐院）に李唐の落款を「発見」して以来（「高桐院所蔵の山水画について」），世界的な議論が巻き起こり，鈴木敬「李唐の南渡復院とその様式変遷についての一試論」，嶋田英誠「画家としての李唐」，河野道房「李唐山水画の特質――『万壑松風図』をめぐって」，山下裕二「高桐院蔵李唐筆山水図試論」，小川裕充「李唐筆万壑松風図・高桐院山水図――その素材の共通性について」などが発表され，島田説を支持し「山水図」双幅を南渡後の李唐として位置付ける立場が補強されている格好である。又，郭熙派の画院画家，胡舜臣唯一の現存作品「送郝玄明使秦図巻」（大阪市立美術館）を論じた河野道房「胡舜臣筆『送郝玄明使秦図巻』について――転換期絵画の一様相」，徽宗朝に活躍した李公麟画風の継承者，喬仲常の伝称を持つ「後赤壁賦図巻」（ネルソン・アトキンス美術館）を論じた板倉聖哲「喬仲常『後赤壁賦図巻』（ネルソン・アトキンス美術館）の史的位置」などにより具体的な作品を検討することでより多様な様相が明らかにされつつある。

　南宋四大家がみな画院画家であったことからもわかるように南宋時代は宮廷画家の時代といえる。但し，制作者であり鑑賞者であり，かつ批評家でもある文人士大夫たちが絵画史の主流となる言説を形成してきた中国においては例外と見なすことが出来よう。出版の躍進と共にカタログ・マニュアル文化が士大夫の間で浸透し，後世の文人趣味の祖型が築かれた時代に相当することは中砂明徳「士大夫のノルムの形成――南宋時代」において指摘される通りなのだが，董其昌以降により明確化する文人主導の絵画史観において南宋絵画の評価は高いとはいえず，そうした評価はある面において現代中国にも継承されていることも事実である。それに対して，日本はほぼ同時代，つまり，鎌倉時代から近代に至るまで南宋絵画の収集し続けたため院体画の優品が多く存し，近現代においてはそれらに関する研究も継続的になされてきたとしてよかろう。戸田禎佑「南宋院体画にお

ける『金』の使用」では，特殊な素材である金彩の微細な表現に注目し，そうした細部表現を支えた当時の制作者・鑑賞者の間のコンセンサスの存在を指摘する。嶋田英誠「中国絵画に於けるイリュージョニズム――『余白』についての断章」は，構図が単純化していく中で増大する余白の役割を再検討する。藤田伸也「対幅考――中国絵画の成果と限界」は，この時代に顕著になる対幅という形式が持っていた内容や構図との関わりを考察する。又，藤田伸也「南宋画院の詩書画」では徽宗画院の影響下に生まれた南宋画院において画と詩書の関係を検討する。さらに，藤田伸也「南宋院体画における同図様作品について」は，同図様の作品を取り上げ詳細な比較から微妙な差異を指摘しその前後関係・史的位置を論じる。

個別の画家たちの研究でも多くの成果が上がっている。嶋田英誠「伝趙伯驌筆『万松金闕図巻』について」は，高宗朝に宗室画家として活躍した趙伯驌の伝称を持つ「万松金闕図巻」（北京故宮博物院）の史的位置を論じたもの。又，西尾歩「趙伯驌筆「万松金闕図巻」の考察――実景描写の観点から」は同画を「南宋臨安のイメージ」の反映として捉える。小川裕充「雲山図論――米友仁『雲山図巻』（クリーヴランド美術館）について」・「米友仁の絵画と文学――その山水表現と自題との関連について」は，米芾の子で高宗朝に宮廷の書画の鑑定を行った米友仁の画について，前者では唯一の絹本着色画の「雲山図巻」（クリーヴランド美術館）の史的位置を，後者では彼の行動を確認しつつ詩画の関わりを論じている。藤田伸也「李迪筆雪中帰牧図の対幅の問題について」は先の対幅という視点から李迪「雪中帰牧図」（大和文華館）の左右幅の画風の違いに注目，各幅の制作について論じたもの。鈴木忍「李迪筆紅白芙蓉図の時間表現についての一考察」は同画家の「紅白芙蓉図」（東京国立博物館）における時間表現・表現の対比を論じた。戸田禎佑「劉松年の周辺」は四大家の一人，劉松年の画風について復元的な考察に取り組んでいる。松田智恵子「貨郎図――中国風俗画の成立と変遷に関する試論」は蘇漢臣・李嵩らによって創始された「貨郎図」の展開を風俗画という観点から追う。井手誠之輔「夏珪様式試論」は「十二景図巻」（ネルソン・アトキンス美術館）等，画風にかなり幅のある伝夏珪画を分類し，夏珪が李唐を経由して継承した華北系の側面を指摘している。板倉聖哲「馬遠『西園雅集図巻』（ネルソン・アトキ

ンス美術館）の史的位置——虚構としての『西園雅集』とその絵画化をめぐって」は，馬遠の代表作「西園雅集図巻」（ネルソン・アトキンス美術館）中の蘇軾に陶淵明のイメージが重ねられていること，画院画家である馬遠が自らを文人画家李公麟に重ね合わせていることを指摘する。板倉聖哲「馬麟『夕陽山水図』（根津美術館）の成立と変容」は，馬麟の「夕陽山水図」（根津美術館）の当初の状況を復元し，皇帝による書と画院画家による画の関係について具体的に検討を加える。

又，南宋時代における江南山水画の実態を伝える二作品についても考察がある。救仁郷秀明「瀟湘臥遊図巻小考——董源の山水画との関係について」は，李氏「瀟湘臥遊図巻」（東京国立博物館）が江南山水画の祖，董源以来の古様な要素を継承していることを指摘する。宮崎法子「西湖をめぐる絵画——南宋絵画史初探」・「上海博物館蔵『西湖図』巻と北京故宮博物院蔵『西湖草堂図』巻について」は，同様に江南山水画の伝統を継承した（伝）李嵩「西湖図巻」（上海博物館）の南宋絵画史における位置付けを論じている。

日本にしか真作のない牧谿・玉澗画は，日本に伝存する宋画の特殊性を端的に示す存在である。これらに関するアプローチはそのまま日本にしかない一群の宋画に対する研究法を示しているといってよい。つまり，一方でその特殊性を認識しつつ，他方で通底する時代感覚を指摘する形で，より広範な視野に基づいた宋画観の構築を促してきたのである。戸田禎佑・海老根聡郎らの『水墨美術大系』所載の論考は現在の牧谿理解の基礎となっており，その後も研究が継続された。中でも小川裕充「牧谿——古典主義の変容（上）」は「観音猿鶴図」（大徳寺）の典拠を明らかにし画僧牧谿の古典に対する意識を探る。戸田禎佑「牧谿における宋と元——老子図をめぐって」は，牧谿画を宋末元初における再現主義から表現主義への転換を端的に示すものとして位置付ける。そうした研究の結実が五島美術館で開催された『牧谿——憧憬の水墨画』展であり，図録には新出資料を紹介しつつ牧谿の生涯を明らかにした海老根聡郎「牧谿の生涯」，中国絵画史の展開の中で牧谿画を再評価した小川裕充「中国画家・牧谿」，日本人の牧谿画受容を論じた山下裕二「日本人にとっての牧谿」が含まれている。

同様なアプローチを持ち得るのが寧波を中心に制作された一連の仏画の存在であり，こうした作品の存在によって我々は供給（工房）・受容（鑑賞者）層の幅をより拡げ，制作地の地域性をより明確に想定すべきであることを理解する。これらの存在に注意を喚起したのが鈴木敬を代表とした海老根聰郎・戸田禎佑らによる全国の寺院を対象とするフィールドワークである（「宋元仏画，就中羅漢図十王図の研究」）。このようにして伝存状況の輪郭が明らかにされ，研究がなされる土壌が出来た。北宋仏画については宮崎法子「伝奝然将来十六羅漢図考」・「宋代仏画史における清涼寺十六羅漢像の位置」，泉武夫「孔雀明王像」，南宋仏画は鷹巣純「新知恩院本六道絵の主題について――水陸画としての可能性」，版画では宮次男「宋・元版本にみる法華経絵（上・下）」，内田啓一「宋請来版画と密教図像――応現観音図と清涼寺釈迦像納入版画を中心に」などがある。多くの道釈画は日本では中国における制作時のコンテクストから切り離され，道教画に至ってはその内容さえも読み替えられて伝存していることがほとんどである。こうした状況に対して，「陸信忠考――涅槃表現の変容（上・下）」・『日本の美術418 日本における宋元画』に代表される井手誠之輔の一連の研究は困難なコンテクストの復元，さらにはそれらを含んだ形での東アジア絵画観の再構築を目指したもので，そのメッセージは明確である。神奈川県立歴史博物館の『宋元仏画』展や奈良国立博物館の『聖地寧波 日本仏教1300年の源流～すべてはここからやって来た』展はまさにそうした研究成果の上に開かれたものである。これまで宋代では杭州の他に寧波・四川・福建といった地域がクローズアップされてきたが，今後も様々な地域の多様な考古発掘資料が登場することが予想され，宮廷絵画の展開を中心として語られている正統な絵画史に時代の厚みを与えることが期待されよう。

　このように日本に収蔵された宋画は中国・台湾でも収蔵される院体画と日本にしかない禅宗画・仏画に跨っており，日本に収蔵される宋画を含めて再構築された時代観を提出・展示することは日本の役割でもある。その意味で，大和文華館で開催された「宋代の絵画」展（藤田伸也担当），根津美術館で開かれた「南宋

絵画——才情雅致の世界」展（板倉聖哲監修）はまさにその実践といえよう。その際には受け手の側の意識も当然問題として対象化すべきであり，島尾新「十五世紀における中国絵画趣味」・「『東山御物』幻想——イメージのなかの中国画人たち」(『南宋絵画——才情雅致の世界』展図録所収）・「会所と唐物——室町時代前期の権力表象装置とその機能」, 畑靖紀「室町時代の南宋院体画に対する認識をめぐって——足利将軍家の夏珪と梁楷の画巻を中心に」などは室町時代における趣味の実践，営為としてコレクションのあり方を検討している。展覧会としては 1976 年の『東山御物——『雑華室印』に関する新資料を中心に』（根津美術館・徳川美術館）が早いが，近年では徳川美術館開催の『室町将軍家の至宝を探る』展が挙げられよう。江戸時代，そうした鑑賞体系を継承した狩野探幽の絵画史意識をめぐっては，鬼原俊枝「狩野探幽筆『学古帖』と流書手鑑」・『幽微の探求　狩野探幽論』，板倉聖哲「探幽縮図から見た東アジア絵画史——瀟湘八景を例に」などがある。

　さらに日本におけるプライオリティーは，鎌倉時代以来記録された，失われた作品の記憶である。文献や縮図・模本には現存しない作品が多く伝来していたことが記録されており，戸田禎佑が指摘するように失われたものを復元するためにはこれまで以上に注目されるべきものである。仲町啓子編『仕女図から唐美人図へ』はそうした資料を積極的に用いて，美人画というジャンルを中心に日・中絵画の相互関係・展開を論じたものである。例えば，説話画のように，多様な広がりを見せる日本絵画との比較の中で問題意識がより明確化する例もある。島田修二郎「中国説話挿絵について」・古原宏伸「画巻形式における中国説話画について」・小川裕充「山水・風俗・説話——唐宋元代中国絵画の日本への影響：（伝）喬仲常『後赤壁賦図巻』と『信貴山縁起絵巻』とを中心に」などはまさに日本における豊かな絵巻の存在が導いたものともいえよう。中でも古原宏伸の一連の研究をまとめて『中国画巻の研究』として刊行されたのは注目すべきことである。

　最近では国際シンポジウムも頻繁に開催され，研究者同士の交流も密接になり，現在の日本における宋代絵画史研究の状況を日本単独の展開，もしくは中国

美術史のみの展開として語ることがもはや不可能であることはいうまでもない。その意味で洋の東西を問わず美術における性差（ジェンダー）を論じた『美術とジェンダー――非対称の視線』，その続編『美術とジェンダー 2――交差する視線』，歴史学等との共同作業として伊原弘・小島毅らを中心とした研究発表『知識人の諸相――中国宋代を基点として』・『「清明上河図」をよむ』・『寧波の美術と海域交流』などが注目される。研究者の世界的な交流，隣接する学問領域の刺激の中で新たな語り口を模索すべき我々は，現存する作品に立脚しつつ，失われた作品も含めた視覚文化総体の歴史を語る方向を目指すことになる。その際に日本に所蔵される中国絵画は，中国絵画史における存在論的な枷（かせ）を越えるために重要な作品群であることが改めて認識されよう。

［参考文献目録］

泉　武夫［1989］「孔雀明王像」『仁和寺の仏教美術』仏教美術研究上野記念財団助成研究会。
板倉聖哲［1993］「唐宋絵画における夕・夜景表現」『美術史』第134冊。
板倉聖哲［1996］「伝趙令穰『秋塘図』（大和文華館蔵）の史的位置」『MUSEUM』第542号。
板倉聖哲［1998］「［館蔵品研究］李迪『雪中帰牧図』騎牛幅」『大和文華』第97号。
板倉聖哲［1998］「［館蔵品研究］伝毛益筆蜀葵遊猫・萱草遊狗図をめぐる諸問題」『大和文華』第100号。
板倉聖哲［1999］「馬遠『西園雅集図巻』（ネルソン・アトキンス美術館）の史的位置――虚構としての『西園雅集』とその絵画化をめぐって」『美術史論叢』第16号。
板倉聖哲［2001］「喬仲常『後赤壁賦図巻』（ネルソン・アトキンス美術館）の史的位置」『国華』第1270号。
板倉聖哲［2003］「骷髏幻戯――中国美術における『生と死』の表象」『美術フォーラム21』第8号。
板倉聖哲［2004］「馬麟『夕陽山水図』（根津美術館）の成立と変容」『美術史論叢』第20号。
板倉聖哲［2005］「探幽縮図から見た東アジア絵画史―瀟湘八景を例に」佐藤康宏編『講座 日本美術史（第3巻）』東京大学出版会。
板倉聖哲［2006］「南宋・（伝）李唐「坐石看雲図冊頁」（台北・故宮博物院）の史的位置」『美術史論叢』第22号。
板倉聖哲［2007］「南宋院体画に見る光と影の表現――梁楷画の先駆性」『紫明』第21号。
板倉聖哲［2008］「睢陽五老図像の成立と展開――北宋時代知識人の絵画表象」『美術史論叢』第24号。

井手誠之輔［1985］「夏珪様式試論」『哲学年報』第44号。
井手誠之輔［1992・1993］「陸信忠考——涅槃表現の変容（上・下）」『美術研究』第354・355号。
井手誠之輔［2001］『日本の美術第418号 日本の宋元仏画』至文堂。
伊原　弘・小島　毅編［2001］『知識人の諸相——中国宋代を基点として』勉誠出版。
伊原　弘編［2003］『「清明上河図」をよむ』勉誠出版。
内田啓一［2001］「宋請来版画と密教図像——応現観音図と清涼寺釈迦像納入版画を中心に」『仏教芸術』第254号。
海老根聰郎［1984］「呂洞賓といわれる画像について——像主の変身」『美術研究』第328号。
海老根聰郎［1986］「宋元時代の観音図」『国際交流美術史研究会第5回シンポジアム 観音——尊像と変相』国際交流美術史研究会。
海老根聰郎［1986］「金処士筆十王図」『国華』第1097号。
海老根聰郎［1986］「寧波仏画の故郷」『国華』第1097号。
小川裕充［2008］『臥遊：中国山水画——その世界』中央公論美術出版。
小川裕充［1980］「唐宋山水画史におけるイマジネーション——潑墨から早春図、瀟湘臥遊図巻まで（上・中・下）」『国華』第1034・1035・1036号。
小川裕充［1981］「雲山図論——米友仁「雲山図巻」（クリーヴランド美術館）について」『東京大学東洋文化研究所紀要』第86冊。
小川裕充［1984］「江南山水画の空間表現について——董源・巨然・米友仁」『国際交流美術史研究会第2回シンポジアム アジアにおける山水表現』国際交流美術史研究会。
小川裕充［1986］「雲山図続稿——米友仁「雲山図巻」（クリーヴランド美術館）とその系譜（上・下）」『国華』第1096・1097号。
小川裕充［1986］「米友仁の絵画と文学——その山水表現と自題との関連について」『美術史学』第8号。
小川裕充［1988］「牧谿——古典主義の変容（上）」『美術史論叢』第4号。
小川裕充［1989］「泉涌寺蔵俊芿律師・南山大師・大智律師像（三幅）」『日本絵画史の研究』吉川弘文館。
小川裕充［1992］「李唐筆万壑松風図・高桐院山水図——その素材の共通性について」『美術史論叢』第8号。
小川裕充［1992・2003］「黄筌六鶴図壁画とその系譜（上・下）」『国華』第1165・1297号。
小川裕充［1997］「牧谿筆瀟湘八景図巻の原状について」『美術史論叢』第13号。
小川裕充［1997］「山水・風俗・説話——唐宋元代中国絵画の日本への影響：（伝）喬仲常『後赤壁賦図巻』と『信貴山縁起絵巻』とを中心に」『日中文化交流史叢書7 芸術』大修館書店。
小川裕充［1997］「宋元山水画における構成の伝承」『美術史論叢』第13号。
小川裕充［2000］「北宋時代の神御殿と宋太祖・仁宗坐像について——その東アジア世界的普遍性」『国華』第1255号。

小川裕充　[2003]「中国山水画の透視遠近法――郭熙のそれを中心に」『美術史論叢』第19号。
小川裕充　[2008]「宋代の用絹法について――両宋歴代皇帝坐像を中心に」『美術史論叢』第24号。
小川裕充　[2009]「五代・北宋絵画の透視遠近法――伝統中国絵画の規範」『美術史論叢』第25号。
鬼原俊枝　[1995]「狩野探幽筆『学古帖』と流書手鑑」武田恒夫先生古稀記念会編『美術史の断面』清文堂出版。
鬼原俊枝　[1998]『幽微の探求 狩野探幽論』大阪大学出版会。
救仁郷秀明[1990]「瀟湘臥遊図巻小考――董源の山水画との関係について」『美術史論叢』第6号。
河野道房　[1985]「胡舜臣筆『送郝玄明使秦図巻』について――転換期絵画の一様相」『京都大学美術史学研究紀要』第6号。
河野道房　[1987]「李唐山水画の特質――『万壑松風図』をめぐって」『美学』第149号。
河野道房　[1990]「王詵について――二面風併存の問題」『東方学報（京都）』第62冊。
古原宏伸　[2003]『中国画論の研究』中央公論美術出版。
古原宏伸　[2005]『中国画巻の研究』中央公論美術出版。
古原宏伸　[2009・2010]『米芾『画史』註解（上・下）』中央公論美術出版。
古原宏伸　[1985]「画巻形式における中国説話画について」『奈良大学紀要』第14号。
島尾　新　[1989]「十五世紀における中国絵画趣味」『MUSEUM』第463号。
島尾　新　[2006]「会所と唐物――室町時代前期の権力表象装置とその機能」『シリーズ都市・建築・歴史4 中世の文化と場』東京大学出版会。
島田修二郎 [1993]『中国絵画史研究』中央公論美術出版。※島田修二郎「逸品画風について」・「高桐院蔵山水画について」・「中国説話挿絵について」再録
嶋田英誠　[1983]「画家としての李唐」『国際交流美術史研究会第2回シンポジアム アジアにおける山水表現』国際交流美術史研究会。
嶋田英誠　[1983]「伝趙伯驌筆『万松金闕図巻』について」宋代史研究会編『宋代の社会と文化』汲古書院。
嶋田英誠　[1985]「高克明と高克明派」『跡見学園女子大学紀要』第18号。
嶋田英誠　[1987]「中国絵画に於けるイリュージョニズム――「余白」についての断章」『跡見学園女子大学美学美術史学科報』第15号。
周　積寅・王　鳳珠編［2002］『中国歴代画目大典 戦国至宋代巻』江蘇教育出版社。
鈴木　敬　[1980]「『林泉高致集』の「画記」と郭熙について」『美術史』第109冊。
鈴木　敬　[1981・1983]「李唐の南渡復院とその様式変遷についての一試論（上・下）」『国華』第1047・1053号。
鈴木　敬　[1998]「山水小景と山水小図」『大和文華』第97号。
鈴木　敬　[2001]「馬遠の時代――楊后・楊妹子」『国華』第1268号。
鈴木敬［1981～1995］『中国絵画史（上・中之一・中之二・下）』吉川弘文館。

鈴木敬先生還暦記念会編［1981］『鈴木敬先生還暦記念 中国絵画史論集』吉川弘文館。※小川裕充「院中の名画――董羽・巨然・燕粛から郭熙まで」・嶋田英誠「徽宗朝の画学について」・宮崎法子「伝奝然将来十六羅漢図考」所収。
鈴木　忍［2009］「李迪筆紅白芙蓉図の時間表現についての一考察」『美術史』第166冊。
曽布川寛［1980］「許道寧の伝記と山水様式に関する考察」『東方学報（京都）』第52冊。
曽布川寛［2006］『中国美術の図像と様式』中央公論美術出版。
鷹巣　純［1999］「新知恩院本六道絵の主題について――水陸画としての可能性」『密教図像』第18号。
竹浪　遠［2001］「王詵『煙江畳嶂図』について――上海博物館所蔵・着色本，水墨本を中心に」『澄懐』第2号。
竹浪　遠［2004・2005］「［館蔵品研究］（伝）董源「寒林重汀図」の観察と基礎的考察（上・下）」古『黒川文化研究所紀要 古文化研究』第4・5号。
竹浪　遠［2009］「（伝）李成「喬松平遠図」（澄懐堂美術館）について――唐代樹石画との関係を中心に」『国華』第1369号。
田中一松［1986］『田中一松絵画史論集（上・下）』中央公論美術出版。
塚原　晃［1991］「牧谿・玉澗瀟湘八景図――その伝来の系譜」『早稲田大学大学院文学研究科紀要別冊（文学・芸術編）』第17集。
塚本麿充［2006］「『海外書』小論――北宋三館秘閣の文物収集の史的意義と美術外交についての一考察」『大和文華』第115号。
塚本麿充［2007］「宋代皇帝御書の機能と社会――孝宗「太白名山碑」（東福寺蔵）をめぐって」『美術史論集』（神戸大学美術史研究会）第7号。
戸田禎佑編［1980］『週刊朝日百科世界の美術94 五代・宋時代の絵画と書』朝日新聞社。
戸田禎佑・小川裕充編［1983］『花鳥画の世界10 中国の花鳥画と日本』学習研究社。
戸田禎佑［1997］『日本美術の見方――中国との比較による』角川書店。
戸田禎佑［1972］「中国絵画における形態の伝承（1）――模写の特殊性について」『東京大学東洋文化研究所紀要』第57冊。
戸田禎佑［1981］「劉松年の周辺」『東京大学東洋文化研究所紀要』第86冊。
戸田禎佑［1982］「模写性――南宋及び元の絵画を中心として」『MUSEUM』第380号。
戸田禎佑［1987］「所在不明の牧谿筆「花卉翎毛巻」をめぐって」『美術史論叢』第3号。
戸田禎佑［1988］「南宋院体画における『金』の使用」『国華』第1116号。
戸田禎佑［1992］「牧谿における宋と元――老子図をめぐって」『東京大学東洋文化研究所紀要』第117冊。
戸田禎佑［1994］「人物画における聖と俗――宗教性と肖像性」『人の「かたち」人の「からだ」――東アジア美術の視座』平凡社。
中砂明徳［1995］「士大夫のノルムの形成――南宋時代」『東洋史研究』第54巻3号。
長広敏雄［1984］『長広敏雄中国美術論集』講談社。

仲町啓子編［2009］『仕女図から美人図へ』実践女子大学。
西尾　歩［2007］「趙伯驌筆「万松金闕図巻」の考察──実景描写の観点から」『美術史』第163冊。
西上　実［1983］「円沢三生図について──禅林で鑑賞された牧牛故事図」『禅の美術』法蔵館。
西上　実［1984］「北宋花鳥画の展開──崔白の変格について」『花鳥』小学館。
畑　靖紀［2000］「失われた瀟湘八景図をめぐって」『MUSEUM』第569号。
畑　靖紀［2004］「室町時代の南宋院体画に対する認識をめぐって──足利将軍家の夏珪と梁楷の画巻を中心に」『美術史』第156冊。
東アジア美術文化交流研究会編［2009］『寧波の美術と海域交流』中国書店。
福井利吉郎［1998～2000］『福井利吉郎美術史論集（上・中・下）』中央公論美術出版。
藤田伸也［1991］「南宋院体画における同図様作品について」『大和文華』第76号。
藤田伸也［1994］「李迪筆雪中帰牧図の対幅の問題について」『国華』第1185号。
藤田伸也［2000］「対幅考──中国絵画の成果と限界」『人文論叢（三重大学人文学部文化学科研究紀要）』第17号。
藤田伸也［2002］「馬遠筆『月下把杯図』（天津市芸術博物館）をめぐって──高士山水図の図様形成に関する一考察」『人文論叢（三重大学人文学部文化学科研究紀要）』第19号。
藤田伸也［2003］「南宋画院の詩書画──三絶の視点から」『人文論叢（三重大学人文学部文化学科研究紀要）』第20号。
古田真一［2002］「伝徽宗模張萱筆『搗練図』（ボストン美術館）に関する考察──唐風女性像の典型化をめぐる問題を中心として」『芸術論究』第29編。
古田真一［2006］「宋代における仕女図の表現形成について」曽布川寛編『中国美術の図像学』京都大学人文科学研究所。
松田智恵子［1990］「貨郎図──中国風俗画の成立と変遷に関する試論」『古美術』第93号。
宮　次男［1983］「宋・元版本にみる法華経絵（上・下）」『美術研究』第325・326号。
宮崎法子［2003］『花鳥・山水画を読み解く』角川書店。
宮崎法子［1984］「西湖をめぐる絵画──南宋絵画史初探」梅原郁編『中国近世の都市と文化』京都大学人文科学研究所。
宮崎法子［1986］「宋代仏画史における清凉寺十六羅漢像の位置」『東方学報（京都）』第58冊。
宮崎法子［1996］「中国花鳥画の意味──藻魚図・蓮池水禽図・草虫図の寓意と受容について（上・下）」『美術研究』第363・364号。
宮崎法子［1997］「女性の消えた世界─中国山水画の内と外」『美術とジェンダー──非対称の視線』ブリュッケ。
宮崎法子［2001］「上海博物館蔵『西湖図』巻と北京故宮博物院蔵『西湖草堂図』巻について」『実践女子大学美学美術史学』第16号。
宮崎法子［2005］「中国における女性表現──宮中図を中心に」『美術とジェンダー（2）──交

差する視線』ブリュッケ。
山川　暁［1997］「「長香寺本観無量寿経十六観変相図」について——宋代浄土教絵画の受容と展開」『美術史』第142冊。
山下裕二［1987］「高桐院蔵李唐筆山水図試論」『美術史論叢』第3号。
山下裕二［1993］「夏珪と室町水墨画」『日本美術の水脈』ぺりかん社。
山下裕二［1997］「道具としての「唐絵」・美術としての「唐絵」——牧谿・玉澗を中心にして」『山上宗二記研究 三』三徳庵。
山下裕二［2000］『室町絵画の残像』中央公論美術出版。
米沢嘉圃［1994］『米沢嘉圃美術史論集（上・下）』朝日新聞社。
林　秀薇［1992］「梁楷研究序説」『東京大学東洋文化研究所紀要』第117冊。
［1967〜1969］『東洋美術（全6巻）』朝日新聞社。
［1973］『中国美術（全5巻）』講談社。
［1973〜1975］『水墨美術大系（全17巻）』講談社。
［1974〜1979］『文人画粋編（全10巻）』中央公論社。
［1975・1976］『宋画精華（全3巻）』学習研究社。
［1982・1983］『中国絵画総合図録（全5巻）』東京大学出版会。
［1984〜1989］『中国美術全集 絵画篇（全21巻）』上海人民美術出版社・文物出版社。
［1986〜2001］『中国古代書画図目（全21巻）』文物出版社。
［1989〜］『故宮書画図録（現在27巻）』台北故宮博物院，刊行中。
［1997〜1999］『故宮博物院』日本放送出版協会。
［1997〜2001］『中国絵画全集（全30巻）』文物出版社・浙江人民美術出版社。
［1998］『海外蔵中国歴代名画（全8巻）』湖南美術出版社。
［1998〜2001］『世界美術大全集 東洋編（全17巻）』小学館。
［1998〜2001］『中国絵画総合図録 続編（全4巻）』東京大学出版会。
［2001］『中国美術史（全12巻）』文物出版社。
［2004］『アジア遊学64号 徽宗とその時代』勉誠出版。
［2006］「特輯 五代・北宋の絵画」『国華』第1329号。
浙江大学中国古代書画研究中心編［2008〜］『宋画全集（全8巻22冊）』，刊行中。

※展覧会図録（刊行年順）
［1976］『東山御物——『雑華室印』に関する新資料を中心に』根津美術館・徳川美術館。
大阪市立美術館編［1980］『宋元の美術』平凡社。
［1982］『特別展 米国二大美術館所蔵中国の絵画（図録）』東京国立博物館。
［1989］『特別展 宋代の絵画（図録）』大和文華館。
［1993］『水墨画の至宝（展図録）』岡山県立美術館。
［1994］『寒山拾得——描かれた風狂の祖師たち（展図録）』栃木県立博物館。

［1995］『山上宗二記——天正十四年の眼（展図録）』五島美術館。
［1996］『牧谿——憧憬の水墨画（展図録）』五島美術館。
［1996］『特別展　東アジアの仏たち（図録）』奈良国立博物館。
［1996〜1997］『ボストン美術館の至宝——中国宋・元画名品展（図録）』そごう美術館。
［1998］『鈍翁の眼——益田鈍翁の美の世界（展図録）』五島美術館。
［2001］『宋元の絵画』大阪市立美術館。
［2002］『墨戯（展図録）』岡山県立美術館。
［2002］『静嘉堂宋元図鑑』静嘉堂文庫美術館。
［2004］『南宋絵画——才情雅致の世界（展図録）』根津美術館。
［2007］『宋元仏画（展図録）』神奈川県立歴史博物館。
［2008］『室町将軍家の至宝を探る（展図録）』徳川美術館。
［2008］『崇高なる山水——中国・朝鮮、李郭系山水画の系譜（展図録）』大和文華館。
［2009］『聖地寧波　日本仏教1300年の源流〜すべてはここからやって来た（展図録）』奈良国立博物館。
［2009］『筆墨の美 水墨画（展図録）』静嘉堂文庫美術館。

# 五代十国史研究

山崎　覚士

## 一　序　言

　本稿は，日本における1980年代以降の五代十国史研究の課題と，その成果を概観し，そこから現在そして今後にわたって求められる五代十国史研究の方向性を探ることを目的とする。1980年代という時期は，日本の歴史学界にとって大きな転換点に当たる。敗戦から1980年までは戦後歴史学の名のもとに東洋史学もその大きな研究成果を上げてきたが，それ以降は五代十国史研究において，質と量ともに大きな変化が見られた。現実的には1980年を前後して緩やかに転換し，量的に減少傾向に転じてゆくが，ここでは便宜的に1980年を区切りとして，それ以前と以後，そして21世紀の研究状況を概観したい。また1980年までといっても，戦前と戦後ではその内容も大きく変わる。ここでは特に戦後から1980年まで，また1980年から20世紀末まで，そして新傾向の見え始めた21世紀という段階をあくまで便宜的に設けて以下に見ていきたい。

## 二　1980年以前の五代十国史研究

　1980年，それまで戦後日本の五代十国史研究を牽引してきた日野開三郎の論集刊行がスタートした。『日野開三郎東洋史学論集』(三一書房)と題された論集は，1984年までに第一期10冊，87年から95年にかけて第二期10冊，合計20冊として世に送り出された。1万ページを越えるこの全集は，五代十国時代を中心に，唐代後半期より宋代に及ぶ時代をカバーする。その両税法や邸店，藩鎮，貨幣，さらには国際関係等に関する分厚い研究は，現在にいたっても，唐宋時代を研究する上で必読の研究書となっている。日野は研究を戦前より進め，以後80年代

まで研究の第一線で活躍した。もともとは宋代史を専攻していたが，太平洋戦争のさなかである1940年に，恩師であった和田清の勧めを受けて執筆した「支那中世の軍閥」（論集1所収）や続く「五代史概説」（論集2所収，ただし後半は戦中に消失）は，その研究の原点とも呼べる通説的論述である。本稿のテーマである五代十国史研究の概括に沿って，極めて簡単にその論説するところを述べれば，日野は唐後半期から跋扈した藩鎮の消長を捉え，その滅亡期を五代に求めた。五代中央政権は地方に飛揚跋扈する軍閥（＝藩鎮）を抑制する政策を取り，地方分権的政治に終止符を打った。そうして軍閥の割拠する地方分権的であった唐末五代から，特に後唐朝明宗の時期を分岐点に，宋代にかけて政治体制は中央集権化する。日野の図式としては，中央政府対地方権力（藩鎮）の対立史として唐五代宋を論じ，やがて中央政府が地方権力を取り込み，宋代の強固な中央集権政府を用意するとした。五代の混乱は，こうした対立機軸にともなう諸制度の過渡的性格にあり，また制度の過渡的混乱も当時の目覚しい経済発展にあるとした。五代十国という時代は社会の過渡期であり，であるが故に混乱期であると定立された氏の見解は，当時の史料を博覧した結果に導き出されたものであり，以後の研究動向に大きな影響を与えたことは否定できない。

　唐から五代，宋にかけての広義における社会の変動・過渡性はいわゆる唐宋変革論の根本に据えられ，戦後の五代十国史研究はその跡付けに専念したといって過言ではない。内藤湖南［内藤1947］によって提言されたこの変革は社会経済・政治制度・芸術文化など多方面にわたるものであるが，五代十国史の研究の中では特に五代宋に生起した新興地主階級の問題と，唐末五代の武断政治から宋代の文治政治への移行問題が主として論じられてきた。特に後者について，日野自身は唐宋変革の語を用いることを善しとしなかったが，藩鎮の消長と中央集権政府の誕生を論じているから，同じ脈絡の中で捉えることができるだろう。ただ問題は，日野が地方分権的藩鎮体制の発生する要因や，宋朝に向かう中央集権的政治体制への移行に関する構造的な理解に関して明快な解答を得ていないことである。こうして戦後の五代十国史研究は，その実証に追われることとなった。

　五代諸王朝の支配体制の変革過程については1950～60年代にかけて，周藤吉

之，栗原益男，日野の門下であった菊地英夫，畑地正憲や，また堀敏一，西川正夫，室永芳三などの研究がその代表として成果を上げている。［周藤1951・1952］は新興地主勢力の成長とそれに伴う武人支配の変容，文臣官僚体制の出現の必然性を説いた。［栗原1953・1956］は藩鎮権力下における節度使とその部下との擬制父子関係の役割を論じた。そして［菊池1951・1958・1960］は中央禁軍の発達について，［畑地1972］は「軍」の行政区画化について，［堀1960a・1960b・1961］は藩鎮権力内構造の過渡性について，［西川1962・1967］は文臣官僚の成長過程について，［室永1961・1962・1964・1965・1966・1971］は裁判機構・財政機構の中央集権化について論及した。その他様々な事象にわたり，政治権力の中央集権化・政治体制の「武」から「文」への流れを確認する研究が鋭意なされ続けた。

　中原王朝のみに限らず，江南諸国においても，西川正夫，渡辺道夫，70年代には清木場東などの研究が同じ主題のもとでなされている。［西川1959］は呉・南唐下において兵力の中央集中政策が行なわれた結果，節度使・刺史体制が弱体化し，武臣に代わって文臣が国制の担い手となることを明らかにした。［渡辺道1959・1967］は呉越国においてその変化を見る。［清木場1976］は呉・南唐における地方長官の権限狭小化による中央の行政施行の徹底化を論じ，中原に先んじた官僚制国家を形成したとする。なお，中原王朝に関するものとして［清木場1973］がある。

　このように日本の研究者が唐末五代の政治権力の中央集権化，および武断政治から宋代の文治政治への発展を盛んに取り上げた当時の日本を振り返ると，1960年代に安保闘争とそれに続く大学紛争，1970年代に日中国交正常化および沖縄返還など，戦前・戦中日本に対する「清算」が進められていた。そして1984年に時の総理大臣中曽根康弘は「戦後政治の総決算」を宣言する。これはそのプロセスにおいて，およそ1980年までに，戦後日本が「戦前・戦中の日本」を対象化する時期に入ったことを示している。特に日本の陸軍体制下における戦争責任に対する戦後日本の内省，戦前への反動阻止の風潮があった。そして日本陸軍による戦時体制から戦後日本の民主主義への立ち直りを理解しようとした日本当時

の時代的風潮が，1980年代までの五代十国史研究，つまり藩鎮（軍閥）体制による政治の限界性を指摘し，教養を備えた文人の政治体制の安定性を発展的に把握することと，その方向性を同じくしたことは極めて興味深い。

やがて日本が高度経済成長から，オイルショックを経つつ安定成長へと移行する中，1980年代以降には五代十国史研究の方向性が一つの転機を迎えるようになった。それは，社会的発展の阻害と認識されていた藩鎮体制に対する再評価であり，かつ地域史研究の導入（その背景については次章を参照）であった。このことは，「戦後」を強く意識した歴史学から一歩抜け出し，相対化されつつあったことを示している。つまり戦後歴史学の一大風潮であったマルクス歴史学による単系発展段階説の限界性や，経済的社会関係の変化を歴史の動因と見る発展段階論自体への疑義が唱えられるようになり，より多様な歴史の模索が始まった。今度は「戦後」という時代が相対化され意識されるようになったのである。1980年より以降，とりわけそうした趨勢が顕著となる。その意味で，戦前・戦後の五代十国史研究を牽引してきた日野論集の1980年における刊行は，研究史上のメルクマールであったと言えるだろう。

## 三　1980年代以降の五代十国史研究

1980年以降の五代十国史研究に関しては，政治史と社会経済史の分野で方法論として二つの方向性を見出すことができる。その方法論とは前述のように，それまで分権的であり唐朝「滅亡」の原因とされた藩鎮体制への再評価であり，今ひとつは地域史への着目である。政治史に関して，この二点への注目を促したのは大澤正昭であった。無論，それ以前にも松井秀一が四川や江南，河北に対して［松井1957・1959・1964］，谷川道雄が河朔三鎮について地域史的考察を行なっている［谷川1978・1988］。が，のちに与えた影響を斟酌すれば，大澤の提起は大きかった。大澤は早く1972年に行なった学界展望［大澤1972］のなかで，唐後半期に見られる藩鎮の地域的偏差，華北と華南藩鎮の独自の歴史展開を把握すべきであることを主張した。そして具体的には，徳宗朝における藩鎮叛乱を丹念に整理し，

藩鎮を三類型に分別した。つまり河北諸鎮のように，唐朝を否定せず，その介入の強化に対抗し，在地性の強い分立志向型。在地的基盤の薄く，自ら権力を打ちたてようとする朱泚・李希烈のような権力志向型。そして唐朝を経済的に支持し続けた四川・江南諸鎮のような統一権力支持型である。そして徳宗朝の政治的特徴として，統一権力支持型藩鎮に経済的に依拠しつつ，権力志向型藩鎮の出現を抑圧し，分立志向型藩鎮を徐々に支配下に組み入れるものであり，憲宗の「中興」を用意した。また憲宗朝には権力志向型藩鎮の節度使個人への軍事権集中を抑圧したことによって，唐朝の延命の基礎を築いたとした［大澤1973］。また，このような藩鎮の三類型を特徴付ける要因として各藩鎮の軍構成に注目する。河北では一円的な大土地所有は成立しがたく，小規模農民が自立化しつつあり，それら農民層からの徴発による軍隊を分立志向型藩鎮は基礎とした。また関中・河南では政治的中心としての収奪の強化によって農民が多く没落し，権力志向型藩鎮はそれら没落農民を傭兵化した。また江南の統一権力支持型藩鎮下では，地主・佃戸関係を基礎とする在地的勢力が伸張していたとした［大澤1975］。大澤はこのあと江南の在地的勢力である「土豪」の分析へと向かう。この点はまたのちに見るとして，こうした大澤の地域差を考慮した藩鎮分析は以後の研究の導き手となった。以下に便宜上，二節に分けて見てこう。また，中央官制に対する新動向も最後に付しておく。

(1) 藩鎮への積極的評価

大澤の主張を受けて，同じ京都大学出身の辻正博，中砂明徳，鄭炳俊，また渡辺孝，松浦典弘などが藩鎮を中央との対抗勢力としてではなく，当時の唐王朝支配体制の一つとして積極的に評価する研究を進めた。［辻1987］は，大澤の指摘した憲宗朝の「中興」について，河南藩鎮の順地化を丹念に跡付けた。河南藩鎮の軍隊は，もと辺境防衛のために傭兵として駐留した范陽・平盧軍節度使麾下の異民族と漢族混合の職業軍人であった。それら藩鎮が汴河を中心とする漕運を根拠に反乱すれば，唐朝は討伐を行ない，その後中央から節度使を派遣し，藩鎮を分割，そして新任節度使による牙軍の粛清という手順が取られることを明らかに

した。[中砂1988]は中央政府と藩鎮との共存による支配体制に着目し,とくに江淮藩鎮について考察した。[鄭1992・1994]は従前の藩鎮研究への批判として「直達・直下」の問題を取り上げた。直達とは藩鎮の属州が中央へ直接上申することを言い,直下とは藩鎮を媒介としないで属州に対して中央政府が直接に命令を下すことを指すが,鄭は唐後半期においても直達・直下が行なわれており,やがて中央政府と州との間に観察使が介在する傾向を見せ,五代には一部を残し直達・直下は見られなくなることを明らかにした。鄭の指摘は,従来「地方分権的」と称されてきた藩鎮体制に対して,中央と州県の行政上の直接的連係が存在したとするところに眼目がある。ここには,唐後半期の藩鎮体制という一見して分裂的・地方分権的政治体制と評されたことに対する批判と,当該期においても中央集権的地方行政が一定達成されていたことを主張するものであった。また[渡辺孝1998・2001]は藩鎮幕職官が中央政府への出世ルートとして確立していたとし,[松浦1997・1998]は藩鎮内幕職官の人事権を中央政府の吏部とのかかわりで述べて,政治体制としての藩鎮体制の役割評価を試みている。

　このように唐後半期に見られた藩鎮体制について盛んに論じられたものの,しかしながら,五代十国史に対する「分裂」時代という認識の克服にまでいたっていない。そのなかで,近日では福井信昭が中央政府と藩鎮との文書仲介にともなう情報伝達機関である進奏院を取り上げて,藩鎮体制そのものが進奏院を媒体に中央政府と連係した上で成立する地方行政であったとした[福井2003]。また,分裂期とされる五代十国期であっても進奏院は機能しつづけ,それは五代諸王朝と十国間でも見られるという[福井2005]。また山崎覚士は藩鎮体制の根本である道制について論じた。五代諸王朝下にあっても地方行政区画としての道制は存続し,中央政府－道－州－県の命令系統が確立していた。またそれら道制では道単位での財政が達成されており,それは宋初まで維持されたとした[山崎2004]。これら近年の研究は,唐後半期から五代までにわたって藩鎮を地方行政組織として積極的に位置づけるものであり,従来の「分裂」的歴史像に反省をせまるものである。ただ,こうした道制が北宋以後の路制にどのように転換していくのか,課題を残している。そもそも宋代の路制について専門的にあつかった研究はなく,

路制の元豊期における行政区画化をあつかった小林隆道の研究がようやく出てきたところである［小林 2003・2004a・2004b］。道や路といった中間的領域は，州（郡）県の歴代の数がさほどの増減を見せないのに対し，中国史上において生成・消滅を繰り返すものであり，中国専制国家の構造上，極めて「不安定」な領域である。それゆえに，こうした中間的領域は時代ごとの性格を色濃く残すことになる。先の道制としての藩鎮がその証左である。こんご，道制から路制への質的変化について史料に即して丹念に跡付けてゆくことが，藩鎮あるいは中間的領域の歴史的動態，ひいては中国専制国家の構造に対する理解を深めることになるだろう。

　大澤の提言に対し，以上の研究で発展的に論じられていない社会経済史の部分がある。それは藩鎮と在地社会との関係性，つまり大澤が明らかにした藩鎮の地域差を生ずる在地社会との関わりという地域的視点である。大澤自身は，先にみた三類型のうち，江南藩鎮に見られた在地兵員を構成した土豪に注目し，その土豪を国家と社会を接合する在地有力者層とみなした。土豪とは，中央政権の統治機構が弛緩した地域において，唐末五代において郷土防衛という目的のもとに，兵を集め武器を用意し，行動を起こした集団の指導者であった。またこうした土豪の見られた地域では，主要流通路における茶などの流通発展によって在地有力者の経営構造が変化し，土豪を始めとした在地有力者の活躍の場を用意した。そして土豪は民衆との間に一定の依存関係を構築しつつ，それを包み込む形で国家支配が形成されていたと論じた。こうした土豪は南宋の豪民に連なる存在だという。このように，大澤は国家と社会をつなぐ中間層として土豪の分析を行なったが，72年に提起した藩鎮における軍構成との関係性については捨象されてしまった。ゆえに唐末五代期に生起した土豪などの在地有力者層がどのようにして，藩鎮勢力に関わり，組み込まれ，また反目したのかについて論じられることはなかった。ただ藩鎮軍構成と在地社会との関わりに関して渡辺孝は，石刻史料を豊富に用い，特に軍構成の解明に意を注いでいる［渡辺孝 1988・1991・1993］。大澤の議論を受けるならば，こんご特に華南の十国政権の成立と在地有力者との関係性について説得的な説明が必要である。そのような中で山根直生の研究が大澤の視点を受け継ぎ（次章を参照），唐末五代期の在地有力者の武力に基づく郷土防衛に関

して，のち穴澤彰子がより発展的に論じている。穴澤は唐末に見られた武装勢力について分析し，武器供与による在地有力者と小農民との社会的結合による勢力形成が見られたことを明らかにし，それらのイデオロギー的紐帯として「義」の観念が存在することを論じた［穴澤1999］。またこれらの武装勢力は後周世宗期まで，父老として郷村秩序に君臨するが，以後は国家による郷村秩序への介入があらわとなり，宋代には国家による郷村維持が担われるようになったと論じている［穴澤2000］。

ところで佐竹靖彦は，同じ京都大学で大澤の先輩であり，唐宋変革期における在地社会の地域的特色と藩鎮・十国との関係性について注目し，大澤と同時期に考察を進めてきた。以下次節で検討しておきたい。

(2) 地域史研究への着目

日本の中国史研究において，地域史研究が盛んとなるのが80年代も入った半ばころであるが，五代十国史に関してはすでに70年代から研究が進められてきた。なかでも佐竹靖彦は江南や四川，のちには福建における唐宋変革期の歴史動態を立体的に把握した。在地社会における社会経済構造や，それによって成立した十国政権の地域的特色を見事にあぶりだした。たとえば江南の両浙地域とそこに成立した郷土防衛集団である杭州八都に着目した。杭州八都は運河・銭塘江に沿って立地し，当時の主要な交通路にそって成立しており，在地有力者たちの結合と財力を基盤に編成された。兵力の内容は直接的な生産関係をこれらの在地有力者層との間に結ぶ佃戸達ではなく，没落下層農民や商業労働者を重要な成分とし，杭州八都の下部には一層こうした要素の強い傭兵軍を持つと指摘した［佐竹1978］。両浙地域での在地有力者とそのもとで兵力として集合したのが没落農民や下層民にあるとする佐竹の見解は，それが先にみた地主・佃戸制の展開する大土地所有者や中間層の在地有力者によって組織された郷里民によって構成されたとする大澤の説と相違する。その相違点は，江南の社会構造に対する認識の相違というよりも，両者の共存状態にあると見たほうがよい。唐末五代の江南社会は，一方で土豪などによる在地有力者の伸張する時期であり，彼らが郷里民を糾

合して郷土防衛を行なっていた。また一方で，政治的中心地である河南などでは藩鎮の兵員として収奪が強化されるなか流賊・移住民を生み出し，江南社会へと流入した結果，当地での在地有力者の兵となる現象が同時進行していたと考えられる。かつ，こうした相違はさらなる地域的区別を想定せねばならない。呉越国の起こった両浙地域について具体的に見れば，長江デルタの浙西地域と丘陵山地部の浙東地域との社会構造に相違を見出す必要がある。つまり，前者では長江デルタの成長による低地農田開発が唐末より開始され，けっして裕福ではない大土地所有が展開され，かつ低地に走る大小の水路上に市鎮が簇生し，そうした都市で在地有力者が没落農民等を糾合して郷土防衛を図っていた（杭州八都など）。一方の後者では比較的集約された農法が古来連綿と続き，地主・佃戸関係が多く見られ，都市発展や道路交通の整備が依然立ち遅れていたのである。先の相違はそこに存在すると考えられる。五代十国期に地域史研究を行なう場合，国家的枠組みだけではなく，自然地理に応じた地域を顧慮しなくてはならない（［山崎2006］を参照）。すこし先走ってしまったが，80年以降の地域史研究の概観を続けておこう。

　佐竹は，華北において小農民経営の自立，それに対応した広域的な交通関係，流通経済の成長の先進性を見出し，江南や四川におけるそうした変革の受容偏差に発展の地域差を想定する。具体的には河南から杭州にいたる大運河沿いに流民・無頼を召募する傭兵制を基盤とする勢力，四川から長江沿いに在地有力者による郷里民を組織した武装勢力を見出し，その交差する地点に政治勢力の形成を見出した。なかでも前者を社会の再編成主体と見ている。そして黄河と大運河の交点に成立した後梁王朝をもっとも傭兵的な軍事政権ととらえ，それにつぐ傭兵勢力の比重を呉越国に見，大運河と長江を含む呉・南唐政権に両勢力の存在を確認した。また四川蜀政権の後進性を華北変革の反応の遅れにあるとした［佐竹1990］。こうした研究に継いで，遅れながら福建についてもその考察が及んでいる［佐竹1997・1998］。

　このほか，伊藤宏明，岡田宏二，鳥谷弘昭，清木場東などの地域史に着目した成果がある。［伊藤1976］は，淮南藩鎮が貴族官僚による支配体制から新興の土

豪・豪商を含包する武人支配へ変質してゆく過程を丹念に跡付け，そこに身分制を克服し新興の在地勢力が新たに政治権力に参画し台頭してゆく様を追った。また楚について，その前期政権は馬殷を中心とした淮西出身の武人層を中心とした藩鎮体制であったが，開平年間を境に立国の勲旧層を各地に派遣して地域支配の確立をはかり，中央政府では文臣官僚を中心とする官僚体制を完成させ，馬氏を中心とした中央軍の整備を進め，中央集権的な国家体制を形成したとした［伊藤1981］。また南漢についても考察を行なっている［伊藤1989］が，伊藤の研究は地域史的着目をもちつつも，それまで1980年代以前の研究とのすり合わせを試みている点で，研究動向の過渡的成果を示すものである。また［岡田1981a・1981b］は楚を分析して，馬殷時代には藩鎮体制に基づく国家体制が敷かれ，次の馬希範時代には中央集権的文臣官僚体制の確立が図られるが，その死後には藩鎮体制への反動へとゆり戻り，結果として国家的体裁を失っていったとする。［鳥谷1982・1984・1986］は呉朝における文人官僚の動態と南唐における文人官僚の素養などを問題とした。これらの研究は，五代十国史における地域史的考察の端緒的な位置にあり，以後の地域史研究の発展にとって重要であるが，依然として1980年以前のグランドセオリーを十国で検証するという段階に止まっている。なお，［清木場1978a・1978b・1979・1980］は呉を建設した楊光密の集団構成原理について社会学的理論を用いた独特な研究を行なっている。

ところで，1980年代以降，単系ではない多様な歴史像の構築が目指されたことは前述したが，加えて国民国家の相対化に伴う国家的枠組みの融解が，地域史への導引となったことは確かである。それは国家的枠組みでは語られなかった地域，あるいは国家の境界地域，より広域な地域への着目へと新世代にかけて結実してゆく。たとえば，清木場東は日野による権塩法研究の成果を受けて，華北の塩界分ごとの塩販売制度を整理した。五代王朝下では唐代の三界分（青白塩・両池顆塩・末塩）を踏襲し，青白塩界では通商法（官が塩商に塩を卸し，塩商が生産地から消費地まで搬塩して消費者に小売するシステム）が用いられ，河東末塩界では自主流通（塩鎔戸が自ら販売），両池顆塩界・河北末塩界では城郭内で場売法（郭内の場務から随時販売），郷村で蚕塩法（田畝に配塩基準を置き割り当てる）が主に

用いられたとし，塩法の相違による地域史を展開している［清木場 1982・1987］。唐後半期の販塩区域の流通等に関する研究には妹尾達彦の業績が挙げられよう［妹尾 1982a・1982b］。

また，地域史研究はその地域のみを描き出して，総体としての歴史像を見失いがちであったが，ここでも 1980 年代以降，五代十国史を牽引した佐竹が地域的特色を視野におさめた唐末五代の国家形成を提示した。つまり前著により国家的視点を踏まえ論を発展させて，安禄山の反乱とそれに対する唐朝側の対応の結果，広大な唐朝の支配領域の中核部分に，長安と洛陽を頂点とし，河南をその武装装置の人的供給基盤とし，江淮を財政的基盤とする緊密な相互依存的な収奪関係が形成された。このような社会関係をその基礎において支えていたのは，黄河，済水，淮河長江を通じる公的，私的な商品流通であったとし，当時の大運河を軸とする公私の経済活動によって連結された首都――江淮地域と，その間に人的供給地としての河南地域を介する地域分節を描いた［佐竹 1992］。先に見た佐竹の研究と合わせて，こうした地域的特色の考察と全体性への視点は，やがて 21 世紀の新動向へと受け継がれるものとなった。

(3) 中央官制研究に関する新動向

1980 年までの研究に対する相対化は，中央官制に関する研究にも及んでいる。それまでの研究では文官主義の宋朝の特徴をとらえるために文官の成長に焦点が当てられてきた。しかしながら友永植は宋朝の君主独裁制を支える官僚集団としての武官官僚の意義を問い直している。具体的には，宋朝の三班使臣と称される武官官僚末端の諸官をその淵源から考察した。三班使臣は，唐代においては令外の官として宦官が用いられ，皇帝の私的指揮を帯びた爪牙耳目の官であったが，職掌はそのままに五代になると士人が用いられるようになった。そして彼らは軍事を中心とした末端業務に携わり，地方分権的勢力であった藩鎮の地方行政権回収の装置として機能した。また三班使臣は臨時駐屯軍や地方常駐の監督職である都監に任じられた。そしてこれら三班使臣は宋代になると「寄禄官」として位置づけられ，路・府州・県の都監あるいは行営都監が「差遣官」として与えられる

ことを明らかにした［友永 1983・1997・2004］。友永は宋代の文治政治の成立に，武官職の発達も見る必要を説いている。また唐末五代における内官の変遷についても注目し［友永 2005］，宋朝皇帝独裁体制の研究に鋭意を注いでいる。

また冨田孔明は，五代における中央禁軍の発達について従来の説を批判した。中央禁軍である侍衛親軍は後梁と後唐では内容を異にし，五代禁軍の淵源を後梁軍団とするのではなく，後唐の前身である李晋軍団にあるとした。また枢密使についても同様に，後梁の崇政使に淵源はなく，李晋の中門使にその沿革を見るよう主張した。冨田は五代という時代のうち後梁を切り離して考察し，李晋を起源に宋朝をとらえるべきであると力説している［冨田 1986・1987・1988・1989・1991］。

新たなところでは，久保田和男が五代における国都問題に取り組んだ。従来五代の国都は開封とされてきた。しかし久保田は五代における大運河の断絶状態から，後梁・後唐には洛陽が国都として認識されていた。ところが後唐明宗の禁軍改革以後，在京禁軍の食糧確保のため，五丈河・黄河・蔡河による山東物資の運搬に便利であった開封が国都として選択されたとした。また初め洛陽で国家祭祀が執行されていたが，後周になって開封に統一されることを明らかにした［久保田 1988・1998］。

これら新傾向は 21 世紀に入っても，同人によって鋭意研究が進められている。

## 四　21 世紀の五代十国史研究

### (1) 新たな「地域」史研究

1980 年代以降の地域史研究は，十国という国家的枠組みに縛られる傾向にあった。しかし近年来そうした枠組みを相対化し，研究者による多様な地域の設定がみられるようになった。たとえば，唐末五代にかけて王朝の北辺に位置した異民族勢力との軍事的戦線に着目した研究が特徴的である。森部豊は，五代王朝を築いた沙陀の勢力下で活躍するソグド系突厥の系統と存在形態を明らかにした。ソグド系突厥とは，東突厥カガン国内にコロニーを形成していたソグド人の後裔

で，突厥の遊牧文化に影響を受けた「六州胡」を中核として，ソグドの影響を受けたその他の種族も加えたより広義の集団として規定する。このソグド系突厥が代北地方に移住したのち，沙陀も同地域に移住し，沙陀を中心に遊牧系諸族を結集して勢力が形成された。そのうちソグド系突厥も「部族」単位で従属し，沙陀系王朝の軍事力を支えるようになることを論じた［森部2004］。また異民族と唐朝の境界領域の社会的実態を解明する斉藤勝の興味深い論考も近年に出た。［斉藤2004］は9・10世紀における中国西北辺の牧羊代行業を通して，蕃漢雑居地帯の社会的実態を明らかにしている。農業経営者が牧羊に投資し利潤を増加させようとした場合には，良質で広域の牧草地の確保が不可欠となり，結果として集落の周囲に展開する農地を越えた遠隔牧地の獲得が求められ，牧羊代行業が登場することになった。一般的な牧羊業者ではなく遊牧民に代行させるのは，必要飼料や羊舎などの負担の軽減，羊群の拡大性が図られたからであるとする。また遊牧民はその代価として穀物を得ており，遊牧社会と農耕社会との経済的共存関係が見られることを重視する。このように，当時の国境付近におけるマージナルな社会に対する研究も増えつつあるのが現状である。

　軍事的前線であった関中・北辺地域における地方財政を論じた丸橋充拓の研究も重要である。唐後半期である貞元年間に吐蕃の侵入激化にともない，中央財政をになった度支によって出先機関として巡院・代北水運使が創設され，物資供給業務の運営権が強化された。またそうした北辺での軍糧政策について，北辺では正税・屯田で現地自給を確保し，不足分は京兆府を中心とする後方地域で和糴・折糴によって調達した穀物を供給し，それによって生ずる京畿周辺の不足は江淮からの上供で補うという玉突き型構造であったと論じた［丸橋1996・1999a・1999b］。このような，北辺での軍事的緊張による地方財政構造の変化と，それに連係する全国的財政構造に対する着目は以下に見るように，五代十国史研究にとって極めて重要な視点である。

　また山根直生は唐末五代における淮南や徽州の勢力構造の解明を試み，当時発展しつつあった同地の交通の整備と流通の拡大に伴う在地勢力の形成を明らかにしている［山根2000・2002］。また近年では，宋代における宗族結合の前段階として，

徽州では唐末の移住に伴う多様な同族結合が見られ，そのうち一部が宗族制度を備えた宗族集団へと成長し，また同族結合を維持する一族もあったことを明らかにしている［山根2005］。ここでは宗族結合の地域的特性を強調するが，それは80年代までの研究史上における地域性を踏襲しつつ，より細やかな地域的特質への着目を喚起する。また先に挙げた穴澤彰子の研究も，こうした地域史的視野に収めて今後検討して行く必要がある。山崎覚士も両浙地域における自然地理環境にともなう経済・社会の相違から，同地域で見られた武装勢力の違いを論じている［山崎2006］。水野正明も十国それぞれにおける茶業の発達を取り上げる［水野2005］が，華北王朝と華南諸国の全体的経済流通関係の中での地域的茶流通を明らかにすることが望まれる。このような地域史的成果は地域的特質を述べるに止まらず，唐末五代の全体的歴史像の模索の中から生み出されている。

　その契機は先の佐竹靖彦の成果に加えて，妹尾達彦の所論にある。妹尾は佐竹の成果を大いに受けつつ近日の研究を踏まえ，唐代後半期以降になると唐朝の統治空間に「辺境－王都－長江下流連結」の大きな地域分節が成立したとし，地域的特色を視野に納めた全体像を提示した。妹尾によれば，「辺境－王都－長江下流連結」とは，西北部軍事前線が王都を媒介に長江下流域（江南・江淮）に連結する政治・経済組織のことであり，8世紀後半以降の王朝の主要財源地としての長江下流域の登場がこの政治・経済組織の前提であるとする。そして唐朝の長安と洛陽の両都の都市構造や既存の行財政機構自体が，この「辺境－王都－長江下流連結」の影響をうけて変化していったとする［妹尾1999］。地域的偏差を視野に納め，それらの連環構造を把握しようとする妹尾の主張は，五代十国史研究において分散化した地域史研究を再び，全体性のもとに集約する契機を含むものである。ただ，そうした地域分節の連環構造が具体的に五代十国期においていかなるものであったのか，課題を残している。

　(2)「広域史」への着目
　また呉越国の権力構造を分析し，それが呉越国のみで完結するものではなく，中原王朝，さらには諸国との関係性の中で形成維持されるとした山崎覚士の研究

がある。従来型の国内のみで地域史を論じるのではなく，当時の五代十国という「広域」の環境の中に呉越国を位置づけようとしたものであり［山崎2001］，また山崎にはその他の諸国と中原王朝との関係性を論じたものもある［山崎2002b］。そして，五代十国という分裂的様相が50年以上維持された背景に，中原王朝側からする天下秩序の維持と諸国側からする国家維持の妥協・相克という国際関係の秩序構造を見出した［山崎2005］。これは，当該時期を単なる分裂時代と否定的に規定し，各国のみに研究を絞るのではなく，地域史を五代十国史の全体像のなかに埋め込み，地域の連環による「広域」の歴史的状況を積極的に評価することを意図している。ゆえに，これまでの成果である大澤や佐竹，妹尾の議論に如何に答えて行くかが課題として残っているが，こうした統一時代でない中国を積極的に歴史学の俎上に載せ，その構造を捕捉し，時代像の再検討を迫る姿勢は今後も継承されるべきであろう。同じように五代十国期を全体的に視野に納めた福井信昭の研究については先に述べておいた。また中西朝美は五代宋に見られる国書贈答に注目し，当時の国際関係を探る研究を出している。つまり隋唐五代期において対等な国家に用いられる専用文書は存在せず，五代と諸国間では個人間の一般的な文書形式である「致書」が用いられたが，宋代になり遼との間における国書形式として「致書」が定着するようになったとする。この「致書」には二つの意味合いを含み，一つは相手との対等性を主張する意図で「敵国礼」として用いられるものであり，今ひとつは，遼が後晋に対して許したような親族呼称を付した「家人礼」としてのそれであるとする［中西2005］。五代宋にかかる国際関係の研究はさほど多くはなく，現段階では極めて貴重な研究成果である。

　また国家的枠組みに囚われない海域史への注目も近年に目立った特徴である。五代期の海域については，早く西嶋定生［西嶋1983］や森克己［森1975］などが先駆的に歴史像を提示した。つまり西嶋によって，海域における政治的中華秩序（冊封体制）が展開した唐代から，商業的秩序（海商の活動）の見られる宋代へという「東アジア世界」の変容が提示され，また森によって日本の遣唐使廃止以後の日本国家権力の不介在，荘園などによる私貿易の展開が語られた。こうした従来説も近年，海域史研究に精力を注いでいる山内晋次によって克服されている。

詳しくは本書の榎本渉「日宋交流」を見ていただきたいが，荘園私貿易説は否定され，依然，日本朝廷は対中国貿易に国家的規制を働かせていたことが明らかとなっている。また，唐末における海上の移民に目を向け，当時における日本と新羅，中国間での海上交流を論じた［山内2003］。山崎覚士は呉越国の海上政策に注目し，それが建国以前の両浙地域における海上交易の場としての登場に起因するとした。およそ9世紀までは揚州を海港とする長江河口が海上交易の中心地であったが，長江デルタの成長に伴い交易港としての機能を著しく低下させ，代わって銭塘江河口が朝鮮半島や日本，渤海，そして東南アジア等との交易の場として注目されるようになり，合わせて呉越国時代に首都であり銭塘江の喉もとにあたる杭州が港湾都市として整備されることとなった。また杭州を中心に交通路の整備も進められ，交易の場としての地域編成が進んでいったと論じた［山崎2002a・2003］。今後，両浙の地域形成と海域交流との関係性について，宋代を含めて考察されてゆく必要がある。

　このほか，1950年代・60年代に盛んに見られた唐末の農民叛乱史は現在ほとんど省みられていない。しかしながら現在，唐末五代における移民研究が見られるなか，農民叛乱の持つ意義も改めて問われなければならない。佐竹の明らかにした運河上に展開した傭兵勢力の下支えとなる流民や没落小農民，あるいは一族を引き連れての移住等といった問題は，黄巣の乱や各地の叛乱と不可避である。それら叛乱に加わり流寓する者や，叛乱を逃れて移住する者などその対応は様々であり，またその相違は在地の自然環境・農業形態・社会状況にも応じると見られる。こんごの五代十国史の課題として残っている。


　　　　　五　肝要な細部と全体の輪郭


　このように，現在の日本における五代十国史研究は，国家的枠組みを相対化した地域史研究の進展と，全体の歴史像の構築に向けて進みつつある。それは，戦前の研究も含めた50年以上にわたる研究の蓄積という「巨人の肩」に乗った上での達成点である。グランドセオリーの提示に始まり，緻密な実証研究の積み重

ね，その過程でグランドセオリーに対する批判，また大きな全体像を模索する現段階へと脈々と研究は受け継がれてきた。研究の量は減りつつあったが，再び増加の傾向を見せている。それは，現在社会における国民国家の相対化と帝国論の出現，地域と国家の関係が問われていることと無関係ではあるまい。そうした環境の中で研究者が日々研鑽を積む上で，歴史の実証的研究の積み重ねによって明らかとなる「肝要な細部」と歴史総体としての「全体の輪郭」（ハーバート・ノーマン「歴史の効用と楽しみ」『クリオの顔』，岩波文庫，1986年）を見失わないよう心がけることが，21世紀の五代十国史研究に限らず，歴史を学ぶ者全てに求められているだろう。

[参考文献目録]

穴澤彰子［1999］「唐宋変革期における社会的結合に関する一試論——自衛と賑恤の「場」を手掛かりとして——」『中国——社会と文化』第14号

穴澤彰子［2000］「唐宋変革期における在地編成——検田制を中心として——」『大阪市立大学東洋史論叢』第11号。

伊藤宏明［1976］「淮南藩鎮の成立過程——呉・南唐政権の前提——」『名古屋大学東洋史研究報告』第4号。

伊藤宏明［1981］「五代楚政権の性格」『名古屋大学文学部研究論集（史学）』第27号。

伊藤宏明［1989］「南漢政権の性格——地域公権力と私権化——」『名古屋大学東洋史研究報告』第14号。

大澤正昭［1972］「唐末五代政治史研究の一視点」『東洋史研究』第31巻第4号。

大澤正昭［1973］「唐末の藩鎮と中央権力」『東洋史研究』第32巻第2号。

大澤正昭［1975］「唐末藩鎮の軍構成に関する一考察」『史林』第58巻第6号。

大澤正昭［1992］「唐末五代「土豪」論」『上智史学』第37号。

大澤正昭［1993］「唐末五代の在地有力者について」『柳田節子先生古稀記念論集』汲古書院。

岡田宏二［1981a］「五代楚王国の建国過程」『大東文化大学紀要（人文科学）』第19号，後に同著『中国華南民族社会史』汲古書院，1993年に再録。

岡田宏二［1981b］「五代楚王国の性格」『中嶋敏先生古稀記念論集（下）』汲古書院，後に同著『中国華南民族社会史』所収。

菊池英夫［1951］「五代禁軍における侍衛親軍司の成立」『史淵』第70号。

菊池英夫［1958］「五代後周における禁軍改革の背景」『東方学』第16輯。

菊池英夫［1960］「後周世宗の禁軍改革と宋初三衙の成立」『東洋史学』第22号。

清木場東［1973］「五代の知州に就いて」『東方学』第45輯。

清木場東［1976］「呉・南唐の地方行政の変遷と特徴」『東洋学報』第 56 巻 2・3・4 号。
清木場東［1978a］「唐末の初期楊光密集団について」『純真紀要』第 19 号。
清木場東［1978b］「唐末の初期楊光密勢力の社会体系」『鹿大史学』第 26 号。
清木場東［1979］「唐末楊光密勢力の社会体系の変動──景福〜天復年間の社会体系」『純真紀要』第 20 号。
清木場東［1980］「唐末・五代の土豪集団の解体──呉の土豪集団の場合──」『鹿大史学』第 28 号。
清木場東［1982］「五代・宋初の販塩制について──河北販塩制をめぐって──」『鹿大史学』第 30 号。
清木場東［1987］「五代の塩販売制について」『論集 中国社会・制度・文化史の諸問題』中国書店。
久保田和男［1988］「五代国都新考」『史観』第 119 冊。
久保田和男［1998］「五代宋初の洛陽と国都問題」『東方学』第 96 輯。
栗原益男［1953］「唐五代の仮父子的結合の性格」『史学雑誌』第 62 編第 6 号。
栗原益男［1956］「唐末五代の仮父子結合における姓名と年令」『東洋学報』第 38 巻第 4 号。
小林隆道［2003］「宋代の広域区画 ( 路 ) について」『史滴』第 25 号。
小林隆道［2004a］「宋代三級行政体制の形成──元豊帳法の分析から──」『史観』第 150 冊。
小林隆道［2004b］「北宗期における路の行政化──元豊帳法成立を中心に──」『東洋学報』第 86 巻第 1 号。
斉藤　勝［2004］「9・10 世紀敦煌の牧羊代行業について」『歴史学研究』第 796 号。
佐竹靖彦［1978］「杭州八都から呉越王朝へ」『東京都立大学人文学報』第 127 号, 後に同著『唐宋変革の地域的研究』同朋舎，1990 年に再録。
佐竹靖彦［1990］『唐宋変革の地域的研究』同朋舎。
佐竹靖彦［1992］「朱温集団の特性と後梁王朝の形成」『中国近世社会文化論集（中央研究院歴史語言研究所会議論文集之一）』中央研究院歴史語言研究所。
佐竹靖彦［1997］「唐宋期福建の家族と社会──山洞と洞蛮──」『人文学報』第 277 号。
佐竹靖彦［1998］「唐宋期福建の家族と社会──閩王朝の形成から科挙体制の展開まで──」『中国近世家族与社会学術研討会論文集（中央研究院歴史語言研究所会議論文集之五）』中央研究院歴史語言研究所。
周藤吉之［1951］「五代節度使の衙軍に関する一考察」『東洋文化研究所紀要』第 2 冊。
周藤吉之［1952］「五代節度使の支配体制（上・下）」『史学雑誌』第 61 編第 4 号・第 6 号, 後に『宋代経済史研究』，東京大学出版会，1962 年に再録。
妹尾達彦［1982a］「唐代後半期における江淮塩税機関の立地と機能」『史学雑誌』第 91 編第 2 号。
妹尾達彦［1982b］「唐代河東池塩の生産と流通──河東塩税機関の立地と機能──」『史林』第 65 巻第 6 号。
妹尾達彦［1999］「中華の分裂と再生」『岩波講座世界歴史 9』岩波書店。

谷川道雄［1978］「河朔三鎮における節度使権力の性格」『名古屋大学文学部研究論集』第74号。
谷川道雄［1988］「河朔三鎮における藩帥の承継について」『栗原益男先生古稀記念論集 中国の法と社会』汲古書院。
辻　正博［1987］「唐朝の対藩鎮政策について――河南「順地」化のプロセス――」『東洋史研究』第46巻第2号。
鄭　炳俊［1992］「唐後半期の地方行政体系について――特に州の直達・直下を中心として――」『東洋史研究』第51巻第3号。
鄭　炳俊［1994］「唐代の観察処置使について――藩鎮体制の一考察――」『史林』第77巻第5号。
冨田孔明［1986］「五代の禁軍構成に関する一考察――李克用軍団の変遷について――」『東洋史苑』第26・27合併号。
冨田孔明［1987］「五代侍衛親軍考――その始源を求めて――」『東洋史苑』第29号。
冨田孔明［1988］「後梁侍衛親軍考――その構成に関する諸説の矛盾を解いて――」『龍谷史壇』第92号。
冨田孔明［1989］「五代の枢密使――その沿革についての新たな考察――」『龍谷史壇』第95号。
冨田孔明［1991］「宋二府の沿革に関する考察――その起点と転換点を明確にして――」『東洋史苑』第37号。
友永　植［1983］「唐・五代三班使臣考――宋朝武班官僚研究 その（一）――」宋代史研究会編『宋代の社会と文化』汲古書院。
友永　植［1997］「宋都監探原考（二）――五代の行営都監――」『別府大学アジア歴史文化研究所報』第14号。
友永　植［2004］「宋都監探原考（三）――五代の州県都監――」『史学論叢』（別府大学）第34号。
友永　植［2005］「五代内官考」『史学論叢』（別府大学）第35号。
鳥谷弘昭［1982］「呉－南唐朝の兵力基盤に関する一考察」『歴史における民衆と文化――酒井忠夫先生古稀祝賀記念論集――』国書刊行会。
鳥谷弘昭［1984］「呉王朝の文人官僚について――幕僚を中心に――」『史正』第13号。
鳥谷弘昭［1986］「南唐の文治主義について」『立正史学』第59号。
内藤湖南［1947］『中国近世史』弘文堂。
中砂明徳［1988］「後期唐朝の江淮支配――元和時代の一側面――」『東洋史研究』第47巻第1号。
中西朝美［2005］「五代北宋における国書の形式について――「致書」文書の使用状況を中心に――」『九州大学東洋史論集』第33号。
西川正夫［1959］「呉・南唐両王朝の国家権力の性格」『法制史研究』第9号。

西川正夫［1962］「華北五代王朝の文臣官僚」『東洋文化研究所紀要』第27冊。
西川正夫［1967］「華北五代王朝の文臣と武臣」『仁井田陞博士追悼論文集1 前近代アジアの法と社会』勁草書房。
西嶋定生［1983］『中国古代国家と東アジア世界』東京大学出版会。
畑地正憲［1972］「五代地方行政における軍について」『東方学』第43輯。
福井信昭［2003］「唐代の進奏院——唐後半期藩鎮体制の一側面——」『東方学』第105輯。
福井信昭［2005］「五代十国期の進奏院」『大阪市立大学東洋史論叢』第14号。
堀　敏一［1960a］「朱全忠の庁子都」『和田博士古稀記念東洋史論叢』講談社，後に同著『唐末五代変革期の政治と経済』汲古書院に再録。
堀　敏一［1960b］「藩鎮親衛軍の権力構造」『東洋文化研究所紀要』第20冊，後に同著『唐末五代変革期の政治と経済』に再録。
堀　敏一［1961］「朱全忠政権の性格」『駿台史学』第11冊，後に同著『唐末五代変革期の政治と経済』に再録。
松井秀一［1957］「唐代後半期の江淮について」『史学雑誌』第66編第2号。
松井秀一［1959］「盧龍藩鎮攷」『史学雑誌』68-12，1959年10月。
松井秀一［1964］「唐代後半期の四川——官僚支配と土豪層の出現を中心として——」『史学雑誌』第73編第10号。
松浦典弘［1997］「唐代の文官人事」『史林』第80巻第2号。
松浦典弘［1998］「唐代後半期の人事における幕職官の位置」『古代文化』第50巻第11号。
丸橋充拓［1996］「唐代後半の北辺財政——度支系諸司を中心に——」『東洋史研究』第55巻第1号，後に同著『唐代北辺財政の研究』岩波書店，2006年に再録。
丸橋充拓［1999a］「唐代後半の北辺における軍糧政策」『史林』第82巻第3号，1999年，後に同著『唐代北辺財政の研究』に再録。
丸橋充拓［1999b］「唐代関中和糴政策と両税法」『古代文化』第51巻第7号，後に同著『唐代北辺財政の研究』に再録。
水野正明［2005］「五代十国時代における茶業と茶文化」『東洋学報』第84巻第3号。
室永芳三［1961］「五代節度使府の糧料使について」『東方学』第12輯。
室永芳三［1962］「五代の北面転運使について」『史淵』第89号。
室永芳三［1964］「五代三司軍将の名称と性格について」『長大史学』第8輯。
室永芳三［1965］「五代軍閥の刑獄機構と節度使裁判権」『東洋史学』第28輯。
室永芳三［1966］「五代時代の軍巡院と馬歩院の裁判」『東洋史研究』第24巻第4号。
室永芳三［1971］「五代における租庸使の成立とその性格」『東洋学報』第53巻第3・4号。
森　克己［1975］『日宋貿易の研究』国書刊行会。
森部　豊［2004］「唐末五代の代北におけるソグド系突厥と沙陀」『東洋史研究』第62巻第4号。
山内晋次［2003］『奈良平安期の日本とアジア』吉川弘文館。
山崎覚士［2001］「呉越国王と「真王」概念——五代十国の中華秩序——」『歴史学研究』第

752号。

山崎覚士［2002a］「未完の海上国家——呉越国の試み——」『古代文化』第54巻第2号。

山崎覚士［2002b］「五代における「中国」と諸国の関係——国書，進奉・貢献・上供——」『大阪市立大学東洋史論叢』第12号。

山崎覚士［2003］「港湾都市，杭州——9・10世紀中国沿海の都市変貌と東アジア海域——」『都市文化研究』第2号。

山崎覚士［2004］「五代の道制——後唐朝を中心に——」『東洋学報』第85巻第4号。

山崎覚士［2005］「五代の天下　書評：渡辺信一郎『中国古代の王権と天下秩序——日中比較史の視点から』」『大阪市立大学東洋史論叢』第14号。

山崎覚士［2006］「唐末杭州における都市勢力の形成と地域編成」『都市文化研究』第7号。

山根直生［2000］「唐末における藩鎮体制の変容——淮南節度使を事例として——」『史学研究』第228号。

山根直生［2002］「唐末五代の徽州における地域発達と政治的再編」『東方学』第103輯。

山根直生［2005］「唐宋間の徽州における同族結合の諸形態」『歴史学研究』第804号。

渡辺　孝［1988］「唐・五代における衙前の称について」『東洋史論』第6号。

渡辺　孝［1991］「唐・五代の藩鎮における押衙について（上）」『社会文化史学』第28号。

渡辺　孝［1993］「唐・五代の藩鎮における押衙について（下）」『社会文化史学』第30号。

渡辺　孝［1998］「中晩唐期における官人の幕職官入仕とその背景」松本肇・川合康三編『中唐文学の視角』創文社。

渡辺　孝［2001］「唐後半期の藩鎮辟召制についての再検討——淮南・浙西藩鎮における幕職官の人的構成などを手がかりに——」『東洋史研究』第60巻第1号。

渡辺道夫［1959］「呉越国の建国過程」『史観』第56冊。

渡辺道夫［1967］「呉越国の支配構造」『史観』第76冊。

# 遼金史研究

飯山　知保

　大まかに言って，1980年代以前の日本の遼金史研究は，東北アジア史・北アジア史・満族史研究といった視座から行われることが多く，宋代史研究など，中国本土 China proper に対する歴史研究と連携することはあまりなかった。また，宋代史研究者たちも，遼金史に目を向けることは大変少なかったとように見受けられる。一時期，K.A. Wittfogel と馮家昇の所謂「征服王朝論」は遼金史を「中国史の本流」に位置づける方途として注目されたが，結果的には議論の深化をみることはなかったと思われる。その間，三上次男・外山軍治らに続く若手研究者はほとんど現れず，1980年代初頭には，日本の遼金史研究は明らかに沈滞期を迎えていた。その最大の背景は，史料の少なさと，研究の先行きに対する展望の欠如であったといえる[1]。

　しかし，1990年代に入ってから，遼金史研究を志す若手の研究者が再び現れるようになった。その原因は三つあるように思われる。一つ目は，新たな史料，とくに石刻史料を容易に利用できるようになったことである。上述したように，史料の少なさは遼金史研究の発展に対する最大の障害であったが，1990年代以降，かかる状況は劇的な変化を遂げた。つまり，中国における碑刻史料の陸続とした刊行が，遼金史研究のさらなる深化を可能とする土台を提供したのである。二つ目は，モンゴル時代史研究の影響である。杉山正明氏が1996年に紹介しているとおり［杉山1996］，日本におけるモンゴル時代史研究は，1980年代以降急速な発展を遂げた。モンゴル支配下の東ユーラシアに対する研究の深化は，当然ながらそれに先行する契丹と女真の歴史，とくに遼・金両国の官制や社会史研究のさらなる進展を要請した[2]。この新たな要請は，従来の「遼代史」「金代史」

---

1) 1980年代以前の日本の遼金史研究の詳細については，［杉山1997］を参照。
2) 金元代華北社会史に関する先行研究については，［飯山2001］を参照。

という断代史研究の枠組みを打ち破り，10〜14世紀の東ユーラシアあるいは中国史の中に，契丹・女真の支配をいかに位置づけるのかという新たな研究課題を提供した。そして最後に，主に中国東北地区とロシア沿海州での発掘調査が増加し，その出土文物の整理・公開が進んだことがある。契丹・遼史研究ではとくに，仏教経典や墓誌銘などの出土文物ぬきにしては，1980年代以降の研究の進展はありえなかったと言っても過言ではない。

　こうした三点の要因が現在の日本における遼金史研究の原動力となっているのだが，こうした状況は中国，あるいはその他の国家の遼金史研究の現状と大差ないだろう。また，残念なことに，遼金史研究を志す研究者の数が，他の時代に対する研究に較べて相対的に少ないというのも，仄聞するところによれば，大なり小なり各国に共通した現象のようである。しかし，近年の日本の遼金史研究においては，考古学・言語学をふくめた学際的な研究課題の共有が進展してきており，当該時代の歴史像について様々な知見が得られつつある。

　本稿の目的は，1980年代以降の日本の遼金史研究をその内容から10のカテゴリーに分別し，幾つかの重要な1970年代の研究も含めて，網羅的に紹介することにある。いかなる形であれ，その結果が読者の方々の記憶に留まり，あるいは今後の遼金史研究に資するところがあれば，望外の喜びである。

## 一　契丹・女真の習俗および遼・金国建国以前の契丹・女真史

　契丹・女真の社会組織と婚姻制度は，遼金史研究の黎明期から主要な研究課題であり，現在も研究者の注目を集めている。主に墓誌銘を用いて契丹・遼の国家制度や習俗を研究している武田和哉は，まず［武田1994］において，后族の姓である蕭姓は蘭陵蕭氏に由来し，制度的に導入されたものであることを確認し，［武田2005］では，「蕭孝恭墓誌」と『遼史』を詳細に比較分析し，耶律・蕭二姓の並存という従来の観念を批判した上で，蕭姓が何らかの制度として確立していた可能性を示唆した。また，宇野伸浩は『蒙古秘史』などに現れるチンギス・カン家をめぐる交換婚の分析を踏まえ，その知見を契丹皇帝の一族と比較した。

その結果，後のモンゴル時代と同じく，契丹皇族でも交換婚が行なわれていたことを指摘している［宇野 1995，宇野 1997］。契丹皇帝については，遠藤和男がその即位儀礼に関して考察を行ない，歴代皇帝即位の際には，契丹可汗としての柴冊儀だけでなく，中華皇帝としての即位儀礼の双方を挙行した点を強調し，これを遼の二元的体制の表出とする［遠藤 1990］。高井康典行は，『皇朝実録』にみえる黄帝起源説に関して，遼の史官たちがこの伝説を記述した背景には，北宋との対抗関係から自らを中華王朝と看做そうとする道宗朝の時代的要請があったと推測する［高井 1994b］。

一方，三上次男の古典的な研究以来，日本で女真の社会制度や習俗に関する研究は，1970 年代末までほとんど行なわれてこなかった。こうした停滞期を打破する役割を果たしのが，松浦茂の女真氏族・部族制に関する精緻な研究である。松浦は『金史』百官志にみえる封号を再検討し，女真の部族制度は遼末金初には骨抜きになるか消滅しており，女真の氏族はそれぞれ複雑な婚姻関係により結びついていたと論じた。これに続き，増井寛也は，三上次男氏と桑秀雲氏の按出虎完顔家とその他の女真八氏族との婚姻関係に関する研究［三上 1940，桑 1969］に基づき，さらに具体的な検証を加え，金宗室男子に（類別的）父方交叉イトコ婚が，通婚家男子に（類別的）母方交叉イトコ婚が行なわれていたとし，前者の（類別的）父方交叉イトコ婚に基づく金宗室男子（とくに金皇帝）の特定通婚家に対する婚姻の不連続性と，後者の（類別的）母方交叉イトコ婚に基づく諸通婚家男子の金宗室女子に対する婚姻の連続性を指摘した。そして，恒常的に嫁おくり外婚集団（婚出集団）としての金宗室は同じく嫁迎え外婚集団（婚入集団）に対して常に優位に立ちえたと結論づけた［増井 1984］。この増井の議論をふまえ，藤原崇人は遼代から金代中期にかけての按出虎完顔家の通婚家選択の基準について分析し，按出虎完顔家は金建国以降も有力女真七氏族[3]との通婚関係を積極的に維持したことを指摘し，金朝における皇帝家としての按出虎完顔家の立場は，有力氏族，とくに徒単・蒲察・烏古論・唐括の四氏族との血縁的結合がなければ保持できな

---

3) 藤原は，金建国以降，金皇帝との通婚事例を残さない挙懶／納蘭部を，按出虎完顔家の恒常的な通婚氏族とはみなさない。

かったであろうと論じた [藤原 2004]。古松崇志は『金史』世紀の検討をおこない，それが人々の記憶と口承によって受け継がれてきたものであること，伝承の一部は金朝の勢力拡張にともなう政治的要請から形成・利用されたものであることを論じた。また，世紀のもととなる『祖宗実録』の編纂の編纂開始時期を検討し，それを金が遼東を平定した天輔 2,3 年頃に比定し，そこから『祖宗実録』編纂開始は，金の国家建設の新たな段階に呼応したものと述べる [古松 2003a]。高井康典行は 11 世紀における女真の動向を東女真の対外遠征から分析し，遼の東女真への軍事行動が東女真の高麗への侵入を誘発するという連鎖関係を指摘した [高井 2004]。

なお，愛新覚羅烏拉熙春は近年 [愛新覚羅 2006] を出版し，墓誌をはじめとした出土資料を縦横に活用し，契丹の氏族制・社会組織・習俗などを幅広く研究しているが，この内容豊富な大部の本を詳細に紹介する紙幅の余裕はない。他日の書評を俟ちたい。

## 二　官制・法制・行政

遼代の官制・行政については，高井康典行が精力的に論考を発表している。高井はまず，南京道の兵制に対する分析を通じ，遼代の燕雲十六州における唐代藩鎮体制の影響を指摘した [高井 1994a]。そして，遼代中期までは東丹国が実体を伴った形で存在していたことと，渤海人が必ずしも漢人と同様の存在とは見なされていなかったことを確認し，遼における「契丹・漢」という二元体制への再検討を提起した [高井 1996]。また，遼の斡魯朶について従来その史料的価値を低く見積もられてきた『遼史』宿衛志を再検討した上で，①新帝が即位すると，既存の斡魯朶所属戸の一部を相続する形で新たな斡魯朶が形成されること，②相続を行なうと既存の斡魯朶の戸口が目減りし，新設の斡魯朶もまた戸口が不十分であるので，不足分の補填を行なう，③新設の斡魯朶に所属する者は一部を除いて宮廷に従行すること，④皇帝の没後は一定の放牧地を指定され，そこに居住した。ただし，このうち一部は従行の兵や著帳戸として宮廷に従行する，といった諸点

を論じた［高井 1999］。また，［高井 2002a］では，「斡魯朶所属州県」が皇帝らの私領ではなく，オルド・「国家」・藩鎮の三者から控制を受ける存在であったとし，従来ほとんど注目されてこなかった遼における藩鎮の存在の意義を念頭に置きつつ，遼の藩鎮の実態に関する知見から，従来の唐末五代の藩鎮体制研究を再検討する必要性を提起した。さらに，［高井 2002b］では，次のような見解を提示した。遼の武階は基本的に唐後期の武散官の崩壊をうけた，武官の序列化の動きを継承して成立しており，中下級官僚については漢人が三班使臣・諸司使副と遷転するのに対し，契丹人は著帳官から遷転を始める事例が多いとの相違がみられる。また，著帳官は散官として機能していたとは見なし難く，その点でも漢人と契丹人の武階の遷転には違いがある。「世官の家」と呼ばれた契丹人有力者層は遷転では有利な立場にあったが，絶対的なものではなかった。高井はさらに，頭下軍州における官員の実相についても考察を行なっている［高井 2008］。

　高橋学而は，従嫁戸を中心とする頭下州について考古学的知見も踏まえつつ検討し，建城の主体者は蕭適魯の系譜を引く蕭氏一族に集中し，またその建設時期は景宗・聖宗両朝に集中している上，それらの位置も，遼代以前から漢人が集住していた朝陽一帯から上京地区を繋ぐ幹線上の，当時はかなり豊富な水草に恵まれていたらしい地帯にかたまっていることを確認した。そして，頭下州の設置は，聖宗朝における上述した蕭氏への優恤策の一環であり，従って後の朝廷による頭下州の回収は，蕭氏に対する優恤策の停止を意味したと論じた［高橋 1999］。また，武田和哉は，墓誌銘などの碑刻史料を活用した上で，遼の北院大王と南院大王は迭剌部の部族官として，管轄地域の防衛を担当したほか，中央官としては宰相に匹敵する権限を有し，時として皇帝の即位も両大王の協議により行なわれたことを明らかにした上で，遼建国後に皇帝権は世襲となったが，各部族が隠然たる影響力を行使する状況からは完全に脱却できていなかったと結論する［武田 1989］。また，太宗朝に導入された枢密使は，世宗朝に南・北院制へと変化し，後にさらに契丹人・漢人という分掌ではなく，軍政・民政の分掌へと変革する制度の変遷を跡付け，『遼史』百官志一の記述は興宗朝以後の，百官志三以後の記述は太宗朝の状況を載せたものと分析した［武田 2000］。武田はまた，二つの皇后哀冊へ

の分析を通じ、聖宗朝の国舅族の盛衰と、道宗朝における、血統を越えた集団「党」の台頭を推測している［武田 2002］。さらに、契丹の官制「于越」に対する考察を通じ、当時の政治構造について詳細な分析を行ない［武田 2008］、さらには契丹の宰相任用制度の実態を考察してもいる［武田 2009a］。松田光次は、韓知古一族の事跡を踏まえ、遼代における漢人官僚の立場について考察した［松田 1982］。韓知古一族については、この他にも［寺地 1988］のほか、［愛新覚羅 2005b］が契丹文墓誌を縦横に活用し、その家系を復元している。菊池英夫は、契丹支配下の燕雲十六州の地域史を、都市の分布・形態、信仰活動、社会階層などから分析している［菊池 1988］。今井秀周には二税戸に関する論考がある［今井 1992］。なお、遠藤和男は、遼代の官制表を作成・発表している［遠藤 1998］ほか、1999年に到るまでの契丹・遼に関する研究目録も公表した［遠藤 2000］。なお、旧渤海国および旧渤海人に対する契丹の統治政策については、澤本光弘が墓誌銘などを用いて精力的に検討を行なっており、契丹統治下での旧渤海人の立場や動向、旧渤海国の併合と東丹国の位置づけなどについて考察を行なった［澤本 2008b・2008c］。工藤寿晴は墓誌銘を活用し、契丹が燕雲地域を獲得した前後の雲州地区の社会について考察を行なっている［工藤 2009］。

　金代の官制・行政に関しては、三上次男の、主に文献史料に基づく研究が、いまに到るまで、その全体像に関する最も具体的な研究だが、文献史料は地方の軍事・行政制度などに関する記載に欠ける。しかし、石刻史料はしばしばこの欠落を補う役割を果たす。藤原崇人は、碑刻史料に基づき、今までその実体が不明であった節度使と防禦使を研究し、辺境以外では漢人が任用され、民政官としての役割も担った点を解明した［藤原 2000］。また、井黒忍は提刑司の沿革・機能の考察と御史台官の人的構成の分析から、その設置が宗室・契丹・渤海・漢人の権力削減を図る章宗の意図にあるとした上で、監察制度などモンゴル時代クビライの治世の諸制度の淵源が章宗治世にあるとした［井黒 2001］。また、高橋弘臣は、金代の行省について、海陵王から章宗朝とモンゴル侵攻以後の二期に分けて分析し、モンゴル侵攻後に行省が軍事・民政権を掌握したと論じ、そのモンゴル時代の行省との類似点を指摘した［高橋 1991］。飯山知保は、金代地方吏員が中央官

衙の令史に昇進する経路を復元した［飯山 2007c］。

また，法制に関しては，植松正がモンゴル時代の法令と泰和律からの継承関係を明らかにした［植松 1981］。徳永洋介は遼金時代の法典編纂を検討し，契丹・女真による唐律の継承が，唐末に現れた「刑統」が，「条制」や「制条」と呼ばれた法律書として発展した後，『宋刑統』の注釈を参酌して編纂された泰和律において完結し，それは元明の法典編纂にも多大な影響を与えたことを指摘した［徳永 2003・2006］。さらに，多言語社会における法律のあり方についても考察を加えている［徳永 2007］。

## 三　外交・国際関係

石田肇は遼・宋間の御容の交換について考察し，それが北宋の士大夫の拒否感を惹起したものの，両国間の力関係に押されて継続されたと論じた［石田 1982］。松田光次は，遼と南唐との通交を分析し，南唐は中原を制する手段として遼との通交を重視したが，遼は貿易による利益獲得のみに積極的であったとした［松田 1985］。鈴木隆一は，遼と青唐との関係を考察し，遼が青唐と結んで内陸アジアの交易ルートを自国に導こうとしたと推測した［鈴木 1983］。同じく遼の西方領域について，長澤和俊は，中唐以降にウイグルと唐により盛んに用いられた回鶻路が遼代にも極めて重要な国際路線として用いられたことを明らかにした［長澤 1984］。河上洋は遼の五京について考察し，次のような見解を提示した。すなわち，遼はまず渤海人居住区の中心に東京，漢人居住区の中心に南京，本拠地に上京という三京制を採り，東京は高麗，南京は五代諸国および北宋との交渉拠点としての機能を果たした。その後，澶淵の盟の後に北宋との交渉がより緊密になった際には中京，西夏と緊張状態に陥った際には西京を設置したと指摘し，こうした軍事・外交の拠点としての五京の整備は渤海の制度を継承したと指摘した［河上 1993］。日名智は燕雲十六州の割譲の背景について，当時の同地域の軍事情勢と趙徳鈞の動向から再検討し，契丹と石敬瑭との力関係が前者優位となる情勢が決定的となる 963 年 9 月から 11 月 12 日までの間に割譲がなされたとした［日

名 2004]。

　毛利英介は，1074年から1076年にかけての山西における，遼・宋間での国境線をめぐる交渉を契丹の視線から分析し，その発生原因が長期的には代北の地政学的価値に対する両国の認識の相違に，短期的には契丹（遼）内部の部族のあり方や当時の政治状況(耶律乙辛派と皇太子派の政治闘争)に求める［毛利2003］。また，毛利は，澶淵の盟に特徴的な歳贈や擬似的血縁関係の設定，そして両国間での呼称などが，契丹と五代諸国の間にも確認できると指摘した上で，澶淵の盟にみえる契丹・宋関係に相当するものは契丹・後晋関係にも存在し，その祖形は耶律阿保機と李克用の「雲中の会盟」で形成されたとした。そして，この「雲中の会盟」が，東ウイグル可汗国崩壊後の北アジアにおける安定した国際関係を再構成する土台として位置づけ，その終着点として澶淵の盟をとらえる［毛利2006］。さらに，西夏・高麗といった諸国の動静を詳細に分析したうえで，11世紀のユーラシア東方における外交的中心はあくまで契丹・遼であるとし，この認識なくして当時の国際関係を理解することはできないとする［毛利2008・2009］。古松崇志は，澶淵の盟締結後の遼・宋国境の実情を，文献史料の精緻な解読から明らかにし，厳密な国境管理規定が存在し，人の越境移動は建前上厳しく制限されていたものの，実際には定期的な使節団や榷場で交易する商人や両属戸など正規に越境を認められた人々のほか，密貿易商人や，燕京周辺の仏寺を目指す巡礼など，様々な形態での違法越境者が存在したことを指摘した。そして，通説においてヨーロッパの主権国家成立以降に現れるとされる明確な国境線が，11世紀のユーラシア大陸東方でも見られたことに注意を喚起する［古松2007］。また，代田貴文は『遼史』にみえる「大食（国）」について，ペルシア語・アラビア語史料を用いて検討し，カラ・ハン朝に比定した［代田1992］。

　西尾尚也は金代の外交について再検討し，南宋への使節が迅速な昇進を約束する契機であり，各皇帝が自らの支持基盤となる集団にその役割を割り振っていたことを指摘した［西尾2000］。天眷年間における金宋の和議締結の背景に西夏の脅威があったとし，当時の流動する多国間関係を考慮すべきことを主張した［西尾2005］。また，中村和之は，金の北東アジア政策と日本への影響について論じ

ている［中村 2006］。この他，前村佳孝は北宋～金・南宋期の県の増減を精査し，地域社会の反発に対する考慮と財政上の理由により，北宋熙寧年間以降は次第に県の新設・統廃合が行なわれなくなる傾向を見出している［前村 2002］。

## 四 科挙と士人層

遼金の官制・政治史・科挙制度に関する研究は，契丹・女真支配下の士人たちの政治的側面や，政府における地位についてかなり明確な知見を提供してきた。官僚や政治家としては，遼・金の士人たちの活動は，は北宋・南宋，あるいは元・明の士人たちのそれとあまり変わらないかの如くである。しかしながら，それらの研究は一般的に，在地社会における士人の姿に対する関心が希薄な傾向にあった。

こうした中，高井康典行は遼代の武定軍に関連して墓誌銘などを博捜し，科挙の実施により在地有力者の出仕形態が徐々に変化してゆく様を明らかにした［高井 2009］。飯山は文献と碑刻を網羅的に収集・分析し，金代の士人層を南宋の士人層と比較検討した上で，以下の諸点を指摘した。第一に，この時期の北方士人層は，科挙受験や税制・法制上での彼らに対する王朝の影響力・統制力の峻厳さからみて，国家に対して比較的に従属的な立場にあった。とくに，遼・北宋を滅ぼした当初，女真は華北社会掌握の一手段として科挙制度に着目し，未完に終わった靖康二年の会試を引き継いで実施するなど積極的に科挙を行い，在地有力者層の迅速な掌握，安定的な官僚供給ルートの確保，自らの支配の正統性の誇示など，相応の成果を挙げた［飯山 2004］。第二に，南宋治下の士人層と異なり，北方の士人たちは裁判・税制上での優免特権を欠いていた。最後に，科挙・学校政策の整備拡張を通じて，士人たち自身ではなく，金の中央政府こそが，儒教習得と士人層が華北全域に拡大する上で決定的な役割を果たした［飯山 2003a・2005c・2007a・2007b］。金代の北方士人の最大の特色は，科挙受験者数に最も顕著に現れる。金代の毎次の科挙受験者数は，同時期の南宋治下のそれを遥かに下回り，最盛期の章宗朝でも，南宋のほぼ十分の一前後の水準であった［飯

山 2007a]。また，非漢人が科挙受験を志す契機としては，在来の文化の魅力や同化力よりもむしろ，女真などの在来社会の機能不全や経済的危機が重要な要因となっていた点も指摘した［飯山 2005a・2007b］。その上で飯山は，これらの知見によると，南宋治下の中国南方にみられたような，法制あるいは習慣法により刑法・税制上の特権を享受する，大規模な人口を擁する士人層の存在は，同時期の北方では想定しがたいと論じる［飯山 2009］。なお，森田憲司は，主に碑刻史料に依拠しつつ，金・元の科挙制度について，その制度的枠組みを考察し［森田 1999］，櫻井智美は元代の儒学提挙司の制度的淵源を検討する際に，金代の学校制度について考察を行っている［櫻井 2002］。

## 五　宗教・思想

　1974 年に山西応県の木塔で発見された一群の仏教文物，とくに仏教経典は，中国を始め各国の遼代仏教研究に新たな地平をもたらした。日本では，竺沙雅章が先駆的にこの仏教経典と契丹大蔵経との関係について論じ［竺沙 1978］，その後も一連の研究を発表してきた。［竺沙 1983］は，既知の文献資料と応県木塔の仏典などを用い，遼の詮明，北宋の守千，元の雲峰という三人の唯識学者の活動と，慈恩宗（相宗）の伝承過程を明らかにした。また，［竺沙 1991］は同じく応県仏典と開宝蔵の関係を分析し，［竺沙 1994］では応県仏典と房山石経に基づき，遼代の仏教，とくに燕京十六州の仏教が，宋・高麗・日本などの仏教と直接間接の関係があったことを論じた。なお，［竺沙 1987］では，11 〜 12 世紀の東アジアにおいて，高麗が中国・日本の仏教をつなぐ要の役割を果たしたとする。

　その後，竺沙は遼金元の華厳宗の研究に集中し，その学僧の伝記や思想，経典の文献学的研究，教学の影響・継承関係について一連の研究を公表した［竺沙 1997a・2000a］。以上の論考のほとんどは，［竺沙 2000b］に収録される。このほかにも，応県仏典に関する研究は幾つか行われ，応県仏典と高麗大蔵経，房山石経との詳細な比較検討を通じた契丹大蔵経の復元や特色が考察された（［藤本 1996］，［中 1996］）。また，房山石経などの碑刻を用いて遼代仏教を考察した研究

として，房山石経に関係した学僧の事跡を再現した［野上 1980］，遼代の千人邑会について考察した［井上 1981］，西京大同府の上・下華厳寺の各伽藍の建立年代を推定し，その信仰活動を検討した［中野 1988］などがある。

　また，藤原崇人は，慶州白塔の建塔碑の分析を通じて，建塔に関係した人名・官名から慶州僧録司設置の要因を考察し，遼代の行政区画と僧官司との対応関係や，国家的信仰の場としての慶州の特殊性を指摘した［藤原 2002］。同じく慶州白塔に関しては，近年の現地調査をふまえた古松崇志・向井佑介らが一連の研究を公表した。まず，［古松 2006b］は慶州白塔で発見された建塔碑・陀羅尼経板を分析し，白塔建設の経緯と目的を考察した。さらに，向井佑介は同じ現地調査および 1980 年代の調査結果に基づき，次の諸点を指摘した。すなわち，①朝陽北塔が，当該地域に特徴的に分布する方形磚塔の原型となっており，形態的には唐代のそれを継承したこと，②朝陽周辺の遼墓には，契丹人のほかに唐末五代の戦乱期に移住してきた人々のものも多く，それらの墓には契丹の葬俗が少なからず反映されるものの，唐末の北方地域の文化要素も反映されること，③方形塔などの朝陽の遼代文化は，このような背景のもと，唐代北方の伝統を残した文化に新要素が加わって成立したと理解できること，である［向井 2006］。藤原はさらに，遼金時代の仏教について精力的に研究を行ない，遼代における菩薩心戒の淵源が不空密教にあること［藤原 2009a］，契丹本領から海陵王の南遷に従って中都などに移住した僧尼が，金代中都の仏教に対して強い影響を与えたこと［藤原 2009b］などを論じている。また，古松崇志は，応県木塔で発見された文物とその他 3 点の碑刻を主な題材として，契丹の仏教信仰や遼代仏教の特色全般を考察した［古松 2006a］。仏教の国家的護持という観点から，遼代政治史を考察した。谷井俊仁は，遼代史を太祖朝から聖宗朝の時期と，興宗朝以降の二つの時期に分け，前期の契丹皇帝は外敵を制圧する指導者としてのカリスマ性によりその地位を確保していたが，澶淵の盟により対外的な緊張が消滅した後，興宗は仏教による権威付けに新たなカリスマ性を見出し，受戒皇帝として数々の仏教関連事業を行ったが，それらに基づく明確な国家像を打ち立てることは遂にできなかったと論じた［谷井 1996］。

古松にはさらに,「馬鞍山故崇禄大夫守司空伝菩薩戒壇主大師遺行碑銘并序」とその他の関連碑刻や文献資料に対する精緻な分析を通じ,道宗朝に菩薩戒を授ける上でカリスマ的な存在であった法均の事跡を丹念に復元し,既存の文献資料からでは窺い知れなかった契丹仏教に関する新知見と,馬鞍山を目指して遼・宋の国境を往来する巡礼の姿を提示した［古松 2006b］。

なお,今井秀周は契丹・女真などの北アジア諸民族の信仰活動に対して一連の研究を発表しており,その儀礼の詳細を復元した上で,遼代の神門と日本の鳥居との関連性を提起する［今井 2002・2003］。さらに,横内裕人は契丹の仏教の高麗・日本に対する影響と相互関係について,その重要性を指摘する［横内 2008］。

金代の宗教・思想研究に関しては,1970年代後半以降,石刻史料が主に在地社会における仏教・道教,あるいは民間信仰に関する研究に対して注目すべき役割を果たしてきた。藤島建樹は『山右石刻叢編』所載の石刻を活用し,13世紀前半の山西における仏教・道教信仰が,郷村組織を基盤として戦火の間も存続したことを指摘した［藤島 1983］。同じく石刻史料に基づき,桂華淳祥は金代皇族と有力寺院との庇護関係,仏寺・道観への名額販売制度の手続,地方寺院における法統授受の実例,北宋代から金代に入り,山西の仏寺の間で上院・下院関係を主とした連携が拡大したことなどを論じた［桂華 1983・1985・1988・2000］。なお,同様に,今井秀周も寺観名額発売,宗教政策,女真人の仏教信仰について論じている［今井 1975・1978・1980・1985］。飯山知保は州県単位の祠廟祭祀における地方官の祭祀活動を碑刻に基づいて考察し,北宋以来の地方神格に対する祭祀が,金元代の地方官の当該地域における支配の正統性を保証する上で重要な役割を果たしたと論じた［飯山 2003b］。

思想史では,三浦秀一が,范玄通・王棲雲・姫知常の著作と伝記を題材に,宋学の心性論・仏教・道教を融合した金末の思潮は,金滅亡後に一般知識人を包摂した全真教によって発展的に継承され,後の程朱学浸透の前提になったとする［三浦 1996］。また,道学が金代の知識人にいかに受容され,かつ全真教などの新道教に影響を与えたかを分析した［三浦 1995a・1995b］。若松信爾も同様の考察を行なっている［若松 1995］。

他方，高橋文治は，金代山東における北宋以来の学術継承と，モンゴル時代初期の程朱学の流入について論じた［高橋1986］。古松崇志は，脩端「弁遼宋金正統論」本文の詳細な検討および，それが『玉堂嘉話』『秋澗先生大全集』『国朝文類』に採録された事情の分析を通じ，『遼史』『金史』『宋史』の三史の編纂は，元朝の当初からの方針であったことを明らかにする一方で，13～14世紀の華北では，遼・金を中華の正統王朝とし，北宋・南宋と対置する考えがあったことも指摘した［古松2003b］。

## 六　軍制，叛乱，漢人世侯

　愛宕松男は金末の戦乱の中で出現した華北の諸軍閥について，初めて体系的な研究を行い，彼等を「封建領主」と定義した。その後，1970年代半ば以降，さらに詳しい軍閥の事例研究が進み，愛宕説の検証や，金側・モンゴル側の軍閥が抗争を行なう金末の複雑な軍事情勢に関する研究が進んだ。池内功は一連の研究により，モンゴルが往々にして諸軍閥の本拠地を移動させ，常に対金・南宋戦争の先鋒として使役した事実を明らかにし，彼等のモンゴルへの従属性を強調した［池内1980a・1980b・1980c・1981a・1981b］。池内にはまた，金・南宋に属した軍閥李全の事例研究と，金朝の軍閥掌握の手段であった義軍制度に対する研究がある［池内1977・1978］。野沢佳美は，モンゴル側の軍閥張柔の形成過程と内部構造に対する事例研究を行った［野沢1986］。

　牧野修二は，『元史』太祖本紀の重複・混乱の多い金国遠征記事を，『金史』『聖武親征録』と周到に対照し，1211年から1214年までのモンゴル・金戦争の戦況を詳細に復元した［牧野1986・1987・1988・1990］。また，村上正二は，金代初期から中期の河南・山西における反女真反乱軍の事跡を丹念に再現した［村上1979・1981］。

　軍団については，松井大は，『金史』などの伝記史料を活用し，従来は単なる「金支配下の不安定要因」としかみられてこなかったキタイ系集団を，政治的動向を左右する軍事集団として金代政治史に位置づけた。そして，有力なキタイ家系が

金宗室や女真有力者に直属し,代々子供を質子として供出した事実を明らかにし,そのモンゴル時代のケシク制度と清代のヒヤ制度との類似性について指摘した上で,10〜14世紀のキタイの動向を通時的にとらえることは,ジュシェン・モンゴルの歴史研究にも大きな意義を持つと強調した [松井 2003]。愛宕松男は,「糺」「糺軍」に関する従来の学説を整理した上で,「糺」字は čuyin [čiku-yin] という音価をもち,「親近・親近者」をあらわす契丹文字であり, "čuin" は近衛軍を本義とし,『元朝秘史』の「主因軍」に相当すると結論する。また,「十二行糺」が皇帝直属の親軍に該当すると指摘している [愛宕 1987]。藤原崇人は,金代の侍衛親軍司と宋代のそれを比較した上で,その官職はおおむね北宋のそれを踏襲しているが,その成員は合扎猛安謀克と称する宗室など一部の女真貴族に属する軍戸から選ばれ,キタイのオルド制度との類似性を指摘する [藤原 2000]。

## 七 経 済

貨幣に関する論考が幾つか発表されている。まず遼代に関しては井上正夫が,遼の領域内では同時期の高麗・日本にはない活発な貨幣流通が確認され,これは澶淵の盟の歳賜銀が,流入していた北宋の銭貨の還流を阻んだ結果であること,また自国の通貨が流通するのは11世紀半ば以降であり,それ以前には自国通貨流通のために唐宋銭の偽造(「太平銭」の鋳造)も行われたことを指摘した [井上 1996]。

また,高橋弘臣は金代の交鈔に関する幾つかの研究を発表した。第一の論文で,彼は,紙幣制度史において金代が元代への過渡期であったと論じた [高橋 1988]。第二の論文では,従来未詳であった交鈔の様式を詳述し,塩引を北辺で発行した交鈔で納入し,銅不足を補ったことが紙幣としての交鈔の基盤となったこと,そして戸部が直轄したことが交鈔の重要性を増したことを指摘した [高橋 1989a]。第三の論文では,金末の混乱期に印造権を与えられた転運司が,軍事費捻出のため交鈔を乱発したためにその価値が低下するという,金末における軍事と財政の悪循環を指摘した [高橋 1989b]。これらの論考は,モンゴル時代の貨幣政策に関

するその他の研究と共に，後に［高橋 2000］に収録されている．

## 八　農業・水利

　この分野も従来研究がほとんど行われてこなかったが，井黒忍が近年精力的な研究を行っている．彼は実地調査を踏まえ，金初に立石された山西洪洞県の「都総管鎮国定両県水碑」を分析し，女真による華北征服の直後に枢密院によって水争いが裁定される経緯を詳細に復元した上で，この裁定が後の明清時代にいたるまで遵守すべき前例と見なされ続けたことを明らかにした［井黒 2004a］．金代との関連を意識した上で，井黒はこの他にも，オゴデイ治世から至元十年代までの渭北地域の涇渠の灌漑と農地開発の展開を，『長安志図』を用いて解明した［井黒 2004b］，同じく『長安志図』関連記事の分析を通じて，関中における屯田経営・灌漑水利，そして屯田戸の実態を明らかにした［井黒 2005a］，『救荒活民類要』所載の区田法を分析し，ハラホト文書との対応関係を指摘した［井黒 2005b］，金代・モンゴル時代華北における区田法の実施状況から，当時の農業政策の理念を考察した［井黒 2009］など，女真・モンゴル支配下華北における農業・水利政策に対する研究を精力的に行っている．

## 九　言語・文字・文献

　契丹語・契丹文字に関する 1980 年代以降の日本の研究者としては，豊田五郎がまず挙げられるべきである．豊田は諸説を勘案した上で契丹大字の日付について論じ［豊田 1984］，また，契丹小字ヌをめぐり，村山七郎説を退け，劉鳳翥説を支持する見解を打ち出した［豊田 1985］．豊田はまた，契丹文字に関する概説を執筆してもいる［豊田 1997］．松川節は，モンゴル国に存在する契丹文字資料を網羅的に紹介し，検討を加えた［松川 2008］．
　愛新覚羅烏拉熙春は 1990 年代以降，契丹文字・女真文字に関する研究を陸続と発表している．同氏は 1973 年中国西安碑林で発見された金朝初期に編纂され

た『女直字書』残頁を基づいて，女真文字における表意文字から表音文字への変化を確認し［愛新覚羅1998］，契丹字から女真字への継承関係と，魏晋六朝の漢字俗字→晩唐五代俗字→契丹・女真文字への継承関係を考察した［愛新覚羅1999a・1999c］。また，同氏が提起する「字族」（契丹・女真語の製字過程において形成された文字は，形・意・音における内在的関連を持つもので，同じ字族に属する文字は製字規制により次第式と並列式に分類されることをいう）の理論を詳述し，契丹文字から女真文字への継承関係をさらに詳しく展開した［愛新覚羅2000a］。［愛新覚羅2000b］では，具体的史料を列挙して緻密な分析を加え，表音を目的に創造された契丹小字の性質を論じている。［愛新覚羅2006b］ではまた，契丹文字の漢字音訳語における，漢字音訳専門語と契丹単語の表記にも併用される二種類の文字の音価の来源を明らかにするため，契丹大字墓誌に出現する漢字音訳語を分析すると，遼代契丹人が接触した漢語の原貌を比較的正確に復元しうると論じた。

愛新覚羅烏拉熙春は個別の資料に対しても，言語・音韻・文字などの面から分析を加えており，［愛新覚羅1999b］では，ある碑刻の銘文からその碑刻の作成者を金代の高麗僧であるとした。さらに，現存の女真字が女真大字であること，中国東北・河北省で発見された符牌に刻まれる文字は女真小字であることなどを指摘し［愛新覚羅2004］，1989年モンゴル国で発見された女真大字石刻の研究［愛新覚羅2006］もある。この他に，彼女はそのホームページ（http://www.apu.ac.jp/~yoshim/newpage4.htm）にて，『女直字書』の全面的復元・釈読を行なった［愛新覚羅2001］，金・明両代の女真大字資料に反映されている女真語の音韻・文法及び文字の構造・変遷に関する系統的研究［愛新覚羅2002］，契丹小字の音韻再構，契丹語の「性」語尾，契丹人の「字」を構成する語尾 -i/-in に関する研究［愛新覚羅2004a］，契丹文字墓誌の解読を通じ，『遼史』の数多くの不明の史実，契丹大字の音韻の再構，契丹大字と契丹小字の表音・表意などの方面に現れる異同並びに契丹大字と女真大字との伝承関係に対する研究［愛新覚羅2005a］や，女真・契丹学の総合的研究［愛新覚羅2009］を掲示しているが，残念ながら筆者は未見である。なお，中村雅之は，洪邁『夷堅志』に記される，契丹人の子供が話した

という漢語とは語順が倒置する「方言」について，契丹語ではなく，当時の華北で実際に話された漢語の一種と論じる［中村 2000］。

白石典之・愛新覚羅烏拉熙春・鶴田一雄・松田孝一は，モンゴル国ヘンテイ県所在の「セルベン＝ハールガ碑文」に対する綿密な分析・解読と，関連史料との比較検討を通じ，この碑文がモンゴル語・ペルシア語・漢語の空白を補い，チンギス・カン勃興期を考察する上できわめて重要な歴史的価値を持つことを明らかにした［Shiraishi 2007, Aisin Gioro 2007, 鶴田 2007, 松田 2007］。

また，既知の文献資料に対する校訂・註釈作業や索引の作成や，新出資料への文献学的検討なども幾つか行なわれた。「中国近世の法制と社会」研究班が『旧五代史』『遼史』『金史』の刑法志に対する訳注稿を発表した［「中国近世の法制と社会」研究班 1994］ほか，西尾尚也と塩卓悟は元好問『続夷堅志』の索引を発表している［西尾・塩 2000］。また愛宕松男は，遼の宣懿皇后の非業の死を遂げた過程を可能な限り追求し，慶陵出土の漢文哀冊がその事を隠諱するのに対し，史実をそのまま記す態度をとる契丹文哀冊の読解を提示して，その選者 Hůdeki を，皇后を族叔母とする蕭常哥（胡独堇）に比定した［愛宕 1991］。高橋文治は，山西省潞城県李庄村の文廟に現存する三つの金元碑を現地調査し，碑文に見える王氏一族の動向をもとに，当時の上党地域の社会状況を分析した［高橋 2004］。さらに，舩田善之，井黒忍，飯山知保，小林隆道は，碑刻の使用には可能ならば移録文と原碑との対照が不可欠であるため，近年華北において現存する金元代の碑刻の現状調査を行っている［飯山・井黒・舩田 2002, 井黒・舩田 2005, 飯山・井黒・舩田・小林 2006, 舩田・飯山・井黒 2008］。なお，今井秀周は『金図経』の歴史的価値について論じ［今井 1995］，また松田光次は北宋仁宗朝に遼から帰明した趙志忠の事跡と，その著作『虜庭雑記』の散逸過程を考察している［松田 1987］。［竺沙 2003］は，黒水城出土資料に文献学的考証を行い，遼刊本が少なからず含まれることを明らかにした。同じく竺沙は，遼代の避諱に対しても考察を行い，おおむね聖宗朝に起こった避諱は興宗朝以降に盛んとなり，皇帝の漢名が二字の場合，下の一字だけを避ける「二字不偏諱」の原則が忠実に守られていたこと，今上皇帝の諱は避けなかったこと，民間では避諱は徹底されていなかっ

たことなどを論じた［竺沙 1997b］。

## 十　考古学関連

　日本人による契丹・女真関連考古学研究は久しく停滞していたが，北海道オホーツク海沿岸部のオホーツク文化との関連で 1970 年代から再び注目されることとなる。加藤晋平はオホーツク文化と靺鞨・女真文化との関連性の指摘し［加藤 1975］，菊池俊彦はオホーツク文化中における靺鞨・女真系文物の抽出を行なった［菊池 1976］。1990 年代に入ると，ロシアで日本人学者による現地調査が開始される。アムール流域と沿海地方を区分するなど，認識が新たになり，遺跡・遺物についての考察も進む［北海道開拓記念館 1994］。天野哲也は，アムール流域の靺鞨・女真文化の帯金具を北海道の事例と比較。両者の社会の差を検討した［天野 1992・1994・1995］。村上恭通は，東アジアの鉄生産という視野から，金・東夏代女真の製鉄について考察した［村上 1993］。高橋学而は，1960 年代以降の中国における発掘調査の成果に基づき，遼代州県城の規模・平面構造には，上京のような整然とした皇城二城構造を採るものと，中京のようにそうではない事例との間に明確な相違がみられるとし，これを聖宗朝以降の州県制の整備，新城郭が唐代以前の古い城郭遺址に築かれたことが多かった点に関連すると推測した［高橋 1987a］。高橋にはまた，南京折津府の平面プランに関する検討［高橋 1997］と，ソ連・中国・日本の調査記録からロシア沿海州の女真城郭 15 例を析出した上での分析［高橋 1987b］，また遼寧省本渓市出土の興定七年と刻す金総領提控所印を，金末東北の混乱で孤立した東京行省発行の印と見なす論考がある［高橋 1998］。武田和哉もまた，遼の宮城の類型分析とその機能に対する検討を行なっている［武田 2006］。白石典之は綿密な発掘調査にもとづき，モンゴル高原のヘルレン河流域における契丹時代の城郭遺址の比定と，その契丹のモンゴル高原政策の中での位置づけを行なった［白石 2008］。

　2000 年代に入ると，遼・契丹に関連しては，今井春樹が現地調査と既存の調査報告の知見を活用し，主にシラムレン・老哈河流域の契丹墓を対象とし，それ

らから出土する面具・網絡・靴底や墓そのものの規模・形式などを詳細に検討した結果，10世紀末から11世紀前半にかけて，装飾品や墓の構造などの面で顕著な変化があると指摘した上で，それらの変化が燕雲十六州の獲得や澶淵の盟締結による歳幣などを契機とした中原文化の流入に起因すると論じた［今井1999・2000・2001・2002a・2002b・2003a・2003b・2004］。また，吉田恵二は宣化遼墓の壁画に描かれる文房具から，当時の筆・紙・硯などの具体的使用状況や様態を考察している［吉田2004］。

また，金・女真に関しては，ロシアの女真関連文化の設定の見直しを受けて日本でも，再整理に基づく研究を始める。川崎保は，シャイガ城址出土の銀牌を日本の史書『吾妻鏡』所載の女真語牌子と比較し，鎌倉時代の日本の寺泊浦に漂着した異国船が女真官員であったことを裏づけた［川崎2002］。また臼杵勲・木山克彦・布施和利が沿海地方において金代女真・東夏に関連する発掘を精力的に行い，またアムール流域の資料についても見直しを行い，その成果が刊行されている［木山2006，木山・布施2005，木山・布施2006，臼杵2000・2003・2004・2005・2006a・2006b・2006c・2008・2009，臼杵・木山2008，http://jinbunweb.sgu.ac.jp/~siberia/］。紙幅のためその紹介は省略せざるをえないが，女真社会の物質生活の諸相や，諸城郭間における物流・運送の実相など，文献資料では到底明らかにしえない点が解明されている。また，中澤寛将は窯業遺跡と製作技術の分析を行ない，7～13世紀東北アジアにおける食器様式の変遷や，窯業生産体制などの推移を考察した［中澤2008］。枡本哲は，ウスリー川右岸パクロフカI遺跡出土の銅鏡の刻字から，この銅鏡が山東省博興県からウスリー川地域に移された猛安集団か，山東からウスリーの猛安に編成された契丹人の所持品と推測した［枡本2001］。今野春樹は，遼金時代の長城の防禦・境界線としての機能を分析した［今野2005］。三宅俊彦は，10～14世紀中国の窖蔵銭を網羅的に分析し，当時の貨幣流通状況，戦乱による貨幣埋蔵の傾向，鉄銭使用地域の分布などを論じた［三宅2001・2004・2005a・2005b・2005c］。

さらに最近，京都大学の研究者たちは，田村実造・小林行雄をはじめとする前世紀前半の京都大学文学部調査隊の慶陵などへの調査，および鳥居龍蔵らによる

遼代遺址への現地調査での知見を再検証する形で，慶陵・遼寧への現地調査を行っており，その成果は［京都大学文学研究科 21 世紀 COE プログラム 2005，京都大学文学研究科 21 世紀 COE プログラム 2006］として公刊されている。古松崇志はこの中で，1945 年以前の契丹・遼に関連する遺跡への調査の成果を詳述した上で［古松 2005］，上掲の「五 宗教・思想」の項目で挙げた［古松 2006b］のほかに，牟田口章人とともに慶陵東陵内部 CG 化の共同制作過程を報告している［牟田口・古松 2005］。また，向井佑介は，皇帝陵の立地や陵園の構造から，初期陵の特色として，陵を視覚的に外部から守る点，奉陵邑は時代が下るにつれて陵から遠ざかる点を指摘した。そして，慶州城は中京城と同様，内外に国力と威厳を示すために造営され，その建築などには中原文化の移入がみとめられるとした［向井 2005］。牟田口章人は，巴林右旗博物館所蔵の，東陵地区の二つの陪陵から出土した 6 面の墓誌に基づき，慶陵の中・西・東陵の被葬者が，それぞれ聖宗・道宗・興宗であったと確定できるとした上で，陵墓の構造，遺体の加工や屍衣，墓冊の位置や葬儀の宗教的背景について論じた［牟田口 2005］。上原真人は，慶州白塔の規模・建築様式・来歴，そこから発見された文物・碑文を鮮明な図版つきで解説する［上原 2005］。根立研介は，遼代の仏教美術と平安時代の日本仏教美術との類似を指摘し，巴林右旗および巴林左旗博物館所蔵の遼墓出土木彫真容偶像と，日本山形県立石寺の伝円仁木造頭部を比較して，遺骨崇拝などにみられる両者の間の関係性を推測した。そして，日本の平安仏教美術を考察する際には，宋だけではなく遼からの影響も考慮すべきことを提起した［根立 2005］。大原嘉豊はまた，遼寧の遼代仏教造形遺品，とくに朝陽北塔を題材として，その美術史上の特色を華厳信仰との関係から述べ［大原 2006］，阪口和史は京都大学総合博物館所蔵の遼代資料の一覧を提示し，その一つである金銅製面具を紹介する［阪口 2006］。傅江は遼墓中の門神の図像様式の来源に対する考察から，遼代の門神の歴史的背景と図像学上の意義を考察し［傅江 2006］，李宇峰は建国以来の遼寧における遼代遺跡・文物の発見・研究を詳述し，遼代顕・乾二陵の発掘やその他の遼代遺跡の全面的なフィールドワーク実施など，遼寧における今後の遼代考古研究の課題を提示し［李 2006］，万雄飛は墓誌の精読から蕭和一族の歴史を

詳細に復元した［万2006］。さらに，愛新覚羅烏拉熙春は愛新覚羅恒煦（金光平）氏の研究を踏まえた上で，蕭孝忠墓誌の詳細な録文と註釈を提示した［愛新覚羅2006d］。

さらに，澤本光弘・高橋学而・武田和哉・藤原崇人らは契丹・遼の遺跡・文物に対する実地調査を数次行ない，その結果を，図版を豊富に用いて刊行している［武田編2006，澤本2008a，武田・高橋・藤原2008］。武田は契丹の上京臨潢府の構造について，多くの関連する調査報告や自らの実地調査をふまえ，詳細な復原を行なってもいる［武田2009b］。

## おわりに

本稿でみたように，1990年代以降，日本における遼金史研究の数は着実な増加傾向にあり，その研究テーマも多様化してきている。こうした中，契丹・女真の統治をいかに中国史・ユーラシア史の中に位置づけるかという青写真をも提示しつつあり，またそれぞれのテーマ間の関係性も濃密になってゆく傾向にある。また，2001年に設立された遼金西夏史研究会は，契丹・女真・タングト・モンゴルを研究する学者・学生に，相互交流の格好の機会を提供し，その規模も年々大きくなってきており，すでに二冊の研究成果報告書を刊行している［荒川・高井・渡辺2008・2009］。こうした遼金時代に関する知見の増加は，宋代史あるいはそれに前後する時代の研究に対しても大きな影響を及ぼしつつあり，今後はますます脱断代的な研究が盛んになってゆくものと考えられる。

[参考文献目録]

愛新覚羅烏拉熙春［1998］「西安碑林女真文字書新考」『立命館文学』第556号，77-100頁。
愛新覚羅烏拉熙春［1999a］「契丹大小字と女真大小字――金光平先生誕百周年を記念して――」『立命館文学』第560号，85-107頁。
愛新覚羅烏拉熙春［1999b］「朝鮮北青女真字石刻新釈」『立命館文学』第561号，79-98頁。
愛新覚羅烏拉熙春［1999c］「俗体漢字与契丹字，女真字之関係」『立命館言語文化研究』第11巻第3号，81-98頁。

愛新覚羅烏拉熙春［2000a］「論字族」『立命館言語文化研究』第12巻第3号，183-196頁。
愛新覚羅烏拉熙春［2000b］「契丹小字の表音の性質」『立命館文学』第565号，54-86頁。
愛新覚羅烏拉熙春［2001］『女真文字書研究』風雅社。
愛新覚羅烏拉熙春［2002］『女真言語文字新研究』明善堂。
愛新覚羅烏拉熙春［2004a］『契丹語文字研究――紀念金啓孮先生学術叢書之一』東亜歴史文化研究会。
愛新覚羅烏拉熙春［2004b］『遼金史与契丹・女真文――記念金啓孮先生学術叢書之二』東亜歴史文化研究会。
愛新覚羅烏拉熙春［2005a］『契丹大字研究――紀念金啓孮先生学術叢書之三』東亜歴史文化研究会。
愛新覚羅烏拉熙春［2005b］「韓知古家族世系考――紀年金啓孮先生逝世一周年」『立命館文学』第591号，52-72頁。
愛新覚羅烏拉熙春［2006a］「蒙古九峰山石壁石刻と「札兀惕・忽里」」『立命館文学』第595号，40-59頁。
愛新覚羅烏拉熙春［2006b］「契丹大字墓誌における漢語借用語の音系の基礎――年金啓孮先生逝去二周年に寄せて」『立命館言語文化研究』第18巻第1号，35-45頁。
愛新覚羅烏拉熙春［2006c］『契丹文墓誌より見た遼史』松香堂。
愛新覚羅烏拉熙春［2006d］「愛新覚羅恒煦先生と契丹大字『蕭孝忠墓誌』」［京都大学文学研究科21世紀COEプログラム2006］所収，265-272頁。
愛新覚羅烏拉熙春［2007］「黒水城発見の女真大字残頁」『オアシス地域史論叢――黒河流域2000年の点描――』松香堂，81-92頁。
愛新覚羅烏拉熙春［2009］『愛新覚羅烏拉熙春女真契丹学研究』松香堂。
Aisin Gioro Ulhicun［2007］"The Stone-Carved Jurchen Inscriptions on the Nine Peaks Cliff of Mongolia,"［白石2007］所収，8-19頁。
天野哲也［1992］「沿海州の金時代ガラディシェ（山城，都城）の調査について」『北方博物館交流』第6号，13-25頁。
天野哲也［1994］「オホーツク文化期北海道島にもたらされた帯飾板の背景」『北方史の新視座 対外政策と文化』雄山閣。
天野哲也［1995］「鞨鞨社会の特徴――コルサコフ墓地の帯飾り板を中心に――」『日本古代の伝承と東アジア』吉川弘文館，42-64頁。
荒川慎太郎・高井康典行・渡辺健哉編［2008］『遼金西夏研究の現在（1）』東京外国語大学アジア・アフリカ言語文化研究所。
荒川慎太郎・高井康典行・渡辺健哉編［2009］『遼金西夏研究の現在（2）』東京外国語大学アジア・アフリカ言語文化研究所。
飯山知保［2001］「金元代華北社会研究の現状と展望」『史滴』第23号，52-71頁。
飯山知保［2003a］「金元代華北社会における在地有力者――碑刻からみた山西忻州定襄県の場

合——」『史学雑誌』第112編第4号, 26-51頁.

飯山知保 [2003b] 「金元代華北における州県祠廟祭祀からみた地方官の系譜——山西平遥応潤侯廟の事例を中心に——」『東洋学報』第85巻第1号, 1-30頁.

飯山知保 [2004] 「金初華北における科挙と士人層——天眷二年以前を対象として——」『中国——社会と文化』第19号, 136-152頁.

飯山知保 [2005a] 「金代漢地在地社会における女真人の位相と「女真儒士」について」『満族史研究』第4号, 163-183頁.

飯山知保 [2005b] 「科挙・学校政策の変遷からみた金代士人層」『史学雑誌』第114編第12号, 1-34頁.

飯山知保 [2006] 「楊業から元好問へ——十から十三世紀晋北における科挙制度の浸透とその歴史的意義——」『東方学』第111輯, 71-88頁.

飯山知保 [2007a] 「女真・モンゴル支配下華北における科挙受験者数について」『史観』第157冊, 40-57頁.

飯山知保 [2007b] 「金元代華北における外来民族の儒学習得とその契機——モンゴル時代華北駐屯軍所属家系の事例を中心に——」『中国——社会と文化』第22号, 1-18頁.

飯山知保 [2007c] 「金代地方吏員の中央陞転について」『福井重雅先生古稀・退官記念論集古代東アジアの社会と文化』汲古書院, 505-522頁.

飯山知保 [2009] 「稷山段氏の金元代——11~14世紀の山西汾水下流域における「士人層」の存続と変質について——」[宋代史研究会2009] 所収, 437-466頁.

飯山知保・井黒 忍・舩田善之 [2002] 「陝西・山西省各地訪碑行報告」『史滴』第24号, 104-171/151-184頁.

飯山知保・井黒 忍・舩田善之・小林隆道 [2006] 「北鎮訪碑行報告」『史滴』第28号, 120-134頁.

池内 功 [1977] 「李全論——南宋・金・モンゴル交戦期における一民衆反乱指導者の軌跡——」『社会文化史学』第14号, 29-48頁.

池内 功 [1978] 「金末義軍制度の考察」『社会文化史学』第16号, 34-44頁.

池内 功 [1980a] 「モンゴルの金国経略と漢人世侯の成立 (一)」『四国学院大学創立三十周年記念論文集』四国学院大学, 51-98頁.

池内 功 [1980b] 「史氏一族とモンゴルの金国経略」『中嶋敏先生古稀記念論集 (上巻)』汲古書院, 481-511頁.

池内 功 [1980c] 「モンゴルの金国経略と漢人世侯の成立 (二)」『四国学院大学論集』第46号, 42-61頁.

池内 功 [1981a] 「モンゴルの金国経略と漢人世侯の成立 (三)」『四国学院大学論集』第48号, 1-39頁.

池内 功 [1981b] 「モンゴルの金国経略と漢人世侯の成立 (四)」『四国学院大学論集』第49号, 11-29頁.

井黒 忍 [2001] 「金代提刑司考——章宗朝官制改革の一側面——」『東洋史研究』第60巻第3

井黒　忍［2004a］「山西洪洞県水利碑考――金天眷二年都総管鎮国定両県水碑の事例――」『史林』第87巻第1号，70-103頁．
井黒　忍［2004b］「モンゴル時代関中における農地開発――涇渠の整備を中心として――」『内陸アジア史研究』第19号，1-22頁．
井黒　忍［2005a］「『長安志図』に見る大元ウルスの関中屯田経営」『大谷大学史学論究』第11号，31-55頁．
井黒　忍［2005b］「『救荒活民類要』に見るモンゴル時代の区田法――カラホト文書解読の参考資料として」『オアシス地域研究会報』第5巻第1号，24-52頁．
井黒　忍［2005c］「ロシア沿海州出土文字資料の調査」［臼杵 2005］所収，21/80-96頁．
井黒　忍［2007］「モンゴル時代区田法の技術的検討」『オアシス地域史論叢――黒河流域2000年の点描――』松香堂，93-122頁．
井黒　忍［2009］「区田法実施に見る金・モンゴル時代農業政策の一断面」『東洋史研究』第67巻第4号，1-35頁．
井黒忍・舩田善之・飯山知保［2005］「山西・河南訪碑行報告」『大谷大学史学論究』第11号，117-156頁．
石田　肇［1982］「御容の交換より見た宋遼関係の一齣」『東洋史論』第4号，24-34頁．
井上順恵［1981］「遼代千人邑会について」『禅学研究』第60号，105-128頁．
井上正夫［1996］「遼北宋間の通貨問題」『Museum Kyushu』第14巻第1号［通巻51］，3-10頁．
今井秀周［1975］「金朝における寺観名額の発売」『東方宗教』第45号，48-70頁．
今井秀周［1978］「金大定二十年の寺観等存留制限」『印度学仏教学研究』第27巻第2号，622-623頁．
今井秀周［1980］「金代遼陽の清安寺について」『印度学仏教学研究』第29巻第1号，144-145頁．
今井秀周［1983］「金代女真の信仰――仏教の受容について――」『東海女子短期大学紀要』第9号，1-17頁．
今井秀周［1984］「金代宗教史料小考――『仏祖歴代通載』と『釈氏稽古略』について――」『東海女子短期大学紀要』第10号，15-33頁．
今井秀周［1985］「金朝の宗教政策」『東海女子短期大学紀要』第21号，24-44頁．
今井秀周［1992］「二税戸小考」『東海女子短期大学紀要』第18号，1-12頁．
今井秀周［1995］「張棣の『金図経』について」『東海女子短期大学紀要』第11号，11-29頁．
今井秀周［2000］「遼祭山儀考」『東海女子短期大学紀要』第26号，1-19頁．
今井秀周［2003］「『遼史』に見える神門について」『日本宗教文化史研究』第8巻第1号，1-17頁．
今井秀周［2004］「契丹瑟瑟儀の一解釈」『東海女子大学紀要』第23号，11-28頁．
今野春樹［1999］「遼帝陵記」『貝塚』第54号，34-39頁．

今野春樹 [2000]「内蒙古遼代契丹墓巡見記」『博望』第1号, 34-40頁。
今野春樹 [2001]「遼の窯址」『ツンドラから熱帯まで 加藤晋平先生古稀記念考古学論集（博望第二号）』東北アジア古文化研究所, 50-57頁。
今野春樹 [2002a]「草原の菩薩」『貝塚』第58号, 15-20頁。
今野春樹 [2002b]「内蒙古馬力罕山の人面壁画」『博望』第3号, 59-63頁。
今野春樹 [2002c]「遼代契丹墓出土陶器の研究」『物質文化』第72号, 14-29頁。
今野春樹 [2003a]「遼代契丹墓の研究──分布・立地・構造について」『考古学雑誌』第87巻第3号, 1-36頁。
今野春樹 [2003b]「遼代契丹墓出土葬具について」『物質文化』第75号, 14-25頁。
今野春樹 [2004]「遼代契丹墓出土馬具の研究」『古代』第112号, 151-176頁。
今野春樹 [2005]「遼金代の長城について──その目的と機能の比較──」[臼杵 2005] 所収, 48-62頁。
上原真人 [2005]「慶州城「白塔」覚書 (1)」[京都大学文学研究科21世紀COEプログラム 2005] 所収, 83-111頁。
植松 正 [1981]「元初の法制に関する一考察──とくに金制との関連について」『東洋史研究』第40巻第1号, 48-73頁。
宇野伸浩 [1995]「遼朝皇族の通婚関係にみられる交換婚──太祖時代から聖宗時代まで」『史滴』第17号, 34-54頁。
宇野伸浩 [1997]「遼朝皇族の通婚関係にみられる交換婚──興宗時代から道宗時代まで」『東方学論集：東方学会創立五十周年記念』東方学会, 193-208頁。
臼杵 勲 [2000]「靺鞨・女真系帯金具について」『大塚初重先生頌寿記念考古学論集』東京堂出版, 1078-1095頁。
臼杵 勲 [2003]「日本海対岸地域の中世遺跡の考古学的研究」『中世総合資料学の提唱 中世考古学の現状と課題』新人物往来社, 253-259頁。
臼杵 勲 [2004]『鉄器時代の東北アジア』同成社。
臼杵 勲 [2005]『北東アジア中世遺跡の考古学的研究』文部科学省科学研究費補助金 特定領域研究「中世考古学の総合的研究──学融合を目指した新領域創生空間動態論研究部門計画研究C01-2」平成15・16年度研究成果報告書。
臼杵 勲 [2006a]「アムール流域の金・東夏遺跡」『13~19世紀における列島北方地域史とアムール川流域文化の相互関連に関する研究』科学研究費補助金基盤研究 (B) (2) 研究成果報告書。
臼杵 勲 [2006b]「北東アジアの中世──靺鞨・女真の考古学」『北方世界の交流と変容 中世の北東アジアと日本列島』山川出版社, 58-75頁。
臼杵 勲 [2006c]『北東アジア中世遺跡の考古学的研究』平成17年度研究成果報告書。
臼杵 勲 [2008]「ロシア沿海地方の金・東夏代女真関連遺跡」『地域の文化の考古学』六一書房, 539-556頁。

臼杵　勳 [2009]「金上京路の北辺——アムール川流域の女真城郭」[荒川・髙井・渡辺 2009] 所収, 49-71 頁。
臼杵　勳・木山克彦 [2008]『北東アジア中世遺跡の考古学的研究』平成 19 年度研究成果報告書頁。
遠藤和男 [1990]「遼朝君主の即位儀礼について」『信大史学』第 15 号, 54-75 頁。
遠藤和男 [1998]「契丹国（遼国）品階・官制の研究——官制表の作成 1」『社会科研究（大阪府高等学校社会科地歴・公民）研究会』第 40 号, 10-16 頁。
遠藤和男 [2000]『契丹（遼）史研究文献目録（1892-1999 年）』遠藤和男自費出版。
大原嘉豊 [2006]「朝陽北塔に現れた遼仏教の一側面——華厳信仰を中心に——」[京都大学文学研究科 21 世紀 COE プログラム 2006] 所収, 31-51 頁。
愛宕松男 [1987]「糺軍名義考」『史窓』第 44 号, 17-28 頁。
愛宕松男 [1991]「遼道宗宣懿皇后キタイ文哀冊撰者考」『史窓』第 48 号, 19-43 頁。
加藤晋平 [1975]「間宮海峡を越えて——北アジアと日本列島の文化交流」『えとのす』第 2 号, 92-137 頁。
河上　洋 [1993]「遼五京の外交機能」『東洋史研究』第 52 巻第 2 号, 52-74 頁。
川崎　保 [2002]「『吾妻鏡』異国船寺泊浦漂着記事の考古学的考察」『信濃』第 54 巻第 9 号, 629-654 頁。
菊池俊彦 [1976]「オホーツク文化に見られる靺鞨・女真系遺物」『北方文化研究』第 10 号, 31-117 頁。
菊池俊彦 [1988]「辺境都市としての「燕雲十六州」研究序説——研究の現状と若干の問題視角」『唐代史研究会報告第六集中国都市の歴史的研究』刀水書房, 199-217 頁。
木山克彦 [2006]「アムール女真文化の土器に関する基礎的整理と編年について」[臼杵 2006] 所収, 32-49 頁。
木山克彦・布施和利 [2005]「ロシア沿海地方金・東夏代城址遺跡の調査」[臼杵 2005] 所収, 4-20 頁。
木山克彦・布施和利 [2006]「ロシア沿海地方金・東夏代城址の調査」[臼杵 2006c] 所収, 4-16 頁。
工藤寿晴 [2009]「遼許従贇墓誌銘考釈——燕雲地域獲得直後における雲州の様相を考察する手掛かりとして——」『白山史学』第 45 号, 107-141 頁。
桂華淳祥 [1983]「金代の寺観名額発売について——山西の石刻資料を手がかりに」『大谷大学真宗総合研究所紀要』第 1 号, 25-41 頁。
桂華淳祥 [1985]「金明昌元年建『西京普恩寺重修釈迦如来成道碑』について」『大谷学報』第 64 巻第 4 号, 68-80 頁。
桂華淳祥 [1988]「真定府獲鹿県霊厳院について——金代買額寺院の形態——」『大谷大学研究年報』68:1, 40-53 頁。
桂華淳祥 [2000]「宋金代山西の寺院」『大谷大学研究年報』第 52 輯, 45-102 頁。
京都大学文学研究科 21 世紀 COE プログラム [2005]『遼文化・慶陵一帯調査報告書』京都大

学文学研究科.

京都大学文学研究科 21 世紀 COE プログラム［2006］『遼文化・遼寧省調査報告書』京都大学文学研究科.

坂口和史［2006］「京都大学総合博物館所蔵の遼代資料」［京都大学文学研究科 21 世紀 COE プログラム 2006］所収, 53-60 頁.

櫻井智美［2002］「儒学提挙司の起源と変遷——兼論宋金の学校管理——」『阪南論集：人文・自然科学編』第 37 巻第 4 号, 41-52 頁.

佐藤貴保［2006a］「ロシア蔵カラホト出土西夏文『大方広仏華厳経』経帙文書の研究——西夏榷場使関連漢文文書群を中心に——」『東トルキスタン出土「胡漢文書」の総合研究』平成 15 年度~17 年度科学研究費補助金（基盤研究（B））研究成果報告書, 61-76 頁.

佐藤貴保［2006b］「西夏の用語集に現れる華南産の果物——12 世紀後半における西夏貿易史の解明の手がかりとして——」『内陸アジア言語の研究』第 21 号, 93-127 頁.

澤本光弘［2008a］「契丹（遼）墓誌データ集成表（稿）」［臼杵・木内 2008］所収, 44-59 頁.

澤本光弘［2008b］「契丹の旧渤海領統治と東丹国の構造——「耶律羽之墓誌」をてがかりに——」『史学雑誌』第 117 編第 6 号, 39-64 頁.

澤本光弘［2008c］「契丹（遼）における渤海人と東丹国——「遣使記事」の検討を通じて」［荒川・高井・渡辺 2008］所収, 23-50 頁.

桑　秀雲［1969］「金室完顔氏婚制之試釈」『中央研究院歴史語言研究所集刊 慶祝李方桂先生六十五歳論文集（上冊）』39 之 1, 255-288 頁.

白石典之研究代表［2007］『モンゴル国所在の金代碑文遺跡の研究』平成 16~17 年度科学研究費補助金基礎研究［C］研究成果報告書（課題番号：16520460）.

白石典之［2008］「ヘルレン河流域における遼（契丹）時代の城郭遺跡」［荒川・高井・渡辺 2008］所収, 1-21 頁.

ShiraishiNoriyuki［2007］"Archaeological and Historical Researches of Serven Khaalga Inscriptions,"［白石 2007］所収, 1-6 頁.

杉山正明（trs. Neil Katkov）［1996］"New Development sin Mongol Studies: A Brief and Selective Overview," *Journal of Song-Yuan Studies* 26, 217-227 頁.

杉山正明［1997］「日本における遼金元時代史研究」『中国——社会と文化』第 12 号, 329-342 頁.

鈴木隆一［1983］「青唐阿里骨政権の成立と契丹公主」『史滴』第 4 号, 35-50 頁.

宋代史研究会編［2009］『「宋代中国」の相対化（宋代史研究会研究報告集第 9 集）』汲古書院.

代田貴文［1992］「『遼史』にみえる「大食（国）」について」『中央大学アジア史研究』第 16 号, 54-36（逆頁）.

高井康典行［1994a］「遼の「燕雲十六州」支配と藩鎮体制——南京道の兵制を中心として」『早稲田大学大学院文学研究科紀要（史学・哲学編）』別冊 21 号, 113-125 頁.

高井康典行［1994b］「『皇朝実録』に見える契丹黄帝起源説の背景」『史滴』第15号, 57-60頁。
高井康典行［1996］「東丹道と東京道」『史滴』第18号, 26-42頁。
高井康典行［1999］「遼の斡魯朶の存在形態」『内陸アジア史研究』第14号, 25-44頁。
高井康典行［2002a］「オルド（斡魯朶）と藩鎮」『東洋史研究』第61巻第2号, 60-86頁。
高井康典行［2002b］「遼の武臣の昇遷」『史滴』第24号, 2-29頁。
高井康典行［2004］「11世紀における女真の動向——東女真の入寇を中心として——」『アジア遊学』第70号, 45-56頁。
高井康典行［2008］「頭下軍州の官員」［荒川・高井・渡辺2008］所収, 51-69頁。
高井康典行［2009］「遼朝における士人層の動向——武定軍を中心として——」［宋代史研究会2009］所収, 391-433頁。
武田和哉［1994］「遼朝の蕭姓と国舅族の構造」『立命館文学』第537号, 257-284頁。
武田和哉［1989］「遼朝の北院大王・南院大王について」『立命館史学』第10号, 139-167頁。
武田和哉［2000］「契丹国（遼朝）の北・南枢密使制度と南北二重官制について」『立命館東洋史学』第24号, 25-83頁。
武田和哉［2002］「契丹国（遼朝）道宗朝の政治史に関する一考察——慶陵出土の皇后哀冊の再検討——」『立命館大学考古学論集』第3号, 981-1006頁。
武田和哉［2005］「蕭孝恭墓誌よりみた契丹国（遼朝）の姓と婚姻」『内陸アジア史研究』第20号, 1-22頁。
武田和哉［2006］「契丹（遼朝）における宮都の基礎的考察」『条里制古代都市研究』第21号, 78-132頁。
武田和哉［2008］「契丹国（遼朝）の于越について」『立命館文学』第608号, 63-83頁。
武田和哉［2009a］「契丹国（遼朝）の宰相制度と南北二元（重）官制」［宋代史研究会2009］所収, 213-270頁。
武田和哉［2009b］「契丹国（遼朝）の上京臨潢府故城の占地と遺構復原に関する一考察」［荒川・高井・渡辺2009］所収, 73-102頁。
武田和哉編［2006］『草原の王朝・契丹国（遼朝）の遺跡と文物』勉誠出版。
武田和哉・高橋学而・藤原崇人［2008］「中国における契丹遺跡・文物の調査の概要と総括」［臼杵・木内2008］所収, 8-13頁。
高橋弘臣［1988］「金代における通貨政策の展開——交鈔をめぐって——」『史境』第16号, 57-77頁。
高橋弘臣［1989a］「金代の紙幣とその運用制度」『史峯』第2号, 25-40頁。
高橋弘臣［1989b］「金末における通貨の混乱」『史境』第19号, 67-88頁。
高橋弘臣［1991］「金末行省の性格と実態」『社会文化史学』第27号, 33-53頁。
高橋弘臣［2000］『元朝貨幣政策成立過程の研究』東洋書院。
高橋文治［1986］「泰山学派の末裔達——12-13世紀山東の学芸について」『東洋史研究』第45巻第1号, 1-37頁。

高橋文治［2004］「山西省潞城県李庄文廟金元三碑」『大阪大学大学院文学研究科紀要』第 44 巻，33-67 頁．
高橋学而［1987a］「中国東北地方に於ける遼代州県城——その平面構造，規模を中心として」『東アジアの考古と歴史——岡崎敬先生退官記念論集（上）』同朋舎，279-324 頁．
高橋学而［1987b］「ソ連領沿海州に於ける金代城郭についての若干の考察」『古文化談叢』第 14 集，1-18 頁．
高橋学而［1998］「遼寧省本渓市出土金総領提控所印について」『古代文化』第 50 巻第 4 号，31-44 頁．
高橋学而［1997］「遼南京（燕京）折津府の平面プラン」『古文化談叢』第 37 集，131-171 頁．
高橋学而［1999］「遼代の従家戸を構成の主体とする頭下州について——近年の考古学的成果から——」『古文化談叢』第 42 集，105-136 頁．
谷井俊仁［1996］「契丹仏教政治史論」『中国仏教石経の研究——房山雲居寺石経を中心に』京都大学学術出版会，133-192 頁．
竺沙雅章［1978］「契丹大蔵経小考」『内田吟風博士頌寿記念東洋史学論集』同朋舎，311-329 頁．
竺沙雅章［1983］「宋元時代の慈恩宗」『南都仏教』第 50 号，45-60 頁．
竺沙雅章［1987］「宋代における東アジア仏教の交流」『仏教史学研究』第 31 巻第 1 号，25-46 頁．
竺沙雅章［1991］「『開宝蔵』と『契丹蔵』」『古典研究会創立二十五周年記念国書漢籍論集』汲古書院，611-634 頁．
竺沙雅章［1994］「新出資料よりみた遼代の仏教」『禅学研究』第 72 号，1-26 頁．
竺沙雅章［1997a］「遼代華厳宗の一考察——主に新出華厳宗典籍の文献学的研究」『大谷大学研究年報』第 49 輯，1-67 頁．
竺沙雅章［1997b］「遼代の避諱について」『東方学論集：東方学会創立五十周年記念』東方学会，859-874 頁．
竺沙雅章［2000a］「燕京・大都の華厳宗——宝集寺と崇国寺の僧たち」『大谷大学史学論究』第 6 号，1-26 頁．
竺沙雅章［2000b］『宋元仏教文化史研究』汲古書院．
竺沙雅章［2003］「黒水城出土の遼刊本について」『汲古』第 43 号，20-27 頁．
「中国近世の法制と社会」研究班［1994］「旧五代史・遼史・金史刑法志訳注稿」『東方学報（京都）』第 66 冊，425-528 頁．
鶴田一雄［2007］「セルベン＝ハールガ碑文の書風について」［白石 2007］所収，20-27 頁．
寺地　遵［1988］「遼朝治下の漢人大姓——玉田韓氏の場合——（鴛淵教授蒐集満蒙史関係拓本解題之一）」『広島大学東洋史研究室報告』第 10 号，24-29 頁．
徳永洋介［2003］「遼金時代の法典編纂（上）」『富山大学人文学部紀要』第 38 号，73-85 頁．
徳永洋介［2006］「遼金時代の法典編纂（下）」『富山大学人文学部紀要』第 45 号，31-53 頁．

徳永洋介 [2007]「遼金時代の言語と法律」森田憲司（研究代表者）2007『13、14世紀東アジア諸言語史料の総合的研究――元朝史料学の構築のために』平成16年度～平成18年度科学研究費補助金基盤研究B研究成果報告書（課題番号：16320099），1-24頁。

豊田五郎 [1984]「契丹大字の日付について」『京都産業大学国際言語科学研究所所報』第6巻第1号，56-65頁。

豊田五郎 [1985]「契丹小字叉の新解釈について」『京都産業大学国際言語科学研究所所報』第7巻第1号，47-50頁。

豊田五郎 [1997]「契丹文字――蒙古の万葉式秘密仮名」『月刊しにか』第8巻第6号，28-34頁。

中　純夫 [1996]「応県木塔所出「契丹蔵経」と房山石経遼金刻経」『中国仏教石経の研究――房山雲居寺石経を中心に』京都大学学術出版会，193-239頁。

中澤寛将 [2008]「中世北東アジアにおける窯業生産・物流システムの変遷と構造」『考古学研究』第54巻第4号，61-81頁。

長澤和俊 [1984]「遼代回鶻路考」『中国正史の基礎的研究』早稲田大学出版部，335-356頁。

中村和之 [2006]「金・元・明朝期の北東アジア政策と日本列島」『北方世界の交流と変容 中世の北東アジアと日本列島』山川出版社，100-121頁。

中村雅之 [2000]「契丹人の漢語――漢児言語からの視点――」『富山大学人文学部紀要』第34号，109-118頁。

中野醇子 [1988]「遼西京大同府と華厳寺」『北大史学』第28号，1-19頁。

西尾尚也 [2000]「金の外交使節とその人選――内政問題の観点から――」『史泉』第91号，36-52頁。

西尾尚也 [2005]「金宋間における天眷年間の和議に関する再検討――西夏の動向に関連して――」『史泉』第102号，34-49頁。

西尾尚也・塩卓悟 [2000]「『続夷堅志』索引」『千里山文学論集』第64号，201-245頁。

根立研介 [2005]「遼墓出土木雕真容偶像と日本の肖像彫刻――立石寺木造頭部の問題を中心として――」［京都大学文学研究科21世紀COEプログラム 2005］所収，177-192頁。

野上俊静 [1980]「遼代の学僧思孝について――房山石経の一つの紹介」『仏教の歴史と文化』同朋舎，295-305頁。

野沢佳美 [1986]「張柔軍団の成立過程とその構成」『立正大学大学院研究論集』第3号，1-18頁。

傅　江 [2006]「試論遼壁画墓中的門神像――以遼寧阜新蕭和墓為中心――」［京都大学文学研究科21世紀COEプログラム 2006］所収，119-132頁。

舩田善之・飯山知保・井黒忍 [2008]「中国山西省北部における金元石刻の調査・整理と研究」『三島海雲記念財団研究報告書』第45号，103-107頁。

古松崇志 [2003a]「女真開国伝説の形成――『金史』世紀の研究――」『論集 古典の世界像（「古

典学の再構築」研究成果報告集 V)』, 184-197 頁。

古松崇志 [2003b]「脩端「辯遼宋金正統」をめぐって——元代における『遼史』『金史』『宋史』三史編纂の過程——」『東方学報（京都）』第 75 冊, 123-200 頁。

古松崇志 [2005]「東モンゴリア遼代契丹遺跡調査の歴史—— 1945 年満州国解体まで」［京都大学文学研究科 21 世紀 COE プログラム 2005］所収, 27-68 頁。

古松崇志 [2006a]「考古・石刻資料よりみた契丹（遼）の仏教」『日本史研究』522, 42-59 頁。

古松崇志 [2006b]「慶州白塔建立の謎をさぐる——契丹皇太后が奉納した仏教文物——」［京都大学文学研究科 21 世紀 COE プログラム 2005］所収, 133-175 頁。

古松崇志 [2006c]「法均と燕京馬鞍山の菩薩戒壇——契丹（遼）における大乗菩薩戒の流行——」『東洋史研究』第 65 巻第 3 号, 1-38 頁。

古松崇志 [2007]「契丹・宋間の澶淵体制における国境」『史林』第 90 巻第 1 号, 28-61 頁。

日名 智 [2004]「燕雲十六州の割譲承認について」『東海史学』第 38 号, 25-53 頁。

藤島建樹 [1983]「征服王朝期における信仰形態——金、元交替期の河東の場合」『大谷大学真宗総合研究所研究所紀要』第 1 号, 14-24 頁。

藤本幸夫 [1996]「高麗大蔵経と契丹大蔵経について」『中国仏教石経の研究——房山雲居寺石経を中心に』京都大学学術出版会, 241-281 頁。

藤原崇人 [2000a]「金代節度・防禦使考」『大谷大学史学論究』第 6 号, 67-99 頁。

藤原崇人 [2000b]「金代禁衛組織について——侍衛親軍司を中心に——」『大谷大学大学院研究紀要』第 17 号, 207-239 頁。

藤原崇人 [2002]「遼代興宗朝における慶州僧録司設置の背景」『仏教史学研究』第 46 巻第 2 号, 1-22 頁。

藤原崇人 [2004]「金室・按出虎完顔家における主権確立と通婚家の選択——遼代女真の氏族集団構造を手がかりに——」『大谷大学研究年報』第 56 輯, 69-108 頁。

北海道開拓記念館 [1994]『1993 年度「北の歴史・文化交流研究事業」中間報告』北海道開拓記念館。

前村佳幸 [2002]「北宋、金代における県の新設と統廃合」『名古屋大学東洋史研究報告』第 26 号, 1-31 頁。

牧野修二 [1986]「チンギス汗の金国侵攻（一）」『愛媛大学法文学部論集 文学科篇』第 19 号, 1-33 頁。

牧野修二 [1987]「チンギス汗の金国侵攻（二）」『愛媛大学法文学部論集 文学科篇』第 20 号, 1-22 頁。

牧野修二 [1988]「チンギス汗の金国侵攻（三）」『愛媛大学法文学部論集 文学科篇』第 21 号, 1-26 頁。

牧野修二 [1990]「チンギス汗の金国侵攻（四）」『愛媛大学法文学部論集 文学科篇』第 23 号, 1-29 頁。

増井寛也 [1984]「初期完顔氏政権とその基礎的構造」『三田村博士古稀記念東洋史論叢』（『立命館文学』418 〜 421 合併号）, 217-249 頁。

枡本　哲［2001］「ロシア極東ウスリー川右岸パクロフカⅠ遺跡出土の銅鏡」『古代文化』第53巻第9号，34-42頁。
松井　太［2003］「金代のキタイ系武将とその軍団──蕭恭の事跡を中心に──」『東北アジア研究シリーズ⑤ 東北アジアの民族と政治』The Center for Northeast Asian Studies，120-142頁。
松浦　茂［1978］「金代女真氏族の構成について──『金史』百官志にみえる封号の規定をめぐって──」『東洋史研究』第36巻第4号，1-38頁。
松川　節［2008］「モンゴル国における契丹文字資料と研究状況（一）」［荒川・高井・渡辺2008］所収，101-112頁。
松田孝一［2007］「セルベン・ハールガ漢文銘文とオルジャ河の戦い」［白石2007］所収，28-50頁。
松田光次［1982］「遼朝漢人官僚小考──韓知古一族の系譜とその事跡」『小野勝年博士頌寿記念東方学論集』龍谷大学東洋史学研究会，301-315頁。
松田光次［1985］「遼と南唐との関係について」『小笠原宣秀博士追悼論文集』龍谷大学東洋史学研究会，281-306頁。
松田光次［1987］「趙志忠と『虜廷雑記』──北宋期一帰命人の事跡──」『龍谷史壇』第87号，18-34頁。
三浦秀一［1995a］「金末の宋学──趙秉文と李純甫，そして王若虚──」『東北大学文学部研究年報』第44号，69-100頁。
三浦秀一［1995b］「金朝性理学史稿──十三世紀前半の北中国における程朱学と新道教の交錯──」『文化』第58巻第3・4号，33-53頁。
三浦秀一［1996］「金元の際の全真教──范玄通・王棲雲から姫知常へ──」『東北大学文学部研究年報』第45号，105-136頁。
三浦秀一［2003］『元代心学の稜線──元朝の知識人と儒道仏三教』研文出版。
三上次男［1940］「遼末における金室完顔家の通婚形態」『東洋学報』第27巻第4号，1-86頁，後に［三上1973］に再録。
三上次男［1973］『金代政治・社会の研究』中央公論美術出版。
三宅俊彦［2001］「唐・宋代の窖蔵銭」『博望』第1号，41-72頁。
三宅俊彦［2005a］「金代の銭貨流通」［臼杵2005］所収，63-71頁。
三宅俊彦［2005b］「10-13世紀の東アジアにおける鉄銭の流通」『日本考古学』第20号，93-110頁。
三宅俊彦［2005c］『中国の埋められた銭貨』同成社。
牟田口章人［2005］「慶陵被葬者についての新知見」［京都大学文学研究科21世紀COEプログラム2005］所収，231-232頁。
牟田口章人・古松崇志［2005］「遼慶陵東陵のコンピュータ・グラフィックス復原をめぐる考察」［京都大学文学研究科21世紀COEプログラム2005］pp頁。69-82頁。

村上恭通［1993］「女真の鉄」『考古論集（潮見浩先生退官記念論文集）』広島：潮見浩先生退官記念事業会，927-940頁。

村上正二［1979］「宋・金抗争期に於ける太行の義士（1）」『大正大学大学院研究論集』第3号，71-97頁，後に［村上1993］に再録。

村上正二［1981］「宋・金抗争期における太行の義士（2）」『大正大学大学院研究論集』第5号，21-70頁，後に［村上1993］に再録。

村上正二［1993］『モンゴル帝国史研究』風間書房。

向井佑介［2005］「遼代皇帝陵の立地と構造」［京都大学文学研究科21世紀COEプログラム2005］，193-211頁。

向井佑介［2006］「朝陽北塔考――仏塔と墓制からみた遼代の地域――」［京都大学文学研究科21世紀COEプログラム2006］所収，177-222頁。

毛利英介［2003］「一〇七四から七六年におけるキタイ（遼）・宋間の地界交渉発生の原因について」『東洋史研究』第62巻第4号，1-31頁。

毛利英介［2006］「澶淵の盟の歴史的背景」『史林』第89巻第3号，75-105頁。

毛利英介［2008］「一〇九九年における宋夏元符和議と遼宋事前交渉――遼宋並存期における国際秩序の研究――」『東方学報（京都）』第82冊，119-167頁。

毛利英介［2009］「十一世紀後半における北宋の国際的地位について――宋麗通交再開と契丹の存在を手がかりに――」［宋代史研究会2009］所収，271-314頁。

森田憲司［1999］「異民族王朝下の科挙」『月刊しにか』1999年9月号，47-51頁。

横内裕人［2008］「遼・高麗と日本仏教――研究史をめぐって――」『東アジアの古代文化』第136号，23-37頁。

吉田恵二［2004］「宣化遼墓に描かれた文房具」『国学院大学考古学資料館紀要』第20輯，65-84頁。

李　宇峰［2006］「建国以来遼寧地区遼代考古発現与研究」［京都大学文学研究科21世紀COEプログラム2006］所収，243-252頁。

若松信爾［1995］「金代における道学の展開」『東洋文化』第74号，113-128頁。

万　雄飛［2006］「遼蕭和家族興衰史」［京都大学文学研究科21世紀COEプログラム2006］所収，253-263頁。

# 日宋交流史研究

榎本　渉

## はじめに

　宋代中国と日本の交流に対する研究者・非研究者の関心は，前後の唐代・明代と比較すると，低かったと言わざるを得ない。それは外交関係の希薄さに依るところが大きい。日本が中国を中心とする国際秩序に参加した唐代・明代と比べ，国際秩序から距離を取った宋代では，国際関係に関心を持つ必然性は，政治史の観点から見て乏しくならざるを得なかった。文化史の上でも，遣唐使・遣明使という大規模な国家使節は，中央の記録に関係記事が豊富に現れるため，大変目に付きやすく，それだけに関心の対象となったが，そのような目立つイベントのない日宋文化交流史は，目が向けられる機会が少なかった。

　しかし朝貢使節を介した日中交流の途絶によって，日中関係が無意味なものになったのかと問われて，「Yes」と答える者は現在の学会にほとんどいないだろう。たしかに政治的な影響は後退した。しかし経済的な関係について言えば，遣唐使という限られた交流の機会しかなかった時代（20年に1度）と比べれば，宋代には比較にならないほど盛んな交流が，海商を介して行なわれた（限られた史料上からも，ほぼ毎年の交流が推測）。その過程で日宋両国は，経済的にも不可欠なパートナーとなった。たとえば日本では宋銭が12世紀後半から全国に広がり始め，以後長く機軸通貨となった。これは宋銭が，禁令をかいくぐりながら日本に絶えず輸入され続けた結果であった。一方宋では，特に南宋の時代に森林の乱伐が進み，建材の供給を日本からの輸入に頼っていた。このように日宋間の経済関係は唐代以上に強く，しかも時を経るにつれて密接になっていった。その延長として，14世紀前半には日元貿易が未曾有の盛況を迎えることになる。

　こうした経済的な交流は，文化交流の機会も提供することになった。12世紀

後半に日本に伝わる禅宗は，近代に日本的文化の粋として欧米に紹介されることになるが，当初は間違いなく中国からの直輸入文化であった。日宋間の政治的な影響についても，今まではほとんど度外視されてきたが，本当にそのように評価すべきかどうかは，再度検討する余地があるだろう。日本が宋に朝貢することはなかったとしても，外交交渉は行なわれており，今まではその過程について議論されることすら，ほとんどなかったのである。

ただし以上のような問題意識は，決して私個人のものではなく，学会に広く共有されるようになってきている。それは近年の研究成果によるところが大きい。以下では日宋関係に関してどのような研究が行なわれ，どのような問題が明らかにされてきているのか，簡単にまとめてみたいと思う。

なお1970年代前半までの研究史については，川添昭二によってまとめられており［川添1977］，近年の研究史についても，山内晋次のまとめがある［山内2002・2007b］。私自身，最近研究史の整理を行なっている［榎本2002・2004b］。研究史の大半を占める文化史に関しては触れないが，その意義を否定するものでは決して無い。近年様々な興味深い論点を提示している注目すべき分野であるが，それだけにその成果をまとめ評価するには尚早の感があり，むしろ内容が散漫になる恐れ無しとしないからである。南宋・元と日本の文化交流に関しては，以前のまとめで言及しているので，そちらを参照されたい。

## 一　古典的研究と考古学による新成果

日宋関係に言及する研究について，新たな展開が生じるのは1970年代後半である。本章ではこれ以降の研究史を中心に叙述するが，それ以前の研究も，特に現在まで影響を及ぼしているものについて，二つだけ紹介することにしたい。

一つは木宮泰彦『日支交通史』で，1926年から1927年に上下巻で出版され，1955年に一冊にまとめられている［木宮1955］。中国語にも翻訳されている。清代までの日中交流を通史的に記したものであるが，日宋関係に関しても，現在でも十分に通用する記述になっている。特に圧巻なのは僧侶の往来に関する部分で

あり，清代以前のすべての事例を紹介している。宋代に関しては，北宋22例，南宋109例の入宋日本僧と，14例の来日宋僧が挙げられている。現在では各僧侶に関してより詳細な研究が存在し，また知られる僧侶の事例も増加しているが，網羅的なものは木宮の研究以降存在しない（木宮の成果を転用したものは除く）。

もう一つは森克己の研究である。その研究は1948年に『日宋貿易の研究』，1950年に『日宋文化交流の諸問題』としてまとめられた。1975年には『森克己著作選集』として，『新訂日宋貿易の研究』『増補日宋文化交流の諸問題』を含む全6巻の著作集が刊行された［森1975］。また2008年より勉誠出版から，近年の研究動向の紹介も付けた著作集の新装版の刊行が始まった。木宮の研究が辞典的な内容であったとすれば，森の研究はそれを踏まえた上で，日宋交流の歴史的展開を論じた内容と言える。その史料の目配り，日中朝の歴史を見渡した視野の広さは，今もなお驚嘆するに足る。近年では各論においては様々な批判も出ているが，その体系性においてこれに代わるものはなお存在せず，当該分野に関する基礎文献である。

現存史料を活用し切った森の研究の完成度の高さ，戦後歴史学界における対外関係史への関心の低さなどから，森現役の間，1970年代までは，その研究を受け継ぎ発展させる者はほとんど現れなかった。日宋貿易が日本社会に及ぼした影響を論じたもの（［三浦圭一1993第1編Ⅱ第1章・第2章，初出1970］・［島田次郎1985付論，初出1974]）や，日宋関係を踏まえた世界史的視点からの日本史叙述は見られた［藤間生大1966］が，実証面に関してはほぼ森の論を前提としている。その中で特筆すべきものとして，川添昭二の鎌倉時代対外交流史概説がある［川添1999第1編第3章，初出1975］。森の手薄な仏教・美術を視野に入れた点が注目され，禅宗導入における博多の役割など，後に展開される論点がすでに提示されている。また川添が1980年代以降に展開する博多綱首（博多居住宋海商）論の基礎的な事項の多くは，この頃に書かれた博多の通史的叙述の中で，すでに提示されていた［川添1981第2章，初出1975］。

研究状況を一変させたのは，1970年代後半に始まる考古学側からの新知見提示であった。一つは1977年，市営地下鉄の工事に伴う福岡市博多地区で発掘調

査開始である。博多は古代・中世を通じ日本最大の貿易港であったが，度重なる戦乱もあり，中世以前の博多の状況を物語る文献史料は乏しく，その実態は曖昧模糊としたものだった。それがこの発掘により，具体的な姿を垣間見ることができるようになったのである。ついで 1987 年，福岡市平和台球場で大宰府鴻臚館跡が発見された。鴻臚館はもと律令国家の外国使節に対する迎賓館だったが，9世紀に入ると海商の接待にも用いられた。これらの遺跡からは建物遺構とともに，他所では考えられないほど大量の中国製陶磁器が出土した。これらの発掘成果は，幾次にも渡る発掘成果報告書に詳しい。

　この頃から貿易陶磁器研究も本格化した。1980 年には日本貿易陶磁研究会が発足し，翌年から雑誌『貿易陶磁』が刊行された。同雑誌には全国の貿易陶磁器に関する様々な論文が掲載されている。1986 年には，亀井明徳のそれまでの貿易陶磁器研究に新稿も加えた『日本貿易陶磁史の研究』が刊行された［亀井 1986］。博多に関しては，「中国系の姓＋綱」などを底に墨書した貿易陶磁器が多く出土し，注目されるが，これについては『博多遺跡群出土墨書資料集成』としてまとめられている［博多研究会編 1996・2003］。博多の発掘成果を踏まえた地理学的分析として，『福岡平野の古環境と遺跡立地』もある［小松茂等編 1998］。貿易陶磁器は博多以外にも，京都・鎌倉をはじめ各地で出土している。データとしては少し古いが，全国的な貿易陶磁器の出土状況を知るには，『日本出土の貿易陶磁』［国立歴史民俗博物館編 1993］・『貿易陶磁：奈良・平安の中国陶磁』［橿原考古学研究所附属博物館編 1993］がまとまっている。

　さらに海外での考古学的発見も，大きな反響を呼んだ。1976 年に韓国新安沖で引き上げられた沈没船（新安沈船）は，京都東福寺－博多承天寺釣寂庵のネットワークで仕立てられ，筥崎宮の勧進僧も関与し，1323 年に慶元（寧波）から博多に帰る途中に沈没したものだった。1319 年の東福寺火災を受け，その復興のために 1321 年に派遣されたらしい（［亀井明徳 1986 第 2 部第 2 章，初出 1983］・［西谷正 1985-86］・［岡内三真 1986］・［村井章介 1995 付章，初出 1987］・［文化公報部・文化財管理局編 1988］・［川添昭二 1993］・［山本信夫 1997］）。日元貿易に関わるものであるが，日宋貿易研究においても裨益するところは大きい。この頃の貿易船の船

体や積荷の内容を直接知ることができるという点で，他に例を見ない貴重なサンプルである。船舶史側からの研究としては，松木哲氏の考察がある［松木1992］。

寧波天一閣の博多宋人刻石も注目される（［顧文璧・林士民1985］・［高倉洋彰1998］・［王勇1999］）。碑は三枚あり，1167年に「日本国太宰府博多津居住弟子丁淵」「日本国太宰府居住弟子張寧」「建州普城県寄日本国孝男張公意」が銭各十貫を寺院の礼拝路舗装のために寄附したことを記す。宋海商の博多居住を伝える貴重な一次史料である。

## 二　日本の対外関係諸政策

以上に見たように，1970年代後半以降，日宋・日元関係に関わる考古学上の大発見が相次いでいる。これは当該分野に対する研究者・非研究者の関心を高め，1990年前後から文献史料の再検討が本格的に行なわれる契機となった。特に北宋期に関しては，鴻臚館跡発掘が刺激となり，日本における対外交通・貿易に関する諸制度の再検討が行なわれるようになった。以下ではこれに関する議論を見ていくことにしよう。なお近年は特に9世紀の日本と新羅・唐の交流に関する研究が非常に多い。9世紀は東シナ海において海商が恒常的な活動を開始する時期であり，日本の貿易管理制度もこの時代に淵源を持つものが多い。しかし本書は宋代史研究を対象にするため，9世紀に関する専論は取り上げず，日宋貿易まで視野に収めた研究にのみ言及することにする。

まず対外交通の管理に関しては，渡海制と呼ばれる規制が存在したことが知られる。森は10世紀初頭の対外関係消極化の中で定められたと考えたが，近年はその法源を律令に求め，10世紀に定められたものではないとする説が出されている。具体的には，山内晋次は養老律（757年施行）中で現存しない衛禁律［山内1988］，榎本淳一は賊盗律と考える［榎本1990・1998］。一方で石井正敏は，年期（年紀）制を含む911年の対外交通管理制度の一部である可能性を指摘している［石井1992］。なお稲川やよいは，渡海制が適用されたと考えられる事例を網羅的に検討し，後述の唐物使と併せ，朝廷が外交権・交易統制権を保持するための制度

と評価している［稲川1991］。

　海商の滞在施設である大宰府鴻臚館については，森克己以降もたびたび言及されてきたが，特に田島公は，文献史料上の終見と考えられてきた1091年の久原文庫蔵『熾盛光仏頂大威徳銷災大吉祥陀羅尼』扉書の「鴻臚館」が平安京鴻臚館であることを論証し，大宰府の対外交易システムの変遷や考古学の発掘成果も参照した上で，大宰府鴻臚館の廃絶は11世紀前半から中頃とした。また海商を隔離し管理する閉鎖的空間としての属性と，それが国家による対外貿易管理の前提となった点も指摘した［田島1995］。ただし平安京鴻臚館の館舎は11世紀前半には消滅しており，1091年に存在したのは鴻臚館跡地に建てられた別の建物と考えられる［原美和子1998］。

　この頃海商の来航を統制する法規として機能したのが，年紀（年期）制である。一定の間隔を空けて来航するべきことを規定したもので，911年に定められた。森克己は貿易制限を目的としたものとしたが，石井正敏は一艘当たりの往来頻度が規定されただけで，全体の往来規模を制限する法としては機能し得ず，むしろ貿易に対する積極的な関与を志向したものと考えるべきと指摘しており［石井1992］，渡邊誠も海商の朝廷に対する従属性を高める手段としての性格を強調している［渡邊2003］。渤海使に関する年期制（一紀一貢）がその前提であったとされる［石井1992・森公章2004］。

　この時代の貿易の核となるのは，朝廷による官司先買制であるが，その法源は律令に求められる。存問（海商に対する事情聴取）・検領（船荷のチェック）を行ない，朝廷の必要なものを購入した後に，民間貿易を許可するという形で，取引が行なわれた（［山内晋次2003第2部第2章，初出1993］・［田島公1995］）。ただし渡邊誠に拠れば，9世紀には大宰府・唐物使（後述）が船荷の全体を把握し物品リストを作成したが，10世紀には官買の対象は海商の自己申告分に限定されるようになったという。その背景として，朝廷による滞在費供給が行なわれなくなり，その自弁用の交易品を認めざるを得なくなったことがあった［渡邊2003］。官買対象品には貨物・和市物の区別があったが，山内晋次に拠れば前者は朝貢品的性格が強かった。朝廷は海商の来航を朝貢に擬し，海商も日本の徳化に浴している

とするポーズを取った。山内は日本が宋海商の来航を朝貢と見なし，宋海商もこれを受け入れたことを強調し，宋代東アジアの国際関係を経済的関係としてのみ見る理解に疑問を呈している［山内2003第2部第2章］。

存問・検領については，大宰府に委任されることもあったが，9世紀後半以降は唐物使が中央の蔵人所から派遣されるのが原則だった。9世紀後半に貿易代価が，九州諸国が大宰府に納めた綿から陸奥国が蔵人所に納めた金に変化したことが，その背景にある。海商への金の支払いに当たっては蔵人所から返金使が派遣された［田島公1995］。しかし10世紀末以降，陸奥の貢金が停滞すると，貿易代価は大宰府管内の官物（税目の一種）に換算して支払われるようになる。この頃から返金使の任務は官物による支払いを命じる文書（蔵人所牒・太政官符）の伝達となり，唐物使も派遣されず検領事務は大宰府に委任されるようになる。決済方法の変化は貿易代価に用いる物資を大宰府が集積することにもつながり，さらにこれを資本として商船に委託することも行なわれた。これは12世紀以降の寺社・権門の貿易経営の先駆的形態と考えることもできる［渡邊誠2002・2005］。河内春人は，貿易代価決済方法の転換期に当たる朝廷と宋海商曾令文の交渉過程を考察する［河内2000］。また小川弘和は，大宰府長官の地位が10世紀末から上昇することを，対外的緊張の高まり（宋・高麗の統一，奄美海賊の襲来）や，大宰府の貿易事務代行の影響とする［小川2005］。

以上のような管理貿易制度に関して，森克己はこれを海商が忌避した結果として，荘園内密貿易が盛んになると論じた。これに対して山内晋次氏は文献史料を再検討し，12世紀前半までは森説の根拠となる事例が存在せず，史料上で確認される限りは大宰府による管理貿易が支配的だったことを明らかにした［山内2003第2部第2章，初出1989］。この間，11世紀半ばを境に貿易の場が大宰府鴻臚館から博多に移ったことが，発掘成果によって明らかになっている。森は博多を荘園内密貿易の一つの根拠地としたが，山内の論によって博多来航商人も大宰府の管理下で貿易を行なったことが明らかになった。ただし当然のことながら，管理制度が貿易のすべてを規定したわけではない。近年貿易現場の管理者や公卿層と海商の私的関係に関して，検討が加えられるようになってきている（［亀井

明徳 1995]・[山内晋次 2003 第 2 部第 4 章，初出 2001]・[渡邊誠 2003]・[手島崇裕 2004b])。これは 12 世紀後半以降の博多綱首と寺社・権門の関係の前提として注目される。

　管理貿易の終焉が 12 世紀であることは，おおむね学会の共通認識と言って良いが，その具体的な過程についてはほとんど不明のままであり，今後の研究が待たれる。その中で注目されるものとして，1133 年の宋人周新来航をめぐる研究がある。この船が「(肥前国) 神崎荘領」であるとする主張が鳥羽院 (11 世紀末以降の日本では，上皇＝院が政治の実権を握った) の近臣である平忠盛によってなされ，大宰府の関与を退けようとした。神崎荘が博多湾ではなく有明海に面することから，博多以外の地で貿易が行なわれたことの証拠とする見解もあり [服部英雄 2003 第 9 章，初出 1996]，また博多にあった神崎荘の倉敷 (物資輸送中継地) での取引を想定する説もあった [五味文彦 1987] が，石井正敏は「神崎荘領」が神崎荘管掌下にあることを示す語で，入港地は問題にしていない (おそらく通例通り博多に入港した) ことを明らかにした。さらに忠盛の主張が，神崎荘が事前に周新と契約関係を結んでいたことを根拠としていたことを想定した [石井 1998]。いずれにしても，貿易に関して大宰府－朝廷という公的ルートとは別に，権門－荘園という私的ルートが発達し，公的ルートを排除しようとする動きがあったことが知られる。

　12 世紀後半には，忠盛の子清盛を中心に，平家が勢力を伸ばし，貿易にも積極的に関与したらしい。網野善彦は，西日本に拠点を置いた海洋的国家の構想も想定する [網野 1982]。ただし平家の国家構想はもちろん，対外貿易への関与の実態も詳細は不明であり，その評価に関して再検討の必要も指摘される [山内晋次 2002]。12 世紀末に成立した鎌倉幕府は，東日本を拠点にしたこともあり，13 世紀半ばまでは日宋貿易統制に意欲的ではなかったし，その実力もなかったと思われる。幕府が出した貿易関連の法令は，1254 年の唐船制限令と 1264 年の御分唐船 (幕府直属貿易船) 停止令のみであるが，文言の簡潔さもあって，その評価は定まっていない ([瀬野精一郎 1975]・[網野善彦 1992 Ⅲ 第 1 章，初出 1987]・[五味文彦 2000，初出 1990]・[橋本雄 2001])。

## 三　博多綱首の時代

　1980 年代になると，日本対外関係史研究において，日本を取り巻く国境を越えた世界が注目されるようになった。こうした中で，博多の発掘で明らかになった 11 世紀後半から 13 世紀の海商の活動にも関心が向けられ，多くの研究が発表されるようになった。

　先述の通り，11 世紀半ばを境に貿易の場が大宰府鴻臚館から博多に移ることが，発掘成果から明らかになっている。亀井明徳は貿易陶磁器の出土状況から，大宰府鴻臚館での管理貿易を日本側の需要を勘案せずに行なわれた「波打際貿易」，11 世紀以降博多居住の宋人主導で行なわれた貿易を「住蕃貿易」と呼び，その質的変化を唱えた［亀井 1986・1995］。この説の影響は大きく，現在でも日宋貿易の時期区分の上で基準とされている。文献史料の上からも，11 世紀末以後には宋海商が博多に居住して貿易活動に従事したことがうかがわれる。これを近年の研究では博多綱首と呼んでいる。先述の寧波天一閣の博多宋人刻石はその存在を明らかにしてくれた。ただし大宰府鴻臚館も宋海商の長期滞在・生活の場となっており，その行き着く先が博多での住蕃だったと考えることもできる［大庭康時 2006］。11 世紀前半には，大宰府鴻臚館の隔離機能はすでに形骸化しており，宋海商と日本人の混血も見られた［渡邊誠 2003］。

　大庭康時は，発掘成果を元に博多の都市的発展の過程を復元した［大庭 1995・1998］。特に宋人居留区だったと考えられている博多唐房については，貿易陶磁器の出土状況から博多浜西の入江周辺にあったと考えられるが，12 世紀中頃から宋人居留区が拡大し日本人と混住状態になったこと，その生活スタイルは和漢折衷だったことなどが指摘されている［大庭 2001・2006］。なお博多唐房に関しては，近年新たな文献史料が紹介されており，大宰府長官の管理下と認識されていたこと，僧侶入宋に当たっての手続きの場だったことなどが知られるようになった（［榎本渉 2005］・［渡邊誠 2006］）。

　この頃の個別の海商の活動については，近年研究が進められている。川添昭二は栄西開山の博多聖福寺と円爾開山の博多承天寺を［川添 1987・1988］，大庭康時

は1218年の博多綱首張光安殺害事件を取り上げ［大庭1994］，併せて博多綱首の活動や存在形態，寺社・権門との関わりについても論じている。海商の活動には限らないが，藤田明良は奈良の宋人についてまとめている［藤田2000］。『参天台五臺山記』に見える11世紀後半の海商の研究もあるが，これについては後述する。

博多綱首は九州の寺社や荘園と関係を結び，そこに属す神人・寄人として活動した。日本で土地を所有する場合もあったことが知られる［佐伯弘次1988］。網野善彦は，彼らが「職人」と言う日本の荘園制的身分体系の中で把握されていたことを指摘する［網野1980］。すでに挙げた博多の聖福寺・承天寺や肥前国神崎荘以外では，筑前の宗像神社［川添昭二1990］・香椎神宮［佐伯弘次2000］・筥崎八幡宮［川添昭二1981第2章，初出1975］・大宰府大山寺などが挙げられる。これらの背後には，さらに中央の大寺社や権門が控えることが多かった。

林文理は大宰府鴻臚館廃絶後の貿易体制として，「博多における権門貿易」という概念を提唱した。日宋貿易の主体は中央の権門家とそれに連なる北九州の現地勢力であり，その下に組織された博多綱首と国内交易集団を実際の貿易の担い手と位置付けるものである［林1998］。消費地と貿易港博多の関係を示す物的証拠としては，博多で出土する畿内産の楠葉型瓦器が挙げられる（［橋本久和1997・2006］・［大庭康時2001］）。五味文彦は，院・摂関家・平家などが，貿易代価の金の産地である陸奥と，貿易港である博多近辺の荘園を押さえ，これと京都をつなぐ商人も組織していたことを明らかにしている［五味1988b］。博多と京都・鎌倉をつなぐ流通の具体像に関しては，なお解明すべき点が多い。

## 四　貿易品と貿易の場

1990年代から目立つのが，貿易によって移動した商品に関する研究である。貿易によって何が動き，どのような背景があったのかという，具体的な日宋貿易像の解明が進んできた。またもう一つ目立つのは，博多以外で貿易が行なわれた可能性についての検証である。前者については特に商品の取引相手国である宋側の事情も勘案した研究も見られるようになり，しばしば中国史研究者から興味深

い論点が提示されている。後者については，最大のきっかけは博多・大宰府鴻臚館と同様に，新たな遺跡発掘事例の報告であった。これらは多分野の交流によって論点が提示され，研究が活性化しているテーマと言えよう。

　まず商品について見てみよう。日本では輸入品のことを「唐物」と呼ぶ。唐物全般の流通や受容のされ方については，関周一のまとめや，文学作品から見た河添房江の研究がある（[関 2002]・[河添 2005]）。陶磁器については，考古学で豊富な研究があることはすでに述べた。香料については，遺跡などでは残らないが，新安沈船によって商品の一部が具体的に知ることができるようになった。関周一は 17 世紀までの香料流通ルートの変遷をまとめており，14 世紀中頃を境に東南アジア→中国→日本から，東南アジア→琉球→日本→中国・朝鮮と変化したとする [関 1992・2006]。これは海域アジアにおける物資流通の大局を把握する上でも，参考になる指摘であろう。

　宋銭については，日本に大量に輸入され流通したことは常識に属する。足立啓二はこれについて，12 世紀後半以降の中世日本を中国の内部貨幣である銭の体系に組み込まれた世界と評価した [足立 1991・1992]。一方で大田由紀夫・高橋弘臣は，中国で会子の流通や銅銭使用停止などの政策が取られる時に日本への銅銭流入が活発化することを示した（[大田 1995]・[高橋弘臣 2000 第 2 編第 1 章，初出 1996]）が，これはむしろ日本が中国内部貨幣の体系に組み込まれていないことを示しているともいえる。

　こうした議論は日本史研究者にも影響を与え，中世貨幣体系の再考察を促す一つのきっかけになった [桜井英治 1997]。宋銭流通が民間先行で行なわれ，政府はこれを消極的に追認することになったが，中島圭一はその流通の自律性を日本の中世貨幣と特質とする [中島 1999]。三上喜孝はその流通の前提として，かつて日本で鋳造され 11 世紀初頭まで流通した皇朝十二銭の記憶を指摘している [三上喜孝 2005 第 3 部第 3 章，初出 1999]。なお博多においては 11 世紀後半から宋銭が出土し，また他地域では所見の少ない大型銭も比較的多く確認されるという興味深い事実が，小畑弘己によって指摘されている [小畑 1997]。近年は出土銭に対する関心も高まり，雑誌『出土銭貨』には関連する様々な論文が掲載される。

輸出品としては，金の重要性が古くから指摘されていた。保立道久は黄金の所有が日本の王権の外交権の経済的基礎となった点を強調する［保立2004・2005第1部第2章，初出1997］。五味文彦は12～13世紀において日宋貿易に関わった諸勢力と陸奥の金の関係を調べている［五味1988a］。ただしすでに述べたように，10世紀末には陸奥から朝廷への貢金が停滞し，官貿易の代価としては支払われなくなる。もちろん金は官貿易とは別の次元では用いられ続け，日本の主要輸出品の一つだったが，山内晋次が主張するように，金以外の多様な輸出品の存在も想定すべきである［山内2003第2部第4章，初出2002］。

　金以外の主要輸出品としては硫黄がある。北宋期より輸出されたものだが，その背景には宋での対西夏戦争用の火薬原料としての需要が推定されている［山内2003第2部第4章，初出2002・2007］。南宋期から木材も輸出されたが，この頃両浙地方で乱伐が進み木材の供給が不足する事態が生じており，これを補填したのが日本の木材であったとする岡元司の指摘がある［岡1998］。日本の輸出品が多分に宋側の事情に影響されたことがよく分かる事例である。他に日本の輸入品として絵画・書籍，輸出品として工芸品があるが，文化交流史的研究が中心となるため，省略する。

　ついで貿易の場について。大宰府鴻臚館・博多については着実に研究が進展し，文献史料の再検討から，日宋貿易の主要な窓口であったことは通説となっている。ところが近年，この通説に再検討を迫る発見があった。1994年から発掘が始まった鹿児島県持躰松遺跡である。12～13世紀を中心に，他の遺跡を大きく上回る量・割合の貿易陶磁器が出土し，しかも商品のコンテナとなる壷・甕の存在から，まとまった量の取引が行なわれたと考えられる。持躰松遺跡と同様の組成の貿易陶磁器は，奄美大島の倉木崎海底遺跡でも発見されており，南方から運搬された可能性が高い。両遺跡に関しては発掘報告書があり，また持躰松遺跡に関しては，2003年に『古代文化』第55巻第2・3号誌上で特集が組まれた。

　持躰松遺跡に関してさらに注目されるのは，遺跡所在地の万之瀬川流域にある「唐坊」「唐人原」という地名である。特に「唐坊」については，博多の「唐房」と同様に宋人が居留し，貿易を行なった可能性が指摘されている［柳原敏昭

1999a]。「唐房」地名は山口県から九州の沿岸部にかけて数多く残存しており（[正木喜三郎2004 第2編第7章，初出1991]・[柳原敏昭1999b・2002]・[服部英雄2004]・[渡邊誠2006]），これらがすべて宋人居留区の名残であるとすると，日宋貿易のイメージは大きく変更を迫られることになる。実際に服部英雄は，日宋貿易に関する史料の再解釈を通じて，博多に限定されない日宋貿易の実態を主張している [服部2005]。ただしその史料解釈に対しては渡邊誠の批判がある [渡邊2006]。なお服部は博多の航行上の困難さと周辺の島や津泊の重要性も指摘し，各地の唐房もその文脈で考えている [服部2006]。

このように，近年多彩な場での貿易の可能性が指摘されるようになってきたが，持躰松遺跡にしても博多遺跡群との規模の隔絶性は否定できず [大庭康時1999]，南方から南九州に到るルートが存在したとしても，日宋交通全体から見ればサブルートと評価するべきであろう。また「唐房」地名の評価もなお定まっておらず，方法論も含めてさらに議論を詰める必要がある。それにしても12世紀後半から13世紀において貿易拠点が分散化の傾向にあった可能性は十分にあり，単純な博多一極集中のイメージは，訂正が必要となるかもしれない。その場合に必要なのは，それら小規模な貿易港と博多の関係を明らかにすることだろう。大庭康時は他の港湾と比較した場合の博多の特徴を表現する概念として，「集散地遺跡」の語を用いている [大庭1999]。

なお日本海沿岸（特に福井県敦賀）でも，10世紀末から12世紀初頭に宋海商が来航したことが知られる[田島1993a]。ただし大宰府の例に準じて国司（地方官）管理下で貿易が行なわれており，公的管理貿易の枠を逸脱するものではない。村井章介は日本海沿岸での貿易の背後に遼の存在を推定する [村井2006]。保立道久も日本での虎皮流通の背後に，敦賀・遼間の貿易を推定する [保立1998 第6章，初出1993]。これらを証明する文献史料は存在しないが，1223年に新潟県寺泊に女真人が漂着したことが知られ，偶発的とは言え日本海を横断した交流が存在したことが知られる。これに関して，北陸地方周辺で金銭が他地域よりも多く出土すると言う興味深い事実が指摘されている [川崎保2002]。

ついでに触れておきたいのが，水中考古学の可能性である。韓国や中国ではす

でに多くの成果が上がっており，特に韓国の新安沈船が当該テーマに大きく関わることはすでに述べた。日本でも倉木崎海底遺跡のように，いくつか注目すべき成果が上がってきた。特に長崎県鷹島海底遺跡は注目される。1281年の元・高麗遠征軍と日本の戦場跡である。1994年の緊急調査で木製碇身を伴った碇石が発見され，2000年以降の連年の調査では青銅製の印や船身・陶磁器・武器などが次々と発見されている。他にも小値賀島・玄界灘など対外交流に関わる地域での海底調査も進められており，今後の成果が期待される。

## 五　外交関係と日本の仏教政策

　森克己は10世紀に日本の外交政策が消極化し，外交関係を結ばなくなることを指摘している。これに対し石上英一は，東アジアの動乱に巻き込まれないための積極的な孤立主義と評価した［石上1982］。この説の影響は大きく，現在でも通説的な位置を占めている。石上はまた10世紀末以降の日本僧の入宋を，宋朝によって形成された安定した東アジアの秩序に参入するための外交形態と位置づけるが，石井正敏は宋が日本の朝貢を期待して日本僧を厚遇した一方で，入宋僧やその後援者は聖地巡礼や現世利益の獲得を目的としており，外交上の役割は想定していなかったとする［石井1993］。また手島崇裕は，日本が入宋僧に外交使節的役割を期待していなかったこと，それにもかかわらず入宋僧が国交問題化する可能性から，次第に僧侶入宋の許可に消極的になり，僧侶は大宰府周辺のネットワークを頼って入宋するようになったことを論じる［手島2004a］。

　日本と宋の間には恒常的な関係は結ばれなかったが，外交交渉は何度か行なわれている。特に頻繁に行なわれた北宋後期に関しては，榎本渉が宋側の背景と日本側の対応を考察している［榎本2004c］。森公章は当該期の外交交渉の過程から，日本外交における日本中心主義的立場を指摘する［森1998第1部第6章］。渡邊誠は10世紀から12世紀に日本と海外の間で往来した外交文書について網羅的に考察し，外交に関しては情勢に応じた現実的な対応が行なわれたこと，日本貴族層の対外意識が一律に排外的とされてきたことに対し，必ずしもそのようには言

えないことを論じる［渡邊2007］。日宋間の外交交渉として著名なのは，12世紀後半の平清盛によるものであるが，高橋昌明はそこに日宋軍事提携の性格を読み取る［高橋1999］。なお日本と外国の間の外交文書としては，唐代から元代まで長く牒が用いられた。このため非牒式文書も含めて，日本では外交文書一般を「牒」と呼ぶことがあった［高橋公明2005］。

近年日本仏教の展開における宋遼仏教の役割が注目されてきている。日本では宋代以後の中国仏教導入において，選択的採否の判断を行ない，必ずしもそのままの模倣は行なわなくなる。上川通夫はその嚆矢として，986年の奝然帰国を挙げる［上川2002］。摂関家は天台宗を重視して北宋仏教の導入を行なったが，12世紀になると，院（上皇）が真言宗を重視して，宋仏教に併せて遼の密教の導入も行なうようになった。院は自らを北宋風仏教という汎東アジア的要素を以って演出し，権威付けに利用した。上川はこれを「擬似的汎東アジア性」と呼ぶ［上川1999・2001］。上川はその背後に，北宋滅亡による東アジアの正統仏教継受独占という院の自負を想定する［上川2004］。仏教史を文化交流史的側面からだけでなく，日本の政治イデオロギーの面からも考察する上川の説は，その方法論も含め，今後議論の対象となることと思われる。

五代・北宋期東アジアの仏教交流の様相に関しては，竺沙雅章がまとめている［竺沙2000第1部第3章，初出1987］が，遼の仏教の影響力について論じたことは，上川の議論の前提として注目される。11世紀末に高麗で開版された義天版が，まもなく日本に輸入されたことについては，すでに指摘されていた［堀池春峰1980：360-85頁，初出1957］が，近年は遼仏教導入という文脈でもとらえられている［横内裕人2002］。また上川通夫は，遼から直接密教を導入しようとする動きがあった可能性も指摘する。1091年，大宰府長官が遼に使者を派遣した事件があり，その背後に院の意図を読み取るものである［上川2006a・b］。ただし保立道久は，この事件の背後に摂関家があり，これを院が処罰したという構図を想定している［保立2005第1部第3章］。

11世紀末以降しばらくは入宋僧が絶えるが，12世紀後半にはそれ以前をはるかに凌ぐ規模で往来が復活する。その中で日本に禅宗・新義律宗が伝わり，浄土

宗にも大きな影響を与えた。こうした動きが当初は院・平家主導で行なわれたとする指摘もある［横内裕人 2006］。日本からの入宋僧だけでなく，宋僧の渡来もあったことは周知の事実である。詳細に触れる余裕がないため個別の論は割愛する（［榎本渉 2002］参照）が，村井章介は 13 世紀半ばからの 1 世紀間を「渡来僧の世紀」と呼ぶ［村井 1995 第 2 章，初出 1992］。彼ら渡来僧を含む禅僧は，北条得宗家（13 世紀半ばから鎌倉幕府の実権を握った）・院・摂関家などに組織された［斎藤夏来 2003 第 2 章，初出 2001］。入宋律僧俊芿の教団（京都泉涌寺）が摂関家に組織されたことと併せ，新たに導入された南宋仏教は権門の関心を集め，これを組織することで自らの権威の荘厳が図られたのである。なお大塚紀弘は，僧侶の往来や文物の輸入を通じて，南宋仏教の制度・文化が導入され，従来の日本仏教の枠組み（顕密仏教）に包摂されない新興教団が出現したことを説く［大塚 2003・2006］。

## 六　日本史・中国史の連携に向けて

　以上のように日宋関係史研究は，現在まで着実な成果を生み出してきた。日本史の多くの分野で日宋関係の影響が重視されるようになっており，その影響力は確実に増している。もっとも以上述べ来たったところの大部分は，本書の読者にとって関心のないものかもしれない。日本の対宋関係の展開，対宋関係が日本に与えた影響など，日本史の関心からの研究が大部分であり，宋代史の視点から書かれたものがほとんど存在しないからである。だが日本における日宋関係史研究の現状をありのままに書けば，以上のような形にならざるを得ない。研究が日本史・考古学の研究者によって進められ，さらに博多・大宰府の発掘をきっかけに盛んになったという事情もあり，博多・大宰府の歴史という視点で進められることが多かったことも大きい。

　もっとも日宋関係史研究が宋代史・アジア史に歩み寄りを見せていないわけではない。そもそも森克己の研究は，アジア史的視点も濃厚であり，中国・朝鮮側の情勢も見渡した上での立論は随所に見られる。また亀井明徳の住蕃貿易論も，宋海商の東南アジアにおける活動との対比の中で生まれたものであった。

特に近年では，宋・遼・金・高麗・日本を含む海を舞台とした研究も見られるようになってきた。まずは海商についての研究が挙げられる。榎本渉は，1160年代に宋で「日本商人」と呼ばれる商人が来航することを，宋海商から日本人海商への勢力交替の反映とする通説に対し，宋が海商の民族的帰属を問題としておらず，「高麗綱首」「日本商人」の実態も高麗・日本から派遣された宋海商と考えられること，宋代を通じて東シナ海は宋海商の海であったことを主張している［榎本2007第1部第2章，初出2001］。榎本は宋と高麗・日本を結ぶ東シナ海が明州をセンターとする海域として成立し展開する過程も論じている［榎本2007第1部第1章，初出2001］。明州に関しては，斯波義信もより長期的な視野で，東シナ海における位置を論じている［斯波1992］。原美和子は宋海商が博多を経由して高麗・遼に行く事例を挙げ，機会を求めて販路拡大を狙う宋海商の姿を描き［原2006］，また宋麗間を往来する海商の仲間関係についても論じている［原1999］。

貿易に関して複数の地域を比較するという手法を用いた研究もある。山内晋次は海商の活動を日本・高麗・東南アジアで比較し，宋海商が王権管理下の港湾で客館に滞在し貿易活動を行ない，貢納や儀礼への参加を通じて王権を中心とする華夷秩序の構成分子となり，また政治・外交にも関与したという共通した事態が見られたことを明らかにした［山内2003第2部第3章，初出1996］。榎本渉は市舶司貿易と同時代における日本の貿易を比較し，貿易管理者や仲介商人と海商との関係の重要性を指摘した［榎本2006］。

むろんこうした研究は必ずしも多いわけではない。また宋側に軸足を据えた研究となると，やはりほとんど存在しないと言わざるを得ない。これは中国史研究者の関心の薄さに負うところが大きい。議論がもっぱら日本史・考古学研究者の間で行なわれる以上，日宋関係史研究は必然的に日本対外関係史研究として進められざるを得なかったのである。もっともこれは仕方のないこととも言える。日本にとって，特に大宰府・博多を介した貿易はほとんど宋を相手にするものであったため，日本の「対外関係史」の多くは即「日宋関係史」になり得るのに対し，宋にとって日本はあくまでも貿易相手国の一つに過ぎず，しかも特に重要な相手というわけではなかった。そのため宋代史研究において，日宋関係は必ずしも大

きな問題になり得ない。政治的に見れば遼・金・西夏・大越や高麗，経済的に見れば東南アジアとの関係の方がはるかに重要であった。いわば日宋関係は，日本史から見れば重要なテーマであるとしても，宋代史から見れば対外関係史を構成する一要素，しかもそれほどの重要性を持たない要素に過ぎないのである。

　だが宋代史研究にとって，日宋関係史は本当に価値がないのだろうか。自分はそうは思わない。確かに宋にとっての日本は one of them に過ぎない。だが他の ones にはない魅力が日本にはある。それは豊富な史料の存在である。東南アジア方面との貿易は，宋にとって重要だった。しかしこれらの地域での取引の様子を伝える現地史料は絶望的に乏しく，東南アジアでの貿易の様子を復元するには，宋側の伝聞記事など精度の低い断片的な情報に多くを頼らざるを得ない。遼・金・高麗はまだましであるが，日本のように商人の来着に関する審議記録や，僧侶が宋に往来した時の日記・詩文が残っているところはない。つまり日宋関係は，宋の対外関係の中で宋側の史料と相手側の史料の突合せ作業を行なうのに，もっとも適した研究対象なのである。

　また宋代史料の弱点として，外国との間の個別往来事例をほとんど知ることができないということがあるが，この点に関して日本史料では，海商や僧侶の往来を数百例挙げることができる。高麗史料も個別の宋海商来着を伝えるが，多くはごく簡略な記事に過ぎず，それも12世紀末になると姿を消してしまう。また情報の質もある。宋海商の具体的な活動を伝える編纂史料はあっても，文書や日記などは日本以外にほとんど残っておらず（高麗僧義天の『大覚国師外集』所引書簡など例外はある），その重要性は計り知れない。さらにすでに述べた地道な発掘成果の蓄積は，当該期アジアの貿易関係遺跡の中でも良質な情報の一つに違いない。

　このように考えると日宋関係は，宋代の対外関係を考える上でのサンプルとして，大変な重要性を持つことが分かってくる。さらに言えば，海を介した交流に関して多くの信頼度の高い情報を有し，しかも複数の国の史料を用いてこれを検証することが可能という恵まれた条件は，同時代の他のアジア海域にはほとんど存在しないと思われる。中国・日本という世界的にも奇跡的に多くの史料が保存される両国の関係は，アジア史規模でも重要なサンプルとも言える。

もっとも私が今更言うまでもなく，日宋関係史の重要性は日本の中国史研究者の間でも注目されるようになってきた。今回「宋代史」研究の紹介として「日宋交流」を取り上げるのも，その反映である。すでに触れたように貿易商品に関しては，宋銭や木材など，個別の論点で中国史研究者の発言が目立つようになっており，日宋関係史研究に刺激を与えている。他にもたとえば伊原弘は，先述の寧波天一閣の博多宋人刻石に関して，そこに登場する3人が，1人10貫という寄進額や銘文の稚拙さから低い身分の水手と言われてきたことに対し，寄進額からはそれほど低い身分と考えられず，中程度の階層と考えた方が自然であると指摘している［伊原弘2000］。このような感覚は中国史研究者の発言があって初めて分かるもので，分野を越えた対話の意義がうかがえる一例である。

特に日本史・中国史研究者の重要な接点となっているものに，『参天台五臺山記』がある。1072年に入宋した日本僧成尋の詳細な旅行記であり，読解に様々な分野の知識が求められることもあり，多分野の研究が早くから見られた。膨大な研究史の網羅的な紹介は井上泰也・関周一の整理に譲り（［井上2002・2004］・［関2005］），特に日宋関係に関する研究に限定して触れておこう。この日記に関して早くから積極的に研究を進めていたのは，藤善真澄である。近年その研究が著書としてまとめられた［藤善2006］。日宋交通路の復元，入宋僧に対する賓礼，宋の各地域における日本との仏教交流，日宋間を往来した書籍など多岐に渡り，日宋交流を検討する上で裨益するところ大きい。王麗萍・齋藤圓眞も近年，成尋の旅程，関わった人々，『参天台五臺山記』所引文書などに関する論文をまとめている（［王2002］・［齋藤2006］）。

特に成尋の入国手続きについては，宋の対外政策を知るための貴重な事例であるため，研究が多い。近藤一成・遠藤隆俊は成尋の入国・巡礼手続きの過程を文書の検討を通じて明らかにした（［近藤1988］・［遠藤2002］）。また森公章は宋の海外渡航規定を分析し，成尋入宋時の待遇の背景を考察している［森2006］。海商の具体的な活動についても研究がある。原美和子は史料上で混乱が見られる孫忠の情報を整理しているが，当時の日宋貿易や外交交渉について考察するに当たっても，示唆に富む内容となっている［原1992］。森公章は日宋間を6回往来し，

成尋在宋中には通事を務めた陳詠や，後に大宰府長官の対遼密貿易に関わった劉琨の動向をまとめている［森2002］。

　石井正敏も，近年成尋に関する研究を進めている［石井2005・2007a］。その中で紹介する成尋関係資料は『参天台五臺山記』に止まらず，特に『成尋阿闍梨母集』は『参天台五臺山記』を参照することによって，日宋間の海商の動きを知る材料ともなり得る［石井2007b］。また遠藤隆俊は成尋と入宋高麗僧義天を比較し，両者が使節に準じた扱いを受け，それが宋の積極的な外交政策の中で実現したことを重視する［遠藤2006］。『参天台五臺山記』と他の史料を組み合わせることで，日宋関係史研究は新たな展望を開くことが可能になるかもしれない。

　もちろん日宋関係史研究の材料は他にもある。日本史料の概要に関しては，山内晋次がその大枠を示している［山内2006］。中国側の日本関係史料については，今後の中国史研究者による紹介が期待される。たとえば日野開三郎は，12世紀の宋僧の伝記に登場する「日本国王」（後白河法皇？）の建材寄進記事を紹介している［日野1984b第二部第三章，初出1963］が，木材貿易についても，院の対外的姿勢についても，考察する上で大変貴重なものである。また太田彌一郎は入宋日本僧桂堂瓊林が，元の日本招諭を妨害するための密使として日本に派遣されたことを記す碑文を紹介しており［太田1995］，日元交渉史や入宋僧研究において貴重な史料である。こうした非「基本史料」も含めた史料収集が，今後の研究進展にとっての基礎作業となるはずである。

　思えば日宋関係史は，日本史研究者と考古学研究者の協力によって研究が進展してきた。今後更なる発展のためには，日中の更なる協力者が必要になるだろう。これについては中国史・朝鮮史・美術史・仏教学など，様々な分野の研究者との間で提携が進みつつあり，成果も出始めている。今後の研究進展の成否は，この提携の進展如何に掛かっていると言っても過言ではないだろう。

## 七　史料集・概説

　最後に日宋関係史に関する史料集と，これまでに触れた成果を踏まえた概説を

挙げて，本章を終える。史料集に関して，考古学に関するものはすでに挙げた。文献史料については，古く『伏敵篇』があるが，元の日本遠征を中心としたものであり，校訂も悪い。2009年には大宰府・博多関係の史料集である『大宰府・太宰府天満宮史料』本編17巻および補遺・附録の刊行が，45年を経て遂に完結した。2005年には『太宰府市史』全13巻も完結している。博多綱首関係史料については，林文理がまとめている［林1994］。日本関係の外国史料集成の試みは江戸時代から見られ，松下見林『異称日本伝』・伊藤松『鄰交徴書』は国書刊行会から影印出版されている。

　年表としては1999年に出版された『対外関係史総合年表』（吉川弘文館）が最新のものである。1185年以前に関しては，田島公が詳細な年表を作成している［田島1993b］。日宋間の交通状況を把握するための貴重なバロメータである僧侶の往来については，原美和子・榎本渉によって，1250年までの年表が作成されている（［原2004］・［榎本2004a］）。

　日本対外関係史の概説としては，北宋については石井正敏の論文・著書［石井1992・2003］が，南宋・元については川添昭二の論文や佐伯弘次の著書がある（［川添1996第3章，初出1992］・［佐伯2003］）。博多に関しては，『東アジアの国際都市 博多』が1980年代までの成果を［川添昭二編1988］，『中世都市・博多を掘る』が最新の成果を反映している［博多研究会編2007］。博物館の図録としては，『鎌倉への海の道』［金沢文庫1992］，『チャイナタウン展 もうひとつの日本史――博多・那覇・長崎・横浜・神戸』［福岡市博物館2003］，『東アジア中世海道――海商・港・沈没船――』［国立歴史民俗博物館2005］などを挙げておく。


［参考文献目録］

足立啓二　[1991]「中国から見た日本貨幣史の二・三の問題」『新しい歴史学のために』第203号。
足立啓二　[1992]「東アジアにおける銭貨の流通」『アジアのなかの日本史（Ⅲ：海上の道）』東京大学出版会。
網野善彦　[1980]『日本中世の民衆像』岩波書店。
網野善彦　[1982]『東と西の語る日本の歴史』そしえて。

網野善彦［1992］『海と列島の忠誠』日本エディタースクール。
石井正敏［1992］「一〇世紀の国際変動と日宋貿易」『新版古代の日本（2：アジアからみた古代日本）』角川書店。
石井正敏［1993］「入宋巡礼僧」『アジアのなかの日本史（Ⅴ：自意識と相互理解）』東京大学出版会。
石井正敏［1998］「肥前国神崎荘と日宋貿易——『長秋記』長承二年八月十三日条をめぐって——」『古代中世史料学研究（下）』吉川弘文館。
石井正敏［2003］『東アジア世界と古代の日本』山川出版社。
石井正敏［2005］「成尋——一見するための百聞に努めた入宋僧」『古代の人物⑥ 王朝の変容と武者』清文堂。
石井正敏［2007a］「源隆国宛成尋書状について」『中央史学』第30号。
石井正敏［2007b］「『成尋阿闍梨母集』にみえる成尋ならびに従僧の書状について」『中央大学文学部紀要（史学）』第52号。
石上英一［1982］「日本古代10世紀の外交」『東アジア世界における日本古代史講座（7：東アジアの変貌と日本律令国家）』学生社。
稲川やよい［1991］「「渡海制」と「唐物使」の検討」『史論』第44集。
井上泰也［2002］「成尋の『日記』を読む」『立命館文学』第577号。
井上泰也［2004］「続・成尋の『日記』を読む」『立命館文学』第584号。
伊原　弘［2000］「宋代の道路建設と寄進額——寧波発見の博多在住宋人の碑文に関して——」『日本歴史』第626号。
榎本淳一［1991］「『小右記』に見える「渡海制」について」『摂関時代と古記録』吉川弘文館。
榎本淳一［1998］「広橋家本「養老衛禁律」の脱落条文の存否再論」『古代中世史料学研究（上）』吉川弘文館。
榎本　渉［2002］「日本史研究における南宋・元代」『史滴』第24号。
榎本　渉［2004a］「日中・日朝僧侶往来年表（一一二七—一二五〇）」『8-17世紀の東アジア海域における人・物・情報の交流——海域と港市の形成，民族・地域間の相互認識を中心に（上）』平成12年度〜平成15年度科学研究費補助金基盤研究（A）（1）研究成果報告書。
榎本　渉［2004b］"Updates on Song History Studies in Japan: The History of Japan-Song Relations", *Journal of Song-Yuan Studies*, vol. 33.
榎本　渉［2004c］「北宋後期の日宋間交渉」『アジア遊学』第64号。
榎本　渉［2005］「『栄西入唐縁起』に見える博多」『中世都市研究（11：交流・物流・越境）』新人物往来社。
榎本　渉［2006］「宋代市舶司貿易にたずさわる人々」『シリーズ港町の世界史（3：港町に生きる）』青木書店。
榎本　渉［2007］『東アジア海域と日中交流——九〜一四世紀——』吉川弘文館。

遠藤隆俊［2002］「宋代中国のパスポート──日本僧成尋の巡礼──」『史学研究』第 237 号。
遠藤隆俊［2006］「義天と成尋── 11 世紀東アジアの国際環境と入宋僧──」『大阪市立大学東洋史論叢別冊特集号：文献史料学の新たな可能性』。
王　　勇［1999］「寧波に現存する博多在住宋人の石碑」『アジア遊学』第 3 号。
王　麗萍［2002］『宋代の中日交流史研究』勉誠出版。
太田彌一郎［1995］「刻石史料「賛皇復県記」にみえる南宋密使瓊林について」『東北大学東洋史論集』第 6 輯。
大田由紀夫［1995］「一二──一五世紀初頭東アジアにおける銅銭の流布」『社会経済史学』第 61 巻第 2 号。
大塚紀弘［2003］「中世「禅律」仏教と「禅教律」十宗観」『史学雑誌』第 112 編第 9 号。
大塚紀弘［2006］「鎌倉前期の入宋僧と南宋教院」『日本歴史』第 702 号。
大庭康時［1994］「博多綱首殺人事件」『法哈畷』第 3 号。
大庭康時［1995］「大陸に開かれた都市 博多」『中世の風景を読む（7：東シナ海を囲む中世世界）』新人物往来社。
大庭康時［1998］「中世都市博多の成立──博多遺跡群の発掘調査から──」『福岡平野の古環境と遺跡立地』九州大学出版会。
大庭康時［1999］「集散地遺跡としての博多」『日本史研究』第 448 号。
大庭康時［2001］「博多綱首の時代」『歴史学研究』第 756 号。
大庭康時［2003］「博多遺跡群の発掘調査と持躰松遺跡」『古代文化』第 55 巻第 2 号。
大庭康時［2006］「博多の都市空間と中国人居住区」『港町の世界史（2：港町のトポグラフィ）』青木書店。
岡内三真［1986］「新安沈船を通じてみた東アジアの貿易」『朝鮮史研究会論文集』第 23 集。
岡　元司［1998］「南宋期浙東海港都市の停滞と森林環境」『史学研究』第 220 号。
小川弘和［2005］「大宰府の再生」『中世の地域と宗教』吉川弘文館。
橿原考古学研究所附属博物館編［1993］『貿易陶磁：奈良・平安の中国陶磁』臨川書店。
上川通夫［1999］「一切経と中世の仏教」『年報中世史研究』第 24 号。
上川通夫［2001］「中世仏教と「日本国」」『日本史研究』第 463 号。
上川通夫［2002］「奝然入宋の歴史的意義」『愛知県立大学文学部論集』第 50 号。
上川通夫［2004］「如意宝珠法の成立」『覚禅鈔の研究』親王院堯榮文庫。
上川通夫［2006a］「『覚禅鈔』「六字経法」について」『愛知県立大学文学部論集』第 54 号。
上川通夫［2006b］「日本中世仏教の成立」『日本史研究』第 522 号。
亀井明徳［1986］『日本貿易陶磁史の研究』同朋舎。
亀井明徳［1995］「日宋貿易関係の展開」『岩波講座日本通史（6：古代五）』岩波書店。
川崎　保［2002］「『吾妻鏡』異国船寺泊浦漂着記事の考古学的考察」『信濃』第 54 巻第 9 号。
川添昭二［1977］『蒙古襲来研究史論』雄山閣。
川添昭二［1981］『中世九州の政治と文化』文献出版。

川添昭二［1987］「鎌倉中期の対外関係と博多」『九州史学』第88・89・90号。
川添昭二［1988］「鎌倉初期の対外交流と博多」『鎖国日本と国際交流』吉川弘文館。
川添昭二［1990］「宗像の対外貿易と志賀島の海人」『海と列島文化（3：玄界灘の島々）』小学館。
川添昭二［1993］「鎌倉末期の対外関係と博多」『鎌倉時代文化伝播の研究』吉川弘文館。
川添昭二［1996］『対外関係の史的展開』文献出版。
川添昭二［1999］『日蓮とその時代』山喜房。
川添昭二編［1988］『よみがえる中世（1：東アジアの国際都市 博多)』平凡社。
河添房江［2005］『源物語時空論』東京大学出版会。
木宮泰彦［1955］『日華文化交流史』冨山房。
河内春人［2000］「宋商曾令文と唐物使」『古代史研究』第17号。
国立歴史民俗博物館編［1993］『日本出土の貿易陶磁』国立歴史民俗博物館。
小畑弘己［1997］「出土銭貨にみる中世九州・沖縄の銭貨流通」『熊本大学文学部論叢（史学篇）』第57号。
顧　文璧・林　士民［1985］「寧波現存日本国大宰府博多津華僑刻石之研究」『文物』1985年第7期。
小松茂等編［1998］『福岡平野の古環境と遺跡立地』九州大学出版会。
五味文彦［1987］『平家物語，史と説話』平凡社。
五味文彦［1988a］「日宋貿易と奥州の世界」『歴史と地理』第397号。
五味文彦［1988b］「日宋貿易の社会構造」『国史学論集（今井林太郎先生喜寿記念)』今井林太郎先生喜寿記念論文集刊行会。
五味文彦［2000］『増補吾妻鏡の方法』吉川弘文館。
齋藤圓眞［2006］『天台入唐入宋僧の事跡研究』山喜房。
斎藤夏来［2003］『禅宗官寺制度の研究』吉川弘文館。
佐伯弘次［1988］「大陸貿易と外国人の居留」『よみがえる中世（1：東アジアの国際都市 博多)』平凡社。
佐伯弘次［2000］「中世の香椎と香椎宮」『香椎B遺跡』福岡市教育委員会。
佐伯弘次［2001］「蒙古襲来と中世都市博多」『歴史評論』第619号。
佐伯弘次［2003］『日本の中世（9：モンゴル襲来の衝撃)』中央公論新社。
桜井英治［1997］「日本中世における貨幣と信用について」『歴史学研究』第703号。
斯波義信［1992］「港市論」『アジアのなかの日本史（Ⅲ：海上の道)』東京大学出版会。
島田次郎［1985］『日本中世の領主制と村落（上)』吉川弘文館
関　周一［1992］「香料の道と日本・朝鮮」『アジアのなかの日本史（Ⅲ：海上の道)』東京大学出版会。
関　周一［2002］「唐物の流通と消費」『国立歴史民俗博物館研究報告』第92集。
関　周一［2005］「渡航記からみた交通史研究の課題」『交通史研究』第56号。
関　周一［2006］「香料の道　再考」『前近代の東アジア海域における唐物と南蛮物の交易とそ

の意義』平成 14 年度～平成 17 年度科学研究費補助金（基盤研究（A）（2））研究成果報告書.
瀬野精一郎　［1975］「鎌倉時代における渡唐船の遭難にみる得宗家貿易独占の一形態」『神奈川県史研究』第 28 号.
高橋公明　［2005］「外交文書を異国牒状と呼ぶこと」『文学』第 6 巻第 6 号.
高橋弘臣　［2000］『元朝貨幣政策成立過程の研究』東洋書院.
高橋昌明　［1999］「福原の夢」『歴史のなかの神戸と平家』神戸新聞総合出版センター.
高倉洋彰　［1998］「寧波市現存の太宰府博多津宋人刻石について」『福岡平野の古環境と遺跡立地』九州大学出版会.
田島　公　［1993a］「平安中・後期の対外交流」『福井県史（通史編 1 : 原始・古代）』福井県.
田島　公　［1993b］「日本, 中国・朝鮮対外交流史年表」『貿易陶磁 : 奈良・平安の中国陶磁』臨川書店.
田島　公　［1995］「大宰府鴻臚館の終焉──八世紀～十一世紀の対外交易システムの解明──」『日本史研究』第 389 号.
手島崇裕　［2004a］「入宋僧の性格変遷と平安中後期朝廷」『8-17 世紀の東アジア海域における人・物・情報の交流──海域と港市の形成, 民族・地域間の相互認識を中心に（上）』平成 12 年度～平成 15 年度科学研究費補助金基盤研究（A）（1）研究成果報告書.
手島崇裕　［2004b］「平安中期国家の対外交渉と摂関家」『超域文化学紀要』第 9 号.
藤間生大　［1966］『東アジア世界の形成』春秋社.
中島圭一　［1999］「日本の中世貨幣と国家」『越境する貨幣』青木書店.
西谷　正　［1985・1986］「新安海底発見の木簡について（正）（続）」『九州文化史研究所紀要』第 30 号・第 31 号.
博多研究会編　［1996・2003］『博多遺跡群出土墨書資料集成（1・2）』博多研究会.
博多研究会編　［2007］『中世都市・博多を掘る』海鳥社.
橋本和久　［1997］「畿内産瓦器碗と九州北部の交易形態」『中近世土器の基礎研究』第 12 号.
橋本和久　［2006］「九州北部の畿内産瓦器椀──ネットワークの形成と交易」『中世の対外交流　場・ひと・技術』高志書院.
橋本　雄　［2001］「鎌倉時代と世界」『歴史地理教育』第 624 号.
服部英雄　［2003］『歴史を読み解く　さまざまな史料と視角』青史出版.
服部英雄　［2004］「旦過と唐房」『中世都市研究（10 : 港湾都市と対外交易）』新人物往来社.
服部英雄　［2005］「日宋貿易の実態」『東アジアと日本──交流と変容』第 2 号.
服部英雄　［2006］「博多の海の暗黙地・唐房の消長と在日宋人のアイデンティティ」『内陸圏・海域圏交流ネットワークとイスラム』櫂歌書房.
林　文理　［1994］「「博多綱首」関係史料」『福岡市博物館研究紀要』第 4 号.
林　文理　［1998］「博多綱首の歴史的位置──博多における権門貿易──」『古代中世の社会と

　　　　　　　　　　国家』清文堂.
原美和子 [1992] 「成尋の入宋と宋商人――入宋船孫忠説について――」『古代文化』第44巻第
　　　　　　　　　　1号.
原美和子 [1998] 「平安京の鴻臚館に関する一考察」『学習院大学人文科学論集』第7号.
原美和子 [1999] 「宋代東アジアにおける海商の仲間意識と情報網」『歴史評論』第592号.
原美和子 [2004] 「日中・日朝僧侶往来年表（八三八――一一二六）」『8-17世紀の東アジア海域
　　　　　　　　　　における人・物・情報の交流――海域と港市の形成，民族・地域間の相互認
　　　　　　　　　　識を中心に（上）』平成12年度～平成15年度科学研究費補助金基盤研究(A)(1)
　　　　　　　　　　研究成果報告書.
原美和子 [2006] 「宋代海商の活動に関する一試論」『中世の対外交流　場・ひと・技術』高志書院.
日野開三郎 [1984] 『日野開三郎東洋史学論集（第10巻：北東アジア国際交流史の研究（下））』
　　　　　　　　　　三一書房.
藤田明良 [2000] 「南都の唐人」『奈良歴史研究』第54号.
藤善眞澄 [2006] 『参天台五臺山記の研究』関西大学出版部.
文化公報部・文化財管理局編 [1988] 『新安海底遺物（綜合篇）』文化公報部・文化財管理局.
保立道久 [1998] 『物語の中世　神話・説話・民話の歴史学』東京大学出版会.
保立道久 [2004] 『黄金国家』青木書店.
保立道久 [2005] 『歴史学をみつめ直す』校倉書房.
堀池春峰 [1980] 『南都仏教史の研究（上：東大寺篇）』法藏館.
正木喜三郎 [2004] 『古代・中世宗像の歴史と伝承』岩田書院.
松木　哲 [1992] 「沈船は語る」『アジアのなかの日本史（第Ⅲ巻：海上の道）』東京大学出版会.
三浦圭一 [1993] 『日本中世の地域と社会』思文閣.
三上喜孝 [2005] 『日本古代の貨幣と社会』吉川弘文館.
村井章介 [1996] 『東アジア往還』朝日新聞社.
村井章介 [2006] 『境界をまたぐ人々』山川出版社.
森　克己 [1975] 『森克己著作選集』国書刊行会.
森　公章 [1998] 『古代日本の対外認識と通交』吉川弘文館.
森　公章 [2002] 「劉琨と陳詠――来日宋商人の様態――」『白山史学』第38号.
森　公章 [2003] 「入宋僧成尋とその国際認識」『白山史学』第39号.
森　公章 [2004] 「日渤関係における年期制の成立とその意義」『ヒストリア』第189号.
柳原敏昭 [1999a] 「中世前期南薩摩の湊・川・道」『中世のみちと物流』山川出版社.
柳原敏昭 [1999b] 「中世前期南九州の港と宋人居留地に関する一試論」『日本史研究』第448
　　　　　　　　　　号.
柳原敏昭 [2002] 「唐坊についての補説」『旧記雑録月報』第23号.
山内晋次 [1988] 「古代における渡海禁制の再検討」『待兼山論叢（史学篇）』第22号.
山内晋次 [2002] 「日宋貿易の展開」『日本の時代史（第6巻：摂関政治と王朝文化）』吉川弘文

　　　　　　　　　館。
山内晋次［2003］『奈良平安期の日本とアジア』吉川弘文館。
山内晋次［2006］「9～13世紀の日中貿易史をめぐる日本史料」『大阪市立大学東洋史論叢別冊
　　　　　　　　　特集号：文献史料学の新たな可能性』。
山内晋次［2007a］「9世紀～14世紀前半の日本列島と海域アジア」『大阪大学21世紀COEプ
　　　　　　　　　ログラム「インターフェイスの人文学」研究報告書2004-2006（第4巻：世
　　　　　　　　　界システムと海域アジア交通）』。
山内晋次［2007b］「日本列島と海域アジア」『海域アジア史研究入門』岩波書店。
山本信夫［1997］「新安海底遺物」『考古学による日本歴史（第10巻：対外交渉）』雄山閣。
横内裕人［2002］「高麗続蔵経と中世日本——院政期の東アジア世界観——」『仏教史学研究』
　　　　　　　　　第45巻第1号。
横内裕人［2006］「自己認識としての顕密体制と「東アジア」」『日本史研究』第522号。
渡邊　誠［2002］「平安中期，公貿易下の取引形態と唐物使」『史学研究』第237号。
渡邊　誠［2003］「平安中期貿易管理の基本構造」『日本史研究』第489号。
渡邊　誠［2005］「平安期の貿易決済をめぐる陸奥と大宰府」『九州史学』第140号。
渡邊　誠［2006］「大宰府の「唐坊」と地名の「トウボウ」」『史学研究』第251号。
渡邊　誠［2007］「平安貴族の対外意識と異国牒状問題」『歴史学研究』第823号。

## 編者・執筆者紹介

遠藤　隆俊（えんどう　たかとし）
1960年生。高知大学教育学部教授。『宋代社会のネットワーク』（汲古書院, 1998年, 共編），『宋—明宗族の研究』（汲古書院, 2005年, 共編），『宋代社会の空間とコミュニケーション』（汲古書院, 2006年, 共編），『宋代社会的空間与交流』（河南大学出版社, 2008年, 共編）

平田　茂樹（ひらた　しげき）
1961年生。大阪市立大学大学院文学研究科教授。『科挙と官僚制』（山川出版社, 1997年），『宋代社会のネットワーク』（汲古書院, 1998年, 共編），『宋代社会の空間とコミュニケーション』（汲古書院, 2006年, 共編）

浅見　洋二（あさみ　ようじ）
1960年生。大阪大学大学院文学研究科教授。『距離与想像——中国詩学的唐宋転型』（上海古籍出版社, 2005年），『中国の詩学認識』（創文社, 2008年）

小川　快之（おがわ　よしゆき）
1968年生。早稲田大学理工学術院非常勤講師，国士舘大学文学部非常勤講師，千葉大学普遍教育センター非常勤講師，法政大学理工学部・生命科学部兼任講師。『伝統中国の法と秩序——地域社会の視点から——』（汲古書院, 2009年），『宋—清代の法と地域社会』（財団法人東洋文庫, 2006年, 共著），『宋代の長江流域——社会経済史の視点から——』（汲古書院, 2006年, 共著）

宮澤　知之（みやざわ　ともゆき）
1952年生。佛教大学歴史学部教授。『中国銅銭の世界——銭貨から経済史へ——』（佛教大学通信教育部, 2007年），『宋代中国の国家と経済——財政・市場・貨幣

──』(創文社，1998 年)，『中国史像の再構成──国家と農民──』(文理閣，1983 年，共著)

岡　元司（おか　もとし）
1962 年生。元広島大学大学院文学研究科准教授。2009 年逝去。「南宋期の地域社会における「友」」(『東洋史研究』第 61 巻 2 号，2003 年)，「宋代における沿海周縁県の文化的成長──温州平陽県を事例として──」(『歴史評論』第 663 号，2005 年)，『宋代社会の空間とコミュニケーション』(汲古書院，2006 年，共編)，『宋代社会的空間与交流』(河南大学出版社，2008 年，共編)

久保田　和男（くぼた　かずお）
1962 年生。長野工業高等専門学校一般科教授。『宋代開封の研究』(汲古書院，2007 年)，『『宋代中国』の相対化』(汲古書院，2009 年，共編著)，「玉清昭応宮の建造とその炎上──宋真宗から仁宗（劉太后）時代の政治文化の変化によせて──」(『都市文化研究』12 号，2010 年)

須江　隆（すえ　たかし）
1963 年生。日本大学生物資源科学部教授。"Updates on Song History Studies in Japan: Local Gazetteers and Stone Inscriptions," *Journal of Song-Yuan Studies*, vol.39, 2009, "Revelations of a Missing Paragraph: Zhu Changwen (1039-1098) and the Compilation of Local Gazetteers in the Northern Song China," *Journal of the Economic and Social History of the Orient*, vol.52-1, 2009, 「『呉郡図経続記』の編纂と史料性──宋代の地方志に関する一考察──」(『東方学』第 116 輯，2008 年)

市來　津由彦（いちき　つゆひこ）
1951 年生。広島大学大学院文学研究科教授。『朱熹門人集団形成の研究』(創文社，2002 年)，中村春作・市來津由彦・田尻祐一郎・前田勉編『「訓読」論──東アジア漢文世界と日本語』(勉誠出版，2008 年)，市來津由彦「朱熹門人従其師那

里得到了什麽——黄榦所"表象"的学習（陳貞竹訳，呉震校訳）」（呉震主編『宋代新儒学的精神世界——以朱子学為中心』華東師範大学出版社，2009年）


松本　浩一（まつもと　こういち）
1953年生。筑波大学図書館情報メディア研究科教授。『中国の呪術』（大修館書店，2001年），『宋代の道教と民間信仰』（汲古書院，2006年），『中国人の宗教・道教とは何か』（PHP新書，2006年）


内山　精也（うちやま　せいや）
1961年生。早稲田大学教育・総合科学学術院教授。『伝媒与真相——蘇軾及其周囲士大夫的文学——』（上海古籍出版社，2005年），『宋詩選注』1〜4（平凡社東洋文庫，2004年〜2005年，共訳）


勝山　稔（かつやま　みのる）
1966年生。東北大学大学院国際文化研究科准教授。『中国宋〜明代における婚姻の学際的研究』（東北大学出版会，2007年），『日本庶民文芸と中国』（勉誠出版，2007年，共著），『宋代人の認識——相互性と日常空間』（汲古書院，2001年，共著）


板倉　聖哲（いたくら　まさあき）
1965年生。東京大学東洋文化研究所准教授。『南宋絵画——才情雅致の世界』（展図録，根津美術館，2004年），『講座　日本美術史　第2巻　形態の伝承』（東京大学出版会，2005年），『明代絵画と雪舟』（展図録，根津美術館，2005年），『朝鮮王朝の絵画と日本——宗達，大雅，若冲も学んだ隣国の美』（展図録，読売新聞大阪本社，2008年）


山崎　覚士（やまざき　さとし）
1973年生。佛教大学歴史学部准教授。「貿易と都市——宋代市舶司と明州——」（『東方学』第116輯，2008年），「天聖令中の田令と均田制の間」（『唐代史研究』

第 11 号，2008 年），「五代の「中国」と平王」（『『宋代中国』の相対化』宋代史研究会研究報告第 9 集，汲古書院，2009 年）

飯山　知保（いいやま　ともやす）
1976 年生。早稲田大学文学学術院助教。「稷山段氏の金元代――11 〜 14 世紀の山西汾水下流域における「士人層」の存続と変質について――」（『『宋代中国』の相対化』宋代史研究会研究報告集第 9 集，汲古書院，2009 年），「モンゴル時代華北における系譜伝承と碑刻史料」（『史滴』第 30 号，2008 年），「『運使郭公言行録』の編纂と或るモンゴル時代吏員出身官僚の位相」（『東洋史研究』第 67 巻第 2 号，2008 年）

榎本　渉（えのもと　わたる）
1974 年生。国際日本文化研究センター准教授。『東アジア海域と日中交流――9 〜 14 世紀――』（吉川弘文館，2007 年），『モノから見た海域アジア史――モンゴル〜宋元時代のアジアと日本の交流――』（九州大学出版会，2008 年），「初期日元貿易と人的交流」（『宋代の長江流域――社会経済史の視点から――』汲古書院，2006 年）

## The Present Conditions and Problems of Song Studies in Japan: Focusing on the Studies Published since the 1980s

Introduction ················································· iii

Political History: In Search of Dialogs with Studies on National History and Institutional History ······························ Shigeki Hirata ······ 3

Legal History ································· Yoshiyuki Ogawa ····· 29

Financial History ····························· Tomoyuki Miyazawa ····· 53

Regional and Social History ························ Motoshi Oka ····· 83

History of Families and Clans ···················· Takatoshi Endo ···· 105

History of Cities ································· Kazuo Kubota ···· 127

Local Gazetteers and Inscriptions ···················· Takashi Sue ···· 151

Confucian Thought ····························· Tsuyuhiko Ichiki ···· 175

History of Religion ····························· Koichi Matsumoto ···· 213

Literature: Focusing on Studies of 'Ci' Lyrics and Traditional Prose and Poetry
 ·········································· Seiya Uchiyama ···· 237

Classical Novels and their Application to Historical Studies
 ·········································· Minoru Katsuyama ···· 281

Fine Arts (Painting) ····························· Masaaki Itakura ···· 309

History of the Five Dynasties and Ten Kingdoms Period
 ············································ Satoshi Yamazaki ···· 325

History of Khitan Liao and Jurchen Jin ··········· Iiyama Tomoyasu ···· 347

History of the Exchanges between Japan and the Song Dynasty
 ············································· Wataru Enomoto ···· 381

日本宋史研究の現状と課題
――1980年代以降を中心に――

2010（平成22）年5月27日　発行

編　者　遠　藤　隆　俊
　　　　平　田　茂　樹
　　　　浅　見　洋　二

発行者　石　坂　叡　志

印　刷　富士リプロ㈱

発行所　汲　古　書　院

〒102-0072　東京都千代田区飯田橋2-5-4
電話03（3265）9764　FAX03（3222）1845

製版協力／山口智哉
ISBN978-4-7629-2877-2　C3022
Takatoshi ENDO・Shigeki HIRATA・Yoji ASAMI ©2010
KYUKO-SHOIN, Co., Ltd. Tokyo.